高等学校“十二五”应用型经管规划教材

公共关系学

陈丽清　李志平　胡征月　沈　青◎编　著

電子工業出版社
Publishing House of Electronics Industry
北京·BEIJING

图书在版编目（CIP）数据

公共关系学 / 陈丽清等编著. —北京：电子工业出版社，2014.2
高等学校“十二五”应用型经管规划教材
ISBN 978-7-121-22385-3

Ⅰ. ①公… Ⅱ. ①陈… Ⅲ. ①公共关系学—高等学校—教材 Ⅳ. ①C912.3

中国版本图书馆 CIP 数据核字（2014）第 011717 号

策划编辑：姜淑晶
责任编辑：袁桂春
印　　刷：三河市鑫金马印装有限公司
装　　订：三河市鑫金马印装有限公司
出版发行：电子工业出版社
　　　　　北京市海淀区万寿路 173 信箱　邮编 100036
开　　本：787×1092　1/16　印张：16.75　字数：408 千字
版　　次：2014 年 2 月第 1 版
印　　次：2014 年 11 月第 2 次印刷
定　　价：36.00 元

凡所购买电子工业出版社图书有缺损问题，请向购买书店调换。若书店售缺，请与本社发行部联系，联系及邮购电话：（010）88254888。

质量投诉请发邮件至 zlts@phei.com.cn，盗版侵权举报请发邮件至 dbqq@phei.com.cn。

服务热线：（010）88258888。

前　言

公共关系学作为一门综合性应用学科，于 19 世纪末 20 世纪初发端于美国，随后又向世界各国广泛传播。20 世纪 80 年代初公共关系学进入中国，到 20 世纪 90 年代公共关系理论已经发展得比较成熟。目前公共关系已被广泛地应用于社会的各个领域，许多优秀的企业对公共关系的运用已经十分娴熟，并对企业的发展起到了重要的推动作用。从传统公关到危机公关、财经公关、网络公关，公共关系运用的手段与领域已经越来越广。

本书作为高等院校经济管理专业学生的通用教材，立足于经济管理类学科发展的需要，其编写特色主要体现在以下几个方面：

（1）关注经济管理学科发展大背景，按照公共关系相关理论知识为支撑、采取循序渐进的方法、公共关系实践案例贯穿全书、理论与实践相结合的编写思路进行编写。在注重系统的公共关系理论知识介绍的同时，突出学生创造能力和创新意识的培养。

（2）知识体系完整严密。从公共关系总论到公共关系危机管理，使学生掌握公共关系理论知识，提高各项专业技能，包括组织实施能力、协调沟通能力、调查研究能力、策划设计能力、研究公共关系实际问题的能力等。

（3）案例教学与案例评析。书中的案例与评析，特别是国内外公共关系实践中的大量实际案例可以启发学生分析思考，从而增强其实际操作能力。

本书既可以作为高等院校经济管理专业学生的通用教材，也可以作为高等院校其他专业学生的通用教材，还可以供企业公共关系人员和经营管理人员培训或学习之用。

本书由陈丽清编写大纲及统稿，具体分工如下：浙江理工大学经济管理学院陈丽清编写前言、第一章、第五章、第九章，陈丽清与浙江理工大学科技与艺术学院李志平编写第七章，浙江理工大学科技与艺术学院李志平编写第六章、第八章，陈丽清与浙江理工大学经济管理学院胡征月编写第四章，陈丽清与浙江工商大学工商管理学院沈青编写第二章、第三章。

在本书的编写过程中，我们参阅了论著、报纸、杂志、网站上的一些相关资料，恕不能一一列举，这里谨向这些论著、报纸、杂志、网站资料的作者表示深深的敬意和由衷的感谢！特别感谢曾被评为“宁波十大杰出青年”的吴岱元先生！最后，恳切希望广大读者对本书提出宝贵的意见和建议，使之更臻完善。

陈丽清

目录

第一章

公共关系总论

学习目标

1. 掌握公共关系的定义；
2. 掌握公共关系状态和公共关系活动；
3. 掌握公共关系学的学科归属与特点；
4. 了解公共关系学与广告学的联系与区别；
5. 了解公共关系学与市场营销学的联系与区别；
6. 了解公共关系的产生与发展。

案例导入

2012“保护母亲河行动”欧莱雅项目

“保护母亲河行动”是由共青团中央、全国绿化委员会等国家八大部委组成的领导小组共同发起的一个面向青少年、动员全社会的大型生态环保公益活动。2008 年，欧莱雅中国正式与“保护母亲河行动”建立合作，连续三届独家赞助“母亲河奖”。2010 年，欧莱雅成立“保护母亲河欧莱雅基金”，为青少年绿色家园建设和全国青少年生态环保社团项目提供更加切实的帮助。

2012 年，“保护母亲河行动”欧莱雅项目开展了一系列环保活动：黄河流域青少年植树活动——欧莱雅（中国）与其卡尼尔品牌在黄河沿线九个片区捐建“保护母亲河卡尼尔青年林”，最终建立了每片不少于 200 亩、总面积 1 800 余亩的树林；全国生态环保社团骨干培训——独家赞助全国生态环保社团骨干培训班，并特别策划“青年绿色领导力论坛”专场活动。根据不同区域的环境问题，以“水资源保护”、“维护生态平衡”及“绿色城市 • 绿色生活”为主题，立足天津、甘肃和上海，辐射中国北部、西部和东南部三个区域，来自全国的 313 名社团骨干接受了培训；欧莱雅中国“青年环保社团”网络行动——结合全国生态环保社团骨干培训开展环保绿“聚”人线上活动，利用人人网，建立欧莱雅“青年环保社团”

活动页面，鼓励网友加入“保护水资源”、“保护生态平衡”或“绿色城市”为主题的阵营，发表环保宣言，通过“聚合”网友声音和力量来完成环保任务，此次活动超过6万人参与，发表环保宣言逾 12 万条；保护母亲河—小额资助欧莱雅项目——针对以大学生为主的青年环保社团骨干，以支持经费与进行奖励相结合的方式对符合条件的70个项目进行资助；第六届“母亲河奖”——旨在表彰为保护母亲河、保护生态环境做出突出贡献的社会人士和组织，提高广大青少年及社会公众的环保意识。

欧莱雅（中国）传播总监于李莉负责带领团队策划并执行2012年“保护母亲河行动”欧莱雅项目相关的线上线下传播计划、黄河流域植树、青少年社团骨干培训活动等。

（资料来源：http://www.17pr.com/viewnews-128452.html 中国公共关系网）

讨论题：欧莱雅项目体现了公共关系哪些学派的思想观点？

第一节　公共关系的定义、要素、特征与作用

一、公共关系的定义

公共关系的定义是公共关系学研究中首先面临的问题，也是公共关系理论中的核心内容之一，更是学术界争论不休的课题。公共关系一词源自英文的Public Relations。Public 意为“公共的”、“公开的”、“公众的”，Relations 即“关系”，两词合起来用中文表述便是“公共关系”，有时又称“公众关系”、“机构传讯”。自公共关系诞生以来，人们给其下一个准确定义的努力就没有停止过。由于每个人的认识角度不同，对公共关系内涵的理解也各异，于是就形成了许许多多的公共关系定义。20 世纪 70 年代中期，美国著名的公共关系学者莱克斯•哈洛博士就收集到47个公共关系的定义；还有人说，公共关系的定义已有上千条之多。于是有人幽默地说，有多少公共关系学者便有多少种公共关系的定义，有多少公共关系学派便有多少种公共关系的定义。

（一）不同学派的公共关系定义

1. 经营哲学学派

经营哲学学派是从经营哲学方面来探讨公共关系的内在含义。经营哲学学派认为，公共关系是一种影响和制约组织政策和行为的经营观念和管理哲学。企业的生存价值：企业的生存价值除了追求利润外，重要的是创造顾客。企业的社会责任：“取之于社会，用之于社会。”企业在大社会中得到的利益，巧妙地运用在社会上，不仅完成了社会责任，也增加了利润机会。企业的人性化——建立良好的公共关系，企业不应只顾及自身利益，实现利润的增长。企业的财富汲取于社会，就应承担相应的社会责任，为大众着想，以公众利益为前提，于是公共关系便应运而生。公共关系对企业业绩的影响：公共关系是企业业绩发展的生命线，作为一个组织，一定要注意培养良好的公共关系，来提高业绩。

2．管理职能学派

管理职能学派把公共关系看做和计划、财务一样的管理职能。其中，美国人莱克斯·哈洛博士的定义便是典型代表。他认为，公共关系是一种特殊的管理职能，它帮助一个企业建立并保持与公众之间的交流、理解、认可与合作；它参与处理各种问题与事件；它帮助管理部门了解民意，并对其做出反应；它确定并强调企业为公众利益服务的责任；它作为社会趋势的监视者，帮助企业保持与社会同步；它使用有效的传播技能和研究方法作为基本工具。

国际公共关系协会同样认为公共关系是一种管理职能，其定义是：公共关系是一种管理功能，它具有连续性和计划性。通过公共关系，公立的和私人的组织机构试图赢得与它们有关的人们的理解、同情和支持——借助对舆论的估价，以尽可能协调自己的政策和做法，依靠有计划的、广泛的信息传播，赢得更有效的合作，更好地实现它们的共同利益。美国著名公共关系学者卡特利普和森特认为：公共关系是这样一种管理功能，它能建立和维护组织与公众之间的互利互惠关系，而一个组织的成功或失败取决于公众。

3．传播职能学派

英国著名的公共关系专家弗兰克·杰弗金斯认为：公共关系是由为达到相互理解有关特定目标而进行的各种有计划的沟通联络所组成的，这种沟通联络处于组织与公众之间，既是内向的，也是外向的，是组织及其公众为了达到相互理解的特定目标而进行的各种形式的传播沟通活动。美国学者多菲尔和博纳特曾经针对国际传播学会中 13 个独立学科门类的“语意网络距离与位置”进行研究，结果发现：其一，在“大众传播”与“人际传播”的二维向度上，公共关系与“大众传播”的语意距离相对较近；其二，在“大众传播”与“组织传播”的二维向度上，公共关系约与两者等距；其三，在“政治传播”与“女性主义”的二维向度上，公共关系与“政治传播”的距离相对较近。这些研究表明，公共关系的传播学研究涉及多种形态的传播。管理学派偏重组织传播和人际传播的方法，传播学派则更偏重大众传播的方法。

4．传播管理职能学派

传播管理职能学派将管理和传播结合起来，强调公共关系的传播管理行为和职能。这种观点既简洁又准确地揭示了公共关系的基本要素和本质特征。该学派的提出者是美国的詹姆斯·格鲁尼格，他认为，“公共关系是一个组织与其相关公众之间的传播管理”。国外一些大型的百科全书或综合词典也从传播或沟通的角度来定义公共关系。《美利坚百科全书》中的定义是：公共关系是关于建立一个组织同其既定公众之间相互了解的活动。《大英百科全书》中的定义是：公共关系是旨在传递有关个人、公司、政府机构或其他组织的信息，并改善公众对其态度的种种政策或行动。《韦伯斯特新国际词典》中的定义是：公共关系是通过传播大量有说服力的材料，发展邻里的相互交往和预测公众的反应，从而促进个人、公司或机构同他人、各种公众及社区之间的亲善友好关系。

5．形象学派

维基百科把公共关系定义为“为企业、非营利组织或成功人士，如明星和政治家保持公众形象的一个行业”。形象被认为公共关系的产品或结果。形象虽然在国际公共关系中比较流行，但是，形象的研究主要集中在媒介形象的塑造，而且讨论的问题也基本落实在操作层次，是一种“术”的研究。中国的形象学派在广度和深度上，都有一些令人瞩目的发展，其代表人有明安香、居易和余明阳。

总之，形象管理与形象经营涉及形象的建设、形象的推广、形象的维护、形象的调整、形象的变迁和形象的发展，在对形象这一无形资产进行充分开发和利用的同时，形象学派也强调要确保这一资产的保值增值。

6. 营销学派

公共关系的营销学派在不同场合和不同层次上又被称为整合营销传播学派、社会营销学派、营销公共关系学派。这个学派的形成业界普遍认为是以1993年舒尔茨等出版的《整合营销传播》为标志的。公共关系营销学派创造了一系列与公共关系密切相关的新概念、新理论，给营销理论和公共关系理论注入了新的活力。其中最有影响力的有社会营销理论（科特勒，1971年）、事件营销理论（豪埃尔，2002年）、公益营销理论、社会责任营销理论、关系营销理论等。创新营销属于社会营销的一个领域，因为创新传播与扩散首先涉及的是观念的创新与扩散。这与公共关系的功能有着密切的关联，也是公共关系最擅长的一个领域。

狭义的公共关系营销学派强调公共关系在产品和服务的市场推广中的作用，把公共关系作为市场营销的辅助手段来研究。广义的公共关系营销学派是社会营销学派，该学派认为观念、主张、政策、产品、服务等都存在着市场，要让社会和他人接纳，都有市场推广和营销的问题，公共关系的责任就是推销一切需要推销的东西。

公共关系营销学派使关系管理变得更深入、更现实、更具操作性，而且使关系与经济联系得更紧密。就全球范围的趋势看，营销公关、危机公关、新媒体公关是公共关系行业近年来发展最迅速的领域，也是公共关系学者研究和关注的重点。我们不得不承认，就目前看来，无论理论创新还是实践创新，公共关系的营销学派在所有派别中都是最强劲的学派之一。

7. 政治学派

政治学派以关注公共关系的政治现实为特点，它虽然以社会关系的政治敏感性见长，但该学派并不是把公共关系的主体定位在政治组织。他们用政治学的眼光审视公共关系，善于用政治资源运作公共关系，习惯于把公共关系研究的视野聚焦在与政治有关的活动领域，从而形成了自己的独特理论。它把利益置于公共关系分析和运作的核心地位，并突出政治利益对关系格局的影响。与经济利益比较，政治利益具有更为广阔的公共关系意义和内涵。在西方，政治学派的代表人物首推爱德华·伯内斯；在中国，政治学派的代表人物是翟向东。公共关系政治学的三个原则分别是：政治制度是社会宏观公共关系的基础，公共关系服务并服从于政治的需要，社会和谐是政府公共关系的政治目标。政治公关的大趋势是从“生产力”到“软实力”、从“GDP”到“GHP”。政治学派的理论以宏观见长，但这种理论对其他领域的公共关系活动也有重要的指导意义。在社会中，任何一个组织的公共关系都会融入宏观的公共关系环境之中。

8. 生态学派

从生态学的意义看，公共关系就是让组织适应社会生态环境的过程。它把自己的视野扩展到社会—自然复合的生态大系统之中，它追求生态意义上的和谐，包括人与自身的和谐、人与社会的和谐、人与自然的和谐。陈先红在《公共关系生态论》一书中，把公共关系定义为“组织—公众—环境系统的关系生态管理”。而李道平主张的协调学派，也可以归入生态学派的调适理论之中。

组织的社会生态与自然生态主要包括资源依赖与环境输出（陈先红，2009年）、绿色公关、自然生态与社会生态协调一致理论。而绿色公共关系运动可以说是自然生态与社会生态共同作用的结果。现在，常规性的、碎片化的关系协调，使得公共关系变得泛化。公共关系无处不在，公共关系又无法以自己完整的形态存在。

9. 东方文化学派

东方文化学派又可以称为国学学派，其含义是指研究中体现出来的中国传统文化和中国式的东方公关智慧。在公共关系的理念层面上，该学派注重研究儒家和道家思想对现代公共关系的意义；在战略和策略层面上，该学派看重纵横家、兵家和鬼谷子的谋略。古典文学作品也是该学派寻找公关营养的地方。

（二）本书给出的公共关系定义

本书认为，公共关系是组织运用传播手段，进行协调公众关系、改善发展环境、树立良好形象的管理活动。这一定义有以下几层含义。首先，公共关系是一种特殊的、团体型的社会关系。它揭示了组织和公众的关系状态，发生这种关系的前提是组织与公众有某种利益上的牵连。如果没有这种双向的、互动利益上的联系，是不能构成公共关系这对矛盾的。其次，公共关系是一种管理活动，它是组织为了实现其目标进行的实践活动，通过对各项活动的管理，逐次推进目标的实现。再次，公共关系的重要任务是树立良好的组织形象。通过树立良好形象，增强组织的吸引力、凝聚力、感召力，形成归属感，提高组织的知名度与美誉度，这样才能实现组织目标和公关目标。最后，组织总是在一个具体的环境中来实现组织目标和公关目标的。因此，环境是否良好与组织的利益关系极大。通过公关活动来改善环境，使环境对组织有利，还要运用信息的传播与沟通的手段，把信息定向传播，然后收集公众反馈信息并运用相关原则、原理，指导协调好与公众的关系，创造良好的关系状态，帮助组织实现各种目标。因此，可以认为公共关系就是一种形象的管理活动。

二、公共关系的基本要素

1. 公共关系的主体——社会组织

在人类社会生活中，人与人之间会发生各种各样的联系和交往，在这些交往活动中，人们发现个人的活动往往会受到种种限制，因而逐渐产生了各种社会组织。社会之所以丰富多彩、不断发展，就是因为各种组织之间在不停地相互影响和作用，新的组织不断地产生并努力壮大，已有的组织竭力维护自己的利益以实现扩张。

组织的生存和发展与很多因素有关，自身的实力、良好的管理、适宜的环境是组织成功的基础，公共关系作为一种管理职能，是从如何建立和维护组织与公众之间的互惠互利关系、树立组织良好形象的角度来促进组织的发展的。公共关系是一种组织活动，而不是个人行为，因此，组织是公共关系活动的主体，是公共关系的实施者、承担者。我们在理解公共关系时，特别要注意这点，不要把一些个人的行为也说成公共关系。例如，某公司总裁以个人名义向野生动物基金会捐款，这是个人行为，而不是公共关系；但当他以公司的名义捐这笔款时，我们便可把这种行为理解为一种旨在提高组织的知名度和美誉度、扩大组织影响的公共关系行为。

2. 公共关系的客体——公众

简单地说，公众就是公共关系对象的总称。正如前面有些定义所说的那样，公共关系是一种特定关系，当我们谈到关系时，必然要涉及双方。对公共关系而言，这个相互影响、相互作用的双方便是组织与公众。因此，从这个角度说，公共关系就是公众与组织的关系。任何组织都有其特定公众，而公共关系便是组织主动地去与公众建立和维护良好关系的过程。但这并不意味着作为客体和对象的公众是完全被动的、被人随意摆布的，公众随时都可以表达自己的意志和要求，主动地对公共关系主体的政策和行为做出积极反应，从而对公共关系主体形成舆论压力和外部动力。公众还有一个最有效的权力——用脚投票。当公众因为不满意而使用这项权力时，他们可能不会当面抗议，也不会大吵大闹，但他们会抛售股票，不再光顾某家商店、某家银行、某家饭店、某个旅游景点。因此，组织在计划和实施自己的公共关系工作时，必须认清自己的公众对象，分析研究自己的公众对象，并根据公众对象的特点及变化趋势去制定和调整公共关系政策和行动。公众具有同质性、相关性和群体性的本质特征。

3. 公共关系的运作手段——信息传播

公共关系中的传播是指组织传播媒介向公众进行信息或观点的传递和交流。这是一个观念、知识或信息的共享过程，其目的是通过双向的交流和沟通，促进公共关系主体和客体即组织和公众之间的了解、共识、好感和合作；其手段主要有人际传播、组织传播和大众传播等形式。

有的学者强调信息传播这个要素的重要性，认为对传播过程和模式的研究是公共关系的主要内容，甚至觉得离开了传播、沟通，就无法界定公共关系。这种观点当然有一定的道理。但当我们把公共关系作为一个整体、一个系统来考察时，就会发现传播和公众、组织一样，都只是公共关系这个大系统的一个要素，传播只是组织和公众之间建立关系的一种手段，传播媒介则是实现这种手段的工具。只有这两者有机结合、共同作用，才能产生整体大于部分之和的协同效应，才能使组织的公共关系活动得以顺利开展，使组织得以在公众面前建立和维持良好的公共关系形象。

三、公共关系的基本特征与作用

（一）公共关系的基本特征

1. 以形象为目标

在公众中塑造、建立和维护组织的良好形象是公共关系活动的根本目的，而这种形象既与组织的总体有关，也与公众的状态和变化趋势直接相连。这就要求组织必须有合理的经营决策机制、正确的经营理念和创新精神，并根据公众、社会的需要及其变化，及时调整和修正自己的行为，以便在公众面前树立良好的形象。可以这么说，良好的形象是组织最大的财富，是组织生存和发展的出发点和归宿，组织的一切工作都是为了顾客展开的，失去了社会公众的支持和理解，组织也就没有存在的必要了。

2．以沟通为根本

在现代社会，社会组织与公众打交道，实际上是通过信息双向交流和沟通来实现的。正是通过这种双向交流和信息共享过程，才形成了组织与公众之间的共同利益和互动关系。这是公共关系区别于法律、道德和制度等意识形态的地方。在这里，组织和公众之间可以进行平等自愿、充分的信息交流和反馈，没有任何强制力量，双方都可畅所欲言，因而能最大限度地降低不良的副作用。

3．以互惠互利为原则

对于一个社会组织而言，当然应该追求自身利益的最大化，但很多组织在这一过程中迷失了方向，有的为求得一时之利，却失去更多，有的甚至什么也没得到。造成这种现象的根本原因就在于：利益从来都是相互的，从来没有一厢情愿的利益。人际交往中人们常说：与人方便就是与己方便；而对社会组织而言，只有在互惠互利的情况下，才能真正达到自身利益的最大化。组织的公共关系工作之所以有成效、有必要，恰恰在于它能协调双方的利益，通过公共关系，可以实现双方利益的最大化。

4．以真实为信条

追求真实是现代公共关系工作的基本原则，自从“现代公关之父”美国人艾维·李提出讲真话的原则以来，告诉公众真相便一直是公共关系工作的不二信条。尤其是现代社会，信息及传媒手段空前发达，这使得任何组织都无法长期封锁消息、控制消息，以隐瞒真相，欺骗公众。正如美国总统林肯所说，你可以在某一时刻欺骗所有人，也可以在所有时刻欺骗某些人，但你绝对不能在所有时刻欺骗所有人。因此，公共关系强调真实原则，要求公关人员实事求是地向公众提供真实的信息，以取得公众的信任和理解。

5．以长远为方针

公共关系是通过协调沟通来树立组织形象、建立互惠互利关系的过程，这个过程既包括向公众传递信息的过程，也包括影响并改变公众态度的过程，甚至还包括组织转型，如改变现有形象、塑造新形象的过程。所有这一切都不是一朝一夕就能完成的，必须经过长期艰苦的努力。因此，公共关系是组织的一项长久性的工作，公共关系应着眼于长远利益。

（二）公共关系的作用

1．对社会组织的作用

（1）收集信息，监测环境。社会组织要运行得当，就必须了解自己运行的现实环境，尤其是现实环境中的公众。而通过公共关系获取大量信息，是了解自己与环境及其关系的最有效的手段。组织的环境信息主要包括政府的法制信息及决策信息、公众需求信息、公众对产品形象评价的信息、公众对组织形象评价的信息等，这些信息起到了组织“环境监测器”的作用。

（2）输出信息，扬名立善。现代社会中尽管社会组织的目标各不相同，但在目标的实现过程中有一点是相同的，就是让公众了解自己。公众越了解自己，目标就越容易实现。而让公众了解自己的最好途径就是组织输出信息，提高组织的知名度和美誉度。组织要想发展壮大，一方面是要保证产品或劳务的质量，另一方面也要做好宣传。外部公共关系是塑造组织形象的重要环节，名牌战略及名牌效应、名流关系及名流效应就是最好的验证。

（3）协调关系，增进合作。公共关系是“内求团结、外求发展”的一门艺术。其重要职能就是通过协调使一个组织中的所有部门的活动同步化与和谐化，使组织与环境相适应。协，是协商，即遇事不能由自己一方说了算，要双方坐下来协商讨论，寻得利益的一致；调，是调和，即坚持互惠互利的原则，求得双方利益的统一。

（4）咨询建议，参与决策。社会组织的运行是在决策的指导下进行的，决策的可行与否及可行度的大小，均取决于决策者的选择，而选择的根据则是对信息量的掌握程度。公共关系部是公众向组织反馈信息的中间环节，收集到的信息都是来自社会各方面的、与组织有关的真实信息，将信息有选择、有分析地传递给组织的决策者，为决策者的选择提供服务。

（5）危机管理，处理突发事件。组织所处的环境可分为已知和未知两部分，而未知部分又必然会带来组织运营、发展中的某种不确定性。当这种不确定性在短时间内变为现实时，就会发生“突发事件”。由于这类事件具有突然性、变化快、影响大、处理难度大、余波长等特点，因此组织的管理者时刻都要有危机管理意识。公共关系在危机管理中的作用体现在：事先预报，避免发生；提前准备，减少损失；紧急关头，稳定人心；做好善后，挽回损失。

2．对社会的作用

（1）促使社会互动环境的优化。社会互动是指社会上人与人、群体与群体之间的交往和相互作用。公共关系涉及群体与群体、群体与个人及社会人际间互动，它通过沟通社会信息、协调社会行为、净化社会风气来实现对社会互动环境的优化。

（2）促使社会心理环境的优化。西方心理学家预言，21世纪对人类威胁最大的不是洪水、战争，而是心理疾病。公共关系提倡人们通过交往摆脱孤独和隔阂、恐惧和忧虑，从而促使社会心理环境优化。

（3）促使社会经济环境优化。公关倡导公平竞争，使营利性组织争取最好的经济效益，从而带动整个社会经济繁荣。

（4）促使社会政治环境优化。通过建立民主政治，树立“民本位”思想，增强社会管理人员公仆意识和人民群众主人翁意识，满足人民群众参与社会公共事务决策和管理的愿望。

3．对个人的作用

（1）促使个人观念的更新。公共关系是塑造组织形象的艺术，组织形象与个人形象是分不开的。它灌输给每个人有关形象的意识，在注重组织形象的同时也必须注重个人的形象；公共关系强调“顾客第一”、“公众至上”，以尊重公众的意愿、满足公众的需求为己任，培养人们强烈的尊重他人的意识；公共关系工作广结人缘，沟通信息，带给人们一种现代交际观念；公共关系谋求组织与公众之间的合作，表现出强烈的合作意识，并把这种合作意识灌输给每个人。

（2）促使个人能力的提高。为了树立组织的形象，公共关系部常以独特新颖、出奇制胜的专题活动吸引公众，这种创造性的活动需要富有创造能力的人来胜任，在工作中培养了人的创造能力；公共关系活动常要和各种人、各种矛盾、各种冲突打交道，要处理各种突发事件，要适应不断变化的公众和环境，因而促使个人交际能力、自我调节能力、应变能力的提高。

四、公共关系状态和公共关系活动

（一）公共关系状态

公共关系状态又称公共关系情势，是指一种客观存在的状态，即一个组织所处的社会关系状态和社会舆论状态。公共关系状态可以表现为良好、恶劣、紧张、失控、优控、失调、平衡等。

公众对组织的态度大致有三种，即支持、反对和中立。公众对组织的态度是支持的，那么组织的公共关系状态就是良好的；否则，公众对组织的态度是反对的，那么组织的公共关系状态就是恶劣的。通过对公共关系状态的分析，了解和掌握有多少公众对组织持支持态度，有多少公众对组织持中立态度，有多少公众对组织持反对态度，在公共关系工作的开展过程中就要针对不同状态，提高公众对组织的知晓程度，改变公众的态度。在实际工作中，我们还可以发现从中立到反对之间，还可细分为敌意、偏见、无知和冷漠四种态度。敌意是一种坚决反对的态度，产生旧怨或同组织有着直接的利益矛盾，往往难以靠一般的公共关系实务工作改变其态度，只好在等待时机的同时，尽量注意化敌意为和平相处。偏见、无知和冷漠大多来自对事物缺乏全面、真实的了解，应持续不断地进行多方位的宣传介绍，为这部分公众提供充分了解的机会，使其在沟通和事实的双重作用下，逐步转变态度。总之，面对态度不同的公众，公共关系工作必须努力做到化反对为中立，化坚决反对为一般反对，化中立为支持，化一般支持为坚决支持。应该明确，公共关系工作的开展，就是一个影响、改变公众态度，引发公众对组织有利的行为的过程。

（二）公共关系活动

公共关系活动是指社会组织有目的、有计划地为改善某种公共关系状态而进行的实践活动。对这点的认识同样要把握以下几点：首先，公共关系活动的基础是公共关系状态，状态在先，活动在后。其次，任何公共关系活动都有一定的主体形态，以一定的组织机构为支点，依靠一定的手段，通过特定的活动方式去开展。最后，公共关系活动的对象是与特定社会组织有关的其他组织、群体或个人。一般把公共关系活动分为两种：一种是日常公共关系活动，另一种是专业性公共关系活动。例如，“窗口岗位”工作人员的热情服务、礼貌待客、员工的日常形象等都属于日常公共关系活动；而广告策划、专题活动、危机事件的处理、新闻策划等则属于专业性公共关系活动。

公共关系活动与广告、市场营销、宣传等活动存在着明显的区别。

1．公共关系活动与广告活动的区别

（1）传播目标不同。公共关系的目标是赢得公众的信赖、好感、合作与支持，树立良好的整体形象，“让别人喜欢我”；广告的目标是激发人们的购买欲望，对产品产生好感，“让别人买我”。

（2）传播原则不同。广告的信息传播原则是引人注目。只有引人注目的广告，才能使企业的产品和服务广为人知，激发人们的购买欲望，最终达到扩大销售和服务的目的。公共关系传播的首要原则是真实可信，其传播的信息都应当是真实的、可信的，绝不能有任何虚假。

当然，公共关系信息传播也要讲究引人注目，但“引人注目”是从属于真实性，是为真实性服务的。

（3）传播方式不同。广告为了引人注目，可以采用各种传播方式，包括新闻的、文学的及艺术的传播方式，可以采用虚构的乃至神话的夸张手法，以激起人们的兴趣，激发人们的购买欲望。但公共关系的传播方式，最重要的是靠事实说话，其信息传播手段主要是新闻传播的手段，如新闻稿、新闻发布会、报纸、杂志等。这些传播手段的特点是靠信息的真实性、客观性及其内在的新闻价值说话，成功的关键不在于当事人运用哗众取宠、耸人听闻的表现手法，而在于善于选择适当的时机、采用适当的形式、通过适当的媒介，把适当的信息及时、准确地传递给目标对象——公众。

（4）传播周期不同。通常来说，广告的传播周期是短暂的，短则十天半月，长则数月一年，一般不会太长。相对来说，公共关系的传播周期则是长期的，其任务主要是树立整个企业的信誉和形象，急功近利的方式是很难奏效的。

（5）所处地位不同。一般来说，广告在经营管理的全局中所处的地位是局部性的，其成败好坏对全局没有决定性的影响。但公共关系工作不同，它在经营管理中处于全局性的地位，贯穿于经营管理的全过程。公共关系工作的好坏决定着整个企业的信誉、形象，决定着整个企业的生死存亡。

（6）效果不同。一般来说，广告的效果是直接的、可测的，其经济效果是显而易见的，对某项广告而言，其效果也往往是局部的，只影响某个产品或某项服务的销路。因此，广告的效果是局部性的、战术性的，而公共关系的效果则是战略性的、全局性的。一旦确立了正确的公共关系思想并开展了成功的公共关系工作，企业就能在外界树立起良好的信誉和形象，使企业受益无穷，而且社会各界也会因此受益匪浅。成功的公共关系所取得的效益，应该是包括政治、经济、社会等各方面效益的社会整体效益。一般来说，这样的整体效益是难以通过利润的尺度来直接衡量的。

2．公共关系活动与市场营销活动的区别

公共关系与市场营销的关系是紧密的，但它们之间的区别也是明显的。

（1）目的不同。市场营销的直接目的是销售产品，从而进一步扩大赢利，产生企业效益；公共关系的目的是树立组织形象，产生良好的公众信誉，从而使组织获得长足的发展。

（2）手段不同。市场营销所采用的手段是价格、推销、广告、包装、商标、产品设计、分销等，这些手段紧紧地围绕着产品销售的目的。而公共关系所采用的手段是宣传资料、各种专题活动，如记者招待会、社会赞助、典礼仪式、危机处理等活动。

（3）目标不同。市场营销是在一个长期的基础上，吸引和满足顾客，以便赢得一个组织的经济目标，其基本责任是建立和维护一个组织的产品或服务市场。公共关系通过长期努力，赢得组织的良好形象，不仅获得经济利益，还包括社会方面的利益，其基本责任是建立和维护组织与公众之间的互惠互利的关系。

（4）聚焦不同。市场营销主要聚焦于顾客的交换关系，其基本过程是通过交换既满足顾客需要又赢得经济利益。公共关系涉及各类公众，包括顾客公众和非顾客公众，如雇员、投资者、政府、特殊利益集团。

（5）公共关系和市场营销在范围上也不存在谁包含谁的问题，有效的公共关系通过维护和谐的社会关系和政治环境促进市场营销工作；而成功的市场营销同样有助于建立和维护组织与公众之间的良好关系。

案例分析 1-1

海南养生堂公司的营销活动与系列公关活动

1. 海南养生堂公司广告语

农夫山泉有点甜。

龟鳖丸电视广告父子篇系列的“养育之恩，何以为报”。

养生堂牌多种维生素矿物质片构筑人体健康基石，营养均衡添活力，助你远离亚健康。

养生堂牌天然β-胡萝卜素软胶囊天然品质，安全抗氧化、呵护双眼更有效。

养生堂蜂王浆蜂胶软胶囊原料取自“蜂巢里的黄金”，蜂王浆蜂胶双效合一，延缓衰老。

养生堂 20 年，坚持致力于健康事业，专业并专注。更多天然营养素补充剂陆续上市，敬请期待！

2. 海南养生堂公司非常重视企业在公众心目中的形象

海南养生堂自创办以来，发动和开展了一系列公关活动，如赞助中央电视台“1998 法国世界杯足球赛”演播；设立“谈家桢生命科学养生堂奖学金”；与宋庆龄基金会合作进行“饮水思源”活动，筹集到的资金全部捐赠给该基金会用于帮助水源地的贫困孩子；养生堂的朵而杯“我心目中的好妻子”征文大赛、朵而女性新主持人大赛、“女人什么时候最美”朵而设问征答活动；“健康中年”体质检查活动”；邀请诺贝尔医学奖得主穆拉德博士来访讲学；炎热的夏天为高考考场外守候的家长们撑遮阳伞；为了增强消费者的信任，养生堂还发起规模空前的“养生堂龟鳖丸海南寻真行动”，来自全国 8 省市经公证产生的 435 名消费者和社会各界代表应邀赴海南养生堂生产基地考察，为养生堂龟鳖丸作证，被誉为“向消费者亮底，从消费者角度出发，沟通企业与消费者的绝好行为”。

（资料来源：根据养生堂官网等网站资料整理而成）

【案例评析】第一段属于海南养生堂公司的营销广告促销活动，目的是“广而告之”。第二段属于海南养生堂公司的系列公共关系活动，目的是“爱上养生堂”，树立海南养生堂公司的组织形象，产生良好的公众信誉，从而使组织获得长足的发展。

3. 公共关系活动与宣传活动（以政治宣传为例）的区别

（1）两者是否具有强制性的不同。公共关系在形象上面的宣传不具有强制性。从受众角度来说，公共关系宣传更多地呈现双向性和互动性，政治宣传则更多地呈现单向性。而且公共关系在塑造和宣传组织形象时，不具有强制性，它只能以情感人、以真感人，允许反面意见，更允许存疑；政治宣传则具有强制性。

（2）两者的服务对象不同。公共关系宣传为组织服务，政治宣传为特定的集团服务。组织进行公关宣传是为了在公众心目中树立高知名度、高美誉度、高和谐度，通过让公众爱上组织，再爱上组织的产品和服务。政治宣传就是为了让政治集团的形象深入人心，让公众拥护它、支持它，以求政治价值最大化。

（3）两者的实现手段不同。公共关系宣传是通过交流沟通来实现的，但主要是小范围的或点对点的互动过程，语气是平和的，公共关系教育在于交流沟通，只能宣传自己、褒扬自己，让自己脱颖而出。而政治宣传的交流沟通一般叫谈话，或者叫思想政治工作，其目的是了解对方的想法，说出自己的想法，希望对方接受自己的观点，很多属于强行灌输，它通过揭露对方、提出对方观点的谬误从而为自己观点的确立提供最大的空间，是打击敌人的利器。

第二节　公共关系学

从理论上来看，公共关系学是一门学科。公共关系学是以组织与其公众之间的各种关系和开展公共关系活动的规律为主要研究对象的一门独立学科。它有自己的概念、原理、原则、范畴和具体的操作技巧及规律，并随着公共关系实践的发展而不断完善和丰富。它既是一门高度综合的边缘性、交叉性学科，也是具有可操作性的综合性应用学科。

一、公共关系学的学科归属与特点

（一）公共关系学的学科归属

公共关系学是以组织与其公众之间的各种关系和开展公共关系活动的规律为主要研究对象的一门独立学科，其属于现代管理学和现代传播学的一个应用分支。公共关系学以建立社会组织与社会公众之间良好的沟通关系，在社会公众心目中树立社会组织的良好形象为主线贯穿始终。随着社会主义市场经济的发展，公共关系学在理论上对社会组织尤其是经济组织提出的指导原则和在实践上对这些组织提供的全方位服务已经被越来越多的社会组织所接纳。在现代社会中，没有公共关系意识的社会组织，不可能成为优秀的组织，没有公共关系能力的企业，不可能赢得社会公众的信赖，从而取得市场竞争的主动权。

（二）公共关系学的学科特点

1．学科新、发展快

公共关系学产生于20世纪20年代的美国，80年代初才传入我国。应该说这是一门崭新的学科，还处在不断发展和完善的过程中。

2．理论与实践紧密结合

公共关系学有自己独立的学科体系，有自己现实的操作价值。公共关系理论用于指导公共关系实践，并在实践中接受检验；公共关系实践是在公共关系理论指导下开展的各项公共关系活动。它体现了公共关系学的实用性和可操作性。

3．综合性、边缘性和多功能融为一体

公共关系学是在更多相关学科的基础之上发展起来的一门学科，是在管理学、社会学、

心理学、传播学、广告学、市场营销学等学科的知识、方法和手段的相互交叉重叠中生长起来的新学科。它所应用的操作方法也广泛而多样。公共关系学作为综合性的应用科学，发挥着多种功能。

二、公共关系学与广告学的联系与区别

（一）公共关系学与广告学的联系

在现代社会中，公共关系学与广告学出现了诸多领域的融合与交叉。首先，公共关系在许多时候利用广告的形式来宣传组织、树立形象，广告也在不断地吸收公共关系的思想来调整、修正、完善传统的广告活动。传统的广告往往直接诉求产品信息，而现代广告则开始以树立产品的形象为侧重点。其次，公共关系和广告在传播组织信息时，是从不同角度传递给公众有关组织的不同信息，但目的都是为组织整体目标服务，从而树立组织及产品服务的完整形象。最后，广告学与公共关系学出现融合趋势。

（二）公共关系学与广告学的区别

1．公共关系学与广告学出现的先后时间不同

广告学先于公共关系学而成熟和系统化。广告学产生于20世纪初，是随着商品经济的发展和心理学由普通理论向实验阶段转变而产生的，并受到传播手段多样化和现代化趋势的直接推动。而公共关系学作为一门学科是在20世纪20年代后随着经济领域高度社会化和商品化、政治领域和文化传播手段现代化的发展而形成的。广告学的产生和发展推动了公共关系学的形成和发展。

2．两者研究的对象不同

公共关系学研究的对象是公众，研究的是怎样协调好组织与公众的关系。而广告学的研究对象是广告活动和广告事业的产生与发展规律，它是研究广告活动的历史、理论、策略、制作与经营管理的科学。

3．两者研究的目标不同

公共关系学研究的是树立组织的美好形象，因而主要研究公共关系三大目标——知名度、美誉度、和谐度及为达到高知名度、高美誉度、高和谐度而采取的公共关系策划、实施和评估，目标是“品牌塑造，美化形象”。广告学则研究和探讨一切社会制度下所共有的、各种不同社会制度下所特有的广告活动及其发展规律，如何通过策划一个好的广告达到“广而告之”的目的，从而达到“品牌维护，促进销售”的目标。

4．两者的沟通模式不同

公共关系学研究发现，公共关系活动应该呈全方位和双向沟通模式，充分显示组织的宗旨、实力、信誉和社会责任，营造一种全面的社会舆论影响公众，使其对组织产生良好的总体印象。而广告学研究发现，广告一般是一种单向式的传递诉求信息，以影响人们的观念和行为。

5. 两者研究的广告不同

公共关系学研究的是公共关系广告，广告学研究的是商业广告。公共关系广告与商业广告有以下五点区别。

（1）宣传内容不同。公共关系广告的内容较广泛，主要是介绍组织的整体特点，是“卖组织”，目的是使公众从了解、信任到帮衬组织。商业广告的内容主要是介绍组织产品和服务的特点，目的地是使公众从了解、喜欢到购买某商品。

（2）表达方式不同。公共关系广告的目的是塑造组织良好形象，较为含蓄，商业味淡、人情味重，公众色彩和社会色彩较浓。商业广告是为了推销组织的商品和服务，商业广告有浓厚的商业气息，总显露出催促公众去购买某种商品的意思。

（3）诉求重点不同。公共关系广告的主题是传播组织的观念、实力、善意、经济贡献、员工关系、公共服务项目、声誉和整体形象，注重长期的社会效益和经济效益。商业广告的主题是宣传或推销产品及服务，考虑近期的市场效果。

（4）诉求手段不同。公共关系广告侧重于利用广播、电视、报纸、杂志等媒体，运用专题活动、赞助活动等形式，且传播周期相对来说是较长的。商业广告可利用的广告媒体较为广泛，且商业广告的传播周期较短。

（5）广告效果不同。公共关系广告的效果主要体现在社会效益上，难以在短期内做出直接和定量的评价。商业广告的效果主要体现在经济效益上，可在短期内直接衡量。

案例分析 1-2

公共关系广告千奇百怪

香港有家五星级饭店，在其餐厅大门旁边，特意摆了一个金碧辉煌的橱柜，里面陈列着来自世界各地的名酒，有大半瓶的，也有小半瓶的，就是没有一瓶原装酒。另外，在每个酒瓶上还挂着一张精美的卡片，上面写着某先生或某夫人的名字。后来经了解，这些酒都是顾客喝剩的酒。那么这些“半瓶酒”陈列在橱柜里有什么作用呢？原来这是酒店吸引顾客的经营高招。一般到这家酒店用餐的顾客，饮的酒大都是价格昂贵的名酒，有时喝了以后剩下小半瓶，要带走却嫌麻烦或显得寒酸，但丢掉又觉得可惜。这一切都被酒店的员工看在眼里，并告诉了酒店的经理。经理立刻想到了一个好主意。于是，酒店便在餐厅门口设了一个大橱柜，存放顾客喝剩的半瓶酒，并在卡片上写下该顾客的名字，待顾客下次来就餐时接着饮用。这一新招就像一块无形的磁铁，吸引着顾客常常来这家酒店。当然，“回头客”越来越多，生意也越来越兴旺。另外，代保管半瓶酒也有一种意外的收获，那就是高档酒越来越好卖。因为人都是要面子的，橱柜摆在大堂里面，高档名贵的酒瓶上挂着自己的名字，就给人一种满足感和荣耀感。

北京同仁堂为了树立在公众心目中的好感，它们狠下了一番工夫。当时，北京城每年都要挖城沟，到了晚上，挖沟的地方一片漆黑，同仁堂就在所有开沟的地方设立路灯，灯上书写“同仁堂”三个大字。盏盏红灯闪耀在黑夜中，既方便了挖沟的民工和路上的行人，又巧妙地宣传了同仁堂药店，这个为公众服务的广告在北京人心目中留下了深刻的印象。

白浪河畔山东潍坊，正举行第四届国际风筝会和全国风筝比赛。在千姿百态、五颜六色的风筝群中，出现了一只堪称世界之最的硕大风筝。更让人惊奇的是下面还吊着一辆四轮拖拉机的模型，上面写着：潍坊拖拉机厂。当这只风筝高高飘扬在上万名中外来宾的面前时，立即引起了轰动。在以后的一段时间里，众人争说这只不寻常的巨大风筝，报刊刊载、电视台转播风筝会的实况，少不了提到这只挂着拖拉机模型的风筝。人们在赞叹制作风筝的高超艺术手法外，不知不觉地将潍坊拖拉机厂的产品信息储藏进了潜意识中，该厂的知名度与美誉度随着风筝的飘扬而提高。

（资料来源：周安华. 公共关系：理论、实务与技巧［M］. 北京：中国人民大学出版社，2010.）

【案例评析】公共关系广告区别于一般的商业广告，同时，公共关系广告也是广告，也需要艺术与创新，这样才能在公众心目中留下深刻的印象，起到用公共关系广告推销组织形象的作用。

三、公共关系学与市场营销学的联系与区别

（一）公共关系学与市场营销学的联系

1．共同的产生条件——商品生产的高度发展

市场营销学的产生是由于资本主义高度发展，使企业外部环境发生了很大的变化。一方面，买方市场形成，消费者对产品的需求变化很大，条件也越来越苛刻；另一方面，同行竞争也日益剧烈。企业面临这样一种情况，不得不重视“市场”和“营销”，重视企业外部公众。从这点上看，公共关系学的产生也是同样的，公共关系学也是在商品经济高度发展情况下，企业为争取消费者，不仅要在产品质量、技术、价格等方面竞争，更重要的是企业整体形象的竞争。为企业赢得良好的社会舆论，就必须与各方面建立良好关系，即开展公共关系活动。

2．共同的指导思想——用户第一、社会效益第一

新的市场营销观念是对市场营销观念的进一步补充和修正，不仅要满足消费者的需要和欲望并由此获得企业的利润，而且要符合消费者自身和整个社会的长远利益，要正确处理消费者欲望、消费者利益和社会长远利益之间的矛盾。

公共关系的最高原则是，“顾客总是正确的”，它典型地概括了社会组织与消费者的关系状态的最佳效果，而且直接反映了社会组织在调节消费者关系时应处于主动地位。虽然任何社会组织要生存都要追求效益，尤其对经济组织来说，不能不追求利润，讲究经济效益，但从公共关系的角度来说，一个社会组织不仅要讲自身的效益，而且要注重社会的整体效益，并且只有把个别社会组织的效益同整个社会的整体效益结合起来，才能立于不败之地。从这点上看两者的基本原则和要求是相吻合的。

3．相似的传播媒介——大众传播媒介

在公共关系与市场营销的业务活动中，要与对象进行沟通，都必须借助大众传播媒介。现代大众传播媒介可以使社会交往摆脱时空的限制，使市场摆脱国家、地区的限制。在现

代化社会中，一个组织无论从扩大影响的目的出发，还是为扩大产品销路，都离不开大众传播。

4．市场营销学把公共关系学作为组成部分

市场营销学在经历了产生阶段、应用阶段和革命阶段之后，在概念、原理、方法上发生了很大的变化，并且大量吸收了其他相关学科的内容。其中，在运用非价格部分策略之一的“促销策略”时，把公共关系看做促销手段之一，并吸收、运用公共关系的各种手段来达到销售目的。公共关系学被纳入市场营销学之中。

（二）公共关系学与市场营销学的区别

1．研究的工作对象不同

公共关系学研究的工作对象是目标公众，有内部公众（包括员工公众和股东公众）和外部公众（包括顾客公众、媒体公众、政府公众、社区公众、竞争者公众等），研究的是公众的分类特征及如何让公众爱上我们的组织。而市场营销学研究的工作对象是顾客、消费者，研究怎样对顾客进行市场细分、市场定位，让顾客购买产品和服务。

2．性质不同

公共关系是社会活动，所以公共关系学研究的是组织怎样通过公共关系策划搞好各项社会活动，称为“公共关系专项活动”。市场营销是商务活动，所以市场营销学研究的是组织怎样通过“广告、营业推广、人员推销、公关”四大促销手段从事商务活动，通过研究促销活动从而提高组织的销售能力和赢利水平。

3．研究内容不同

公共关系的目的是树立组织的美好形象，因而公共关系学主要研究公共关系三大目标及为实现三大目标而采取的公共关系策划、实施和评估。市场营销的目的是提高产品及服务的赢利，因而市场营销学主要研究的是如何进行营销策划。

4．信息传播的形式、媒介不同

公共关系学研究的信息传播是双向传播，信息传播的研究在公共关系学科里面占据着非常重要的地位，它以互惠为原则，以真诚为信条，以沟通为手段，主要借助于调研活动、举办或参加专题活动、媒介事件策划、赞助和支持公共事业等来及时跟踪公众需求趋势，尽力满足公众需求，保持社会组织与公众之间良好的沟通关系。而市场营销学对信息传播的研究显得不那么重要，信息传播是单向的，顾客对信息的反馈也不那么重要。

5．在学科涉及的范围上不同

市场营销学仅限于企业的生产流通领域，最多不过是经济领域内。但是，公共关系学所涉及的是社会任何一种组织与公众的关系，除了企业之外，还可以是政府、学校、医院、教会、研究所、报社等，这些远远超出了经济领域。在这点上，公共关系学比起市场营销学有更广泛的社会性，学科应用范围更广阔。

第三节　公共关系的产生与发展

一、公共关系的产生

（一）公共关系产生的三个基本条件

1. 商品经济的繁荣是公共关系产生的经济基础

商品经济与公共关系同时产生。因为商品经济要求商品自由流通、自由竞争、等价交换，这必然带来不同部门、不同地区乃至不同国家之间的经济往来，从而产生了企业、部门、地区和国家之间的经济联系的客观要求。这种经济联系即为公共关系作为一种社会现象、一种社会活动的开始。

2. 民主政治的发展是公共关系产生的政治前提

民主政治与公共关系密切相连。民主政治是与专制政治相对而言的。民主政治消除了以高压手段来维持自己的统治，以种种方式来取得民众的信任和支持，实质上这也是公共关系的客观要求。

3. 大众传播技术的发展是公共关系得以发展的物质条件

科学技术与公共关系互相促进。落后的技术条件限制了信息传播，也限制了人类的交往活动。先进的技术条件促进了人类的交往活动，推动了公共关系事业的发展。

（二）公共关系产生的三个阶段

1. 公共关系的孕育阶段

朴素的公共关系思想和原始的公共关系活动古已有之。自告别灵长类祖先，形成人类社会之日起，人类就在相互依存中结群而居，成队耕猎，否则就会被神秘的大自然及强悍的外族所吞噬，为了能安定生活，必须和相邻的人们友好相处、友好往来。这种相互依存、友好共处的观念可以说是最古老的公共关系思想之一。

战国时期士大夫争相养士，这些幕僚策士常常为其统治者的利益而四处游说，向对方或民众宣传本国或本君主的政策与方针，争取民心或动摇敌心。战国的孟尝君礼贤下士，门下食客三千，其中一个食客冯媛，擅自将孟尝君在某个领地的全部债券付之一炬，不久后，孟尝君政治失意逃亡时受到该地区人民的欢迎，并在该地休养生息，重整旗鼓，最终得以东山再起。可以说，冯媛为孟尝君做了“公关投资”。春秋时期郑国子产不毁乡校，重视群众呼声，颇得百姓爱戴。刘备三顾茅庐，诸葛亮“于是感激，遂许先帝以驱驰”，为汉刘江山“鞠躬尽瘁，死而后已”。诸葛亮七擒七放孟获，使顽固的孟获终有所感，归顺汉室，成为汉室的可靠后方。李世民、朱元璋等帝王，让手下人编传民谣，树立自己“真命天子”的灵光形象，为篡权夺位做舆论准备。诸如这些重视宣传、重视民众的思想，都是我国古代原始公共关系观念与活动的反映。

在古希腊，一些精明的统治者和学者也已经注意到了沟通技术对于影响公众及舆论的重要性。统治者亲自进行宣传鼓动活动，以争取民众的支持。一些能言善辩的诡辩者由于得到统治者的重视与重用而威极一时。一些专门探讨传播技术的专著书籍也开始出现，如亚里士多德的《修辞学》一书，详尽地概括了运用语言来影响民众思想的艺术，被后人誉为最早问世的原始公共关系学的理论书籍。

许多统治者本身就是高明的传播沟通家，如古罗马的独裁者儒勒·恺撒便是沟通技术的精通者，其自身的纪实专著《高卢战记》曾被后来的公共关系专家亨利·比诺誉为“第一流的公共关系著作”。再有，西方宗教的兴盛流传也已出现了早期公共关系技术的萌芽。教徒们的布道演讲、礼拜庆典、诵经祈祷等宗教活动，浸透着重视宣传、改善传播沟通技巧、以舆论争取和统一民心的早期公共关系思想。但在大众传播事业及其技术尚不发达，以竞争和开放为特征的商品经济尚未出现之前，这些早期的公共关系活动只能是零碎而不成体系的，远没有成为专门职业，更不可能成为一门学科。有专家指出，这些早期的争取民心的活动与公共关系活动有很大的区别：以利用民众为目的，而非为民众服务；多数是临时性的、投机性的；依靠的是编造神话传奇和宗教活动，而非依靠事实真相。故严格来说，这些早期争取民心的传播活动，并不是真正的公共关系活动。

2．公共关系的职业化阶段

公共关系作为人类社会活动的一种客观状态早已存在，但它作为一种职业是在19世纪中叶至20世纪初，通过美国“报刊宣传活动”的酝酿及“扒粪运动”的催化，才逐渐形成一种社会职业。

19世纪上半叶，随着政治的民主化、经济的繁荣、科技的提高，美国的大众传播事业得到了迅速发展。19世纪30年代，《纽约太阳报》率先发起了一项“便士报”运动。它以低廉的价钱，用一便士即一美分便可买到一份报纸及通俗和关切大众的内容获得全社会的认可和接受，成为迅速进入千家万户，并使政府部门及各类巨头们不敢忽视、竞相争取的具有重要影响力的社会舆论工具。报刊大众化与报刊的商业化是相辅相成的，发行量大增的结果当然是广告费的猛涨。一些大巨头与大公司为节省这笔昂贵的广告费，干脆雇用一些“浪人”记者或宣传员来编造关于自身与组织的新闻甚至“神话”，而报刊为迎合读者、增加可读性，也乐于接受。这样互相利用、互相配合的结果，便兴起一场声势浩大的“报刊宣传活动”。“报刊宣传活动”的初期阶段主要奉行“凡宣传皆好事”的信条，为招徕读者或为雇者利益而不惜欺骗民众。这是一段完全不考虑公众利益、“公众受愚弄”的不光彩时期。这段时期的人物以巴纳姆为代表，所以这段不甚光彩的历史也被称为“巴纳姆时期”。

随着经济的日益趋于垄断集中，美国少数经济巨头几乎掌握了全美大半的经济命脉。一批热血沸腾、年轻正直的记者勇敢地充当了揭丑斗士，组成了一股为民众鸣不平、与寡头针锋相对的力量。他们锋芒所向，直指那些不顾公益只重私利的不法巨头及政府的腐败行为。

一些正直的记者如斯蒂芬斯·塔拜尔和麦克卢尔等人，甚至专事“揭丑”活动，自己创办专门揭丑的杂志，成为美国“报刊宣传活动”中“扒粪运动”的一面旗帜。揭丑运动与罢工运动的冲击，使经济界开始正视新闻界与社会公众对企业发展的重要影响。许多企业开始走出封闭的“象牙塔”，修建开放透明的“玻璃屋”，增强企业经营的透明度。一些企业还纷纷聘请一些新闻专家来兼任自己企业的“新闻代言人”，委托他们进行传播沟通活动，增进与新闻各界和社会公众的联系，塑造和改善自身在社会大众中的形象。于是，公共关系活动日趋频繁而重要。当此之际，许多公司也都纷纷为自己聘请新闻代言人，实行厂区开放、参观介绍等项公共关系措施，利用大众传播手段来修建“玻璃屋”，实行开明经营。在这场修建“玻璃屋”的热潮中，一种代表企业及政府组织利益，为沟通社会组织与社会公众之间的对话，并从中收取劳务费用的新职业便应运而生了。

艾维·李是开创这一崭新行业的先驱者，被称为“公共关系之父”。艾维·李原是《纽约时报》与《纽约世界报》的一名记者。几年的记者生涯使艾维·李深感社会关系的不协调，误导了社会大众。于是，在 1903 年，艾维·李辞去记者工作，和乔治·派克合资成立了“派克和李公司”，为社会公众提供收费的公共关系服务。这是美国，也是世界上较早的具有公共关系性质的专门公司之一。从此，艾维·李开始了公共关系的职业生涯。正规的公共关系职业由此发端。

3. 公共关系的学科化阶段

公共关系职业化的发展，促进了公共关系由简单、零碎的活动上升为规律性的、较系统的原则与方法的探索，使公共关系自立于学科之林，成为一门独立学科的条件已经成熟。美国学者爱德华·伯内斯就是公共关系学科化的一名旗手。1923 年，他以教授的身份首次在纽约大学讲授公共关系课程，同年出版了被称为公共关系理论发展史“第一里程碑”的专著——《公众舆论之凝结》。在书中，伯内斯首先详尽阐述了“公共关系咨询”这一概念，而且提出了公共关系的原则、实务方法和职业道德守则等。1928 年，他出版了《舆论》一书；1952 年，他又出版了《公共关系学》教科书。伯内斯的主要贡献就在于，他把公共关系学理论从新闻传播领域中分离出来，并对公共关系的原理与方法进行了较系统的研究，使之系统化、完整化，最终成为一门独立完整的新兴学科。伯内斯不仅是一位公共关系理论家，同时又是一位公共关系的实践家。他与妻子合作进行公共关系咨询，接受过多位美国总统和实业界巨头的委托，运用公共关系实务成功地帮助他们塑造良好的社会形象。继伯内斯之后，1937 年，雷克斯·哈罗博士在斯坦福大学开设公共关系课程。1947 年，波士顿大学成立了第一所公共关系学院，培养公共关系学学士及硕士。许多公共关系的论著也相继出版。1952 年美国的卡特利普和森特出版了他们的权威性的公共关系专著，论述了“双向对称”的公共关系模式和包括公共关系调研、计划、实施和评估的“四步工作法”，在公共关系的目标上将组织和公众的利益置于同等重要的位置上，在方法上坚持组织与公众之间的双向传播与沟通。至此，公共关系正式进入学科化阶段。

资料 1-1

权威访谈：爱德华·伯内斯访谈

1995 年，公共关系领域的先行者爱德华·伯内斯与世长辞，享年 103 岁。我们的采访是在他 98 岁那年进行的。

问：当您第一次教授公共关系课程时，有没有想到这个领域会发展到今天这样的地位？

答：我是 1923 年教授第一堂公共关系课程的，也就是《舆论之凝结》一书出版之后。我当时感到，要想提高公关咨询的地位，方法之一就是在大学开展有关这一新职业的理论、实践和道德准则方面的讲座。纽约大学采纳了我的建议。不过，当时我并没有想到将来这一职业会在美国及世界其他地区如此普及。

问：您第一次教授公共关系课程的目的是什么？

答：目的就是提高这一新兴职业在社会上的地位。当时有很多人仍然认为，“公关咨询”一词不过是宣传人员、新闻机构、广告代理和媒体的委婉说法。就连 H·L·孟肯在他出版的《美国语言》一书中也对公关咨询做了类似解释。但是，几年以后，他在《美国语言补遗》中对这一观点做出了更正，采用了我对这个术语的定义。

问：使得公关活动的地位获得提高的重要因素有哪些？

答：最重要的原因是群众力量的增强和领导层对公共关系的重视。西奥多·罗斯福的公平交易论促进了公关的发展。伍德罗·威尔逊的新自由论、富兰克林·德拉诺·罗斯福的新政也对公共关系的发展起到了促进作用。而且这些传统随着时间的流逝会继续保持下来。

问：您对今天的公关实务有何不满意的地方吗？

答：当然有。在美国，公关一词就像肥皂泡一样有着不确定性。除非它能像法律、医院和建筑等职业一样，由规章制度界定它在公众心目中的地位，否则每个人都可以使用它。如今，任何水管工、汽车推销员，甚至是毫无道德规范可言的人都可自称为公关从业人员。而这些人并未接受过任何相关的教育和培训，有些人甚至不清楚“公关”究竟为何。公众也一样不清楚“公关”的含义。如果不引入相关的认证体系和注册机制，这种状况仍将继续下去。

问：目前公共关系实务的哪方面让您感到最满意？

答：我最满意的是，有些公关从业人员确实将他们的工作看做一种职业，一门包含科学规律的艺术。在这一领域，人们考虑的主要是公众利益而不是金钱动机。同时，社会上的一些卓越的领导人物也逐渐认识到了公共关系活动的重要性。

问：您认为现在公共关系从业人员的才干与过去比较起来如何？

答：如今的公关产业人员大多数在所从事的领域受过良好的教育。然而，不尽如人意的是，这方面的教育仍会因开设课程的机构不同而导致水平有很大差异。这种情况主要是由于缺乏统一的行业标准造成的。公共关系活动应该是将社会科学知识与公众态度、员工或客户行为有机融合在一起的实践过程。

问：您认为 20 年后公共关系会变成什么样子？

答：对 20 年后的公共关系状况做出预测是很难的。但我不喜欢广告代理商兼并大型公关机构的趋势，这就像外科手术器械生产商兼并外科医学院或者法律书籍出版商兼并法学院一样不合理。无论如何，如果引入认证体系与注册机制，那么公关业只要在民主社会下，就能得到持续的发展。

（资料来源：弗雷泽·P·西泰尔.公共关系实务（第 10 版）[M]. 北京：清华大学出版社，2008.）

二、公共关系的发展

（一）公共关系在西方的发展

因为顺应了时代的要求，公共关系一经产生就显示了强大的生命力，在很短的时间里取得极快的发展。其发展的速度与广度要比其本身发展的深度更引人注目。

在美国，早在 1908 年，艾维·李的早期客户之一，著名的美国电话电报公司率先在公司内部设置公共关系部及分配一名副经理主管该部工作，并长期聘用公共关系顾问至今。该公司将公共关系纳入了公司经营管理的范畴，凡公司的一切重大决策若未经公共关系部门参与研究，不能做出决定和付诸实施执行。1930 年，在克利夫兰市由约翰·希尔和威廉·诺顿成立了著名的公共关系公司——“希尔·诺顿有限公司”。这家公司后来在希尔经营下，迅速扩大，拥有 600 多名工作人员，遍及美国 40 多个城市并扩大至 20 多个国家。

美国《商业周刊》在 1937 年第一次就公共关系进行调研并提出报告。据统计，当时全美有公共关系顾问公司 250 家；从业人员达 5 000 人；到 1960 年，公共关系顾问公司已增加到 1 350 家，从业人员近 10 万人；迄今，全美职业公共关系从业人员已近 15 万人，各种公共关系公司超过 2 000 家，每年的公共关系耗费竟达几十亿美元。美国联邦政府也雇用了 12 000 多人处理政府日常公共关系事务，每年经费高达 25 亿美元。如今，85%以上的企业都设有公共关系部门与机构。美国是公共关系的发源地，同时也一直处于公共关系的领先地位，对各国公共关系事业的发展一直发挥着重要的影响作用。正如日本的奥村纲雄所指出的：“公共关系的学问发源于美国。回顾当初的美国，所谓公共关系，还只是企业家手上的小玩具。后来才发展成企业家所必须采用的政策，乃至变成企业家的重要哲学了。”这一评价道出了美国公共关系发展的精义。

在第二次世界大战期间，公共关系受到美国政府的重视。为配合战争，政府特别建立了战时信息办公室，运用公共关系实务方法激励士兵斗志，向社会民众宣传远征军的意义，号召社会各界支持政府和军队。20 世纪二三十年代以来，特别是第二次世界大战之后，在美国公共关系热的辐射之下，欧洲各国也引入或兴起了公共关系热。“国际公共关系就像十几岁的小孩一样，突然以活泼的脚步前进。”

（二）公共关系在我国的发展

公共关系于 20 世纪 60 年代开始传入我国的香港和台湾省。大陆公共关系实践和公共关系学研究起步较晚，从 1983 年 8 月新华社成立中国大陆第一家大型公共关系公司，同年 9 月深圳大学公共关系专业招生算起，至今已有 30 多年。30 年风雨兼程，踏着中国改革开放的前进鼓点，公共关系事业取得了骄人的成就。

1983 年，广州白云山制药厂成立了公共关系部，这是第一家设立专职公共关系岗位的大陆企业，标志着公共关系在中国拉开了发展的序幕。十多年来，经过大批公关职业人士、高校教师、理论研究者及外资公关、广告和咨询类企业的不懈努力，公共关系专业知识逐步推广、普及，公共关系角色及其作用逐步被中国企业接受、被政府接受、被社会公众接受，作为一项传播手段和管理职能的公共关系在企业面向市场经济的竞争中发挥了越来越重要的作用。国内企业和各类组织的公共关系职能普遍得到了重视。几乎国内具有较大规模的企业都已设立了独立的公共关系部门，越来越多的社会公共组织包括部分政府部门也都设立了公共关系部门或类似部门。

随着对外开放，海外的公共关系首先在深圳、珠海及广州传播开来。此后，北京、上海等大城市的一些合资企业也相继开展公共关系活动，成立了公共关系机构，加入了我国公共关系事业的行列。与此同时，国际公共关系界也陆续进入国内的市场。1984 年年底，美国希尔·诺顿公共关系公司及博雅公共关系公司先后在北京设立了办事处，从而使我国公共关系事业与国际间的公共关系事业同步运行起来。

我国公共关系学科化和行业的发展步伐也相当快。从 1985 年起，国内的大学开始设置公共关系学课程和相关专业。1986 年开始逐步建立起各省市的公共关系社团组织。1987 年在北京成立了中国公共关系协会，之后不久就加入了国际公共关系协会。随着公共关系在国内得到正式确认和接受，公共关系职业得到了政府和社会的正式认可。1999 年 5 月，国家劳动和社会保障部把公共关系作为职业正式列入《中华人民共和国职业分类大典》。2000 年，劳动和社会保障部又决定，公共关系从业人员将进行岗位培训和资格考试，正式将其列入特种必须持证上岗的职业之中。正规化公共关系职业教育正式启动，6 700 多名公共关系职业工作者参加了职业资格考试，不少人获得了初、中、高级职业资格证书，标志着公共关系已正式走上了专业化和规范化的道路。

我国公共关系事业及其学科化迅速发展的大好形势，表明我国公共关系事业已进入一个前景诱人的新阶段。目前，我国公共关系学历教育已经形成了大专、本科、硕士和博士教育的完整体系。教育部将原由高等职业学校开设的公共关系职业教育推向普通高校，公共关系自学考试由部分省市开设升格为全国统一考试，使公共关系专业教育具备了更广阔的阵地。许多全国重点高校密切结合公共关系实践，调整充实教学计划、教学方法，以加强素质教育，培养创新型公共关系人才为目标，并使课堂教学和专业实习相结合，为国际和本地公共关系公司输送了一大批具有扎实基础知识和国际眼光、理论联系实际、合格的公共关系专业人才。

（三）公共关系的发展趋势

1. 可持续发展与环境公关

1992 年 6 月，联合国环境发展大会通过了包括《21 世纪议程》在内的一系列重要文件，提出人类应当走可持续发展的道路，从此环境意识开始纳入现代公共关系观念之中。在当前国际公共关系界，顺应后工业文明发展的需要及社会公众价值取向的改变，企业环境公共关系已成为一大趋势，表现为：一方面，企业的发展自身要有利于环境的保护，不生产污染环境的产品，不建设不利于自然环境保护的行业，每个企业从对自己严格要求并有利于环境的角度进行生产决策和经营决策；另一方面，企业还应为维护生态环境的建设出资、出力、出工，主动为创造良好的生态环境和社会环境做出企业应做的贡献，如公益广告宣传等。这些都充分折射出公共关系与社会、经济和时代同步发展的特色，显示出公共关系在当今社会的强大生命力。

2. 问题管理与危机公关

“问题管理”是以解决问题为导向，以挖掘问题、表达问题、归结问题、处理问题为线索和切入点的一套管理理论和管理方法。也可以说，问题管理就是借助问题进行的管理。国外的问题管理是在下列两方面因素驱使下应运而生的：一方面是企业面临的环境和条件日益复杂，而且这些环境和条件变化对企业经营管理产生的影响越来越大；另一方面是管理学在充分发展的基础上呈现了整合化和精细化趋势。国内的问题管理的研究和应用是从三条途径汇合而来的：第一条途径是沿着“危机管理”路线升级演变而来的；第二条途径是沿着“约束管理”路线扩充延伸而来的；第三条途径是沿着 IT 服务中“事故管理”路线推广发展而来的。与问题管理相关的是危机管理。危机管理是企业为应对各种危机情境所进行的规划决策、动态调整、化解处理及员工培训等活动过程，其目的在于消除或降低危机所带来的威胁和损失。通常可将危机管理分为两大部分：危机爆发前的预计、预防管理和危机爆发后的应急善后管理。危机管理是专门的管理科学，它是为了对应突发的危机事件，抗拒突发的灾难事变，尽量使损害降至最低点而事先建立的防范、处理体系和对应的措施。对一个企业而言，可以称为企业危机的事项是指当企业面临与社会大众或顾客有密切关系且后果严重的重大事故，而为了应付危机的出现在企业内预先建立防范和处理这些重大事故的体制和措施，则称为企业的危机管理。危机公关具体是指机构或企业为避免或减轻危机所带来的严重损害和威胁，从而有组织、有计划地学习、制定和实施一系列管理措施和应对策略，包括危机的规避、控制、解决及危机解决后的复兴等不断学习和适应的动态过程。危机公关对于国家、企业、个人等都具有重要的作用。越来越多的公共关系公司关注问题管理和危机公关的研究与实践活动，甚至连国家和政府都对问题管理和危机公关越来越重视。

3. 公关关系的网络化

20 世纪 90 年代互联网的出现引发了传播领域的第五次革命，它不仅为现代公共关系提供了具有全新功能的传播媒体，而且为公共关系活动的开展提供了新的理念和新的视角。

网络公共关系利用互联网的高科技表达手段营造企业形象，为现代公共关系提供了新的思维方式、策划思路和传播媒介。中国在 2001 年开办了“中国公共关系网”，中国公共关系行业和企业有了自己的门户网站和宣传平台，可以以最快捷的速度向国内外交流企业的信息。网络传播与传统传播相比，非常突出的特征在于：个性化、互动性、信息共享化和资源无限性。由此可见，网络信息传播的方式是全新的，它集个人传播（如电子邮件）、组织传播（如电子论坛）和大众传播为一体，网络公共关系也正是对这些传播方式重新进行整合的公共关系方式。企业借助各种社会化媒体平台如论坛、博客、视频、电子商务、SNS 等，将企业的文化、服务理念、产品信息告知公众，以此获得公众的反馈，收获潜在的客户与合作伙伴。“网络公共关系”是一个朝阳行业，其价值已被大部分企业所认同，世界 500 强企业如 IBM、英特尔、微软、可口可乐、戴尔、三星、通用、大众、联想、海尔等，都借势网络公共关系在网络上传播企业形象、建立客户沟通渠道、提升品牌知名度。

近几年，由于企业对网络公共关系的需求量增长飞快，因此网络公共关系的市场被越做越大，从业者越来越多，呈现一片欣欣向荣的景象。不少传统公共关系公司、广告公司、咨询机构都向网络公共关系行业转型，或者在原来的业务上加上网络公共关系的服务。正因为这个行业的迅猛发展，饱含着巨大的商机，因此同行之间也不可避免地会出现哄抬价格、恶性竞争、诋毁攻击的现象，各种网络推手、网络打手、负面制造的服务满天飞，大大降低了网络公共关系市场的服务质量与公众认可度，影响了网络公共关系行业整体的发展与形象。

4．公共关系的产业化

从19世纪90年代中后期开始，公共关系进入了成长期，商业化运作成了这个时期的主流，公司化成为推动公共关系发展的关键力量。1992年颁布的公司法，以及20世纪90年代中期开始的高科技浪潮，新世纪开始的互联网浪潮及2002年开始的汽车浪潮，引发了一波接一波的公共关系需求，孕育了一批又一批的公共关系公司，使得公共关系公司从20世纪90年代中期的几十家发展到今天的几千家。公共关系需求造就了一大批创业者，同时这些创业者又极大地推动了公共关系的发展。活跃在学界、业界的第二代公共关系从业者，最大的贡献就是基本完成了公共关系对商业领域的广度渗透，完成了公共关系的初级产业化。

从事组织机构信息传播、关系协调与形象管理事务的调研、策划、实施和评估及咨询服务的从业人员——公关员已经成为职业名称。该职业共设五个等级，分别为初级公关员（国家职业资格五级）、中级公关员（国家职业资格四级）、高级公关员（国家职业资格三级）、公关师（国家职业资格二级）、高级公关师（国家职业资格一级）。

如今公共关系的发展迎来了前所未有的机遇：第一，中国经济的持续走强决定了来自商业机构的公共关系需求持续暴涨；第二，公共关系需求主体从商业机构开始向政府、NGO组织跃迁；第三，各方力量的复杂博弈关系促使公共关系需求摆脱了活动加传播这种单一诉求，越来越呈现出多层次、立体化的特点；第四，受众不再是一元化、二元化，而是多元化、网格化；第五，高科技的发展使得媒体的发展日新月异。

案例分析1–3

蓝色光标公共关系机构助联想成功植入《北京遇上西雅图》

"上映6天票房1.1亿元"、"网上'无差评'"、"影院排片逐日递增"，这是近日由薛晓路导演，汤唯、吴秀波领衔主演的热映影片《北京遇上西雅图》取得的优异成绩。除了优异的票房成绩外，这部被网友戏称为"当寂寞遇上温暖"的影片中浪漫的剧情和经典的台词也给观众带来了深深的感动。

影片上映后，影片中除了剧情和台词之外，巧妙植入的联想电子产品也给观众留下了深刻的印象，不少网友纷纷吐槽"好喜欢汤唯那款橙色的联想手机啊"、"联想的计算机还能弹钢琴，好高端"……

据了解，联想这次在《北京遇上西雅图》的成功植入，是由蓝色光标（在The Holmes Report公布的2012年亚太公关报告中，蓝色光标被评选为"2012年度亚洲最大公关公司"。2012年8月美国权威的公关咨询机构HOLMES发布全球主导企业报告，根据经营业绩对全球专业公关公司排名250家，蓝色光标位居第24位，跃居亚洲最大的公关公司，且内生增长率排名全球第一，是我国公关上市第一股，2010年在创业板上市，股票代码为300058）娱乐营销部门为其量身打造的。"任何一个成功的植入都不是偶然的，最开始，蓝色光标娱乐营销凭借自身独有的电影植入评估体系，对《北京遇上西雅图》在影片题材、主要演员、导演及制作团队，以及发行方实力方面进行了详细的评估和大胆预测，然后独具慧眼地发现了这部优秀的影片，当然，更重要的是“联想也慧眼识珠地接受了我们的推荐”，蓝色光标娱乐营销业务主管何玉涛表示。

此外，在项目初期，联想娱乐营销团队、蓝色光标娱乐营销团队和影片制作团队三方共同对植入的情节进行了精心的设计，制定出了联想产品要随着剧情的发展和演员的情绪进展进行曝光的策略。在影片拍摄和后期制作中，蓝色光标娱乐营销派出了专业的植入人员到剧组跟踪和协助植入镜头的拍摄。影片上映期间，还为联想提供了以植入为基础的，包括形象授权、首映式合作、联合预告片、联合宣传等全方位的整合营销服务，使植入影响更深远的范围，而这点是那些单纯的植入公司所不具备的能力。

据悉，蓝色光标娱乐营销是蓝色光标公共关系机构旗下四个业务版块之一，为客户提供“影视植入”、“明星/名人管理”、“院线整合营销”三个领域的专业服务；此前曾参与投资出品了王家卫导演的电影《一代宗师》，并为捷豹路虎、JEEP 牧马人、广汽丰田、北京现代、北京汽车、大众汽车、蒙牛特仑苏、西铁城等客户提供专业的娱乐营销服务。

（资料来源：中国公共关系网）

【案例评析】“2012 年度亚洲最大公关公司”蓝色光标这次助联想成功植入《北京遇上西雅图》是一次比较前卫而大胆的公共关系策划活动。在项目初期，联想娱乐营销团队、蓝色光标娱乐营销团队和影片制作团队三方共同对植入的情节进行了精心的设计，这为之后的蓝色光标的全方位的整合营销服务打下了扎实的基础。看来，公共关系公司的娱乐营销服务已经拉开了序幕！

5. 公共关系的全球化

现在我们面临的时代，有两个鲜明的特点：一是公众多样化，二是传媒全球化。在这样的环境下，传播管理面临前所未有的挑战。借助单一的传播手段，要想达到帮助企业将信息通畅送达目标公众的目的，多有困难。所以学界提出“整合营销传播”的概念，以多元化的传播策略影响多样化的公众，实现公共关系的全球化。从操作层面看，将广告、公共关系、大型活动或专题活动、销售推广、包装设计等手段的一体化运用，即形成整合营销传播；从观念层面看，整合营销传播的创新在于导入了多元化传播概念，传播不等于广告。这就不只是以运用公共关系的技术、手段，而且要以营销策略为基础，拟订一个形成体系又各有侧重，同时相互协调的整体传播策略，在公众的心目中建立品牌形象的网络，这样才能真正实现有效的传播。全球化策略、本土化执行是企业界和传播业界达成共识的跨文化传播的策略。关键是在实施全球化策略的时候要“大处着眼”，充分考虑政治、经济、文化、发展水平、媒介关系、公众现状、公共关系标准等因素；实施本土化执行时要“小处着手”，包括制定一个适合本土执行的计划，充分运用本土的公共关系人力资源。全球化策略、本土化执行应成为全球化时代公共关系策略的基调。

练习与思考题

1. 单项选择题

(1) 公共关系在企业中的应用突出表现在两个方面：一是内求团结，二是（ ）。

A．外讲贡献　　B．外求发展

C．外拓市场　　D．外求形象

(2) 公共关系意识的核心是（ ）。

A．服务公众的意识　　B．塑造形象的意识

C．真诚互惠的意识　　D．沟通交流的意识

(3)（ ）表示一种客观存在的状态，即一个组织所处的社会关系状态和社会舆论状态。

A．公共关系状态　　B．公共关系活动

C．公共关系观念　　D．公共关系传播

(4) 公共关系学研究的是（ ）。

A．树立组织的良好形象　　B．建立组织的关系网络

C．建立组织的人脉关系　　D．如何进行营销策划

(5)“公共关系之父”是（ ）。

A．杰克·李　　B．汤姆·李

C．艾维·李　　D．艾森·李

2. 多项选择题

(1) 公共关系是（ ）。

A．一种特殊的社会实践活动　　B．从属于组织总目标的

C．组织整体功能中的一个有机构成部分　　D．组织职能系统中的一个子系统

E．一种有目的、有计划、受控制、持久的过程

(2) 公共关系学与市场营销学的联系表现在（ ）。

A．共同的产生条件　　B．共同的指导思想　　C．相似的传播媒介

D．市场营销学把公共关系学作为组成部分　　E．传播学科

(3) 企业借助的各种社会化媒体平台包括（ ）。

A．论坛　　B．博客　　C．视频

D．广告　　E．黑板报

(4) 网络传播与传统传播相比，非常突出的特征在于（ ）。

A．速度　　B．个性化　　C．互动性

D．信息共享化　　E．资源有限性

(5) 公共关系的基本特征包括（ ）。

A．信息的双向传播与沟通

B．不同时期，传播与沟通的内容是一样的

C．公共关系是组织行为

D．个人不可以运用公共关系的某些原理与技巧

E．公共关系是一种管理行为

3．名词解释

公共关系　公共关系活动　市场营销　公共关系状态

4．简答题

（1）简述公共关系的含义。

（2）简述公共关系状态的含义。

（3）公共关系活动和宣传活动（以政治宣传为例）有哪些不同之处？

（4）简述公共关系学与市场营销学的联系和区别。

（5）简述公共关系在我国的发展。

5．论述题

（1）公共关系学的学科归属及其特点是什么？

（2）公共关系的发展经历了怎样的历程？

6．实训题

中粮我买网携手海唐公关借势 UGC 营销

2013 年 10 月，中粮我买网携手北京海唐公关在美食社交平台豆果网推出大闸蟹 UGC（User Generated Content）营销。其间，通过豆果网首页滚动屏 10 天轮播“跟随中粮我买网‘蟹逅’在金秋”主题图片及豆果网新浪官微连续发布关于中粮我买网大闸蟹、月饼的博文，再配合豆果网的美食达人等 KOL 资源发布中粮我买网产品美食日记，取得了明显的整体营销效果。

据微博第三方统计工具——找微分析数据显示，该营销活动覆盖微博用户群达 12 438 万人次，博文深度转发率超 35%，相关博文平均转发量超过 5 000 次，评论量超过 1 700 条。豆果网首页美食日记墙播出中粮我买网大闸蟹、月饼美食图片，相应图片阅读量均超过 15 000 次。在短时间内，帮助中粮我买网产品得到高强度的曝光。

海唐公关执行创意总监称：“我们选择豆果网作为中粮我买网大闸蟹 UGC 推广的重要平台，除了看重其资源优势外，更为重要的是豆果网第一华人美食互动网站的属性。通过美食达人烹饪方法的分享，增加网友互动，第一时间将产品相关信息告知给消费者，提高产品曝光率，更凸显中粮我买网的品牌优势，提升用户体验。”

业内人士分析，中粮我买网的此次营销针对精准的受众人群，通过社会化媒体渠道，借助意见领袖分享大闸蟹美食烹制方法，将自身产品的特性、亮点内容融入其中。既使用户了解了中粮我买网的产品信息，又逐步渗透了其食品网购专家的品牌概念，潜移默化地给用户带来了更多真实的体验，同时提升了自身影响力，赢得良好的口碑，堪当电商行业创意营销的楷模。

（资料来源：http://www.17pr.com/viewnews-130018.html中国公共关系网）

思考：海唐公关为什么要选择豆果网作为中粮我买网大闸蟹 UGC 推广的重要平台？

第二章 公共关系主体——社会组织

学习目标

1. 掌握社会组织的含义及特点；
2. 了解社会组织的分类和形象；
3. 了解社会组织的目标；
4. 掌握公共关系人员的素质与能力要求；
5. 了解公共关系人员的培养方法；
6. 了解公共关系组织机构的有关内容。

案例导入

花旗银行的公共关系意识

花旗银行是世界上最大的银行之一，每天的营业额高达数亿美元，业务十分繁忙。一天，一位陌生的顾客走进美国花旗银行的营业大厅，仅要求换一张崭新的 100 美元钞票，准备作为当天下午的礼品。银行职员微笑着听完他的要求之后，立即先在一叠叠钞票中寻找，又拨了两次电话，15 分钟后终于找到了一张这样的钞票，并把它放进一个小盒子里递给这位顾客，同时附上一张名片，上面写着“谢谢您想到了我们银行”。事隔不久，这位偶然光顾的陌生顾客又回来了，并在这家银行开设账户。在以后的几个月中，这位顾客所在的那家律师事务所在花旗银行存款 25 万美元。

正是花旗银行员工强烈的服务意识、责任意识等公关意识，驱使员工能够急顾客之所急、想顾客之所想，全心全意为顾客服务，将正确的公关意识融入了平时工作的一点一滴中，才最终造就了花旗银行这艘金融界的巨轮。

（资料来源：http://wenku.baidu.com/view/eeafc62558fb770bf78a55e7.html，百度文库）

讨论题：花旗银行的公共关系意识体现在哪些方面？

第一节　社会组织

一、社会组织的含义及特点

（一）社会组织的含义

社会组织是指人们为了合理地达到自己的目标，有计划、有组织地建立起来的一种社会机构，它是建立在共同的目标基础上，有一定的内部结构，履行一定的社会职能且独立存在的机构，是构成社会的基本细胞。社会上有各种各样的组织机构，虽然类型不同，但构成组织的基本要素是类似的，一般包括组织成员、组织目标、组织分工、工作制度、组织文化等。在现代社会，组织占据着决定性的地位，各种社会组织的影响已经渗透到社会的各个角落，它们的存在和发展构成了我们日常生活的基本部分，我们每个人都分别属于某个组织或同时属于几个组织。

从静态上讲，社会组织是由若干不同的部分适当组合而构成的整体，各构成部分与整体之间有不可分割的密切关系，它们之间是一种统属关系。例如，一家公司由经理室、办公室、人事部、财务部、技术部、市场营销部等组成，部门之间密切联系，并且由这些部门有效运行构成了公司这样一个社会组织。

从动态上讲，社会组织是一个处在一定环境条件下的功能活动体，是由各构成部分分别发挥各自的功能，来实现共同目标。组织整体的功能有赖于各构成部分的特殊功能才能完全体现出来。例如，大学就是这样一个组织，其目标是为社会培养一流的人才，要达到这一目标，必须发挥各学院、系的功能，这样高校这个社会组织的整体功能才会完全体现出来。

（二）社会组织的特点

（1）整体性。组织是由各部门、各环节及组织成员构成的统一协调的整体。

（2）目的性。组织成员和部门是在共同目标基础上结合起来的，组织目标是构成该组织的核心要素。

（3）适应性。社会组织内部各部门之间、成员之间必须相互适应和配合，同样，组织与外部环境也必须相互适应，组织才能生存与发展。

（4）多样性。不同组织其性质、结构形态、职能不同。

二、社会组织的分类

（一）根据目标特点分

1. 互益性组织

如各种党派团体、群众组织、宗教组织，这种类型的组织关注组织内部成员的利益和共同目标，重视内部成员对本组织自身的凝聚力和归属感，重视系统内部的沟通。

2．营利性组织

如工商企业、金融机构、旅游服务业等以营利为目的组织。这种类型的组织以其所有者、经营者的利益为目标，因此首先要与其所有者、投资者，以及对其经营成败有决定性影响的上级领导、顾客等维持好关系。

3．服务性组织

如学校、医院、社会福利机构等非营利性组织，这种类型的组织以其特定服务对象的需要为目标，需要与其资助者、协助者保持稳定的关系。

4．公益性组织

如政府部门、消防部门、公安机关，这种类型的组织以国家社会整体利益为目标，其公众对象是社会各界。

（二）根据社会职能分

1．经济组织

经济组织以经济活动为基本内容，为社会提供基本的物质生活资料和生产资料，如生产性企业、商业企业、金融企业等。

2．文化组织

文化组织以文化教育活动为基本内容，为社会提供各种文化教育服务，如学校、科研机构、图书馆等。

3．政治组织

政治组织是具有各种政治职能的社会组织，为社会提供一定的政治管理服务，如政府部门、法院、检察院等。

社会组织是公共关系的主体，为数众多、形式多样，很难确定一个统一的分类标准将社会组织加以区分，一些学者根据研究需要，按组织成员之间的关系分为正式组织、非正式组织；按组织的功能和目标将组织分为产业组织、整合组织、政治组织。从公共关系学的角度来说，对社会组织的划分，并不着重于形式上确定一个统一的划分标准。关键是要分清公共关系主要适用于哪些组织，根据这些组织和其公众的特点采取相应的公共关系策略。

三、社会组织的形象

（一）社会组织形象的构成

社会组织形象是指社会公众对一个组织综合认识后形成的总体评价，是社会组织的表现与特征在公众心目中的反映。它包括社会组织的内在气质和外观形象。

1．社会组织的内在气质

社会组织的内在气质包括服务态度、待人处事的基本行为准则、二次服务水平、作为社会成员的社会道德水准等。它是社会组织的“软件”。

2．社会组织的外观形象

社会组织的外观形象包括产品的质量、美观度及市场价格与市场占有率，社会组织的名称、标识、商标、广告，社会组织的建筑式样、代表色、设施、场所状况，组织的技术力量、人员素质等。它是社会组织的“硬件”。

社会组织内在气质与外观形象的有机结合构成社会组织的形象。社会组织形象是组织经营活动中最宝贵的无形资源。社会组织形象的好坏对社会组织的生存和发展来说至关重要。树立良好的组织形象是组织的重要任务，也是公共关系工作的最终目的。

社会组织形象可以具体表现为产品形象、人员形象、建筑物形象、自我期望形象、虚假社会形象、实际社会形象、公共关系形象等。

（二）社会组织形象的评价标准

社会组织形象的评价标准可以用认知度、美誉度、和谐度来概括。

认知度——社会组织被公众认识、知晓的程度，因此又称为知名度，它包括被认知的深度和被知晓的广度两个方面。

美誉度——一个社会组织获得公众赞美、称誉的程度，是组织形象受公众给予评价的舆论倾向指标。

和谐度——社会组织在发展运行过程中，获得目标公众态度认可、情感亲和、行为合作的程度，是组织从目标公众出发、开展公共关系工作获得回报的指标。社会组织应在提高和谐度的基础上，争取更高层次的认知度和美誉度。

案例分析 2-1

柯尔斯公司的“反脏乱”活动

位于美国科罗拉多州的以生产酒类产品而闻名的柯尔斯公司在20世纪70年代曾演出了一部令人赞不绝口的公共关系“连续剧”。随地丢弃盛装饮料的废铝罐成了20世纪60年代末美国的一大社会公害。为此，柯尔斯公司开展了一项以“反脏乱”为主题，旨在树立企业形象的废旧铝罐回收活动。

第一幕：1970年，“反脏乱”活动揭开帷幕。柯尔斯公司宣布，以现金收购本公司及其他公司的废旧铝罐，并通过该公司遍及全国的166个分销处定点收购。这一以自己的资金回收别家废弃物，承担社会责任的义举，赢得了已饱受旧铝罐之苦的美国公众的一致好评。人们将柯尔斯公司视为文明社会生活环境的“卫士”。

第二幕：柯尔斯公司在深思熟虑之后：郑重推出“反脏乱”活动的全面、详细的计划，并摄制了一部有关此活动的电影特写片，向社会宣传该活动的重要意义。柯尔斯公司再次成为社会舆论注目的焦点。

第三幕：公司董事长柯尔斯，以个人名义分别向 1 500 名与社会环境保护工作有关的国会议员及专家写信，阐述了“反脏乱”计划的意义，并希望通过国会把他的想法告诉大家。一时间，柯尔斯公司回收废铝罐的活动成为国会议题而震动朝野。

第四幕：随着“反脏乱”活动的不断深入，公司不断撰写“柯尔斯公司回收废铝罐消息”专刊，报告用现金收购铝罐的统计资料，并刊登大力帮助这项活动的有关人士的照片。公司把这些专刊定期送到 1 500 多名环保专家和舆论界代表手里，使活动始终保持着对全社会的持续不断的影响。

第五幕：柯尔斯公司在活动激起了全社会普遍参与之后，拨出 1 800 万美元专款鼓励参与这项活动的个人或团体，极大地刺激了人们对收集废旧铝罐的热情。从花钱收购别家的废弃物，进而又出钱鼓励人们参与回收，这种无私为社会尽义务的精神感动了大批公众，人们纷纷把用废旧铝罐换来的钱捐赠给各种慈善机构和公益事业。柯尔斯公司又对人们这种善行给予大力宣传和支持，使“反脏乱”活动由单纯的环境保护宗旨上升到崇高的精神道德境界。

（资料来源：王伟娅. 公共关系概论［M］. 大连：东北财经大学出版社，2010.）

【案例评析】柯尔斯公司的“反脏乱”专题活动持续了近两年时间，该公司始终处于社会舆论的中心，知名度与美誉度不断扩大和提高，完全赢得了公众的支持和信赖。这次大型公共关系策划，主题简明、新颖、亲切、中肯，方式多种多样，别出心裁，可以说是深得公共关系专家和公众推崇的案例，值得我们借鉴。

（三）塑造社会组织形象容易出现的误区

社会组织形象对社会组织有着重要的作用，社会组织树立了良好的公众形象，有利于社会组织吸引优秀的人才，有利于社会组织得到政府及全体员工的信任，更有利于社会组织在市场竞争中处于优势。但是，在塑造社会组织形象时，要防止陷入比较容易出现的误区。

1. 误区一：忽视社会组织形象可能产生的压力

社会组织形象是一种资源，它像人力资源、物力资源和财力资源一样，但它对社会组织来说又是一种压力，它的塑造需要社会组织投入相当的精力、财力、人力、物力。

2. 误区二：急功近利的思维模式

在大多数情况下，即使社会组织形象得到了树立，但因为在短时期社会组织的形象与经营活动的因果关系是不确定的，所以社会组织形象的作用并没有立竿见影地显现出来，不少社会组织由此产生轻视社会组织形象树立的观点。

3. 误区三：组织内部的不协调

古人云：“攘外必先安内”。社会组织内部因素不协调，也会影响社会组织良好形象的树立。因此组织各部门必须强化信息交流，协调配合。

案例分析 2-2

绝不让红球落地

有一天，一家公司的总裁在城中一家餐厅吃午饭。饭吃到一半，他发觉有四个熟悉的声音由隔壁的包厢传来。那些人的讨论相当热烈，他忍不住偷听。原来是自己手下的四位高级主管，每个人都在得意地谈着他们各自的部门。

总生产工程师说："没有人能跟我比，对一家公司的成功，贡献最大的部门就是生产部门。如果你们没有像样的产品，那等于什么也没有。"

销售经理抢着说："错了！世界上最好的产品一点用都没有。除非你有强大的销售部门把它卖出去。"

主管公司内部及公共关系的副总裁也有意见："如果公司内外的你们没有良好的形象，惨败是绝对的。没有人会向一家他不信任的公司买产品。"

主管人力资源的副总裁展开攻击："我认为你们的观点都太过狭隘了。我们都知道公司的力量在于员工。没有强有力而且工作意愿高的员工，公司立刻就会陷于停顿。"

四位主管继续讨论着，为他们的部门据理力争。直到总裁吃完晚饭，他们的讨论仍未结束。

（资料来源：赵文明. 公关智慧 168［M］. 北京：机械工业出版社，2006.）

【案例评析】对一个组织而言，即使有最佳的产品、最棒的销售、最好的形象、最乐于奉献的员工，如果没有利润，它还是会很快陷入困境。那么，如何才能提高组织形象，促进组织快速发展呢？很显然，就是各个部门分工协作。在现实生活中，你会发现管理一家成功的公司就像玩特技的人维持五个球在空中，其中四个球是白色的，一个写着"生产"，一个写着"销售"，一个写着"企业与公共关系"，一个写着"员工"。除了这四个白球，还有一个红球，它的上头写着"利润"。在任何时候，玩特技的人一定要记住：无论发生什么事，绝不能让红球掉到地上。从公共关系的角度，就是在社会组织形象塑造过程中，要防范组织内部的不协调。这也是我们要防止陷入的第三个误区。

四、社会组织的目标

组织目标主要指组织的总体目标，任何组织目标的制定都是建立在满足环境原则基础上的，社会组织目标的内容实际上包含了社会、组织、成员三方面的利益。以现代企业为例，企业目标一般包括计划目标（在完成计划方面应达到的指标）、市场目标（在经营活动方面应达到的指标）、发展目标（在增加品种、改进技术、提高质量、扩大市场、开发人才等方面应达到的指标）、利益目标（在物质利益方面应达到的指标）。其中，计划目标和市场目标反映了社会的需求，发展目标反映了企业自身的需求，利益目标反映了企业内部成员的需要。所以，组织的目标实际上蕴含了组织与政府、消费者、内部员工、竞争者、上级主管部门等各方面的关系。

社会组织目标与公共关系目标有一定联系。为了实现组织目标，组织在其运行过程中所发生的各种关系，属于公共关系，所以，公共关系必然服从和服务于社会组织目标，这就决定了公共关系工作的目标在它与组织目标的关系中处于从属地位，但这并不意味着公共关系是可有可无的，因为在现代社会中，一个组织如果没有公共关系，是很难生存发展下去的，很难想象一个不开展公共关系活动的组织会是一个成功组织。可以说，社会组织目标是公共关系的活动方向，公共关系是保证社会组织目标顺利实现的特殊管理，没有组织目标，公共关系活动会失去方向，而没有公共关系的积极活动，组织目标就会落空。

案例分析 2-3

东航 20 元特价机票

2010 年 1 月 8 日，东航官方网站上显示：南昌到厦门头等舱票价只要 20 元；经济舱 10 元；多条航线甚至出现了 0.2 折的惊人“跳楼价”，其中南昌至北京全价 1 950 元的头等舱机票只有 60 元。对于这种从天而降的“大馅饼”，网上订票者自然蜂拥而至，赶快下单预订，并且这一卖就是 300 张。当得知这样的“好事”是由于一名工作人员在输入机票价格时误标价格，经过一定的折扣折算，导致票价低得离谱，而东航有关部门未能立即发现信息出现错误，特价机票信息经由各机票网站转载后，大量特价机票出票成功，很多订票成功的顾客有些忐忑不安，不知道东航会不会反悔，是否还能如愿登机。但东航董事长刘绍勇的表态给他们吃了一颗“定心丸”，他说：“这件事公司内部将会做出处理，但不能因为操作失误损害顾客的利益。对于买到特价机票的顾客，东航将承认机票的效力，并一如既往地提供优质服务。”

（资料来源：曹洪珍．公共关系学[M]．北京：中国科学技术出版社，2010.）

【案例评析】表面看来，东航损失了近 30 万元，但俗话说，“失之东隅，收之桑榆”，东航收获的必将比失去的多得多。正是因为勇于担责，我们看到了它的内涵和品质；正是因为有这样“开弓没有回头箭”的服务意识，才能赢得更多顾客的满意和尊敬。这种满意和尊敬，就是卖出 3 000 张、30 000 张机票都赚不回的。这有利于树立企业的良好形象，提升企业的品牌价值，拓展企业的市场前景，为企业的腾飞贡献力量。

第二节 公共关系人员

一、公共关系人员的必备素质

（一）性格和仪表

公共关系活动主要是与人打交道，通过建立良好的人际关系来协调好组织与组织之间的关系，这就需要公共关系人员常去参加各种社会交际活动。一般来讲，公共关系工作应选择性格外向的人担任。因为性格外向的人活泼、开朗、健谈、有涵养、谈吐动听、有感染力、有幽默感，容易使紧张气氛、紧张场面变得轻松和谐，使陌生人很快消除隔阂而产生依赖感；其次公共关系人员还要具备办事有耐心、有毅力的性格，能对别人讲话表示关注和感兴趣，不仅做一个坐得住、听得进的忠诚听众，还要做一个耐心的说服者，不能着急，使对方在你的耐心说服下，心悦诚服地接受意见而无被迫的感觉。

此外，公共关系人员的仪表要美，它包括人的姿态、风度、服饰等。在公共关系活动中，仪表是人们必须注意的一个重要方面，仪表美属于美的外在因素。爱美之心，人皆有之，每个人都希望自己的仪表美一些，每个人都会以能结交仪表美的朋友而感到自豪和荣耀。整洁、美观、大方的仪容和服饰，不仅是个人情趣自悦的表现，也是尊重对方的表现，同时反映一个人自爱、爱人和热爱生活的精神风貌。所以，选择相貌端正、衣着得体、精神饱满、风度翩翩、有涵养的人出任公共关系工作，对方会对公共关系人员所代表的组织产生朝气蓬勃、充满青春活力的好感。

（二）知识和阅历

公共关系是一门新兴的边缘学科，公共关系工作是一种复杂的社会活动，必须以社会伦理和科学的研究方法为指导。公共关系人员在日常事务中要与各种各样的人打交道，要接触各种各样的事情，因此公共关系人员的知识要广博，阅历、经验要丰富，了解不同地区、国家的文化差异和风土人情。公众文化背景不同，沟通方法、语言也不同，所以公共关系人员必须掌握多门学科知识和公共关系技巧，积累实际工作经验，知识面广，有一定的深度，才能适应日新月异的社会变化，适应科技发展的需要。公共关系人员不能凭经验和感觉做事，必须具备与公共关系较为密切的一些知识和技能。

1．基础学科知识

（1）有利于逻辑思维的知识，主要是哲学和思想史。哲学给公共关系人员提供从世界观和方法论的高度看待公共关系学科和具体实践的方法。思想史使人认识人类社会发展历程与规律。

（2）有利于指导公共关系活动，具有深刻分析具体问题的学科知识，包括心理学、社会学、民俗学、政治学、经济学、法学、人际关系学、文学等，为公共关系人员提供完整的文化知识背景，帮助公共关系人员研究社会中人的心理、态度和行为，明确哪些行为是违法的，熟悉组织所处的政治环境和经济环境，提高理论修养和分析现实问题的能力。

（3）关于地理、天文、物理、化学等方面的自然知识。这些知识能为公共关系人员的知识积累加重砝码。公共关系界有一句话："看你是否有较强的沟通能力可通过你同刚认识的人能否谈 15 分钟来判断。"也许公共关系人员没有太多时间涉猎这些知识，但关于此类学科的最新动态是需知晓的。

公共关系人员的基础知识越深厚扎实，思维空间就越开阔，创造性就越强。

2．专业学科知识

专业学科知识包括公共关系理论知识（如公共关系基本概念、公共关系的历史与发展、公共关系三大要素、公共关系的职能、公共关系活动的基本原则等）和基本实务知识（如公共关系调研、活动策划、活动实施与评估、社交礼仪和 CI 战略等）。这些知识是公共关系人员在实践中直接运用的，必须牢固掌握、灵活运用，只有这样才能做好公共关系工作。

3. 相关的操作性学科知识

相关的操作性学科知识也是公共关系人员在实践工作中要用到的，对提高公共关系人员的实际工作能力有直接帮助。做公共关系调研要涉及社会调查学、市场调研学；策划活动要运用广告学、管理学、会计学的知识；组织新闻发布会要有传播学、新闻学、写作学，媒介管理等方面的知识，还包括演讲学、计算机运用等。此外，CI战略中还涉及设计学、美学等。

以上几个方面的学科知识是专业公共关系人员所必备的。事实上，公共关系人员在实际工作中会不断根据特定的需要了解某方面的专业知识和有关国家、国际的政治、经济情况。因此，公共关系人员的知识结构是动态的、开放的，能随时吸收新知识，不断丰富和发展自己。

（三）品德和智慧

公共关系人员应具有良好的品德素质，其中职业道德和行为方面的修养更为重要。公共关系活动中有许多诱惑，稍有不慎就会被利用，公共关系人员应诚实、公道、正派、言而有信、不谋私利、不卑不亢、责任心强、遵纪守法、实事求是，要经得起诱惑，始终坚持奉公守法，不丧人格、国格，不谋私利，不仅使公共关系活动获得成功，而且能长久维持公众关系。公共关系人员的个人品行也十分重要，在工作中，坚持思想意识健康，谈吐文明、礼貌，举止庄重文雅，工作作风严谨，姿态自然不做作，着装得体不娇柔，热情活跃有分寸等，给人留下一个美好的印象，不断充实自己，增加个人魅力、感染力和吸引力，这将大大有利于公共关系工作的顺利开展。

智慧是人们认识客观事物并运用知识解决问题的能力的总和，公共关系人员要具备一定的智慧，即思维反应敏捷、决策果断迅速、兴趣爱好广泛、创造力强等，同时还应具备“急智”才能，应付突然发生的变化，变被动为主动。

品德高尚、智慧过人的公共关系工作人员，必定会引起各方面公众的特别兴趣和高度关注，容易增加亲近感，这对于广交朋友、掌握信息、赢得公众、赢得时间、赢得市场、赢得个人及组织的信任，都是非常有利的。

（四）意识和心理

1. 公共关系意识

公共关系人员的素质是以公共关系意识为核心，以自信、热情、开放的职业心理为基础，配以公共关系专业知识和能力结构的一种整体职业素质。公共关系人员应具有强烈的公共关系意识。所谓公共关系意识，它属于一种现代经营管理思想、理念和原则，是公共关系实践在人们思维中的反映，且由感性认识上升为理性认识。公共关系意识作为一种深层次的思想，引导着一切公共关系行为。公共关系意识是一种综合性的职业意识，它大致由以下几方面的内容构成。

（1）以事实为基础的思想。它是组织公共关系观念的重要内容，是组织公共关系活动的生命线。它要求组织在开展公共关系活动时，如实向外传递信息，如实报告企业的社会环境、企业发展动态；在处理纠纷时，要实事求是，不故意隐瞒真相，歪曲事实，欺骗公众，否则会损害自身形象。

（2）公众利益至上的思想。公众利益至上是现代企业公共关系观念的核心，也就是在开展公共关系活动的时候，首先要充分考虑公众的要求和利益，即要遵循公众第一，组织第二的原则，不能颠倒，否则十分危险。其次当社会公众利益与组织利益发生矛盾时，应尽量化解矛盾，如果只能满足一方利益时，组织利益应服从公众利益。公众至上不能只停留在口头上，要真正落实到行动上。

（3）双向信息交流。这要求组织在开展公共关系活动时，既要把组织有关信息告诉公众，让公众及时了解组织，同时又要把公众的意见要求反馈给组织管理层，让组织了解公众，以便开展的公共关系活动有的放矢。此外，公共关系人员还应具有创新意识、服务意识、审美意识、战略意识等。

2. 公共关系人员的心理

（1）自信和进取的心理。自信和进取是对公共关系人员职业心理的最基本要求。一个人有了自信心和进取心，才会激发出极大的勇气和毅力，最终创造出奇迹。公共关系是一项创造性的劳动，充满自信心和进取心的公共关系人员，敢于坚持用实际去检验真理，凭借智慧、毅力最终将灵感变为现实的方案；缺乏自信心和进取心的公共关系人员最终被经验和习惯做法束缚，成为平庸、缺乏创造力的人，被公共关系队伍淘汰。正如法国哲学家卢梭所说："自信心对于事业简直是奇迹，有了它你的才智可以取之不尽、用之不竭。一个没有自信心的人，无论他有多大才能，也不会有成功的机会。"

（2）热情的心理。从事公共关系工作的人员应有一种热情的心理。公共关系人员在与人交往的过程中，必须热情洋溢、真诚而又有礼貌，热情的态度可以使对方感到你的诚意、友好、礼貌，为顺利的交往打下良好的基础；同时对其他事物保持热情，可以激发你的兴趣、想象力和创造力。

（3）开放乐观的心理。公共关系工作是一种开放型的工作，从事这种工作的人需要一种开放的心理，公共关系工作要不断接受新的事物、新的知识、新的观念，敢于大胆创新，做出突出的贡献。具有开放心理的人，能宽容、接受各种各样与自己性格不同、风格不同的人，并能"异中求同"，与各种类型的人建立良好的关系，这是公共关系工作十分需要的。公共关系人员具有开放、乐观的心理，在困难和挫折面前，就能从容面对，始终把微笑带给公众，而不是把满脸愁云带给公众。

二、公共关系人员应具备的基本能力

公共关系人员具有一定的素质，还需要充分运用和在实际工作中发挥出来，成为自己所具备的能力，这才有实际意义。卡特利普等人在《有效公共关系》一书中曾总结公共关系工作的 10 种类型：写作、编辑、与媒体联系、特殊事件的组织与筹备、演讲、制作、调研、策划与咨询、培训、管理等。为了完成上述任务，公共关系人员所需要的能力是多方面的，当然公共关系人员不可能十全十美，但最基本的能力，如组织管理能力、信息处理能力、洞察分析能力、社会交际能力、表达能力、想象创新能力应必须具备。

（一）组织管理能力

现代管理科学告诉我们，任何组织的管理活动，最终都归结为对人流、物流、信息流的组织管理活动。例如，组织展览会、洽谈会或订货会，既有信息流，又有物流、人流，无论从会议的筹备工作，还是中间举办的一系列活动，以及如何保证会议的圆满结束，都要求会议的组织者有一定的驾驭和管理才能，才能时时掌握主动，达到预期目的。所以，公共关系人员要有企业家的战略眼光和经济头脑，要有一定的管理才能。

（二）信息处理能力

当今社会信息传播十分迅速，能否及时掌握信息，直接关系企业的发展，产品的竞争能力等，所以公共关系人员在掌握信息时，要做到快、多、准，尤其以“准”为重要。掌握信息快可以走在别人前面，赢得时间和主动；掌握信息多便于全面了解整体发展情况，同时也可加大单位信息的选择；掌握信息准，掌握信息如果不准，再多再快也无用，甚至会误事。掌握和收集信息的最终目的在于从大量信息中，发现和挖掘与本企业有关的信息，进行分析研究，做出相应的决策。公共关系人员必须有较强的信息处理能力，结合本组织技术、设备、资金的情况和发展潜力，利用掌握的信息，做出相应的对策和措施，这样的决策、措施才有价值。

公共关系人员的信息处理能力还表现在对本组织的重大决策能采取最优、最快的方式加以宣传和推广，不但在本组织赢得内部公众的理解和支持，而且要赢得组织外部公众的理解和支持，扩大社会影响，提高组织信誉，树立良好的组织形象。

（三）洞察分析能力

公共关系人员必须具有敏锐的洞察分析能力，不断地发现新问题。公共关系人员洞察分析能力一方面表现在对外部环境变化敏感，另一方面对企业内部各部门、各环节情况十分了解，及时向领导提供有效的协调措施，同时也应会通过各种民意测验、市场调查、走访用户等方法，不断对社会各方面进行了解分析。瞄得准才能打得准，这样才能使企业始终走在社会潮流的前面而不被淘汰。

（四）社会交际能力

公共关系人员是以整个社会作为活动的舞台的，要与社会上各方面的人打交道，肩负着为本组织建立良好的内、外部工作环境的职责。这就要求公共关系人员应具有较强的活动能力，有一个十分宽阔的交际范围，建立密切的关系网络，是公共关系工作的重要职能之一。交际能力也是衡量一个现代人能否适应现代社会的标准之一。

（五）表达能力

公共关系人员的表达能力很重要，要能说会写。与人交往、收集信息、传递信息等，无一不是利用表达能力的发挥来实现的。表达能力既包括文字表达能力（写新闻段、广告词、请柬等），还包括良好的语言表达能力，有一定的语言基础和文学修养。

表达能力除了文字、语言外，还包括非语言、文字的表达能力，如动作、服饰、表情等，这些也能起到表达情意、传递信息的作用。在交往中，对方从你的一举手、一投足、一笑等，就可以明白你对所说内容的态度。所以非语言、文字表达能力的运用，一定要注意恰当、准确，以免引起误会。

（六）想象创新能力

人们要有不断创新的意识和能力，与时俱进才能跟上社会前进的步伐，公共关系人员也不例外，也必须具备丰富的想象力和创新能力。

公共关系人员的创新能力如何，反映出这个组织的创新活动、科技实力和精神风貌。在公共关系活动中，无论从内容到形式，公共关系人员都要不断地以新颖别致的方式和技巧来联络、吸引公众，不能老调重弹、墨守成规，只有不断创新，才能不断开辟和占领新的市场，成为时代的弄潮儿，才能有效地树立组织形象和信誉。

案例分析 2-4

靠智慧让醉客认错

某餐厅发生过这样一个故事：一天餐厅来了四位半醉状态的客人，点了四杯鲜榨橙汁。因为四个人都处于半醉状态，也就都没有即时饮用。可等到 20 多分钟以后四个人再饮用时，发觉四杯鲜榨橙汁有苦涩味。于是，四位客人认为橙汁不是新榨的，质量有问题，要求退掉四杯鲜榨橙汁。

餐饮部公共关系经理听到服务员汇报后赶到，当他了解情况后深知自己店里饮料的质量没有问题，但面对的是几个半醉状态的客人，在这种情况下，他知道任何解释都是徒劳的，弄得不好还可能招来更大的不满，只能靠事实说话。于是，他稍加思考后，请一位较为清醒的客人走到操作台前，当着他的面榨了一杯鲜橙汁，并让他尝了一口。客人尝了一口后更是理直气壮地讲这才是鲜橙汁。经理听到这话后很高兴。为了拖延时间，他就和这位客人闲聊了起来，聊了足足有 20 多分钟。然后，他又请这位客人再尝一口橙汁，客人发现味道和开始尝的那口有点不一样了。这个客人连连说：怪、怪、怪，刚才的甜橙汁，怎么也有了苦味了呢？听了这话，经理只是对他笑了笑，因为这时候任何的解释已是多余。客人知道错怪了餐厅，连连进行道歉，并付了第五杯的钱。

（资料来源：张云．公共关系理论、实践与案例［M］．上海：华东师范大学出版社，2012．）

【案例评析】公共关系人员应具备的能力很多，其中有一点是非常重要的，那就是洞察分析能力。案例中餐厅的餐饮部公共关系经理知道鲜橙汁搁置久了味道会变，在面对半醉状态客人的情况下，他只有洞察分析、随机应变，用事实说话，才能让客人主动认错，化解危机。

三、公共关系人员的角色

公共关系工作需要很多人去做，他们要充当不同的角色，承担不同的义务，享受不同的权利与待遇。公共关系人员的角色大体上可以分为四种类型：专家型、领导型、技术型、事务型。

（一）专家型角色

专家型角色是研究和解决公共关系理论与实践问题的权威，他们有渊博的知识、丰富的经验、较高的理论水平与宣传推广能力。专家型角色主要包括以下人员：公共关系顾问、公共关系学者和教育家。公共关系顾问的主要职能是制定与实施公共关系方案、帮助建立与公众的沟通渠道、提供各种业务咨询、指导和教育一般公共关系人员。公共关系学者和教育家的主要任务是从事公共关系理论研究与探讨，介绍、翻译和传播国内外有关公共关系理论、实践与动态的信息，从事公共关系教育培训等相关的工作。

（二）领导型角色

领导型角色是指在各公共关系组织或相关单位中担任领导职务的人员，包括经理、部长、主任、兼职领导、社会活动家等。经理、部长、主任等的主要任务是制定公共关系工作的目标，估算分配公共关系实务活动所需的人力、物力、时间和费用等，参与高层决策活动。兼职领导为公共关系大造舆论、解决难题、扩大影响，把公共关系工作作为一种社会工作予以重视。

（三）技术型角色

技术型角色是公共关系部门从事专项技术的业务工作人员，主要包括一般记者、编辑、摄影师、广告师、设计师及其他技术人员。技术型人才是公共关系计划与目标的具体执行者和业务技术实施者，他们的主要任务与特点：进行技术沟通，在公共关系程序中承担某方面的具体任务并利用自己的特长发挥作用；受过专业化的学习与训练，掌握公共关系工作所需要的某项或几项专门技术；在传递信息、沟通媒介关系中进行组合和牵线搭桥活动，是公共关系活动的中转站与联络纽带。

（四）事务型角色

事务型角色是组织中从事一般日常公共关系工作的人员，他们是最普通也是最基层的公共关系人员。这些人员包括秘书、办事员、服务员、招待员、翻译、助理、导游、消费引导员等。事务型人员从事的工作很杂，主要是基础性工作，包括实施或筹备实施已拟订的公共关系工作计划；接待内外宾客；联系客户和消费者等；接触新闻界朋友；收集资料信息；等等。总之，他们主要按照领导的意图去完成各项具体的工作，一般不参加有关的公共关系事务的决策活动，但又不同于一般的服务人员。

案例分析 2-5

他们扮演的是哪种类型的公共关系人员角色

（一）某省副省长下乡检查工作，看到一个小学校房子十分破旧，而旁边的乡政府办公楼却崭新、漂亮，于是他当众宣布："马上把学校的危房封闭起来，学生到政府办公楼上课，直到危房教室修好。"这件事在当地震动很大。当地政府马上成立了改善办学条件领导小组。经调查研究，共查出 30 多所学校的危房，并采取了有效措施加以解决，深得人民群众的拥护和信任，树立了政府在人民群众中的良好形象。

（二）号称天下第一奇观的石林，地处我国西南的云南省，距省会昆明 100 多公里。据石林风景区管理委员会介绍，这里的女导游目前已有上百人，她们都经过严格考试，并进行了 3～6 个月的公共关系课程的培训。鉴于这些姑娘仅为初中或高中毕业文化程度，所以管委会十分重视提高她们的业务水平，经常请旅游界人士为她们讲课，教授导游知识及外语，还定期把一些优秀女导游送到北京、桂林等旅游城市观摩、学习和提高。现在她们对石林了如指掌，且能歌善舞，她们给往日沉静的石林带来了无穷的活力。其实她们就是石林风景区从事公共关系工作的普通人员，她们通过自己的服务为本地区赢得了声誉，扩大了知名度，在游客公众的心目中播下了美好而信任的种子，实现了组织既定的公共关系目标。

（三）河北省深县一家乡办塑料厂，由于经营不善，濒临破产，它求助于中国环球公共关系公司。该公司派出公共关系顾问，做了大量调查研究工作，发现这个厂设备条件并不差，关键是产品不符合市场需要。这时，北京林源技术贸易公司也找到中国环球公共关系公司，愿意提供年产 300 吨聚氨酯的技术，希望能帮助介绍合适厂家。环球公共关系公司对市场又做了调查研究，结论是聚氨酯用途越来越广，销路不成问题。于是建议深县这家乡办塑料厂生产聚氨酯。通过公共关系公司的牵线，两家企业喜结良缘，深县乡办塑料厂很快正式投产聚氨酯，投产当月就获利。

（资料来源：周安华. 公共关系：理论、实务与技巧 [M]. 北京：中国人民大学出版社，2010.）

【案例评析】第一个案例里的副省长扮演的是领导型角色。第二个案例里的石林风景区女导游扮演的是事务型角色。第三个案例里的中国环球公共关系公司的公共关系顾问扮演的是专家型角色。

四、公共关系人员的培养和提高

重视加强对公共关系人员的培养和提高，不仅有利于公共关系专门人才的大批出现，也有利于推动公共关系事业的迅速发展。公共关系人员素质的培养和提高主要通过组织培养和自我修养两个途径。

（一）组织培养

组织培养可以根据工作需要结合本人特长，培养通用性公共关系人才和专业性公共关系人才。通用性公共关系人才要求知识面广，有较全面的智力结构、能力结构和完整的性格结构。这些人才能通晓和应付日常各种类型的公共关系工作。专业性公共关系人才是指培养具有精通某种公共关系专门技能、技术的人才，如新闻写作、广告设计、美术摄影、社交礼仪等。对于公共关系人员的培养，国外一般是在大学里开设公共关系学或专业来进行的，如美国有 300 所高校都开设此学科。专业培养是当前普及公共关系知识，培养公共关系人员的好途径。此外，对公共关系人员还可进行短期培训，短期培训专业性强，针对性也强。

（二）自我修养

公共关系工作并不是每个人都可以胜任的，在选择培养对象时，不仅要看其学历、相貌，而且还要检测他们各种学识、能力、发展的潜力等。公共关系人员除组织选拔培养外，对于立志为公共关系事业做贡献的人来讲，还有一个自我修养与提高的过程。自我修养与提高，一要加强理论知识的学习，提高理论修养，二要加强文学修养和各种兴趣爱好的培养，为从事公共关系工作创造各种条件，打下坚实的基础。

资料 2-1

公共关系从业人员素质的自我测验

1．性格

（1）性格是否和悦近人？
（2）待人接物中是从容不迫，落落大方？
（3）能否往来于大庭广众之下而不畏惧？
（4）是否保持乐观态度？
（5）遇事是否有耐心？
（6）是否有幽默感？
（7）是否健谈？
（8）交友是否广泛？
（9）面对困难和挫折是否仍能保持决心和毅力？
（10）仪表是否大方、动人？

2．品德

（1）为人是否公道正派？
（2）说话办事是否诚实可靠？
（3）是否有明辨是非的能力？
（4）是否关心他人并取得同事的信任？
（5）是否认为集体利益胜过个人利益？
（6）对待工作是否有高度的责任感，能否以大众利益为重？
（7）能否遵守诺言？
（8）是否有高尚的情操？
（9）是否有严谨的行为？

3．知识

（1）是否有中专以上的文化程度（大学本科为 1 分，大专为 0.8 分，中专为 0.5 分）？
（2）是否熟练掌握一门外语？
（3）是否经过公共关系方面的专门学习和训练？
（4）是否掌握经营和管理方面的基本知识？
（5）是否了解传播学？
（6）是否有法律方面的知识？
（7）是否对心理学感兴趣？

（8）是否了解秘书学？
（9）是否懂得哲学和逻辑学方面的基本知识？
（10）是否掌握舆论调查和民意测验的方法？

4．技术

（1）能否独立撰写各类新闻稿件？
（2）是否掌握摄影技术？
（3）是否掌握演讲技术？
（4）是否有较好的口才？
（5）是否了解广告艺术？
（6）是否掌握中英文打字技术（中文为0.5分）？
（7）是否能运用计算机进行信息传播？
（8）是否掌握公共关系礼仪？
（9）是否掌握美工技术？

5．经验

（1）是否写过新闻稿？
（2）是否有过同新闻界打交道的经验？
（3）是否有广告推销方面的经验？
（4）是否有社会交往和社会活动方面的经验？
（5）是否有谈判方面的经验？
（6）是否有人事工作方面的经验？
（7）是否从事过调查和民意测验方面的工作？
（8）是否有财会方面的工作经验？
（9）是否有管理一个企业部门的经验？

6．阅历

（1）阅历是否广泛？
（2）是否了解世界各国的风俗习惯？
（3）是否了解我国各地的不同习惯？
（4）是否了解我国各民族特点？
（5）是否了解各宗教的特点？
（6）是否与各种类型的人打过交道？

7．思维

（1）能否在不同的环境中发现问题？
（2）是否勤奋思考、善于分析？
（3）反应是否敏捷？
（4）观察问题是否细致？
（5）分析问题是否深刻？
（6）遇事是否冷静？
（7）是否有对问题客观分析并加以综合的能力？

8．胆识

（1）是否有战略眼光，能否制定较长期的公共关系计划？
（2）是否能做好每件小事？
（3）是否能为长期规划的实现做好充分准备？

9．谈吐

（1）说话是否具有幽默感？
（2）谈吐是否能吸引人？
（3）能否通过谈话化解各种矛盾？

10．精神

（1）是否有改革精神？
（2）是否有奉献精神？
（3）是否有创新精神？
（4）是否有进取精神？
（5）在社会主义市场经济大潮中，是否敢于竞争？

11．智慧

（1）对人对事是否有好奇心并保持浓厚的兴趣？
（2）是否精于观察别人的言行？
（3）能否当个好听众欣赏别人的讲话？
（4）是否能处理尴尬的局面？
（5）是否经常看报？
（6）做事是否有想象力和创造力？

12．能力

（1）是否有制定方案的能力？
（2）能否处理突发事件？
（3）是否善于发现别人的长处？

（4）能否发现自己的短处并加以改正？
（5）能否正确地理解和执行上级的意图和指示？
（6）能否独立主持各种会议？
（7）能否与不同性格的人打交道？
（8）能否很快适应新的环境？
（9）能否与意见不一致的人共事？
（10）能否创造轻松愉快的工作气氛？
（11）是否能调动部下的积极性？
（12）对不同意见是否有概括和分析能力？
（13）是否了解党和国家的组织机构和方针政策？
（14）能否及时收集并正确分析、判断信息？
（15）对企业（单位）即将发生的问题是否具有一定的预见性并及时提出对策？
（16）能否合理地分权、授权？
（17）是否有较强的自学能力？
（18）讲述问题是否简明扼要、抓住要害？
（19）在判断中是否有打破僵局的能力？
（20）写作是否流畅，符合要求？
（21）是否有感染别人、影响别人的能力？
（22）能否处理好单位内部与外部的各种关系？
（23）能否诚恳地承认自己的错误，并坦诚地接受惩罚而心无怨言？

对上述问题要求实事求是地回答（每题1分）。

60分以下者，暂不宜从事公共关系工作，需要认真学习，逐步提高。

60~69分者为及格，但需设法改进自己的弱点。

70~79分者，有资格从事公共关系工作。

80~89分者，为合格的公共关系工作者。

90分以上者可望成为公共关系专家。

（资料来源：谢红霞，胡斌红. 中国新公关：组织形象塑造[M]. 北京：经济管理出版社，2004.）

案例分析 2-6

公关顾问的提问

有一家宾馆新设了一个公共关系部，开办伊始，该部就配备了豪华的办公室、漂亮迷人的公关小姐、现代化的通信设备……但该部部长却发现无事可做。后来，这位部长请来了一位公共关系顾问，向他请教“怎么办”，于是这位顾问一连问了以下几个问题：

“本地共有多少家宾馆？总铺位有多少？”

“旅游旺季时，本地的外国游客每月有多少？国内的外地游客有多少？”

“贵宾馆的‘知名度’如何？在过去三年中，花在宣传上的经费共多少？”

“贵宾馆最大的竞争对手是谁？贵宾馆潜在的竞争对手将是谁？”

“去年一年中因服务不周引起房客不满的事件有多少起，服务不周的症结何在？”

对这样一些极其普通而又极为重要的问题，这位公关关系部部长竟张口结舌，无以对答。于是，那位被请来的公共关系顾问这样说道：“先搞清这些问题，然后再开始你们的公共关系工作。”

（资料来源：熊超群，潘其俊. 公关策划实务［M］. 广州：广东经济出版社，2003.）

【案例评析】公共关系不是一种盲目的、随意性的活动，而是有意识、有计划的行为，公共关系部的设置是搞好公关工作的组织保证。但是公共关系部里光有“豪华的办公室，漂亮迷人的公关小姐、现代化的通信设备”远远不够，关键是要有明确公共关系意识、公共关系目标、公共关系计划和具体实施方案，此外，还要有一支懂得公共关系业务的优秀公共关系队伍。

第三节　公共关系组织机构

公共关系组织机构是专门执行公共关系任务、实现公共关系功能的行为主体，是公共关系工作的专门职能机构，主要包括组织内的公共关系部和专业的公共关系公司。

一、组织内的公共关系部

组织内部设立的公共关系部（以下简称公关部）是传播性的、沟通性的，在组织总体中扮演一种“边缘”、“中介”的角色。公关部在组织内部介于高层决策中心与各执行部门之间，在外部经营中，公关部介于组织和公众之间，对外代表组织，对内代表公众。

（一）公关部设置的模式

组织内部设置公关部有四种模式可以选择。第一，高层直属型（见图 2-1），即公关部处于整个组织系统中的第三个层次，直属于组织的最高层领导，直接向最高决策层和管理层负责。第二，部门并列型（见图 2-2），即公关部与其他职能部门平行排列。此种类型的公关部在组织中地位较高，反映了公共关系业务在组织中的独立性和重要性。第三，部门隶属型（见图 2-3），即公关部隶属于组织的某个职能部门，如归属于销售部门、广告和宣传部门、联络接待部门、办公室等。第四，公共关系委员会型（见图 2-4），由它全权处理公司公共关系事务。从公共关系协调的角度看，一个组织自己设立公关部具有了解内情、便于协调、效率较高、成本较低的优势，但内部公关部工作容易受到组织内部因素制约，有时难以完全做到客观、公正。

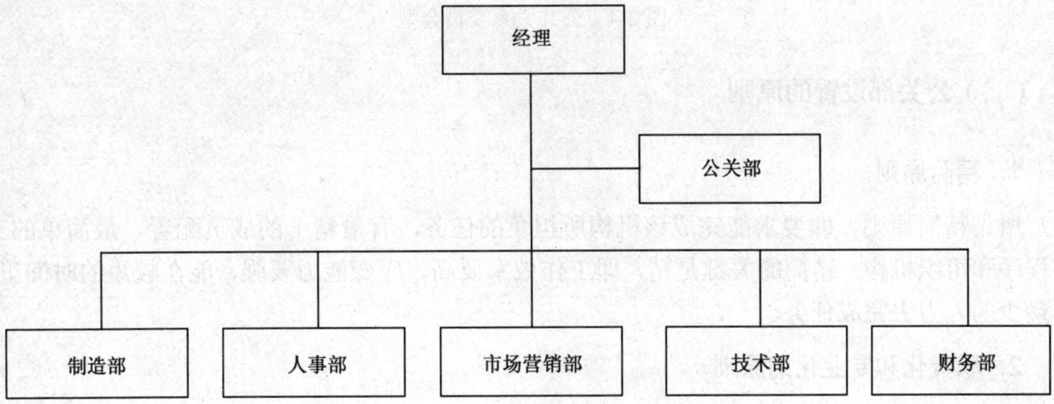

图 2-1　高层直属型

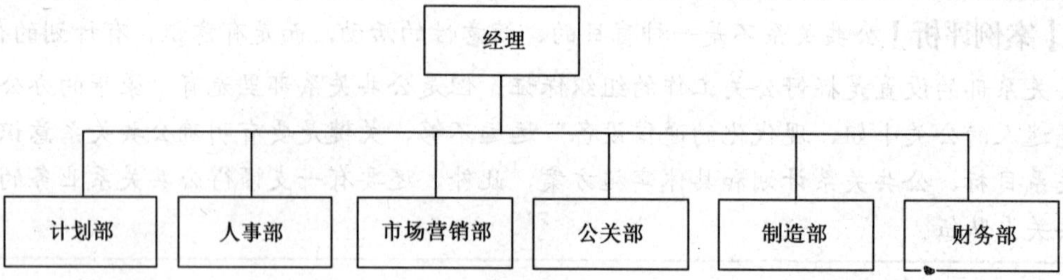

图 2-2　部门并列型

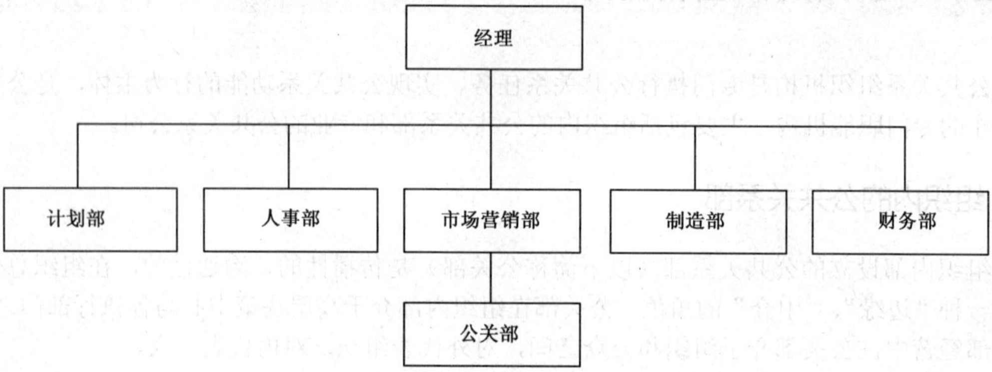

图 2-3　部门隶属型

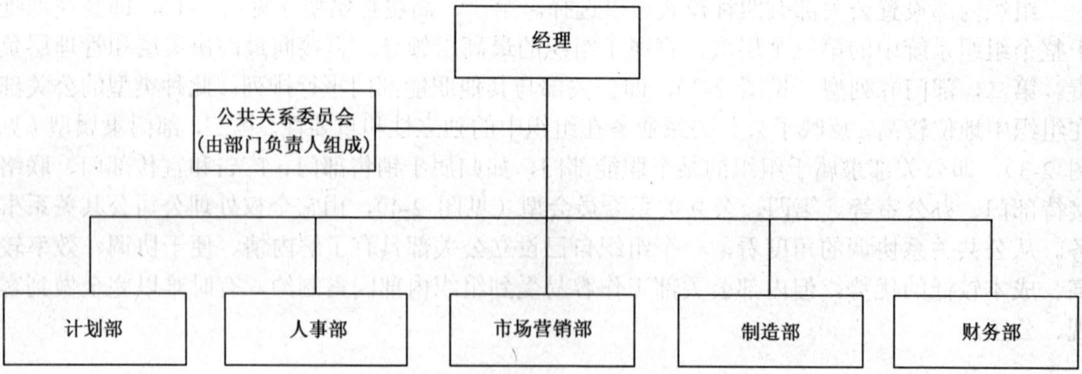

图 2-4　公共关系委员会型

（二）公关部设置的原则

1. 精简原则

所谓精简原则，即要求能完成该机构所担负的任务，有最精干的成员配置、最简单的工作程序和组织机构。精简的关键是精，即工作效率要高，应变能力要强，能在较短的时间里，用最少的人力去完成任务。

2. 职责化和专业化的原则

公关部是专门开展公共关系工作的机构，在组织上和内容上都要保证其正规性，其职责范围应界定清楚，防止成为“杂货部”。同时还应做到队伍的专业化，即全体公共关系人员应具备强烈的公共关系意识，受过一定专业训练，具有一定专业水准和能力，具有开拓创新精神等。

3．适当的管理跨度及层次原则

公关部具有相对的独立性，能够在确定的范围内自主履行职责，并能适应客观环境的变化，具有一定灵活性。机构内部的层次不多，因事设职，因职设人，管理跨度和层次要适当。

4．整体协调原则

在实现公共关系目标时，公关部要依靠其他部门的配合。公关部主要起沟通、协调、组织的作用，通过公关部协调多方面、多层次错综复杂的关系。对外起到主动沟通的作用，对内能够维持组织各方面关系的平衡。

5．有效性原则

效率是衡量一个组织水平的重要标志。效率越高，说明组织机构越合理、越完善。实现公关部工作的高效率，应注意以下几个问题，首先要保证职权和职责相当；其次要保证信息渠道的畅通；再次要善于用人，充分调动人的积极性；最后要有行之有效的规章制度，没有规矩，不成方圆。

（三）公关部设置应注意的问题

1．规模

内部公关部的规模大小应结合组织的公共关系任务来定。不能一刀切，搞一个模式。一般企业规模较大，公共关系任务较重，可设2～5人；企业规模较小，公共关系任务较轻，可不设专职人员，由兼职人员担任。

2．地位

目前内部公关部设置的模式主要有高层直属型、部门并列型、部门隶属型等。其中最理想的是高层直属型，这种类型的公关部地位高、权力大，有利于发挥公关部的作用。部门并列型也可以，也能与直接领导联系、沟通。部门隶属型的模式地位低、权力小，一般用于企业规模小、公共关系任务轻的情况。

3．权力

组织中任何部门都有其相应的职责范围和权限范围。这里的权力是指特权，即除了赋予公关部作为一般职能部门的权力之外，还应给予其一些特权，如参与谈判的权力、召开记者招待会的权力等。

4．分工

公关部人员分工按不同标准有不同的分法。例如，按工作对象的不同可以分为员工关系、股东关系、社区关系、政府关系、媒介关系等，分别组建员工关系组、股东关系组、社区关系组、政府关系组、媒介关系组等；按照公共关系工作手段的不同，分为调查研究、新闻广播、编辑出版、专项活动等，分别组建调查研究组、新闻广播组、编辑出版组、专项活动组等；按照社会机构习惯的不同可以分为宣传舆论、情报资料、后勤总务、外事和接待活动等，分别组建宣传舆论组、情报资料组、后勤总务组、外事和接待活动组等；按区域对象的不同可以分为国内公关和国际公关，分别组建国内公关组和国际公关组。

（四）公关部的日常工作

公关部的日常工作主要有调查研究、协调关系、参与管理、公关文书的写作、策划举办公共关系专题活动、接待投诉和来访、专项技术制作、员工培训、树立全员公共关系意识等。

二、专业的公共关系公司

公共关系公司（以下简称公关公司）是公共关系咨询公司、公共关系顾问公司、公共关系事务所、公共关系服务公司等独立的社会公共关系服务机构的统称，是指由具有一定专业特长的公共关系专家及专业队伍所组成，专门从事公共关系咨询或委托为其开展公共关系活动，并收取费用的社会服务性机构。公关公司是随着公共关系作为一种职业的出现而产生和发展起来的。它诞生于 20 世纪初的美国。被誉为“公共关系之父”的艾维·李在 1903 年首创了具有公共关系性质的公共关系事务所。到目前为止，美国已有 2 000 多家公关公司。1953 年成立的美国博雅公关有限公司是全球最大的公共关系和传播咨询公司之一，也是最早进入中国的国际公关公司之一。1986 年博雅公关公司和新华社合作成立了中国第一家专业公关公司——中国环球公关公司。至今中国公共关系咨询市场已走过 20 多年历史。

（一）公关公司类型

公关公司按不同标准可分为不同的类型，例如，按照业务不同可划分为综合服务型公关公司、专业性定向服务型公关公司、顾问公司三种；按照经营方式可划分为合作型和独立型两种。多数情况下，公关公司按照业务不同划分。

1. 综合服务型公关公司

这类公司可为各种客户提供各种公共关系问题咨询和多种公共关系服务。例如，处理协调政府、社区、媒体、顾客及雇员关系，CI 战略的策划实施，公关问题的调查研究，编辑各种印刷材料，撰写公关新闻稿，建立新闻界联系，举办各种公关活动等。此类公司一般拥有先进的信息收集、储存、分析系统，通过多种途径广泛采集世界各国政治、经济、文化、法律、社会政策、风俗习惯及市场动态等多方信息，还有一批擅长各种工作、协调处理各种问题的经验丰富的专家。

2. 专业性定向服务型公关公司

专业性定向服务型公关公司即专门为特定行业或某类特定公共关系问题提供服务的公司。这类公司一般有兼营某类公司或某些行业或某类事务且精通公共关系的业务专家，如专门为工商企业和金融财政部门提供大众传播服务的公司，为旅游业提供服务的旅游公关公司等。这类公司利用自己的专长为客户开展公共关系工作和提供资料服务。目前，这类公司是发达国家中主要的公关公司形式。

3. 顾问公司

这类公司所开展的服务一般仅限于为客户提供咨询，作为客户参谋，其组织成员几乎都是有一定名望的某个工作领域的专家，如市场预测和分析专家、社会心理分析专家等。他们除了能为客户提供咨询，还可以进行各种公共关系具体业务的指导，从某种意义上来讲属于专业性定向服务型公关公司。

（二）公关公司的服务费用

公关公司受客户的委托开展公共关系工作，提供的是有偿服务。公关公司的计费方式主要有三种：委托费、计时收费、效益提成收费。

委托费是指对公司贡献出来的策略和经验的支付，这是公共关系活动的基本开支，主要包括项目活动费、项目管理费、咨询服务费、项目所需要的实际开支等。计时收费是按工作时间收费，不同水平的工作人员的所得报酬不同。效益提成收费是公关公司为客户提供公共关系服务后，如果效益显著，收费标准就高，或者按比例提成；效益一般，收费标准也就一般；没有效益则不收任何费用。

公关公司的计费方式与费用标准没有统一的规定，一般由双方商定，因此，在选择公关公司时，收费标准和收费方法是个值得慎重考虑的问题。

（三）公关公司的业务工作内容

公关公司的基本职能是从事公共关系咨询，帮助客户确立其公共关系目标，接受具体单位的委托，通过公共关系调查和研究，对客户进行准确的形象定位，制定并实施公共关系计划，以帮助客户改善形象，在公众中建立良好的信誉。公关公司的业务工作内容比较广泛，具体包括以下四项。

1. 提供公共关系咨询、调查研究

提供各方面的公共关系咨询，为社会组织决策做参谋；提供对各种公共关系问题的调查研究，帮助客户分析解决各种公共关系问题。例如，中国环球公关公司为联合利华所提供的形势分析、公共关系目标确定、发展趋势预测、形象设计、公共关系计划制定等服务。

2. 协助客户进行各种宣传

为客户撰写新闻稿件，选择新闻媒介并与之建立关系，举行新闻发布会；为客户设计公共关系广告和商业广告，制定广告计划，为客户设计、编辑、印刷企业公共关系内部或外部刊物、统一的标识制品、企业年度报告；制作影片、录像带及其他视听材料；协助客户推销产品等。

3. 组织公共关系活动

为客户计划和组织大型会议、节日庆典活动、社会赞助活动，协助客户与相关公众进行有效的联络沟通，帮助客户与公众建立并维持良好的关系；为客户策划交往活动的联系铺路架桥。

4. 进行人员培训

主要培训公共关系人员和传播媒介人员，公关公司可以提供大量的资料，拥有一批资深专家，可为客户进行各类人员知识或技能培训。

不同公关公司的主营业务各有不同。表 2-1 和表 2-2 分别是部分外资公关公司和部分本土公关公司的主营业务。

表 2-1 部分外资公关公司主营业务

成立时间	公司	中国总部所在地	主营业务
1984 年	伟达中联	北京	公共关系宣传、企业整体形象策划、媒体关系等
1987 年	博达	北京	为遍布中国内地、香港及亚洲各国的客户提供专业的市场传播和公共关系服务
1989 年	爱德曼国际公关	北京	公共关系咨询、危机管理、企业形象战略、为跨国公司提供公共关系服务等
1991 年	罗德公关	北京	消费产品的营销、企业形象管理、危机管理等
1992 年	博雅公关	广州	企业的形象策划、对外宣传、危机应对、媒体关系等
1993 年	万博宣伟	上海	新设施的揭幕仪式、树立品牌形象、CEO 来访、发布新产品服务、危机处理、政府公共关系
1994 年	奥波达	北京	公共关系调查、媒体交流策略、活动管理、战略危机管理
1995 年	奥美公关	北京	公共关系策略咨询、媒体关系、政府接洽、公共政策危机管理、投资者关系、员工沟通、总裁来访安排、发言人培训等
1996 年	霍夫曼	北京	危机和事件传播管理、产品和品牌保护及政府公共关系
1997 年	安可顾问	北京	企业定位、投资者和企业内部传播、危机管理、专项议题管理、政府公共关系、诉讼公共关系、媒体关系等

（资料来源：根据各大公关公司网站信息整理）

表 2-2 部分本土公关公司主营业务

成立时间	公司名称	总部地址	主营业务
1985 年	环球公关	北京	企业定位、市场沟通计划、员工关系计划、新闻宣传与有效媒介关系、财经传播与投资者关系、公共事务与政府关系、大型活动策划与实施
1996 年	蓝色光标	北京	营销策略规划、公共关系策略咨询与规划、媒介公共关系传播、市场活动和公共关系活动管理、行业市场研究
1994 年	东方易为	北京	公共关系、通信战略、媒介联系和事件管理
1995 年	海天网联	北京	公共关系传播与品牌服务、市场活动推广、IT 及多媒体服务
1996 年	迪思公关	北京	公共关系传播服务、战略性和可实施的长期公共关系计划
1996 年	嘉利公关	北京	媒体传播管理、公共关系活动实施、市场行销顾问、公共关系策略咨询

续表

成立时间	公司名称	总部地址	主营业务
1996年	灵思公关	香港	财经公共关系、企业攻关、媒体关系、庆典安排、设计及制作
1997年	际恒锐智	北京	研究策划、活动会务、形象设计、媒体运作、影视创作、投资关系管理、项目质控、行业资讯、客户服务、市场调研、撰稿
1999年	智扬唯实	北京	市场策划、新闻媒介服务、市场活动、图文设计与出版、电视宣传片制作、市场研究等
1999年	上海哲基	上海	传播和市场营销计划、政府公共关系、培养企业发言人、处理公共关系危机
2000年	时空视点	北京	IT和通信产业品牌传播、企业战略、市场推广
2000年	世纪双成	北京	整合传播、专业传播咨询
2000年	联科安致	北京	公共关系策略咨询与企划、品牌传播咨询策划与实施、公共关系代理、市场促进活动策划与实施、企业形象咨询与设计等
2000年	上海视点	上海	公共关系策划、展览展示、营销策划、大型演出、媒体广告代理、节目发行、影视
2001年	致蓝经纬	北京	为企业和机构提供系统、领先、效果为导向的公关关系，媒体传播和市场顾问服务，营销公共关系
2002年	广通伟业	北京	策略咨询、公共关系顾问、政府公共关系、危机公关、行业分析、市场调研、活动策划、事件营销、互动营销、企业内刊、广告宣传、培训
2004年	博诚智杰	北京	企业市场计划、危机公关、形象传播、战略咨询、产品市场传播及日常公共关系咨询服务

（资料来源：根据各大公关公司网站信息整理）

（四）公关公司的优势和劣势

与组织内部公关部相比，专业的公关公司具有人才、经验、信息、地理、局外人身份、咨询等优势。专业的公关公司聚集一批具有一技之长的专业人士，他们受过专门的培训和训练，比组织内部公共关系人员具有人才优势。他们长期从事公共关系服务，有一定经验，可以把每分钱花在刀刃上。公关公司长期坐落于某一区域，与当地政府及有关部门的关系网络已建立起来，具有地理位置上的优势。公关公司存储大量的有关市场、科技、政策、法规、人才等方面的信息，可为客户提供全方位的信息和咨询。另外，公关公司局外人的身份使其处理问题时相对客观、公正。但公关公司对组织内情了解不多、效率较低、成本较高，不够方便。

练习与思考题

1．单项选择题

（1）包装、品牌商标属于（　　）。

A．组织的产品形象　　B．组织的管理形象

C．组织的人员形象　　D．组织的环境形象

（2）下列组织属于互益性组织的是（　　）。

A．工商企业　　B．社会福利工作机构

C．职业团体　　D．政府部门

（3）在部门隶属型模式中，容易将公共关系限于迎来送往、交际应酬、过分偏重于人际关系功能，这主要体现在公共关系机构归属于（　　）。

A．办公室　　B．联络接待部门

C．广告宣传部门　　D．销售部门

（4）公共关系塑造的是组织的（　　）。

A．产品形象　　B．员工形象

C．局部形象　　D．整体形象

（5）公共关系机构附属于组织的某个职能部门，其模式属于（　　）。

A．公共关系委员会　　B．高层直属型

C．部门并列型　　D．部门隶属型

2．多项选择题

（1）公关公司的类型包括（　　）。

A．综合服务型公关公司　　B．营销策划公司

C．专业性定向服务型公关公司　　D．顾问公司

（2）社会组织的基本特征有（　　）。

A．目的性　　B．整体性　　C．社会性　　D．变动性

（3）卡特利普等在《有效公共关系》一书中强调公共关系人员必须具备的基本能力要素有（　　）。

A．创新能力　　B．表达能力　　C．协调能力　　D．交往和控制能力

（4）公关公司服务的特点是（　　）。

A．较为客观、公正　　B．技术全面、专业性强

C．较灵活、适应性强　　D．了解内情　　E．运作成本较低

（5）公共关系人员应具备的心理素质有（　　）。

A．封闭的心理　　B．自信的心理

C．开放的心理　　D．热情的心理　　E．豪放的心理

3. 名词解释

社会组织 互益性组织 认知度 公共关系组织机构 专业性定向服务型公关公司

4. 简答题

(1) 简述社会组织的含义、特点及分类。

(2) 简述塑造社会组织形象容易出现的误区。

(3) 简述组织目标与公共关系目标的关系。

(4) 简述公共关系人员应具备的素质和能力。

(5) 简述公共关系组织机构的类型和特点。

5. 论述题

(1) 如果你要去应聘公共关系人员的岗位，事先应做哪些准备？

(2) 举例说明如何塑造及评价社会组织形象。

6. 实训题

实训练习一

爱德曼国际公关公司是世界上最大的一家提供公共关系咨询服务的独立公关公司，是全球第五大公关公司，现在世界各地超过45家办事处拥有2 000名员工。创始人爱德曼特别会借助第三方和名人的影响力，通过新兴的电视媒体来传播品牌。在他执掌爱德曼的40多年间，他成功地将公共关系的对象和领域扩展到政府、贸易，他层出不穷的想法最终为其赢得了“公共关系教父”之称。有这样一个案例：在接到佳洁士牙膏的公共关系项目后，爱德曼并没有直接鼓动媒体发表文章，宣传佳洁士牙膏多好，而是找到了很多专家，由专家组成小组研究人们的牙齿问题，研究成果最后在媒体上公布，佳洁士只是作为这项研究的一个赞助商。研究成果让民众开始重视自己的牙齿健康，不断地有人打电话到爱德曼公司咨询牙齿问题。后来的事实证明，这项第三方研究成果奠定了佳洁士的品牌价值。

（资料来源：根据网站资料整理而成）

思考：(1) 爱德曼国际公关公司属于什么类型？

(2) 在佳洁士牙膏的公共关系项目中，爱德曼为什么由专家组成小组研究人们的牙齿问题？这些人员扮演的是公共关系中哪种类型的角色？

实训练习二

提起阿里巴巴集团，人们脑海里会第一时间出现一个人，他似乎正在侃侃而谈、永不疲倦，且时而冒出惊人之语，那就是马云。

美国《福布斯》杂志对马云的相貌做过精彩的描述：“颧骨深凹、头发扭曲、露齿欢笑、顽童模样、5英尺高、100磅重。”当然除了外在形象，最能让人记住马云的还要数那独一无二的人格魅力。作为阿里巴巴集团主席和首席执行官，马云在公众视野内外，不断地传播着企业、品牌给公众带来的独特信息。

无论创业初期，还是后来坐上全球电子商务的头把交椅，马云都以其人格魅力征服了人们，并带着阿里巴巴创下了商业的传奇，也谱写了自己的传奇。其个人品牌和阿里巴巴的企业品牌已经紧密地联系在一起，相互推动，相得益彰。

在企业一步步发展壮大的过程中，马云的个人品牌在许多方面影响甚至推动着企业走向成功。很多时候，他的个人品牌形象可以使公众不由自主地关注起阿里巴巴集团，由对个人品牌形象的认同到对该企业的产品和服务产生较高的接受度。而在个人品牌传播的过程中，把媒体作为一个传播的渠道，无疑是最佳选择。

在阿里巴巴初创时期，最先关注它的是国外的媒体。《亚洲华尔街日报》的总编写道："没日没夜地工作，房间的地上放着一个睡袋，谁累了就钻进去睡一会。"数月后，《福布斯》杂志记者也参观了阿里巴巴创业时的房子，并做了详细的描述。

紧接着，马云开始在国内外各种重要场合频频曝光：2002 年中国企业高峰年会上演讲、入选 CCTV2004 中国经济年度人物、2005 年西湖论剑论坛、2007 年出席达沃斯世界经济论坛。

高调的亮相中，马云总是适时地推销一下阿里巴巴。他多次在公开演讲中提到："十多年前，没人想象得到阿里巴巴这样的电子商务平台，对经济增长、商业进步，以及提高普通人的生活水平会产生这么巨大的影响。"专家认为，CEO 除了站在品牌的高度来管理自身的公众形象，还应向公众传播关于自身及品牌的核心信息。

阿里巴巴企业品牌得益于马云不遗余力地推广。这个演讲的天才，时而口若悬河、滔滔不绝，时而口吐狂言、一鸣惊人。演讲的场所从国内扩大到了全世界，他多次应邀在美国的哈佛大学、斯坦福大学、耶鲁大学，英国的沃顿商学院等全球培养 MBA 的顶尖学府和达沃斯论坛、世界企业峰会上演讲。

阿里巴巴也因马云而不断地闯进公众的视野。马云非常了解媒体，也时常给媒体创造报道的机会。铺天盖地的"传奇式马云"、"狂妄式马云"、"执著式马云"等各种鲜明形象在媒体上大肆传播。

马云在媒体中表现的这种狂妄也好、执著也罢，正好迎合了想通过互联网有所作为的公众的口味，让他们相信，阿里巴巴是一片肥沃的黑土地，只要敢想敢做，就能在这片土地上收获果实。而马云的形象也在媒体不断地被传播：挥着拳头，收紧两腮，表达信心。这个形象给公众留下了很深的印象，仿佛在不断地传递给公众一个信息：加入阿里巴巴是个明智的选择。

总之，马云不仅塑造了自己的明星 CEO 品牌，也让阿里巴巴品牌更鲜活生动，成为一个全球知名的强势品牌。

（资料来源：杜惠清. 阿里巴巴 CEO 代言[J]. 国际公关，2010（3）：58-59.）

思考：（1）马云的上述活动扮演了什么公共关系角色？

（2）马云应该如何协调其与公关部的关系？

第三章 公共关系客体——公众

学习目标

1. 掌握公众的含义、特点和类型；
2. 了解公众细分的重要性；
3. 掌握与各类公众建立良好关系的方法和技巧；
4. 了解与掌握心理学原理在公共关系中的应用。

案例导入

电商营销：当亲情遇上淘宝

自 7 月 1 日《老年人权益保障法》开始施行以来，已经过去一周了。虽然身在外地的子女们在时间上各有各的情况，常回家看看未必真的那么简单，但还是纷纷表示父母应该得到照料，会尽力做到经常回去看望父母。然而当电商营销也来凑热闹的时候，一切就显得“不像那么回事”了，子女们似乎不认为这是值得推荐的电商营销服务，“代回家看父母”业务似乎异常尴尬。

淘宝此次的电商营销反应很迅速，现在在淘宝中输入“代回家看父母”，页面中会显示 10 个左右的宝贝，收费标准各不相同，从页面中我们可以看到，目前为止该服务的每个宝贝，交易量暂时都还是“0”。以其中一家位于北京的淘宝店为例，该店表示可以陪老人散步聊天，代替买家为老人过生日，也可以为身体不太好的老人进行简单的医疗护理，但地点仅限于北京本地，收费情况也按照时长、地点、陪伴老人个数等具体情况而定。北京房山区的一家店表示，若陪伴两位老人，则按照 30 元一小时，或 500 元一下午的标准收费；西安一家店主干脆在店内贴出了明确的收费标准，每 8 元 10 分钟，20 元一小时，按照时间成本、物品成本及交通费用相加的方式收费。

商业思维敏感的卖家们推出该业务后，消费者的反应褒贬不一，但总体来看，质疑暂时多过支持。支持的消费者认为，回一趟家不容易，这类电商营销方式可接受；而反对的消费者则觉得，父母还是自己陪伴比较好，不管通过什么方式，拜托一个陌生人回家陪同父母散步聊天总是很奇怪的，这种服务虽然很新型，但相对的风险性也比较大，老人的安全也不能保证。有的消费者干脆表示不喜欢这种电商营销方式，认为不管工作多么忙都应抽时间回家看望父母："就算本地有此项服务，我也不会去购买，对自己的父母还是亲力亲为比较好。"

对此，沃玛传播新媒体营销研究院的余柏良先生认为，对于电商营销的发展来说，商家目光犀利是好事，但在一项服务推出之前，首先要做好市场调查，把握好受众对该服务可能抱有的态度。毕竟，不论电商营销的发展多么蓬勃，一项服务可能达到的程度有多么专业，相对他人所带来的"服务"，老人更想要的，一定是子女真正能够做到常回家看看。

（资料来源：中国公共关系网）

讨论题：（1）淘宝的"代回家看父母"业务为什么会遭遇尴尬？

（2）这项服务在推出之前，是否考虑过受众对该服务可能抱有的态度？

第一节　公众的含义及特点

公众是公共关系的对象，公共关系活动是组织与公众之间的双向沟通与交流。组织的生存发展都离不开公众的支持与信任，只有了解公众，才能正确了解公共关系的对象。

一、公众的含义

公众是指与组织有直接或间接交往意向，具有特定意义的社会团体、消费者个人和其他社会组织的总和，如企业员工、消费者、投资者、供应商、政府、社区、媒体等。公共关系工作的对象统称为公众，公众包含四项基本含义：公众是公共关系主体传播沟通对象的总称；它是相对特定组织而存在的；公众是因共同的利益、问题等而联结起来并与特定组织发生联系或相互作用的个人、群体或组织的总和；公众是客观存在的。社会组织不可能独立存在，它总是与社会各界发生千丝万缕的关系，因此组织的公众是客观存在的，不以组织的意志为转移。

二、公众的特点

（一）相关性

组织的公众必须是与组织有关联的，即组织的公众与组织存在利益上的相关性，公众的行为对组织会产生影响，甚至决定组织的成败，同样组织的行为对公众也产生影响和作用。

（二）共同性

组织的某类公众具有较强的归属感，他们往往是由于共同的需要、共同的意识和利益等结合在一起。

（三）多元性

构成公众的基本单位是消费者个人、社会组织或其他团体。组织的公众具有多元化的特点，如消费者公众由消费者个人和部分社会组织、社会团体构成。

（四）多变性

组织的公众是动态的、变化的，是随着时间的推移或企业经营形式等变化而变化的。组织在运行中解决了公众原来所面临的问题，那么原来的公众对象就自然解体，随着新的问题产生，又会有新的公众出现，所以组织公众的性质、形式、数量、范围等都会随着组织经营环境的变化而变化。

（五）整体性

组织所面对的公众是多元的集合体，组织在开展公共关系活动时，首先应该把面对的公众视为一个完整的环境，要用全面、系统的观点去分析组织的公众对象，而不能只关注某些公众，忽视其他公众。

第二节　公众的类型与细分

一、公众的类型

（一）按照组织对公众的影响及组织与公众发生关系的密切程度可分为非公众、潜在公众、知晓公众、行动公众

1. 非公众

公共关系学中的非公众是指在一定的时空条件下，某些公众既不受某个组织、某个事件或行为的影响，也不对这个组织产生影响。他们在这个问题或事件中就被称为非公众。

2. 潜在公众

潜在公众是指已经受到了某个组织或某个行为的影响，但他们本身尚未意识到这种影响及后果的公众。

3. 知晓公众

知晓公众是指不仅受到某个组织的影响，而且已明确意识到这种影响，知道了这种影响将要带来的后果的那部分公众。

4. 行动公众

行动公众是指不仅受到某个组织或某个行为的影响并意识到这种影响及后果，而且行动起来，开始试图采取措施应对这些影响的公众。

（二）按照组织的内外区别可分为内部公众和外部公众

1. 内部公众

内部公众是指与组织有着归属关系的内部成员。内部公众与组织关系最密切，是公共关系基础环节。

2. 外部公众

外部公众是指和某特定组织不存在直接的利害关系，但有着间接利益关系的外部组织或个人。外部公众虽没有内部公众与组织关系那么密切，但其范围大，所以公共关系人员应及时了解外部公众的变化情况，以便及时制定计划，采取措施。

（三）按照公众对组织的重要性可分为重要公众、次要公众、边缘公众

1. 重要公众

重要公众是指对一个组织的生存和发展有重要影响力和决定性作用的公众，如企业的员工、商场的消费者等。组织为了维护与重要公众的关系，往往要投入比较多的时间、人力和财力。

2. 次要公众

次要公众是指对一个组织的生存和发展有一定的影响作用，但不具有决定性作用的公众。次要公众是在相比之下与组织联系不十分密切的公众，组织对他们进行的公共关系工作相对可以少些，如新闻单位。

3. 边缘公众

边缘公众的重要性对组织来说最小，是指处于组织公众与非公众交界地带的人员和人群，如组织的员工家属、同行等。

（四）按照公众对组织的态度可分为顺意公众、逆意公众和独立公众

1. 顺意公众

顺意公众又称支持公众，是指对组织持赞赏、支持、合作和信任态度的公众。他们是推动组织发展变化的基本公众与主要力量。一个组织的公共关系工作，其首要目标是保持和扩大顺意公众的队伍，经常与他们沟通联系，不使他们的态度发生逆转，不让他们被竞争对手争取过去。

2. 逆意公众

逆意公众又称敌对公众，是指对组织持反对意见、不合作态度，甚至采取敌对立场的公众。他们是公共关系工作的重要对象。逆意公众的形成一般有两种原因：一种是在利益上与组织发生冲突；另一种是由于沟通不畅对组织的政策和行为产生了误解。在公共关系工作中，如何争取逆意公众的转变是一个难题，但组织不能因为这是一个难题而放弃将逆意公众转化

为顺意公众的工作。

3．独立公众

独立公众又称中立公众或不确定公众，是指那些持中立态度或态度不明朗或未表态的公众。由于独立公众具有极大的可塑性，他们既可以向顺意公众转化，也可以向逆意公众转化，因此组织宜采取说服、争取的工作方式，使他们向有利于组织的方向转化。

对于公共关系工作人员来说，顺意公众是组织的基本依靠对象，逆意公众是组织急需转化的对象，独立公众是组织值得争取的对象。组织公共关系工作的重要任务就是要通过多方沟通和协调，不断扩大组织的顺意公众，尽量减少逆意公众，努力争取中立公众。

（五）按照组织对公众的态度分为受欢迎的公众、不受欢迎的公众和被追求的公众

1．受欢迎的公众

受欢迎的公众特指那些十分关爱组织，处处支持组织，经常给组织带来利益和机会，因而使组织对他们十分欢迎的公众。

2．不受欢迎的公众

不受欢迎的公众特指那些不时借故从组织获取好处或利益而使组织力图躲避的组织和个人。

3．被追求的公众

被追求的公众特指那些对组织公共关系工作有特别意义，但与组织无直接利害关系，须组织竭力去接近和争取的组织或个人，如新闻媒体、社会名流、大客户等。公共关系人员要想方设法同他们建立关系，赢得他们的支持。

（六）按照公众构成的稳定程度可分为临时公众、周期公众、稳定公众

1．临时公众

临时公众是因为某个临时的因素、偶发事件或特别活动而形成的公众对象。组织应具备应付临时公众的能力，妥善解决因为临时公众带来的问题，使其朝着有利于组织的方向发展。

2．周期公众

周期公众是指按一定规律和周期出现的公众对象。周期公众具有较强的规律性，公共关系人员应做好规划和安排，将一部分周期公众转化为稳定公众。

3．稳定公众

稳定公众即具有稳定结构和稳定关系的公众对象。稳定公众是组织的基本公众，是组织生存和发展的重要基础。公关部应把扩大稳定公众的规模作为公共关系工作的重要目标。

临时公众、周期公众和稳定公众的划分是组织制定临时性对策、周期性政策和稳定策略的重要依据。

（七）按照公众对问题的介入程度可分为积极公众和消极公众

1．积极公众

积极公众是指介入问题的程度较深并积极谋求问题解决的公众，他们与组织的互动关系已经形成，如行动公众。

2．消极公众

消极公众是指在组织的影响范围内，但不与组织发生直接互动影响的社会群体，或者指尚未知晓问题存在的公众，如非公众和潜在公众。

二、公众细分

（一）公众细分的含义

公众细分是根据公众对组织的需求、意愿、行为、利益、态度等方面的差异，将所有公众划分为若干个细分公众，每类细分公众又具有某种相似性。

（二）公众细分的重要性

对复杂多样的公众进行必要的分类，把握其内在的规律是公共关系部门的一项重要工作，也是公共关系人员必须掌握的基本功。对公众进行科学分类，是开展公共关系工作的出发点和落脚点，是提高公共关系活动效果的重要保证。对复杂多样的公众进行科学的分类，有着十分重要的意义。

（1）对公众进行细分，可以确定目标公众，是有效开展公共关系活动的前提，可以克服公共关系工作的盲目性。

（2）能帮助社会组织更好地认识公众的特征和共性，认识公众的多变性，重视与公众的关系，使组织的政策和活动能顾及各方面公众的利益，做到内外兼顾，内求同心协力，外求和谐发展，为组织的发展创建良好的社会环境。

（3）能帮助社会组织清晰地把握每类公众的特征，有针对性、有重点、有选择地开展公共关系工作，把有限资源用于公共关系的重点项目，有助于与各类公众更好地进行沟通与交流，建立起良好的情感关系。

（4）能帮助社会组织了解和掌握公众的变化趋势。公共关系人员应随时了解不同公众的相互转化情况，并对这种变化趋势做出恰当的预测和估计，才能创造性地开展公共关系工作，使组织立于不败之地。

第三节　内部公众关系

内部公众是指组织内部沟通、传播的对象，它包括组织内部全体员工、股东、董事会等。加强内部公众沟通的目的是培养组织成员的向心力、凝聚力，培养组织成员的主体意识和形象意识。组织需要通过自身成员的认可和支持来增强内聚力，通过全员公关来增强外张力。

一、员工关系

（一）员工关系的含义

员工关系指组织内部管理中形成的人事关系，包括全部员工。员工在组织中具有重要地位。任何组织不论其性质、特点如何，它们都有一个共同特点，即都有自己的员工，员工是组织的主人，是组织赖以生存的基本细胞。员工素质、精神面貌、团结程度的好坏，都关系到组织的命运。所以，组织要生存发展，首先必须协调好员工关系，俗话说“家不和被人欺”，只有内求团结，形成向心力、凝聚力，才能一致对外。

（二）处理员工关系的基本理论

员工关系是一种内部公共关系，同时它又是一个组织的管理问题，所以要处理好员工关系，必须在管理思想、管理理论上进行研究，在国际上曾经产生过较大影响的员工管理理论有以下三种。

1. 泰罗的科学管理理论

被誉为“科学管理之父”的泰罗在管理理论发展史上享有很高地位，其在1911年发表的《科学管理原理》一书，标志现代科学管理的诞生，书中探讨了如何最大限度地提高员工的工作效率。他把员工看成受金钱驱使的“经济人”，认为采用工作定额、计件工资、超额奖励等物质手段可以解决效率问题，这与当时强制性的制度相比，是个飞跃。泰罗科学管理理论是人类历史上第一次尝试用科学的、系统的方法来探讨管理问题，至今西方国家仍非常重视对泰罗管理理论的研究。

2. 行为科学理论

美国哈佛大学教授梅奥在人际关系理论基础上创立了行为科学理论，该理论认为，员工效率高低不完全取决于物质条件，还同人的心理因素有关，同个人在集体中的融洽性、安全性有关，即人群关系对生产效率有很大影响，这一发现为行为科学研究奠定了理论基础。

3. 需求层次理论

美国行为科学家马斯洛提出著名的需求层次理论，他认为人的行为由动机决定，而动机又是由需求引起的，人的需求是多方面的，由低到高分五个层次：生理、安全、尊重、社交、自我实现。只有当低一级的需求得到满足后，才会产生高一级的需求。马斯洛需求层次理论对组织的管理或经营有着重要的意义。因为人们在不同时段、不同条件下的需求是不同的，人们的需求是否得到满足，会直接影响其工作情绪和工作成绩，所以组织要设法把员工的个体需要同组织的目标结合起来，并尽可能满足员工的正当需求，以调动员工的积极性。

（三）处理好员工关系的方法

1. 重视员工的物质需求

员工的物质需求主要包括工资收入、福利待遇等物质利益。工资收入体现组织对员工的认可程度，也是员工基本生活的保障，所以组织对此要加以重视。首先在时间上要得到保障，按时足额发放工资；其次设法通过各种途径和方法使员工工资收入不断增加。福利待遇是员工物质利益的重要组织部分，一个企业的效益如何，员工的物质生活水平如何，主要体现在福利待遇上，如员工的住宿、医疗、子女入托上学、工作环境等，这些方面如果解决不好，会给员工带来后顾之忧，会影响员工的工作积极性。

2. 重视员工的精神需求

合理的经济报酬是调动组织成员工作积极性必不可少的条件，但仅有这点还不够，因为人是社会人，人的需求中还包括精神方面的需求。一旦人们的物质利益获得了基本保证，精神上的需求就成为主要的需要，员工的精神需求主要包括信息共享、参与组织决策、得到晋升、受到关心等，由此体现员工的个人价值及主人翁地位。

二、股东关系

所谓股东关系，是指组织与投资者的关系。股东持有组织的股份或向组织出资，他们的切身利益与组织利益息息相关，他们既是组织的支柱，又是组织活动最热心、最积极的关心者。在股东关系上，要做到以下几点。

（1）尊重股东的主人翁意识，在涉及股金运用和组织发展等重大问题上，应让股东享有决策的知情权，平时应建立经常的信息通报关系，让股东充分了解组织的情况。

（2）吸引、激励股东参与组织经营活动，鼓励股东献计献策，提出合理化建议，激发股东身体力行。

（3）保证股东应有的经济权益，一是按时发放真实的股利红利，二是股东有要求退还或转让股金的权利。

（4）经常走访股东并重视董事在股东关系中的作用，董事在股东关系中的作用举足轻重，它代表股东的利益，董事对舆论有重要影响，所以要经常邀请董事出席股东的年度会议，通告公司的发展情况。

（5）对大小股东一视同仁。无论大股东还是小股东，都是给组织提供资金的，对组织发展都起到支持作用，因此对大小股东应一视同仁，不能轻视小股东的作用。

第四节　外部公众关系

社会组织除了处理好内部公众关系，同时还要处理好与外部公众的关系，以争取外部公众对组织的理解、信任和支持，建立起良好的外部关系。外部公众主要包括顾客、媒体、社区、政府、名人等。

一、顾客关系

顾客关系是指组织与其产品、服务购买者之间的关系。良好的顾客关系能够为组织带来直接的利益，能体现组织正确的经营理念和行为。顾客是组织外部公众中最重要的一类，因为如果失去顾客，组织的生命就会终止。组织本身目标实现与否，直接取决于与顾客之间关系如何。“顾客第一”在当今社会已成为成功企业的座右铭，国外许多大企业都很重视与顾客的关系。美国福特汽车公司在生产经营与销售中，时刻为顾客考虑，他们制定了一项维护顾客权益的计划，如顾客新买的车若在12个月内由于公司的问题出了毛病，可以免费修理，在顾客的汽车需要过夜修理时，可免费借新式轿车代替使用。日本松下电器总裁松下幸之助也坚定地认为，强烈的顾客导向是企业成功的关键，他要求手下的业务经理和业务人员，对自己的顾客必须提出和生产单位一样精准的统计数字，他常说“我们每天都要测量顾客的体温”，随时了解顾客的需要和改进意见，这样做的结果使松下电器产品始终拥有较高的市场占有率。由此可见，哪个组织能争取拥有最多的顾客，哪个组织就可立于不败之地，所以顾客关系是组织公共关系活动中非常重要的外部关系，建立良好的顾客关系必须做好以下工作。

（一）树立顾客至上的观念

“顾客第一”不是“利润第一”的经营观念不可动摇，因为这一观念同公共关系的观念相一致。要处理好顾客关系，组织上上下下首先要树立一个正确的顾客观念，只有这样，在处理顾客关系上，才能采取正确的行为，反之，在错误的顾客观念指导下，就会出现错误的行为，结果必然使顾客关系恶化。

案例分析 3–1

学习瑞士银行好榜样

一个美国老太太在翻看自己祖先的遗物时，看到一本书中夹了一张手写的存单，是200年前老祖母在瑞士某银行存了100美元，老太太试着去这家银行在美国的分行取这笔钱。分行工作人员接到这张200年前的存单后，分行长立即上报总行。总行立即派专人核对存单上的账号，在公司200年前的老账中，居然查到了该笔存款的底账，这是到目前为止，找该公司来兑现的最老的存单。总行行长亲自到美国找到该老太太，邀请媒体等举行隆重的兑换仪式，按利息（以前银行是不收管理费的）给老太太兑现了50多万美元，并奖励这位最老的客户100万美元。该银行收回这张存单后，把它装裱起来放在该银行的展馆，并对公众说：“存在我们银行，只要地球还在，您的资金永远不会丢失。”

（资料来源：http://www.360doc.com/content/13/1023/20/13789206_323605379.shtml）

【案例评析】“顾客第一”不是“利润第一”这种经营观念不可动摇。瑞士银行确实是我们学习的好榜样！这样的银行，顾客才可以完全放心地把钱存放在他们那里。

（二）提供优质产品和优质服务

顾客关系的产生是由于顾客对组织提供的产品或服务有了享用、购买的欲望和行为，如果无优质产品和优质服务，顾客就会退避三舍，不愿意同组织发生关系，所以组织要想得到良好的顾客关系，必须以优质产品和优良服务为基础。

（三）妥善处理各种纠纷，认真对待顾客投诉

顾客纠纷、投诉的发生，通常是由于顾客对产品质量、售后服务、服务态度等不满而引起的，在这种情况下，组织应及时正确处理顾客的投诉，帮助顾客解决问题，这是处理好顾客关系不可轻视的环节。主动与顾客对话，在处理投诉时要诚恳、耐心、及时、认真，只有这样才能使顾客满意。否则，如果事态扩大，伤害了顾客的感情，与顾客的关系搞僵了，那么组织可能不得不接受打官司、当被告这样的结果。

（四）正确引导顾客消费

引导顾客消费又称顾客教育，顾客购买商品有时带有盲目性，而且随经济发展，市场上生产同类商品的厂家越来越多，究竟选择哪家，对很多顾客来说都是很茫然的，所以公共关系人员应该把顾客教育贯穿于顾客购买商品的前后，把盲目消费的顾客群引入稳定的消费本组织的产品和服务的序列之中，为组织创造稳定的顾客队伍。顾客教育有很多方式，如技术示范、举办讲座、召开技术鉴定会、举办培训班、编印说明书等。例如，美国一些生产化妆品的企业，坚持对顾客进行教育，免费辅导在美容院工作的人员，向他们传播、示范有关化妆品方面的信息、作用、方法，编制精美手册等，这些做法可使他们的产品在竞争中不断吸引公众。

二、媒体关系

媒体关系也称新闻界关系，指组织与新闻传播机构和新闻人士的关系。新闻界是公共关系工作对象中最敏感、最重要的部分。良好的媒体关系有利于形成良好的舆论，良好的媒体关系是运用大众传播手段的前提。媒体关系与顾客关系、员工关系不同，它有明显的两重性：新闻媒体是组织与公众实现广泛、有效沟通的必需渠道，具有工具性；同时媒体又是组织特别要重视的外部公众，具有对象性。媒体与公众合一的特点决定了媒体关系是一种传播性最强、公共关系操作意义最大的关系，所以媒体关系往往在对外公共关系中被摆在最重要的地位之一，媒体公众对组织来说是十分重要的公众。

处理好同媒体的关系，是社会组织公共关系的重要课题之一。在西方，公共关系的本质就是与媒体建立良好的关系。建立和保持良好的媒体关系，要注意以下几点。

（一）熟悉新闻媒体

社会组织应了解和熟悉媒体组织的特点，不同媒体有不同的业务范围和影响范围，公共关系人员对此应了如指掌。新闻界的职业特点是重视新闻报道的客观性、及时性和公正性，而不受其他势力左右。尊重新闻界的职业特点，就必须尊重新闻记者地位的独立性，而不能把新闻媒体看成宣传企业的工具，诱使或强迫它们报道有利于本组织的消息。

（二）保持媒体渠道的畅通

社会组织应建立与媒体公众经常性的联络渠道，有专人负责此项工作，主动与媒体沟通有关信息，提供新闻素材，沟通信息动态。绝不能有事有人，无事无人，公共关系人员应寻

求机会让组织高层领导与记者进行对话和交流，并努力在情感层次上取得良好的效果。组织要熟悉和了解各种媒体的特点和新闻体裁的形式，主动、及时地向新闻媒体提供组织的信息，建立与新闻界的友谊关系。要树立这样的思想：帮助新闻媒体就是帮助自己。

（三）正视批评报道

假如新闻媒体发表了对组织批评的报道，就会给社会组织形象带来阴影，凡遇到此类事情，绝不能采取消极、对抗的态度，更不能漫骂、指责媒体，而应采取一些补救办法，挽回失去的损失。一般来说，媒体的批评报道有两种情况，一种情况是内容属实，另一种情况是内容失真。对内容属实的批评报道，组织应采取积极主动的姿态，一方面对媒体的报道予以肯定并感谢媒体的监督，另一方面采取积极有效的补救措施，认真总结经验教训，杜绝类似事件的再次发生，用实际行为表明接受批评的诚意，求得公众谅解，逐步挽回影响。对媒体报道有失真之处，应诚恳地向媒体提供真实信息，澄清事实真相，让媒体再做出纠正性的报道，切忌兴师问罪的做法。

（四）媒体要真实传播组织信息

新闻界最大的忌讳就是新闻失真，在组织与新闻界的交往中，要特别注意真实地反映信息，做到不隐恶、不溢美、实事求是，新闻界应客观地报道组织的信息，这才是真正的合作与支持。否则，媒体利用自己的特权非法谋取自己的利益，就会失去公信力。丑陋的寻租行为会改变媒体的本意。有时组织也会出现一些家丑，组织应主动与新闻界沟通，充分利用新闻媒体对社会舆论的影响，把事实真相如实地反映出去，并把自己的改正措施公之于众。

资料 3-1

媒体公关的常见错误

媒体公关的目标是向媒体充分展示公司的独特诉求。媒体公关不同于广告，不是购买广告空间的行为，而是要以足够充分的理由说服媒体，使之对贵公司产生兴趣，并有意愿来进行关注和报道。因此，针对媒体展开的工作绝不可等闲视之。

如下是处理媒体公关时公关部门和公关公司经常发生的一些错误。

（1）不恰当的时机。这里的时机，一方面指传播的内容是否配合公司当下的战略战术目标进程，另一方面指是否符合媒体出版的周期。通常情况下，不同的媒体有不同的出版周期，如果了解不透，就无法产生预期的理想效果。

（2）难以理解的语言。复杂的专业术语和行话是无法打动每天要阅读大量资料和见多识广的编辑们的，要使自己的语言通俗易懂，简洁有力。

（3）粗糙的新闻稿。新闻稿件出现文法错误、表达不清、复杂句式和牵强的结构，都是很大的忌讳。缺乏足够细节的信息对观点进行支持和验证也是一个常见的技术失误。

（4）缺乏后续跟进。简单的书面资料不一定能给他们留下深刻的印象，因此需要不厌其烦地跟进和交流。

（5）过度渲染。组织当然希望获得正面报道，然而要注意新闻媒体的本职工作是报道真实的新闻和深度的观点，因此切忌夸张和渲染，提供事实、洞察和知识。

（6）漫无目标的新闻稿。新闻稿最大的问题往往出在缺乏媒体可以进一步挖掘的独特的新闻视角和观点，公司新闻稿往往过于从公司营销的角度出发，任何无足轻重的事情都要小题大做，很容易使媒体编辑彻底打消兴趣。这正如“喊狼来了的小男孩”，一两次下来，对方便关上了他的耳朵。因此，多从新闻价值的角度考虑问题，切忌眉毛胡子一把抓，更不要生造新闻。

（7）从不读报。一些公关总监很少甚至从不读报，不但不了解行业动态和竞争环境，也不了解媒体生态状况。公关总监负责制定公关计划，一个不读报的人如何能制定出切实有效的媒体传播计划呢？

（8）缺乏计划。方向产生自计划，成效决定于计划。虽然计划不是一成不变的，然而一个缺乏计划、随性而为的公关，绝对不是一个好公关。

（9）不合理的公关服务。这反映在两方面，一方面是过度的外包，凡事都交给公关公司去做，公司花了太多的钱在公关服务上，而很多服务并不是必需的。另一方面是过低的外包，凡事都由自己卷起袖子来干，一两年可以，然而这终究不是可持续的。因此，使用公关公司的服务，要找到合理的平衡点，使之能发挥最优化的价值。

（10）固守小圈子。很多公关喜欢只用自己熟悉的一些媒体和记者朋友，这样的关系固然可靠，然而局限了给客户的价值，也并不反映公关人员的职业水准。合理的思路是，根据合适的计划，选择合适的媒体和记者，而不要固守一个狭隘的朋友圈子。

（资料来源：中国公共关系网）

三、社区关系

社区关系也称“区域关系”、“地方关系”，是指社会组织与所在地的地方政府、社会团体、其他社会组织及当地居民之间的邻里关系。社区公众又被称为“准自家人”。

社区是人们共同活动的一定区域，一般指地域范围较小，居民相对集中的地区，如村落、街道、城镇等。一个社区一般由普通居民、地方政府、工商企业和各类社会团体组织构成。社区关系从地缘的层面上体现了社会组织与相关公众的关系。这种关系对组织，尤其是工商企业的生存发展有重要影响，也是组织外部公共关系工作中不可忽视的环节。社区关系之所以在公共关系工作中占有突出的地位，主要是因为社区是社会组织赖以生存的环境，社会组织建立在某个社区之内，就必然要使用该社区的各项公共设施与资源。特别是社区还为组织提供了部分的人力资源，所以没有良好的社区关系，组织将失去社区的支持和帮助。良好的邻里关系是一个组织做好各项工作的基础，有远见的公共关系人员，最早注意的公共关系工作就是建立良好的社区关系。国内外许多大公司都在搞好社区关系上做文章。例如，美国福特汽车公司在全国各地主要城市都成立了社区关系委员会，负责组织社区公众到工厂参观访问，介绍公司对社区所做贡献，参与社区的规划和各种活动。我国有些企业也很重视社区关系，如杭钢集团，帮助社区修马路、装路灯、子弟学校招收社区的学生等，这些做法都赢得社区公众的好感。俗话说：“远亲不如近邻”，搞好社区关系可为组织创造一个和谐的生存发展环境，要处理好这一关系，应做好以下几个方面的工作。

（一）必须严格遵守地方法令、法规和其他规章制度，尊重社区居民的风俗习惯

社会组织必须服从当地政府及各级管理机构的领导和管理，不能因为自己是大公司而将地方政府的法令法规置之脑后，尤其是对待当地居民风俗习惯更要注意“入乡随俗”。我国是一个多民族国家，每个民族都有自己特殊的传统和不可改变的风俗习惯，所以社会组织中的每个员工都必须做到严格尊重当地民俗，这样才能得到社区公众的好感和支持。

（二）积极主动关心社区建设，尽可能给予支持和帮助

建立良好的社区关系，需要实实在在的行动，处在社区中的社会组织，应把社区的事当做自己的事来处理，诸如对公益事业的扶持，修建公共设施如街心花园、体育设施等，搞好社区绿化、维护治安、赞助文体表演等，这样可以巩固组织在社会上的地位和形象，同时又使社会组织处于优美的环境中，吸引大量顾客的关注，从而使经济效益得到提高，一举两得。

（三）实行门户开放政策

为使社区居民能充分了解组织，并进一步得到他们的理解、支持，国内外有些企业对社区组织和居民持十分热情的态度，不但平时热情接待，而且在节假日邀请社区公众代表参加组织的庆祝活动，加强联络。这样一方面可使社区和组织建立较亲密的关系，社区与组织融为一体；另一方面有利于相互沟通信息，使组织更好地为社区服务，社区更有力地支持组织发展。邀请地方政府官员、居民区领导、居民代表等参加一些聚会，如舞会、音乐会、运动会等，扩大组织在社区的影响，提高组织的知名度、美誉度、和谐度。

四、政府关系

政府关系指社会组织与作为其公众对象的政府之间的关系。政府公众对象是指政府各行政机构及其工作人员。政府是国家的管理机构，是国家实现其统治意志，实施国家管理的实体形式，而组织作为整个社会的基本细胞，是在政府的宏观管辖之内从事各种经营活动。社会组织与政府的有关部门，必然要发生各种各样的联系。政府关系也是社会组织外部公共关系中重要的关系之一。组织所面对的政府公众，是一个特殊的公众，它的特殊性在于政府公众是一个拥有权力的公众，是综合协调和宏观调节组织行为的重要机构。在政府关系中，政府是以客体的形式出现的，作为主体的组织与作为客体的政府之间的关系如何，直接关系到组织的生存发展。一个组织如能得到政府有关部门的支持、援助和赞赏，则往往能获得较优越的竞争条件和有利的发展环境，反之，被政府部门批评、制裁，则会给组织造成极坏的社会影响。

（一）处理好政府关系的原则

（1）局部利益服从整体利益。当组织利益与国家利益发生冲突时，从公共关系角度出发，要在政府公众中树立良好形象，以国家利益为先是第一选择，否则会失去政府公众的信任和支持。

（2）遵纪守法。贯彻执行党的方针政策，服从政府的宏观控制，在国家法律法规允许的

前提下，从事生产经营活动，获得最佳经济效益和社会效益。

（3）主动纳税。税金是财政收入的基本来源，缴纳税金是每个公民义不容辞的责任，国家和政府把每年的财政收入用于扩大再生产和改善人民的生活，主动纳税的实质是为国家、为人民多做贡献。

（二）处理政府关系的方法

（1）及时了解国家的计划、政策。不同时期国家会出台不同的方针政策，组织应及时了解国家方针政策的变化，了解国家当下鼓励生产什么，禁止生产什么，在国家政策、法令、法规允许的条件下从事生产经营活动。

（2）熟悉政府机构设置、职能分配、工作范围及办事程序，减少“踢皮球”、“公文旅行”现象，提高办事效率。

（3）主动向政府提供各种信息，经常与主管部门保持联系。

（4）借助公共关系活动，制造公共舆论以影响政府；利用组织重大活动邀请政府工作人员参与；通过社会各类有影响力的人来影响政府部门。

五、名人关系

名流公众是指那些对社会舆论和社会生活具有较大影响力和号召力的有名望的人士，如政府高官、影视明星、体育明星、某领域的专家等。建立良好的名人关系目的是借助社会名流的知识专长、关系网络、社会声望扩大组织的影响力，丰富组织的社会形象。

运用名人、明星宣传策略的技巧：注意公众的“明星崇拜潮流”；选用的明星要真正具有冲击力，明星效应要显著；选用的明星个人生活形象、语言形象要好，具有“德艺双馨”的品质；注意对明星形象进行大众化处理，使之更加贴近公众。

名人宣传的信息内容要具有一定品位，货真价实、实事求是，做到名优产品与明星效应的有机结合。利用名人进行公共关系宣传时，要加强创意、策划和设计，让明星根据创意主题和情节巧妙地推荐组织的商品，而不是把明星和商品简单地放置在一起。

案例分析 3-2

“学者证言”广告

1998 年 9 月，长岭集团公司在首都各大报纸刊登了系列广告引起了人们的注意。这则广告与众不同之处在于：清一色地采用了 7 位在科技领域取得了相当成就的学者和专家的形象。据说，请出如此阵容的专家、学者做广告，在国内尚属首次。这个以“卓越，是他和长岭的共同追求”为主题的系列广告在醒目处或刊登一组或刊登一位学者的头像，旁边是学者成就的简单介绍，大标题是“他（她）也用长岭冰箱”。

敢于“第一个吃螃蟹”，站出来为国企名牌的质量做证的专家阵容甚大，他们当中有国家科技委员会专业评委、博士生导师陈庆寿，玉柴机器董事长、上海交大教授王建明，语言学家、北大东方学系教授巴特尔等。

据悉，这些专家无一例外均是长岭冰箱的新老用户，他们此次为长岭冰箱做广告的起因，源于长岭集团董事长兼总经理王大中亲自领导的一次客户回访活动，王大中在用户档案中发现，在长岭冰箱十几年的老用户和最近购买长岭冰箱的新用户中，有很多是为国家做出突出贡献的专家和学者，于是他们派出专门的访问小组对这些学者进行了专访。回访中专家的话使王大中怦然心动。他想，在人们看烦了千篇一律的各类“明星”们做的广告时，让社会形象较好的专家走上广告说一说实在话，也许能有意想不到的效果。就这样长岭集团首家推出了“学者证言”广告。

（资料来源：四川广播电视大学远程教育 http://jpkc.scopen.net/exhibite）

【案例评析】这是利用“名流关系”所开展的公共关系活动。它是公共关系传播中常用的一种行之有效的方式，主要是借助有知名度的学者、某方面的权威人士、社会名流或影视名人已取得的知名度、美誉度，以及在社会上的巨大影响来扩大组织的知名度和美誉度。

长岭集团公司邀请社会形象好、公众信任度高的学者做广告，打破了以影视明星定位产品、打广告的策划模式，创意新颖，能给公众耳目一新的感受。这项“证言”系列广告策划得巧妙而高明。由于这些教授、学者本身就是长岭冰箱的老用户，以他们的身份、名望，绝不至于公开对消费者说谎，从这个意义上说，“学者证言”广告可信度更高，说服公众的能力更强。

六、国外公众关系

国外公众关系是指一个组织的活动进入国际范围与对象国的政府、媒体、供应商、经销商、顾客等公众的关系。国外公众对象具有与国内公众完全不同的社会、文化、历史、风俗等背景，是一种跨文化的传播。国外公众关系已经从经济领域走向外交舞台。

搞好国外公众关系的目的是争取国外公众和舆论的了解、理解和支持，为本组织及其政策、活动、产品和人员，塑造良好的国际形象，创造良好的国际声誉，为组织的发展开拓更为广阔的空间。

第五节　公众心理

一、公众的心理基础

在现实生活中，对于同一事物，不同的人有不同的反应，会采取不同的行为。从公众心理的角度看，这些不同的反应和行为都是由于不同的公众心理差异作用的结果。而公共关系的效果最终要落实到公众身上，因此处理公共关系问题时，我们必须研究公众的心理。公共关系工作要求在组织内外部建立和谐融洽的环境，这就应当努力促进组织成员之间，组织和有关方面的心理相容和心理平衡。

（一）心理相容

心理相容是指群体成员在心理与行为上的彼此协调一致。它是群体人际关系的重要心理成分，是群体团结的社会心理特征。它在集体生活和企业经营管理中，具有十分重要的意义。它可以营造一种融洽的心理氛围，使全体成员和有关方面在共同的生活和工作中步调一致、团结互助，使事业稳定发展。实现心理相容要做到以下几点。

1. 以情感人

以情感人不能只停留在语言上，要落实到实际行动上。感情投资是增进企业凝聚力的有效手段，以情感人不是讲道理，而是贵在行动，多做实事，多尊重人、关心人，这样才能使组织成员齐心协力。

2. 善于帮助人和体贴人

领导要关心员工的切身利益，帮助员工解决后顾之忧，组织不仅是员工的工作场所，也是他们生活的场所，组织要充分发挥其社会生活的组织作用，成为员工生活的小社会。日本松下幸之助曾对他们的经理们说："在凛冽的寒风中，花开不了，在一颗顽劣的心中，花也开不了。我们需要温暖和煦的春风和冬阳，我们需要人与人之间的来来往往。"他深深懂得在日常生活和工作中，一些感情投资会产生令人吃惊的报效心理，同样组织与有关方面的交往，也要互惠互利、以诚相待、乐于助人，"诚招天下客，誉从信中来"。

3. 增强信任感

就一个组织来说，领导让员工参与组织的有关决策，欢迎员工监督，无疑是对员工的最大信任，这样会使干群之间的关系更融洽。组织应当公开办事制度，及时通报有关情况，鼓励员工献计献策，参与组织管理，增强对员工的信任感，从而更好地激发员工的工作热情。

（二）心理平衡

所谓心理平衡，是指群体成员之间，组织与相关单位之间，团结友爱、和谐共事的心理状态。只有做到这点，组织才能与公众做到相互了解和支持。在一个组织中，要使全体员工达到心理平衡，首先要求这个组织的领导办事要公平合理，不亲近某些人而疏远另一些人，不以主观好恶褒贬扬抑，其次在关系紧张时，要强调理解、谅解，要引导和疏导，从而缓解淡化矛盾，实现心理平衡。要做到这些就必须遵循人的心理活动规律，满足人们不同层次的需求，让人们意识到自己的存在和存在的价值，从而获得心理平衡。同样，组织也需从外部环境中获得理解和支持，组织内外部关系协调一致，也是组织生存和发展的必要条件。

（三）群体感受

公共关系是社会组织与公众之间的关系，实质是群体之间的关系，在社会群体中，人们同时产生相同的情绪体验叫群体感受。群体感受分积极的群体感受和消极的群体感受。人们在组织中的群体感受，对于这个组织的人际关系和人们生活和生产任务的完成有深刻的影响。例如，在一个生机盎然、团结信任、热情欢畅、坦率而无拘束的集体中，全体成员在一起工作学习，会感到轻松愉快，有克服困难完成任务的信心，工作效率就会提高。这样的集体就有积极的群体感受，反之就是消极的群体感受。

二、人际吸引在公关活动中的应用

人际吸引在公关活动中占有重要的位置，一个组织在与公众交往过程中，都渴望建立友好的关系，都希望得到他人的理解、帮助和支持。公众交往是通过人去进行的，所以研究人际吸引十分必要。

（一）邻近吸引

在日常生活中，我们可以看见邻近的人往往容易建立友好关系。这是因为邻近的人经常接触，相互熟悉，熟悉是友谊产生的前提之一，人与人之间只有相互了解、理解，才能建立起友好关系，接触多了，自然会产生感情；其次，因为邻近，就有某些利害关系，人们总是希望别人有利于自己，而不是有害于自己，对于有利于自己的人总是喜欢的，邻近者之间有许多相互支持、相互帮助的便利。

（二）诱发吸引

在公共活动中，当某人具备诱发吸引因素时，他就会产生吸引力，其他人就会不由自主地被他吸引。诱发吸引因素有三种：自然诱发因素，如天生丽质或相貌奇特；装饰诱发因素，如着装奇异或首饰华贵；行为诱发因素，如行为新奇，引人注目。这三种因素在公共关系活动中大有妙用，例如，一般的时装表演队只在舞台上表演，但有一家商场竟然把表演队伍拉到繁华大街上表演，这一新异的举动吸引了大量顾客，销售量很快上升。20 世纪 50 年代初，法国白兰地公司在美国总统艾森豪威尔 67 岁寿辰时，向其赠送了特别的白兰地酒，举行了一个别开生面的赠酒仪式，取得了特别的公共关系效果，其成功之处在于他们抓住了美国总统这个传奇人物，采取新奇特异的行为，此举使他们的产品昂首阔步地进入美国市场，打败了竞争对手。

（三）一致吸引

社会心理学告诉我们，如果双方有某些一致性并能意识到这点，则容易相互吸引，产生亲密感。一致性包括的内容很广：年龄、性别、籍贯、职业、社会地位、文化水平等，我们常看见老年人喜欢同老年人在一起，青年人愿意与青年人在一起，就是“一致吸引”的结果，“忘年之交”也是这个原因。有经验的公共关系人员会经常寻找这些机会，利用一致吸引原理来开展公共关系工作。

三、个体心理与公众行为

（一）知觉与公众行为

知觉是大脑对当前直接作用于感觉器官的客观事物的整体反映。由于知觉含有一定的意义，使知觉带有主观意识性，致使人们的知觉往往与现实的客观世界不完全一致。造成这种现象的主要原因，一是知觉的选择性，二是知觉的偏见。所谓知觉的选择性，就是在知觉过程中，为了清晰地反映对象，人们总是从许多事物中自觉地（主动地）或不自觉地（被动地）

选择知觉对象的心理过程。这种知觉的选择性既有客观的原因也有主观的原因。

知觉分为视觉、听觉、嗅觉、味觉等。通常我们感受到的世界，不一定是现实客观世界准确无误的反映。人的行为不仅受到客观事物本身的影响，而且也受到个体对事物的知觉的影响，而公众的社会行为在相当大的程度上受到其社会知觉的影响。社会知觉指的是人对社会环境中的有关个人或团体特性的整体反映。在社会交往中，人与人之间、人与团体之间的相互关系，往往是建立在社会知觉的基础之上。因此，要与公众建立良好的公共关系，组织就必须了解公众的知觉状况，根据公众的知觉状况设计公共关系传播的内容、渠道和方法，并对公众的知觉过程施加影响。

案例分析 3-3

知觉的选择性与公共关系策划

1999 年国庆节前夕，一件高 40.6 米、宽 30.8 米、重达 930 公斤的大衬衣，在北京的东二环路附近一家大楼上悬挂起来，该衬衣约有 12 层楼高。这件衬衣在此悬挂了半个月，吸引了大量路人的目光。这是爱德曼国际公关公司为美国宝洁公司策划的一次重要的媒体事件。宝洁公司的碧浪洗衣粉是其麾下著名的品牌，如何让中国公众接受它呢？为此，爱德曼公关公司绞尽脑汁，想出了这样一个用大衬衣冲击吉尼斯世界纪录的活动。这件大衬衣的布料足可以缝制 2 350 件普通衬衣，衬衣上还印制有“全新碧浪漂渍洗衣粉”的字样，其中红色的“碧浪”两字高 5.9 米、宽 9.8 米，非常醒目。

更妙的是，这件大衬衣在悬挂了 15 天以后，经风吹雨淋和空气污染变得非常肮脏，在大衬衣的揭幕仪式上，还有一些嘉宾用更难洗净的墨汁泼在衬衣上。7 月 23 日，宝洁公司用全新的碧浪洗衣粉洗净了这件衬衣，使新推出的碧浪洗衣粉一举成名。爱德曼公关公司策划的这次媒体事件，其意义并不仅仅在于破吉尼斯世界纪录，更主要的是要使中国的消费者认识碧浪洗衣粉。他们先用大衬衣冲击吉尼斯世界纪录吸引公众的视线，引起新闻媒体的广泛报道；然后再通过洗净如此肮脏的衬衣，强化碧浪洗衣粉的功效，在市场上产生强大的冲击力。

（资料来源：互联网资料）

【案例评析】公众的知觉是有选择性的，影响这种选择性的外部因素包括知觉对象的特征、知觉对象与背景的差别、对象的组合等。组织在制造新闻时，要有意识地强调自己作为知觉对象的特征，即所谓的“新闻点”，以期引起公众的注意。爱德曼国际公关公司为宝洁公司策划的这次新闻事件，就是先以衬衣之巨大，冲击吉尼斯世界纪录为切入点，吸引公众和媒体的广泛关注，展示了宝洁公司的综合实力；又用全新碧浪把挂了 15 天的脏衣服洗净，强化了全新碧浪洗衣粉的功效，对市场产生了强大的冲击。

（二）价值观与公众行为

价值观即人们对于是非、善恶、好坏的评价标准，对自由、幸福、荣辱、平等观念的理解和轻重主次之分，是影响个体行为的重要因素。价值观是人生观的核心。不同的国家、民族和组织，不同的社会生活背景和文化传统，会形成不同的价值观，进而导致公众态度和行为上的差异。

（三）态度与公众行为

态度是指人们对某个对象所持有的认识、评价及其倾向性。它包括认知倾向，即主体对于对象的整体分解和评价，特别是对对象的价值评价，是态度的基础；情感倾向，即主体对于对象的情绪反应，它以认知为基础，又左右着人的意向，在态度中具有调节作用；意图倾向，即由认知因素和情感因素所决定的对于对象的行为反应倾向，这是态度的外显因素，影响或改变公众意图。态度是引起和指引人的行为的一个重要的直接因素，它对人的行为具有内在的影响。要影响人的态度进而影响人的行为，就必须影响公众的认知倾向、情感倾向和意图倾向。公众的行为是直接与公众的态度相联系的。公共关系工作的一个重要任务就是要影响公众的态度，引导公众态度向有利于组织的方向变化。

（四）需要与公众行为

需要指的是个体在生理上和心理上的不满足的主观体验，是人对某种目标的渴求和期望，是推动行为的直接动力。人的行为总是直接或间接、自觉或不自觉地为了实现其某种需要而产生的。人的需要是多样化的。马斯洛的需要理论是按优先层级的顺序排列，即低一级的需要被满足后才会产生高一级的需要。这五种需要是普遍存在的，但对于不同的人，或者对于同一个人的不同时期是有区别的，各种需要的强烈程度和迫切程度会有所不同。人的行为总是受最迫切、最强烈的需要所支配的。从公众心理的角度看，许多公共关系的问题正是由于公众的需要与现实的冲突而引发的。因此，了解公众的需要，尽可能满足公众的需要，是解决公共关系问题的一个基本点。

（五）性格、气质与公众行为

性格是待人接物较为稳定的态度和行为方式；气质是人的典型、稳定的心理特征。了解一个人的性格和气质，是了解其行为倾向的必要条件。性格体现了个人的全部品质和特点的总和，是人的生活历程的反映，已经形成的性格具有相对的稳定性。因此，了解公众的性格不仅可以解释公众现在的行为，还可以预测公众未来的行动。性格又具有可变性，客观环境的变化和主观调节也会使其产生变化。

气质表现为人的心理活动的动力方向的特点，主要体现在个人的情绪体验，反应速度的快慢、强弱，表露的隐显程度，人的心理活动的指向，以及动作的灵敏或迟钝程度等方面。如有的人情绪和活动发生得快而强烈，外部表现非常明显，表情丰富，喜怒形于色；有的人情绪和活动发生的缓慢而微弱，外部表现不显著，表情冷淡，喜怒不形于色。性格、气质是一种非常个性化的因素。因此，对于不同性格、气质的人，应采取不同的沟通技巧，以充分体现公共关系工作的艺术性。

（六）兴趣、能力与公众行为

兴趣是人们力求认识某种事物或特别爱好某种事物或活动的倾向。能力是人们从事活动、完成工作的本领。兴趣和能力是促使人们采取某种行为的又一推动力。当同时有几个目标都可以满足一个人的需要时，选择哪个目标往往受到兴趣和能力的影响。公共关系工作需要了解和研究公众对象的特殊兴趣和能力，使公共关系活动能够迎合公众的口味，从而具有较强的吸引力。能力存在于人的活动中，直接影响人的活动效率。个人能力是多方面能力的综合表现，它包括人的观察力、记忆力、概括力、理解力、想象力、感受力和鉴赏力等。不同的个人其能力也各不相同，因而影响到人的感知、鉴赏、评价、判断等，从而产生不同的行为模式。公共关系工作应针对公众能力上的差异，采取灵活手法，分别给予对待，以提高公共关系的效果。

案例分析 3-4

名人效应与名人策划

某出版商有一批滞销书久久不能脱手，便给总统送去一本，并三番五次去征求意见，总统忙于政务又不便与其多纠缠，就说了一句："这本书不错。"出版商便大做广告，"现有总统喜爱的书出售"。于是，这些书被一抢而光。不久，这个出版商又有另外的书卖不出去，他又送了一本给总统，总统上了一次当，想奚落他，就说："这本书糟透了。"出版商听后又大做广告，"现有总统讨厌的书出售"。为此，又有不少人出于好奇心理竞相购买，书又一售而尽。第三次，出版商又有书送给总统，总统吸取前两次的教训，不做任何答复。出版商却仍大做广告，"现有令总统难以下结论的书出售，欲购从速"。结果，书又被迅速售完。总统为此哭笑不得，商人却大获其利。

（资料来源：张云. 公共关系理论、实践与案例［M］. 上海：华东师范大学出版社，2012.）

【案例评析】公众的动机是可以诱导的，一旦公众的动机被诱导出来，公众的感受也必然会得到满足。诱导公众动机有哪些需要注意的呢？一要注意公众动机的系统性，公众有几种心理动机。二要注意公众动机的主导性，在几种心理动机中，必有一个主要的动机。三要注意公众动机的内隐性，动机往往处在内隐状态，特别是真实的动机往往被表象所掩盖。因此公共关系文字表达要激发他们的内在真正动机，使其动机得到强化与外显，最后达到公共关系活动的目的。

四、公共关系活动中的人际认知偏差

人际认知是公共关系活动的基本前提，任何公共关系活动都是从人际认知开始的，在我们认识一个人时，人们总是从分析认知对象的社会关系入手，沿着人们的认知路线，去认识一个人，这是人际认知的基本要求和科学方法。但是，人们在公共关系活动中，因为客观条件的限制和认识不足，会产生认知偏差，这是公共关系活动的干扰因素和思想障碍，但也有其可以利用的一面。

（一）第一印象

人们初次见面形成的印象称为“第一印象”。人们初次见面首先观察人的言谈、举止、表情、仪表、服装等方面，然后根据现实印象，给对方做一个初步的评价。我们都知道，在短时间内根据有限的表现来观察和判断一个人往往不准确，然而这在认识他人的过程中却产生颇为重要的作用，因为先入为主，了解了这点，对公共关系活动很有益处。比如，公共关系人员的形象在一定意义上代表着组织形象，公众对公共关系人员的看法，往往就会形成对这个组织的看法，而且不易改变。

（二）晕轮效应

“晕轮效应”又叫以偏概全效应。生活中常有这样的事，某人的某个品质或特征较为突出，往往使人们看不到他的其他方面，而从这点出发对其整个心理面貌做出判断。例如，某个商场售货员的态度较好，给人愉快的感受，人们就认为他工作热情高，同事关系和谐，是个友好的人；反之，人们往往会认为他工作积极性不高，对集体不关心，同事关系不好，甚至家庭关系也不和谐，从而产生比较坏的看法。当年里根与卡特竞选总统时，因为里根当过演员，具有较高的演技，而卡特“躬耕花生地”多年，面部表情呆板，不讨人喜欢，不少选民便投了里根的票，上述判断的结果都是“晕轮效应”起的作用。“晕轮效应”告诉我们，人的认知是会产生偏差的，了解了这点，公共关系人员就应该利用认知偏差，展开有声有色的公共关系活动。

案例分析 3-5

“棋圣”聂卫平亲情加盟美丽岛眼镜

2011 年 3 月 19 日，美丽岛眼镜，中国知名视光企业正式宣布签约大中华区第一任代言人——中国“棋圣”聂卫平先生，美丽岛眼镜全新广告形象也随之闪亮登场。

美丽岛眼镜一直以来都坚持“亲见世界变化”的核心理念，始终以客户需求为服务出发点，提供从“专业视光咨询”、“完美配镜体验”、“终身跟踪服务”、“爱眼增值活动”等一整套西方视光学服务，并且全国首家推出基于“眼部”、“脸部”和“脑部”的“三部配镜法”，让客户真正获得完美的视觉体验。此次出任美丽岛眼镜大中华区代言人，聂卫平先生表示：“美丽岛眼镜是一个为中老年人解决切身问题的企业，关注中老年人视力健康，为中国数以万计的中老年人解决共同面临的实际问题，具有很高的公益性和社会价值。”

选择聂卫平先生作为大中华区品牌代言人，正如美丽岛眼镜总裁谢永刚先生所赞赏的：“聂卫平先生被国家授予‘棋圣’称号，身兼中国围棋协会副主席兼技术委员会主任，是围棋抗日 11 连胜的民族英雄，他与‘中国女排’一样，是民族精神的象征，拥有广泛的知名度和社会影响力；同时又是中国规模最大、影响最大围棋培训机构‘聂卫平围棋道场’的创始人，与美丽岛眼镜政商人群的定位非常吻合。再次，聂卫平先生在围棋上的‘专业’

及‘棋圣’、‘民族英雄’等‘高端’社会地位，与美丽岛眼镜眼镜‘专业’、‘高端’的品牌内涵一致，是美丽岛眼镜眼镜最好的代言人。”

（资料来源：中国明星代言网）

【案例评析】利用“棋圣”聂卫平先生来代言，就是一种“名人效应”，或者说是“晕轮效应”。作为中国围棋发展史上的代表人物，他拥有广泛的知名度和社会影响力。美丽岛眼镜选择聂卫平先生作为大中华区品牌代言人，正如美丽岛眼镜总裁谢永刚先生所赞赏的“是美丽岛眼镜眼镜最好的代言人”。

（三）心理定势

心理定势也称公众心理定势，指在一定社会条件下，由于人与环境的相互作用，人们对某个对象形成的共同的表现和一致的行为倾向，是公众在相互交往中自发形成的，具有趋同性和从众性等特点。在日常生活中，攀比现象是常见的，你有了，我也要有，你用了，我也想买来试一试，这是趋同性的一种反映。从众性是指群体成员按照大多数成员的意志和意见去办事，这种从众心理在日常生活中经常见到。公共关系人员应利用人们这种趋同心理和从众心理为组织树立美好的形象。

五、心理学原理在公共关系活动中的应用

公共关系人员在公共关系活动中必须善于运用一些心理学原理，以便取得预期效果。

（一）整体性原理

心理学研究表明，越是具有整体感的东西，越能引起公众的联想和思维，从而留下深刻的印象，越是分散的、零星的、局部的，则越不能起到引人注意的效果，所以在开展公共关系活动时，不能把全部精力放在某个方面，应兼顾同形象有关的各个方面，注意整体性。例如，组织的生产经营活动不能只重视质量，同时应兼顾产品的使用、包装、美观、安全、服务等多方面。

（二）联系性原理

心理学研究认为，对人的刺激产生的强度大小，不仅受刺激本身强弱的影响，而且还受其他许多因素的影响，如年龄、文化、性别、家庭、社会环境等，所以开展公共关系活动要善于利用联系性原理，把公共关系活动同特定的环境联系起来，确保公共关系效果。例如，东西方人在价值观念、审美观念上都有不同，在公共关系活动中不仅要考虑使用何种方法，而且要考虑这一方法在特定环境中会产生何结果，有何影响。同一内容的公共关系活动，在不同的环境、对不同类型的公众所采用的方式、方法应有所不同。

（三）发展性原理

心理学研究认为，人们的心理受到客观条件制约，因为外界各种因素处于不断变化发展之中，人们的心理也随之发生变化，所以在公共关系活动中，要坚持用发展的原理，及时了

解公众的心理状况，根据公众的心理变化而采取多种方式调整公共关系策略。

（四）新异性原理

心理学研究认为，新异的动作、行为产生的刺激是强烈的，给人的印象也是深刻的，所以在开展公共关系活动中，应注意利用新异性原理，扩大公共关系活动的影响。

（五）逆反心理

逆反心理是指作用于个体的同类事物超过了个体感官所能接受的限度而产生的一种相反体验，是有意识地向相反的方向思考和探索，脱离了正常思维轨道。形成逆反心理的原因有许多：好奇心驱使，有些公众好奇心强，喜欢幻想，追求新奇变化，在一定条件下就会产生逆反心理；好胜心驱使，有些公众喜欢走在别人前面，把别人不敢做而他能做作为一种荣誉，往往会发生逆反行为；抵触心驱使，有些公众对某些宣传得过分的东西会产生厌恶感，形成抵触情绪，会向相反的方面追求。了解、掌握逆反心理很重要，因为公共关系就是要建立良好关系，引导各类公众的行为朝着有利于组织的方向进行。组织必须分析掌握逆反心理，在制订公共关系策略及方案时，力争做到不落俗套、时时求新。

（六）流行心理

流行是指社会上相当多的公众在短时期内，由于追求某种行为方式，使之成为一种时尚，从而使公众之间互相模仿的连锁性感应。如流行服装、流行歌曲、流行语言等，即短时间内公众对特定的行为、语言、观念等产生崇拜追求。公共关系人员应根据流行的特点及形成的原因，因势利导，有的放矢地开展公共关系活动。

（1）根据流行“迅速性”特点，组织对自身形象的树立，可采用集中性的公共关系宣传，使组织形象能在较短的时间内给公众留下深刻印象，尽快在社会公众中创造良好声誉。

（2）根据流行“时代性”特点，组织要根据不同的时期，不同的政治、经济、文化发展水平，适时地通过公共关系手段制造“流行”，并促使公众感到“这是大家所追求的”而加以模仿，这样获得的公共关系效果才会理想。

（3）根据流行“下行性”特点，社会组织在一定时期内，应设计出符合人们潜在需要的流行东西，并首先在经济比较发达的地区，或者在有地位、有影响的社会公众中进行试点，往往会使一般公众群起而仿效，从而引导消费。

练习与思考题

1. 单项选择题

（1）关系到组织生死存亡，决定组织成败的公众对象是（　　）。

A．个体公众　　B．组织公众

C．首要公众　　D．顺意公众

（2）因偶然事件或活动而临时聚集形成的公众属于（　　）。

A．社团型公众　　B．首要公众

C. 周期公众　　D. 临时公众

(3) 依一定的节律和周期有规律地出现和聚集的公众属于（　）。

A. 顺意公众　　B. 潜在公众

C. 行动公众　　D. 周期公众

(4) 对组织的政策、行为和产品持赞成意向和支持态度的公众属于（　）。

A. 边缘公众　　B. 顺意公众

C. 首要公众　　D. 次要公众

(5) 具有“准自家人”特点的公众是指（　）。

A. 内部公众　B. 目标公众　C. 顾客公众　D. 社区公众

2. 多项选择题

(1) 公众的特征主要有（　）。

A. 整体性　B. 共同性　C. 相关性

D. 变动性　E. 多样性

(2) 根据公众对组织的态度不同，可将公众分为（　）。

A. 顺意公众　B. 逆意公众　C. 边缘公众　D. 知晓公众

(3) 根据与组织关系的重要程度不同，可将公众分为（　）。

A. 首要公众　　B. 次要公众

C. 临时公众　　D. 周期公众

E. 稳定公众

(4) 常见的顾客公众有（　）。

A. 产品的用户　　B. 酒店的客人

C. 电影院的观众　　D. 出版物的读者

E. 商品生产者

(5) 以下哪几项属媒体公众？（　）

A. 读者　B. 记者　C. 演员　D. 艺术家　E. 编辑

3. 名词解释

公众　首要公众　顺意公众　社区公众　政府公众　晕轮效应

4. 简答题

(1) 简述公众的特点。

(2) 简述公众细分及其意义。

(3) 简述社区关系的重要性。

(4) 如何建立组织与顾客的良好关系？

(5) 如何根据不同的标准对公众进行分类？

5. 论述题

(1) 联系实际阐述建立良好政府关系的重要意义。

(2) 如何与媒体建立良好的关系？

6. 实训题

实训练习一

某街区一家“靓女”时装店，专营各类布料高档、款式新颖的女式时装，颇受经济条件优越、喜欢扮靓的年轻女士的青睐。某著名报社记者小王偶然从母亲手里拿着的报纸看到了这家店“新款酬宾”的广告，打算给在外地工作的女友阿玲买一套时装，作为生日礼物送给她。刚巧一天，小王参加完社区劳动后，风尘仆仆地从该店门前经过，看见同事惠娟和叶子在店里讨价还价买时装，顿时大喜，想进店询问两位同事一些事宜。但“天有不测风云”，门口保安硬是拖住小王不得入内，原因是小王“衣冠不整”、“像个农民”、“不会买时装”等。小王越解释，保安顿越觉得他有“不轨”企图。双方吵闹，争执不下，引来许多人议论纷纷，直至公关部经理出面调停。

（资料来源：《公共关系学》案例分析，2008）

思考：（1）材料中的人物多数属于消费者公众或顾客公众。请将下列人物的名字与其归属的公众类型连线。

非公众	潜在公众	知晓公众	行动公众
惠娟与叶子	母亲	女友阿玲	小王

（2）如果你是小王，若公关部经理未出面或调节不令您满意，你会采取什么行动？

（3）如果你是公关部经理，你将采取哪些措施使小王和其他人由逆意公众转变为顺意公众，及时挽救声誉、树立好的形象？

实训练习二

2012 年新春伊始，一段新闻联播前主持人邢质斌为山东潍坊某食品企业录制的视频在网络上流传。这段视频名为《× ×特别报道》，视频模仿《新闻联播》的形式：开头以旋转的地球为大背景，同时企业名称随之出现。而这一画面与央视《新闻联播》的开场画面极为相似。不过，“新闻联播”四个大字被“× ×特别报道”所取代。视频中，邢质斌身着红衣正襟危坐，以《新闻联播》特有的语调播报了三条新闻。其中第一条和第三条分别为：该企业为庆祝新年到来，在元旦期间举办年会；该企业董事长向全国消费者和经销商拜年。三条新闻虽然在格式和语调上均模仿《新闻联播》，但最有意思的当属第二条。该条新闻中，邢质斌严肃地播报了自己为该企业代言的消息：“央视著名播音员邢质斌同志正式签约为× ×食品企业形象代言，并为× ×企业录制《× ×特别报道》节目。”该视频在该企业官方网站上同样可以找到。

其实，作为“国脸”的邢质斌在退休后，就先后接拍了昆明某妇科医院的广告、某胶囊广告等一系列广告。再往前追述，1995 年，邢质斌就曾代言过一款减肥腰带，但因为该产品乃假冒伪劣产品而遭到全国人民的声讨，邢质斌也被牵连其中。邢质斌曾在央视《艺术人生》中说道：“《新闻联播》播音员的责任更大、更重，一旦有什么闪失，出现什么问题，受损失的不仅是我们播音员个人，还包括我们新闻中心、电视台。”

（资料来源：张云．公共关系理论、实践与案例［M］．上海：华东师范大学出版社，2012．）

思考：有网友认为“邢质斌已经退休，接不接代言是她个人的事情”；而有的网友则认为代言广告与“国脸”的气质不符合而不能接受。邢质斌退休后接拍代言广告，置于公共关系的视角下，你如何看待这一事件？

第四章 公共关系运作手段——信息传播

学习目标

1．了解公共关系信息传播的含义及特点；
2．掌握公共关系信息传播的要素；
3．掌握公共关系信息传播的模式及类型；
4．了解公共关系信息传播的规律和技巧。

案例导入

星巴克声明中美价格差异不基于同一维度比较

日前，媒体曝光星巴克咖啡“暴利”，以北京星巴克为例：咖啡豆 1.6 元+牛奶 2 元+一次性用品 1 元=4.6 元，每杯 354 毫升的星巴克拿铁物料成本不足 5 元，国内售价 27 元。相比之下，同样的一杯咖啡，伦敦售价是 24.25 元，芝加哥售价是 19.98 元，孟买的售价则只有 14.6 元。

“星巴克中国”官方网站对此做出公开声明，声明全文如下。

亲爱的中国顾客们：

近期我们注意到了媒体对于星巴克定价的相关报道，星巴克公司对此非常重视，并希望在此和大家沟通。

秉承星巴克一贯的价值理念，自 1999 年进入中国市场以来，我们始终致力于在赢利和社会良知之间取得平衡。

星巴克专注于向顾客提供全方位的体验，并带来卓越的价值。在中国，星巴克不断投入产品研发创新；同时提升门店的设计，使每家星巴克门店都成为独一无二的“第三空间”；并投入大量资源，如成立“星巴克中国大学”来培训和提升我们的星级咖啡师，保持我们与顾客之间的情感连接，并满足顾客和当地社区不断变化的需求。这些都是星巴克提供给顾客的价值所在。

与其他国家和地区相比，星巴克在中国市场的运营成本和市场动因是完全不同的。因此，对比星巴克在中美市场的价格差异并不是一个基于同一维度的比较。星巴克在全球各个国家的定价策略都是长期的，并且是根据不同产品及不同市场的具体情况，以及各种运营成本的动态变化而综合考虑、评估和制定的。

在此，我们衷心感谢中国消费者对星巴克的长期支持与认可。未来我们将继续努力，关注消费者的需求，以此为基础不断提升，向大家提供全方位的星巴克体验。在倾心提升顾客的体验和价值的同时，我们也将持续致力于星巴克伙伴（员工）的职业发展与成长，并积极回馈当地社会，努力成为社区的好公民。

谢谢！

星巴克中国

2013 年 10 月 21 日

（资料来源：http://yuqing.jschina.com.cn/system/2013/10/22/019002906.shtml）

讨论题："星巴克中国"官方网站发布的声明对消除其在中国"暴利"的不良影响是否有用？

第一节 公共关系信息传播的含义、特点与要素

一、公共关系信息传播的含义及特点

（一）公共关系信息传播的含义

传播一词译自英文 Communication，源自拉丁语 Communis，目前关于传播的定义有 200 多种。一般地讲，传播是指个人、组织、社会之间信息的双向传递、接受、共享和沟通的过程。公共关系信息传播是指社会组织借助一定的载体和途径，有计划地将信息与公众进行交流和沟通，以达到争取公众、信息共享的目的。公共关系信息传播包括三个方面的内容：第一，公共关系信息传播的主体是组织，而不是专门的信息传播机构。第二，公共关系信息传播是一个有计划、完整的行动过程。"有计划"是指传播过程必须按组织的目标，有步骤地进行。"完整"是指传播过程必须符合传播学的"5W"系统模式，即在完整的传播过程中，要包括以下几个方面：Who（谁）、Say what（说什么）、Through which channel（通过什么渠道）、To whom with（对谁说）和 What effect（产生什么效果）。第三，传播是一种信息共享的活动。在传播过程中，传播者和受传者在信息的传递、交流、共享及反馈等方面实现双向互动、共同享用，使双方在利益限度内最大限度地取得理解、达成共识。

（二）公共关系信息传播的特点

1. 目的性

公共关系信息传播具有明确的目的性。社会组织如果想研究和了解公众心理、社会心理

及与组织之间的有机关系，需要设计目的性强的传播内容。此外，组织如果拥有了一项发明创造或新的创新性的项目需要公之于世，此时组织就需要有目的地寻找适合的公众在适宜的时间将这个“信息”传播出去。

2．双向性

公共关系信息传播的双向性，是指传播是公众与组织之间的互动行为，它包括组织的信息向公众传递，再把公众对信息的认知反馈到组织这两个环节。公共关系信息传播是一种信息传递和交流活动，不可能是单向的，也不可能只注重组织自身需要。组织一方面要吸取民意以调整决策，改善自身；另一方面又要对外传播，使公众认识和了解自己，达成有效的双向意见沟通。

3．广泛性

公共关系信息传播的广泛性包含两层意思。一层意思是指公共关系存在于主体的任何行为和过程中，即公共关系无处不在、无时不在，贯穿于主体的整个生存和发展过程中。另一层意思是指其公众的广泛性，因为公共关系的对象可以是任何个人、群体和组织，既可以是已经与主体发生关系的任何公众，也可以是将要或有可能发生关系的任何暂时无关的人。

4．快速性

快速性是指公共关系信息传播速度快，组织在短时间内就能把信息传送到组织所需要的地方去。

5．长期性

公共关系的实践告诉我们，不能把公共关系人员当做“救火队”，而应把他们当做“常备军”。公共关系的管理职能应该是经常性与计划性的，这就是说公共关系信息传播不是“水龙头”，想开就开，想关就关，它是一种长期性的工作。

二、公共关系信息传播的要素

公共关系信息传播的各种要素共同构成了公共关系的整个过程，也就构成了公共关系传播的基本模式。其中每个要素都会对传播效果产生一定的影响。如果缺少一个要素，就无法构成传播。公共关系信息传播的要素包括两大类：一类是基本要素，包括传播者、传播内容、传播媒介、传播对象和反馈，是公共关系信息传播的“硬件”要素；另一类是隐含要素，包括时空环境、心理因素、文化背景及信誉状况等，被称为公共关系信息传播的“软件”要素。

（一）基本要素

1．传播者

传播者也被称为信源，指传播过程中发送信息的一方，公共关系中的传播者一般指某个具体的组织。作为信息的发布者，传播者首要的任务就是采集信息，然后进行加工、制作，使之符号化并发送出去。传播者从采集到发送主要解决“传播什么”和“如何传播”的问题，这决定着信息的传播数量和质量。作为信息的传播者，其可以从三个方面影响传播效果：可靠性、权威性、接近性。

2．传播内容

传播内容即信息。传播者通过传播内容来影响接收者，接收者通过传播内容来满足自己的各种需要。因此，传播内容既是沟通、连接整个传播的“桥梁”，也是传播是否有意义、有效果的关键。公共关系传播内容大体上可以分为两类：一类是告知性内容；另一类是劝导性内容。

3．传播媒介

传播媒介又称传播渠道或信道，是指信息传递的途径、渠道和载体，如电话、图书、报纸、广播、电视、网络等。传播媒介居于传播过程的中间，是信息流通的必经之道。通过它的作用可以扩大传播的空间范围，加快传播的速度，提高传播的质量，改善传播的效果。

4．传播对象

传播对象也称为信宿、受众或受传者，指传播过程中信息的接受者。对传播对象的研究，人们经历了不同的认识阶段。早期的“注射论”者认为传播者可以将思想、观念像打针一样注射进传播对象的头脑，从而直接控制他们的行为。后来人们研究发现，传播对传播对象产生的效果是“有限的”或“适度的”，传播对象是根据自己的需要、知识、能力、态度及经验来参与传播活动的，并对传播者提供给他的大量信息进行选择。

5．反馈

反馈指受众对接收到的信息所作的反应。在公共关系信息传播中，反馈可以使组织检验自己的传播效果，随时根据反馈来调节、补充自己已发出的信息，以便更好地达到传播的目的。反馈使整个公共关系传播过程构成了一个封闭回路，循环往复，促使组织同公众之间在信息的交流中实现真正的沟通。反馈不仅指受众的反馈，也包括传播者接收受众反应后所做出的反馈。

（二）隐含要素

1．时空环境

时空环境指传播过程中的时间与空间环境。从时间上说，何时进行传播，单位时间里传播多少信息，传播时间的长短等，都会影响传播的效果。如就空间角度而言，选择在什么地方进行传播，传播者与接收者之间的相互位置或地位如何，传播者与接收者周围的环境如何等因素，都可能影响传播的效果。如果一个组织在光线暗淡、声音嘈杂、布置混乱的会客厅接待顾客、洽谈业务或进行商务谈判，就难以引起良好的信息互动效果。

2．心理因素

心理因素主要指信息接收者接收信息时的情绪状况或心态。当情绪低落、心情不好时，人们对所接收的信息往往难以做出积极的反应，因而传播的效果通常很差。而当情绪高涨、心情很好时，人们对所接收的信息则往往容易做出积极的反应，因而传播的效果相对要理想得多。因此，公共关系工作者在实施传播时，一定要注意了解和把握所面临公众的心理感受，才能获得理想的信息反馈和情感共鸣，进而产生有利于组织的公众行动。

3. 文化背景

文化背景即传播者与传播对象双方的经济环境、风俗习惯、语言文字、性格特征、思维方式和价值观念等。传受双方的文化差异往往会造成人们对事物产生不同的理解和不同的审美体验，进而影响人们对信息内容的理解和感受。因此，文化背景对传播的效果有着非常重要的影响。在进行传播时，尤其是进行跨地区文化传播时，一定不要忽视了文化背景这一因素在传播过程中的重要作用。

4. 信誉状况

信誉状况指在传播过程中信息内容的可信程度和传播者本人的社会信誉度。一般来说，传播对象对信息内容越信服，传播效果也就越好；反之，如果信息内容难以使传播对象信服，将直接影响传播的效果。所以，在传播过程中，提高信息内容自身的可信度非常重要。传播者的社会信誉度也是影响信息传播效果的一个重要因素。如果传播者的社会信誉度高，传播对象则因为信任传播者进而接受其所传播的信息；反之，如果传播者本身缺乏一定的社会信誉，则传播对象出于对传播者的不信任，进而可能产生对信息内容的怀疑。

第二节　公共关系信息传播模式

传播模式是指为了研究了解传播现象，采用简化而具体的图解模式来对复杂的传播现象、传播结构和传播过程进行描述、解释和分析，以求揭示传播结构内各因素之间的相互关系。在现实的传播活动中，每个因素都在变动，都随着社会的发展而不断变化。因此，传播模式也不是固定不变的，它也在随着社会的前进不断地演化。有代表性的公共关系信息传播模式主要有以下几种。

一、拉斯韦尔的 5W 模式

1948 年，美国著名的政治学家哈罗德·拉斯韦尔（Harold Lasswell，1902—1977 年）在《社会传播的结构与功能》一文中，提出了界定传播研究范畴的经典模式——5W 模式，该模式可以用一句话来表示，即“Who says what in which channel to whom with what effects?”（谁通过何种渠道对谁说了什么而带来什么效果？）由于这句话的英文包含了五个“W”字母，所以又被称为“5W 模式”。拉斯韦尔的 5W 模式如图 4-1 所示。

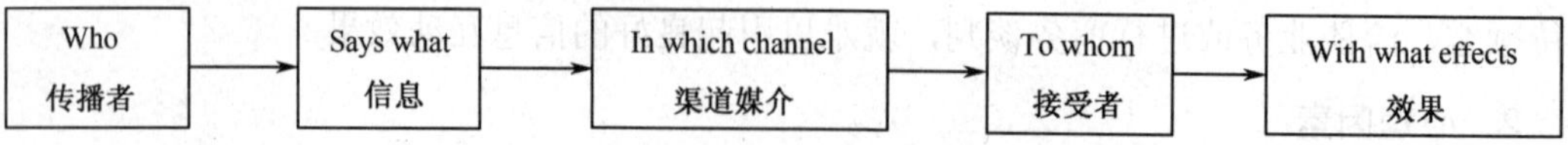

图 4-1　拉斯韦尔的 5W模式

拉斯韦尔通过 5W 模式列举出传播的五项要素：传播者、传播内容、传播媒介、传播对象及传播效果。在此基础上，拉斯韦尔把传播学的研究内容分为五个部分，即控制分析、内容分析、媒介分析、对象分析和效果分析。控制分析主要包括传播的法规与政策、传播者的社会控制和自我控制、传播者对传播的影响等。内容分析主要包括传播的分类、传播的符号等。媒介分析主要包括传播的媒介环境、传播的媒介特点等。对象分析主要包括传播对象的心理、传播对象的劝服等。效果分析主要包括传播的效果类型、影响传播效果的因素等。拉斯韦尔的 5W 模式是早期传播学的经典理论，奠定了传播学研究的基础，但这种模式将传播过程视为单向直线运动过程，忽视了受众在传播过程中的主动性和“反馈”的作用，并未完整地揭示现实生活中的传播现象。

二、香农-韦弗的信息论模式

克劳德·香农和沃伦·韦弗于 1949 年在《传播的数学原理》一书中运用数学原理，提出了关于传播的信息论模式，这种模式是一种单向直线传播模式，它在传播学上具有广泛影响，被称为香农-韦弗信息论模式，如图 4-2 所示。

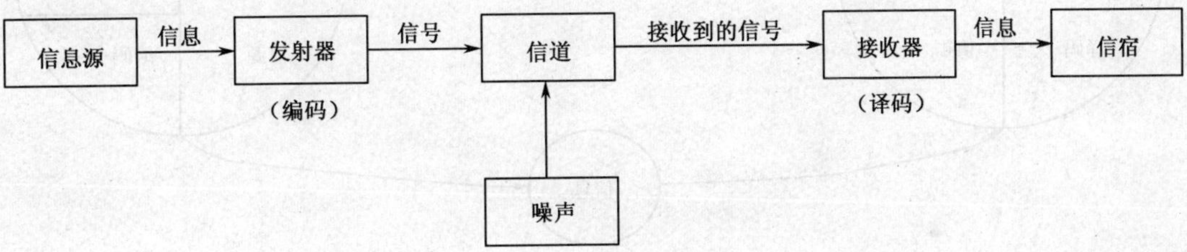

图 4-2　香农-韦弗的信息论模式

该模式是一个有五个正面的要素和一个负面的要素构成的传播过程，即信源、发射器、信道、接收器、信宿和噪声。信源就是信息的发出者，信息就是所要传递的信息内容，信道就是信息传递的途径和渠道，信号是对信息的描述，发射器和接收器是发收信息的设备，信宿是信息的接收者。任何信息要进入传播过程，都要经过一个转换过程，这个过程就是把信息加到传播媒介身上以便传播的过程，即编码；当经过编码的信息成为信号以后，就开始进入信道了；当信息传递到接收者者那里时，还得经过一个与编码完全相反的过程，就是从传播媒介身上提取信息的过程，即译码。信号在信道里传递时，会受到干扰，即“噪声”，它是干扰正常传播的因素，结果使得信息在传递过程中发生不同程度的偏差。

香农-韦弗信息论模式的进步性是明显的。首先，它将媒介细分为发射器和接收器两部分；其次，它还揭示了传播中的编码和译码这两个环节，在认识编码与译码之前，人们所理解的传播过程就是从传播者到接收者，中间最多再经过传播渠道这个环节，即传播者—传播渠道—接收者，但是香农-韦弗信息论模式揭示了在传播者与接收者之间至少存在着三个环节：传播者—编码—传播渠道—译码—接收者；最后，导入了“噪声”的概念，表明了传播不是在封闭的真空中进行的，过程内外的各种障碍因素会形成对信息的干扰。我们必须重视各种干扰因素的负面影响，提高传播的有效性。

但是，该模式仍然是一个单向直线运动过程，未能注意到反馈这一人类传播活动中极为常见的因素，缺少信息反馈，忽视了信息传播过程中的两个重要因素，即客观社会环境的制约因素和传收双方主观能动方面的因素。

三、施拉姆的双向循环传播模式

美国传播研究的集大成者韦尔伯·L·施拉姆（Wilbur Lang Schramm，1907—1987 年）在奥斯古德的基础上于 1954 年在《传播是如何进行的》一文中提出了传播的双向循环模式，这一模式引入了反馈机制，把传播理解为一种互动的循环往复的过程，如图 4-3 所示。

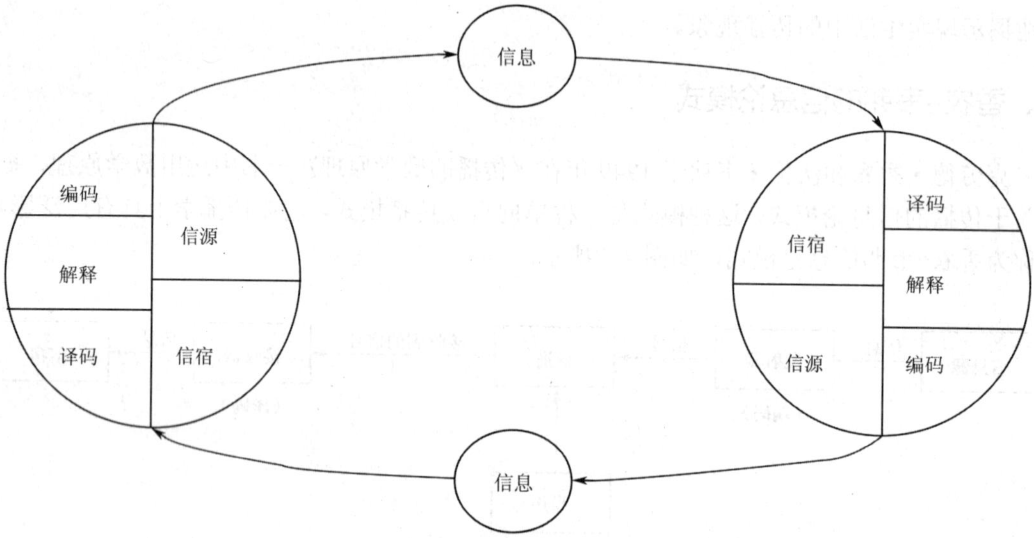

图 4-3　施拉姆的双向循环传播模式

在传播过程中，传播者和接收者都要根据他们的知识和技能进行编码或译码。在反馈过程中，接收者要把自己对信息的解释进行编码后传回到传播者那里。传播者也必须对反馈信号进行译码。实际上，在这种情况下，接收者变成了传播者，而传播者则变成了接收者。两者都是依据自己的经验领域解释信息，因此，有效的传播应当把握好传收双方经验的重叠范围，只有传收双方的经验领域有重叠的共同经验部分，传播才能完成。

施拉姆的双向循环传播模式克服了单向传播模式的缺点，认为信息会产生反馈，并为传播双方所共享，也更强调传收双方的相互转化。它的出现打破了传统的直线单向模式一统天下的局面。

但是，这个模式也存在缺陷：它未能区分传收双方的地位差别，因为在实际生活中传收双方的地位很少是完全平等的。因此，这个模式虽然能够较好地体现人际传播尤其是面对面传播的特点，对大众传播过程却不能适用，因为大众传播是一种不平衡的、非等量的传播。

四、两级传播模式

1940 年，美国社会学家拉扎斯菲尔德根据对美国总统选举的研究，提出了著名的两级传播模式。在此理论产生之前，传播论中盛行的是所谓“枪弹论”（Bullet Theory）（也有人称为“注射论”）。“枪弹论”认为，大众传播媒介具有强大威力，所向披靡。它能够影响和改变社会公众的观念，并控制他们的行为。这正如同子弹射向靶子一样，只须把枪口对准靶子射击，靶子就会应声倒下。拉扎斯菲尔德提出了“两级传播”的假设，认为：信息往往先从媒介流向一部分“意见领袖”，然后再由这些“意见领袖”传递给周围的受众。也就是说，信息传递是按照“媒介—意见领袖”和“意见领袖—受众”这种两级传播模式进行的，媒介的信息大多通过“意见领袖”的过滤才能影响受众，因而，人际关系的影响要比大众传媒更显著。

拉扎斯菲尔德的两级传播模式揭示了“意见领袖”在传播中对公众的影响力。“意见领袖”又称“舆论指导者”，指社会活动中能有较多机会接触来自各种渠道信息的“消息灵通人士”，或者对于某个领域有丰富的知识与经验的“权威专家”，其态度和意见对其他人影响较大，具有极其重要的作用。因此，在公共关系传播策划中，应该善于开展名人公关，高度重视专家名人效应，借助于他们的传播力量来强化组织的对外影响力。

五、把关人理论

“把关人”又称为“守门人”（Gatekeeper），是由德国社会心理学库尔特·卢因在1947年所写的《群体生活的渠道》一文中提出的。在研究群体传播的过程时，他认为信息的流动是在一些含有“门区”的渠道里进行的，在这些渠道中，根据公正的规则或“把关人”的标准，决定信息是否可以进入渠道或继续在渠道里流动。

在传播学中，“把关人”是一种普遍存在的现象。在传播者与受众之间，“把关人”起着决定继续或中止信息传递的作用。“把关人”可以是个人，也可以是集体。从整个社会的角度来看，传播媒介是全社会信息流通的“把关人”；从传媒内部来看，不同的媒介具有不同的把关人，从报纸、广播、电视等传统大众媒介来看，在新闻信息的提供、采集、写作、编辑和报道的全过程中存在着许多的“把关人”，其中，编辑对新闻信息的取舍是最重要的。

“把关人”的把关行为可以分为“疏导”与“抑制”。前者是指“把关人”准予某些新闻信息流通的行为，后者则是指禁止一些新闻信息流通或将其暂时搁置的行为。

“把关人”把关的标准主要是来自作为自身原有经验、看法、兴趣等的总和的预存立场，同时，也受到周围环境如上级、同僚及受众反馈等的影响。总之，“把关人”是根据自己对受众需要与兴趣的理解在众多的新闻信息中加以选择的。任何一个传播过程中都存在着“把关人”的把关行为，不管这些行为是自觉的还是不自觉的。

六、受众选择“3S”理论

经过长期的观察和研究，传播学者发现受传者在接触媒介和接收信息时有很大的选择性，这就是受众心理上的自我选择过程。受众并不是不加区别地对待任何媒介内容，而是更倾向于那些与自己固有的立场和态度一致或接近的信息。选择性接受的结果往往进一步强化了受众固有的立场和态度，而不是导致它的改变。这个选择过程表现为三种现象，简称“3S”：选择性注意（Selective Attention）、选择性理解（Selective Perception）和选择性记忆（Selective Retention）。

（一）选择性注意

选择性注意就是指在信息接收过程中，人们的感觉器官虽然受到诸多信息的刺激，但是他们不可能对所有的信息的刺激一一做出反应，只能是有选择地加以注意的心理状态。从选择性注意的角度看，提高信息的竞争能力，有以下几个因素值得关注：对比、强度、位置、重复和变化。

（二）选择性理解

选择性理解是受众心理选择过程的第二个环节，也就是消费者接收信息传播的第二关。选择性理解是指不同的人对于同一信息做出不同意义的解释和理解。影响受传者的选择性理解的心理因素包括需要、态度和情绪三个方面。

（三）选择性记忆

人们往往只记忆对自己有利的信息，或者只记忆自己愿意记的信息，而其余信息往往被忘却了。这种记忆上的取舍，就叫选择性记忆。选择性记忆可以分为三个阶段：输入、储存、输出。以上三个环节可以看成受众心理的三层“防卫圈”。信息如果不合乎受众的个人需求，则被挡在“防卫圈”之外。因此，对于传播者来说，要特别注意受众这种选择行为的特征，了解其内在联系，才能真正实现预期的传播效果。

七、议题设置论

议题设置是指大众传播对某些议题的着重强调和这些议题在公众中受重视的程度构成强烈的正比关系，即在大众传播中突出某个事件，多次、大量地报道某个事件，就会使社会中的公众突出地议论该话题。此课题是 20 世纪 70 年代传播理论研究中最热门的课题之一，其中传播学者麦库姆斯是其中最杰出的研究者。

议题设置论的基本思想是媒介的议程不仅与受众的议程相互吻合，而且，受众的议程就来自媒介的议程。议题设置论的核心思想在于：大众传播媒介不能决定公众怎么想，但能决定公众想什么。媒介选择集中的报道对象，以此来制造社会的中心议题，并左右社会舆论的形成。

议题设置论基于以下两个观点：首先，各种传播媒介对传播信息具有“过滤作用”。传播媒介对极为浩繁的信息是经过选择后才传达给公众的。只有当大众传播媒介热衷介绍的某个新闻事件，才有可能成为公众关注的“议题”。其次，面对传播过多的信息环境，公众常常感到无所适从。他们需要有人出面对复杂的信息加以整理，画出重点和优先顺序，为他们选出那些值得关心和注意的事件，这正是“把关人”的作用所在。因此，在公共关系信息传播中，应该高度关注公众的议题和媒介的热点并据此进行新闻策划，使组织的行为和产品及服务等成为报道的热点，成为公众关注的“热点”和舆论关注的对象，以取得良好的传播效果。

议题设置论涉及的几个关键点包括流言、谣言和舆论。

（一）流言

1. 流言的定义及其类型分析

流言是提不出任何信得过的确切根据，而在人们中相互传播的一种特定的虚假信息。流言大致分为三种类型：愿望流言、恐怖流言和攻击流言。

2．流言传播的消极影响

流言一经发生，传播极迅猛，一传十，十传百，辗转相传，面目全非，越来越离奇、荒诞，成为一种精神上的传染，故流言对个人、社会都会产生消极影响。

3．流言的制止

第二次世界大战期间，美国建立了“流言诊所”。受“流言诊所”启发，美国又成立了“流言控制中心”。美国流言研究者纳普根据他的经验总结出对付流言的六种方法，对我们从事公关工作很有启发：提高新闻媒介的可信度，让人们借新闻媒介获取完全正确的情报；使人们对领袖人物具有信任感；为了消灭模糊的真空状态，要尽可能多而快地传达可信的情报；马上掌握可信的情报并做出权威的解释，以迅速而简便地否定虚报；要防止人们的生活情境过于寂寞和单调，这些是最易导致流言、传闻出现和传播的心理条件；要慎重展开宣传活动，以便揭露流言的有害影响及制造、传播流言的人的不良动机。

（二）谣言

1．谣言的定义

谣言是利用各种渠道传播的对公众感兴趣的事物、事件或问题的未经证实的阐述或诠释。根据上述定义，谣言没有真假之分，因为是未经证实的信息，所以无法确定谣言的真假。

2．谣言的制止

第一，法律制约，违反及触及法律的谣言，法律将对其压制；第二，道德行为规范制约，一些谣言在涉及道德底线或行为习惯底线的时候也会在传播过程中被中断；第三，第三方干扰，当谣言发挥一定作用的时候，有些另有目的的第三方可能对其进行干扰，从而改变谣言内容，利用谣言。

3．谣言与流言的联系与区别

联系：两者传播的方式一般是口头的、非正式的、非官方的，真实性都不强。

区别：谣言有故意捏造、恶意攻击、蛊惑人心的性质，而流言一般不是故意去伤害某人，是“事出有因”的。目的性不同，谣言具有更强的目的性，流言的目的性不强。

案例分析 4-1

看“八只眼”如何闹腾杭州郊区

近段时间，杭州的九堡、下沙等地出现一种奇怪的现象：妈妈给外嫁的女儿送去一套红衣服，女儿必须穿上，并且傍晚燃放烟花鞭炮驱邪，否则“背时鬼”缠身，来年不利。女儿要给妈妈回送两只鸡、两只鸭（所谓凑足“八只眼”），否则会让母亲今后大难临头，是不孝顺的姑娘儿（注：杭州方言，指女儿）。一时间，九堡、下沙等地送“八只眼”之风盛行；一时间，烟花爆竹声声不息；一时间，小商小贩乐歪了嘴；一时间……后经查实，这一事件的始作俑者是九堡的摊贩，是他们利用当地村民的迷信心理导演的“杰作”。

（资料来源：看“八只眼”如何闹腾杭州郊区[N]. 都市快报，2006-12-12.）

【案例评析】从发起者的角度，该报导说明了公关传播的议题设置论。杭州的九堡、下沙的小商小贩利用恐怖流言，制造恐怖气氛，目的是自己的私利，是“事出有因”。

（三）舆论

1. 舆论的定义及特征

舆论是公众的意见与看法，是社会全体成员或大多数人的共同信念，是人们彼此间信息沟通后的一种共鸣。舆论一旦形成，就会成为一种群体性意见，对社会产生更大的影响。英国《大不列颠百科全书》指出，舆论至少包括四个因素：必须有一个问题；必须有多数个人对这个问题发表意见；在这些意见中至少要有某种一致性；这种一致的意见会直接或间接地产生影响。

舆论具有如下特征：舆论是被多数人赞成与支持的；舆论总是涉及社会的安宁与幸福的问题；舆论本身含有合理性；舆论是有效的；舆论一般不是政府的意见。

2. 舆论的结构

（1）舆论对象。舆论对象是指与人们的现实利益密切相关，能够引起大家共同兴趣，需要公众认真对待的社会事情。它有两个显著特点：一是功利性，对社会有重要意义；二是新异性，对人们有强烈的刺激性和吸引力。功利性、新异性越强，越容易形成舆论。舆论主要有以下四种形态：社会事件、社会问题、社会冲突、社会运动（如社会改革、车辆改革、生态运动、反核能运动、消费者运动等）。

（2）舆论主体。作为舆论主体的公众与人群不同，它的内聚力来自思想的沟通和平等的交流。称为舆论主体者的公众有以下一些特点：有共同话题；参与议论过程；自发性与松散性；有一定的程序性。

（3）舆论意见。美国舆论学者艾尔贝格分析了意见与态度的关系，认为意见是态度的语言表达，而任何一种意见，都包含了三种成分：一是认识成分，如事实陈述、价值评价、思维观点、信仰和信念等，统称为见解；二是情感成分，如肯定或否定的价值取舍，喜怒哀乐的情绪选择等，称为偏好；三是意志成分，如动机、意图、愿望、要求等，称为意向。

舆论能反映危机，也能预示危机。作为公关主体，要从“内求团结，外求发展”出发，正确对待舆论，应该做到倾听舆论、顺应舆论、引导舆论。

第三节　公共关系信息传播的类型及媒介

一、公共关系信息传播的类型

按照不同的划分标准，公共关系信息传播可以划分为不同的类型。例如，按照传播内容涉及的不同社会生活领域，可以将传播划分为经济传播、政治传播、科技传播、文化传播、教育传播、军事传播和宗教传播等；按照传播媒介物的不同，可以将传播分为口头传播、动作传播、实物传播、文字传播和电子传播等。

下面我们主要介绍按照传播范围及规模大小的不同划分的五种类型，即自我传播、人际传播、群体传播、组织传播和大众传播。

（一）自我传播

自我传播也称自身传播、内向传播，是指每个人本身的自我信息沟通，是人们头脑里"主我"（I）与"客我"（Me）之间的信息交流活动，如自言自语、自问自答、自我发泄、自我陶醉、扪心自问、自我反省、自我安慰、思想斗争、内心冲突等。凡是心智健全的人，都存在着自传现象。严格说来，自我传播实际上是作为人类个体的自我在内心的思维活动，但从传播学角度看，自我传播却是人类传播的基本单位，可以称为最小范围的传播。

自我传播主要有以下几个特点。

（1）自我传播是人类最基本的传播活动，是人类一切传播活动的前提和基础。

（2）自我传播的主体与客体集于一身，在一个人身上完成信息的传播与反馈活动，隐蔽性强。

（3）自我传播虽然与人的生理机制密切相关，但本质上是对社会实践活动的反应，具有鲜明的社会性和实践性。

（4）自我传播不是对外部世界的消极、被动的反应，而是积极、能动的反应，表现在意识和思维的生产性和创造性。

（二）人际传播

人际传播是指个人与个人之间的信息交流与沟通。这是人类传播活动中最普遍、最常见，也是运用最广泛的一种传播类型，也是组织传播和大众传播的基础。人际传播有两种表现形式：一种是面对面的传播，如交谈、讨论、对话等；另一种是非面对面的传播，这种人际传播借助电话、录音机、录像机、互联网和书信等媒介进行。

人际传播的主要特点有以下三个方面。

1. 传递和接收信息的渠道多，方法灵活

传播者不仅可以使用语言，而且能够运用表情、眼神、动作等多种渠道或手段来传达信息；同样，受传者也可以通过多种渠道来接收信息。在多种手段、多种渠道的配合下，人际传播可以更有效地表达丰富的信息内容。

2. 信息的交流充分而直接，信息反馈快速、及时

在人际传播中，双方参与性强，互为传播的主客体。传播双方一旦发生交流和沟通，双方便不断地对调传播的角色。尤其是在面对面的人际交流中，双方能够及时做出反应来表达自己的情绪和意见，能够通过观察对方的反应及时调整自己的传播内容、方式或符号，相互间不断信息反馈，易于达到相互适应的沟通。

3. 传播较具有私人性，更容易满足特别的需要

大多数人际传播是个体对个体，即两个人之间的交流，它具有较显著的私人性、个体性。

即使是一对多的人际传播，其私人性也比组织传播和大众传播要明显。人类进行传播交往的动机和需要是复杂的、多方面的，人际沟通最有利于情感的交流，最易于达到以情动人的效果。个人情感的流露一般是随着传播对象的增加而递减的。一般来说，在个人交往的场合比在公众场合感情沟通的效果更明显。但是，由于人际传播主要在个人之间进行，因此最容易受个人主观因素的制约。例如，受个人活动能力的限制，使信息的传递受时空的制约，传播面比较窄，传播的速度比较慢。受人的素质、观念、态度、情绪、语言等因素的影响，使信息在传递的过程中失真，或者形成人为的传播障碍。

（三）群体传播

群体指的是由共同的利益、观念、目标、关心等因素相互联结，存在着相互影响作用关系的个人的社会集合体。群体传播是指组织以外的一般群体的传播活动，是群体与成员、成员与成员之间的信息交流活动，是将群体的共同目标和协作意愿加以连接和实现的过程。群体传播在形成群体意识和群体结构方面起着重要的作用，而这种意识和结构一旦形成，又反过来成为群体活动的框架，对个人的态度和行为产生制约，以保障群体的共同性。因此，群体传播是群体生存和发展的一条基本的生命线。群体传播主要包括小团体传播和公共传播两种基本类型。

1．小团体传播

小团体传播也称小组传播，是指人们在“群体”范围内进行的信息交流活动，也是介于人际传播和组织传播之间的一个信息交流层次。它一般是在小规模的群体内，如 6～10 人进行的信息交流活动，如小组讨论、小组座谈、小组总结等。这种传播一般采用民主的方式，没有约束和强制性。

2．公共传播

公共传播也称公众传播，一般是指一个人对多数人的传播，也称公开传播，如组织大型集会、进行公众演讲、组织大型演出活动和竞赛活动等。公共传播通常是一方发出信息，多方接收信息的传播过程，其传播对象是一个相对大的有限传播范围，传播的一般是需要及时公布和公开的公共信息，信息传播速度快、范围广。

（四）组织传播

组织传播是指组织与其成员之间、组织与其所处环境之间的信息交流与沟通。它包括组织内部传播和组织外部传播两种。

1．组织内部传播

组织内部传播就是组织和其成员之间的沟通交流，或者组织与其内部公众之间的传播，主要有正式传播和非正式传播两种形式。

（1）正式传播。组织内的正式传播是指通过组织规定的正式渠道进行的信息传播，主要分为上行传播、下行传播、平行传播和交叉传播。上行传播是指信息由下而上的传播，如下级向上级的汇报、请示、询问、建议等；下行传播是指信息由上而下的传播，如布置工作、发布命令和指令、召开会议等；平行传播是指平级部门或成员之间的信息传播，如工作交流等；交叉传播是指处于不同层级的没有直接隶属关系的部门和成员之间的信息传播。例如，企业中生产部门与人力资源部门的一个科室之间的沟通，或者销售部经理同广告部的策划组人员之间的沟通。交叉传播是组织传播中一种灵活的传播方式，有时可以提高办事效率。例如，统计部门的一位统计员为了获得统计资料，直接找人力资源部门的经理请求帮助。

（2）非正式传播。非正式传播是指在正式规定的渠道之外进行的传播，包括组织内的部分人际传播和所有非正式的社会群体传播。例如，组织成员之间的私下交流、各类自发的兴趣小组中的信息交流等都属于非正式传播。组织内非正式传播的内容广泛、话题丰富，交流具有双向性、平等性和随意性，本意交流和情感交流的成分多。它弥补了正式传播的不足，满足了人们分享信息和交流信息、交流情感的需要。但是，非正式传播的消息可能不够真实，甚至有可能是恶意的谣言。因此，从组织管理的需要来说，应该充分利用各种非正式传播渠道，同时也要加强对非正式传播渠道的管理。

2．组织外部传播

组织外部传播就是组织和其所处环境之间的沟通交流，或者组织和其外部各类公众的沟通交流，这是组织传播的另一种形式。任何组织的发展都离不开社会各方面的配合与支持。社会组织首先要通过传播协调好各类直接的业务往来关系；其次要通过传播妥善处理好社会组织与各种权力制约部门的关系，如政府各职能管理部门等；再次还要通过必要的组织传播，主动建立各种非业务性的关系，如社会关系、媒介关系等。

（五）大众传播

大众传播是指职业的传播者或机构通过报纸、广播、电视、电影、杂志、图书、网络等大众传播媒介，将大量复制的同一信息传播给分散的社会公众的一种大规模的信息传播活动。它包括四层含义：为数众多的传播者；规模庞大的职业传播机构；大批复制的传播内容；人数众多的受传者。在现代生活中，整个世界是一个开放的系统，人们需要接受大量的信息，人类自身的生存和发展、社会的进步和发展已经离不开大众传播媒介。它使信息传播规模和速度空前发展。同时，大众传播也是公共关系传播中使用最广泛的传播手段。

大众传播主要具有以下几个方面的特点。

1．专业性

大众传播的专业性是指传播者是从事信息生产和传播的专业化媒介组织（报社、出版社、广播电台、电视台及以大量发行为目的的各种音乐、影像制作公司等）或组织化的个人（如记者、编辑、编导等）。这个特点说明，大众传播是有组织的传播活动，是在特定的组织目标和方针指导下的传播活动。大众传播的信息是由职业传播者及其组织经过一系列加工制作后发布的。大众传播与人际传播的主要区别在于它使用专业化传播媒介。例如，作报告是人际传播，发文章则属于大众传播。

2．广泛性

大众传播的广泛性是指大众传播对象的高度大众化和传播内容的大众化。大众传播的对象是社会上的一般大众，它并不特指社会的某个阶层或群体，任何人无论其性别、年龄、社会地位、职业、文化层次如何，只要他接触大众传播的信息，便是受众的一员。由于大众传播接受者量多面广，所以大众传播的内容一般要符合广大对象的各种要求，引起他们广泛的兴趣，因此，信息量大是可想而知的。

3．间接性

大众传播的间接性是指这种传播信息反馈困难，单向性很强。大众传播的单向性主要表现在两个方面：一是传播组织单方面提供信息，受众只能在提供的范围内进行选择和接触，具有一定的被动性；二是没有灵活、有效的反馈渠道，受众对媒介组织的活动缺乏直接的反作用能力。因此，大众传播的信息反馈较慢，反馈渠道不畅，过程长。虽然受众可以通过读者来信、热线电话等形式对媒介信息进行反馈，但这种反馈大多是事后的，缺乏即时性和直接性。

4．高效性

大众传播的高效性是指大众传播运用日益先进的传播技术和设备（如激光排版、计算机编辑、卫星通信、数字化多媒体技术等），可以大量生产、复制信息，并能够在最短的时间内获得最大的传播面。

5．制度化

大众传播是一种制度化的社会传播（传播控制问题）。由于传播过程的特殊性赋予它的巨大社会影响力，无论在哪个国家，都会把它纳入社会制度的轨道，每个国家的大众传播都有各自的传播制度和政策体系，这些在维护特定社会制度的方向上起作用。

案例分析 4-2

新公关“互动”喜忧

眼镜一直是时尚中重要的产品，然而市场上眼镜的种类纷繁复杂，真正专业的品牌眼镜公司往往会被良莠不齐的竞品公司挤压，无法突出其品牌和真正应该享有的市场地位。

张雯就是一家眼镜公司的市场经理，这样的问题困扰她很久了。于是她尝试着跟一家SNS网站合作，做了个PS模板，网友们可以到该网站上，用PS模版工具为自己设计眼镜。颜色、样式、材料都可以自由选择。让张雯没想到的是，该创意推出没有几天，网友们上传的作品就超过了6位数，更让她兴奋的是，有些网友不仅按照自己的想法设计了眼镜，还制作了产品的推广海报、广告词，很有“我是老板，我来卖产品”的感觉。

这样一场线上活动下来，不少消费者重新认识了该公司的品牌、产品与设计，眼镜设计师们从众多网友的设计中也找到了灵感，发现了不少当下的流行元素，综合其中的优秀作品，重新设计了几个新品类，在线下销售。线上、线下获得了双丰收。

凯旋先驱公共关系顾问（上海）有限公司总经理魏恺对《中国经营报》记者说：“这家眼镜公司的经验是，利用大众资源为自己的品牌寻找新创意，这是新媒体时代企业产品策划的核心。”

早在两年前，不少企业就纷纷开始利用网络把企业的研发动向、新产品动态等向消费者发布，消费者也可以运用留言、BBS、投票等形式与企业进行互动。实践证明，这种形式是一种既经济又有效的传播方式，于是互动类媒体推广如病毒般影响了全球的公共关系行业，甚至改变了行业的游戏规则。

新公共关系时代需要企业及时回应。当越来越多的企业喜欢借助社交媒体与公众沟通时，也给企业和公关公司带来了新的挑战。以往不少企业把与公众沟通的工作外包给了公关公司，但是随着多媒体的运用，企业内部公共关系人员的作用则显得越来越重要。新媒体时代，企业如果建立了自己的微博、博客等，消费者或网友对你的关注变成了每周 7 天 ×24 小时，企业必须有一批专业人员用来回应这些新媒体带来的人群的提问。

（资料来源：http://tech.sina.com.cn/i/2010-09-25/07214688052.shtml）

【案例评析】企业利用互动类新媒体，必须要重视企业整体的公共关系配置，单一的企业新闻发言人往往应付不了太多的公众意见，而公众意见能否及时处理又直接影响企业声誉。企业要对在线论坛中出现的关于企业的相关言论保持高度的警惕。当发现有负面言论时，要借助一些类似于转移注意力的巧妙方法，在讨论中插入关于企业情况的证明信息。

二、公共关系信息传播的媒介

传播媒介是信息进行传递的渠道与手段，是传播内容的载体，离开了媒介，传播的作用就无法实现。因此，在公共关系传播中，除了要求企业人员掌握公共关系传播的基本原理、规律、技巧以外，还必须熟悉各种传播媒介的性质、特点和用途，以便恰当地选择传播媒介，达到最好的传播效果。

公共关系信息传播的媒介种类繁多，从其物质形式的角度，大致可以分成五大类，即符号媒介、印刷媒介、电子媒介、实物媒介和人体媒介。

（一）符号媒介

符号是信息传递过程中的一种有意义并能引发互动关系的信息载体。符号媒介是现代社会中运用非常广泛的传播媒介，也是公共关系传播中常用的媒介。它包括语言符号媒介和非语言符号媒介两大类。语言符号是信息传播的主要载体，分为口头语言和书面语言。除语言之外的其他所有传播信息符号称为非语言符号。

1. 语言符号媒介

语言是人类交往最基本和最重要的工具，在公共关系传播中，经常运用语言媒介进行信息传播。语言符号媒介也称言语媒介，包括口头语言和书面语言两种。

（1）口头语言。口语传播专指传播者（说话人）通过口腔发声并运用特定的语词和语法结构及各种辅助手段向受传者（听话人）进行的一种信息交流。口语符号是人类最基本、最实用的符号系统，人类大部分的日常交流都要借助口语完成。口语传播在演讲、日常接待、电话通信、沟通性会议、谈判、新闻发布等场合应用非常广泛。它具有直接性、综合性、双向性、情感性和反馈性的特点。运用口头语言媒介进行的传播，基本上属于人际传播，表现形式基本上是面对面的交流，因此信息反馈迅速，形式灵活多样，感情色彩强烈，传播效果明显；缺点是范围小，影响面不大。

（2）书面语言。书面语言是指以书面符号为信息传递工具的各种载体，它是一种无声语言。在公共关系传播中，书面语言是通过印刷文字来进行信息传递的。它的特点是语言表达便于保存和斟酌，可以超越时空界限，但其信息反馈不如口头语言媒介迅速，其方式有社交书信、调查报告、电文、谈判决议、会议记录等。

2．非语言符号媒介

非语言符号媒介是指以人的动作、表情、服饰等伴随语言为信息载体的传播媒介。在公共关系传播中，非语言媒介是一种被广泛运用的沟通方式，通常情况下用来表现情感，加强或减弱语言传播的效果。非语言符号媒介分为有声非语言符号媒介和无声非语言符号媒介。

（1）有声非语言符号媒介，如说话时的重读、语调、笑声和掌声。应该注意，同一种有声非语言符号媒介在不同的情况下其含义会大不相同。例如，同是笑声，可能是负载着正信息，也可能负载着负信息；同是掌声，可能是欢迎、赞成、高兴的表现，也可能是气愤、不满、厌恶的流露。

（2）无声非语言符号媒介，主要指以动作、姿势、体态、表情、服饰等来传递信息的一种无声非语言。它分为体态语言和情态语言。体态语言指人们身体部位表现某种含义的动作符号，如竖起大拇指、耸肩、摇臂、跷起二郎腿、哈腰、跺脚等。情态语言指人脸上各部位动作构成的语言，主要是“眼语”。比如，深切地注视是一种崇敬的表示；眉来眼去、暗送秋波是情人交流感情的形式；横眉冷眼是仇人相见的眼神；眼球移动迟钝、痴呆，则说明一种深情或忧愁；等等。需要说明的是，无声非语言符号媒介具有鲜明的民族文化性，即有的人体动作在不同的民族中其含义会大不一样。以在美国广为流行，现已遍及欧亚洲的 OK 手势来说，在美国表示“同意、了不起、顺利、赞赏”；在法国表示“零”或“无”；在印度表示“正确”；在日本、缅甸、韩国则表示“金钱”；在我国一般表示“零”或“三”两个数字；在巴西则表示“引诱女人”或“侮辱男人”；在突尼斯表示“傻瓜”或“无用”；在印尼表示“什么也干不了”或“不成功”。另外，服饰也是一种重要的非语言符号媒介。从某种意义上讲，任何一种穿着打扮，都有意无意地传播着某种情绪和意图，也就是说，服饰也能说话。例如，穿宽松衣服的人旨在扩大自己的势力圈，具有在精神上慑服对方的心理；穿紧身服装的女性是为展示自己对异性的吸引力；爱穿新奇衣服的人具有某种强烈的优越感和表现欲，同时也是性格不稳定的一种表现；爱穿笔挺衣服的人给人一种不可侵犯的印象。因此，公共关系人员在社交场合下，应注意服饰与大众的协调，以增强亲切感、认同感。

（二）印刷媒介

印刷媒介是指以印刷作为物质基础，以平面视觉符号（文字和图像符号）作为信息载体的传播媒介。印刷媒介主要有报纸、杂志、书籍及招贴、海报、传单、函件、合页等印刷品。印刷媒介是当今公共关系传播中运用最频繁和最多的媒介。它具有以下主要特点：一是可借助机器设备迅速、大量地印制生产，如报纸可以每日一期，每期少者 4 版或 8 版，多者 200 多版甚至 500 版；二是它容纳的信息多、内容广；三是读者可以自由地决定阅读的时间、地点、速度和方式；四是可以长期保存，随时取阅，反复研读；五是能适应不同读者的不同兴趣和要求，报纸、杂志、书籍也在日益向“小众化”的方向发展；六是印刷媒介的威望较高，专业性较强。因编辑方法、内容特点、表现形式、对象范围等方面的差别，不同的印刷媒介有各自的特点。

1. 报纸

报纸是以刊登新闻为主的、通过版面的空间组合以整张的形式刊出的、面向广大公众发行的定期出版物。报纸的种类繁多，有全国性的，也有地方性的；有综合性的，也有专业性的；有官方报纸，也有民间报纸。报纸发行量大、覆盖面广，是目前世界上最重要的大众传播媒介之一。

（1）报纸的优点。

1）覆盖面广。报纸发行量大，触及面广，而且由于报纸便于传阅，其传播对象数目远远超过报纸发行数量。

2）便于选择。报纸的大小题目相对集中，从编辑处理上反映出来的对内容的评价信息都一目了然，读者可以任意挑选阅读内容。读者既可以从头版头条看起，也可以从报尾看起；可以只看标题，也可以深入研读某篇重点文章。读者还可以自由选择读报的时间、地点和方式。

3）便于保存。报纸上的信息内容都以文字的形式固定下来，便于剪辑、保存、查阅，而广播电视的信息内容对于一般读者来说，都是稍纵即逝，不便保存、检索和利用。

4）信息量大，内容深入。报纸中包含着大众所需的大量重要的和新鲜的信息，虽然报纸会受到版面的限制，但现在很多报纸为达到信息扩容的目的，都在进行扩版和改版，以保证读者能在一份报纸中获得尽可能完全的信息。而且，报纸是以文字表达形式为主的媒介，文字表达的最大优点是可以不受具体时间、空间的限制而连续深入论述。因此，一些逻辑性强、抽象思维的内容，比较适合文字表达。公共关系人员可以利用这点，及时组织新闻专辑、连续报道等，来配合大规模的公共关系活动。

5）经济实惠。报纸的发行周期较短，信息复制快捷。因此，报纸传播的及时性为印刷媒介之首。报纸提供的宣传频率高，印刷工艺较为简单，制作成本也较低。

（2）报纸的局限性。

1）报纸对受众有一定的文化水平的要求。阅读比观看、收听更要求受传者具有一定的文化水平和理解能力，这就造成文化程度低的人和文盲无法充分使用和享用这种媒介。因此，报纸在我国尤其在广大农村的普及率和阅读率有限。

2）报纸的时效性差，感染力较弱。虽然现代报纸更多地采用现代技术以提高制作、发行的速度，但报纸传播的及时性不如电子媒介。电台、电视台、互联网可以采用现场直播、实况播映等方式使受众能在第一时间清晰地感受到来自世界各地的重大事件，而报纸由于受到工作程序的影响，不可能实现现场直播。另外，文字较之口语，具有冷静的理性特征，这就使报纸虽然附有图片和表格，仍不及电影、电视那般形象、生动和直观，也不及广播那样有直接对话般的亲切感，因此导致其即时感染力相对差一些。那些时间性极强和形象性很强的信息不宜依靠报纸来传递。

2. 杂志

杂志是报纸向深度和广度发展的印刷品媒介。当人们以报纸所发布的信息力求作更深、更广的了解，或者对某类信息有浓厚兴趣时，杂志便应运而生了。杂志是以成册装订的形式刊出、以目录为引导、将各种内容分类顺序编排的大众传播媒介。按照发行周期划分，杂志可分为周刊、半月刊、月刊、双月刊、季刊；按性质划分，可分为专业性杂志和非专业性杂志。

（1）杂志的优点。

1）针对性强。杂志分类较细，内容比较专一，每种杂志都有其特定的读者群，针对性较强。杂志传播的目标指向比较明确，便于公共关系人员面对特定的公众传递信息。

2）印刷精美，表现力强。与报纸相比，杂志的印刷更为精美，图像丰富、色彩艳丽、成本成册，在视觉上会给传播对象美的享受，易于产生心理上的认同。

3）保存性好，重复阅读率高。各类杂志与报纸相比，杂志更具有保存价值，受众阅读的有效时间长，重复阅读率高。印刷精美的杂志往往能伴随其长期的保留价值而持续不断地发挥传播效果。

（2）杂志的局限性。与报纸相比，受众的文化水平要求更高，还要求有一定的专业知识；出版周期更长，传播速度慢，发行量和发行区域受到更大的限制；同时，时效性差，成本也较高。

3．书籍

书籍是指不定期、不连续、无固定名称并且装订成册的印刷出版物，一般由正式出版社出版发行。书籍的容量大，内容有深度，便于长期保存和使用，适宜传播理论性和系统性较强的信息。但是，书籍由于出版印刷周期较长，信息往往不具有时效性，传播速度不如报纸、杂志快，对受众的素质要求较高，读者面也更为集中，信息普及率低。

4．其他印刷媒介

除了报纸、杂志、书籍等，公共关系人员常用的印刷媒介还有招贴、海报、传单、名片、函件、小册子、手册、插页等，这些印刷媒介都是公共关系人员可直接控制的，因而具有目标指向明确、传播针对性强，信息传播快、反馈迅速直接、形式灵活多样、费用低廉等特点。但是，这些印刷媒介大多由社会组织自行控制，公众容易对此类传播媒介怀有戒心，从而影响传播效果。

（三）电子媒介

电子媒介是指以电波的形式来传播声音、文字、图像等符号，并需要运用专门的电子设备来发送和接收信息的传播媒介。电子媒介主要有广播、电视、录音、录像、电影、幻灯、网络等。电子媒介在传播领域发展较快，特别是电视媒介在大众传媒上的影响力已居首位。从总体上说，电子媒介时效性强、传播速度快、覆盖面广，音响和图像给人以现场感和亲切感，受众较少受文化水平、理解能力的影响，而且单位受众成本低廉。但是，电子媒介所传播的信息重复使用率差，受众对传播内容的选择性也较差。

1．广播

广播是指通过无线电波或导线传送声音符号，供公众收听的传播媒介。广播技术最早出现在西方，它最先是作为娱乐工具出现的，现如今已遍及世界的每个角落，成为一种多功能的传播媒介。广播分为有线广播和无线广播，它们在传播范围和传播设备上有较大差异。有线广播受线路导引的限制，一般只在某个公共场所或地域（如车厢、宾馆、村镇）等范围内传播；而无线广播则借助于电波信号，只要发射机功率足够，就可将信号传到地球上的每个角落。在我国，无线收音机和有线广播喇叭的普及率都很高。

（1）广播的优点。

1）传播及时，覆盖面广。广播制作简单，信息不受时空条件的限制，转瞬之间即可借助电波传遍地球的各个角落，它可以把刚刚发生和正在发生的新闻告诉听众。

2）机动性强。无线电波可做到无边无界的广泛传播，将信息输送到别的媒介无法达到的地方，同时接收设备日趋小型化，且性能不断提高，收听灵活方便，不受时间、地点、场合的限制。例如，老年人常在早晨散步时收听广播新闻，家庭主妇边洗衣服边听广播等。

3）普及率高。收音机和广播喇叭的价格便宜，而且是一次性投资，不容易损坏，听众不受文化水平的限制，人人都可以接收理解。因此，广播在我国的普及率很高。

4）感染力强。广播依靠声音传播内容，声音有较强的传真感，听其声能如临其境、如见其人。播音员用声情并茂的语言调动听众的感情，有很强的鼓动性和感染力。

（2）广播也有局限性。广播稍纵即逝，不便检索、保存；只有声音，没有文字、图像、色彩，因此，形象性不如电视，深刻性不如报纸；公众只能按一定的顺序收听节目，选择性差；公众的收听时间不稳定，收听率难以准确估算。

因此，广播适用于传播时间性强、涉及面广、文化水平要求不高的信息。

2. 电视

电视是用电子技术传递声音和活动图像的传播媒介。它将声响、文字和活动画面结合起来，主要供家庭或小群体使用。电视虽比广播产生要晚，但其发展迅速，到目前为止已遍及世界各地。电视是我国发展最快、影响最大的大众传播媒介，也是公共关系传播的最重要的手段之一。

（1）电视的优点。

1）生动形象。对于客观事物，报纸是用文字来表达，广播是用声音来描述，而电视则视听兼备，声画并茂，十分逼真、可信，形象生动，感染力很强。

2）及时性强。由于电视摄像和传播技术的发展，电视台基本可以做到随时实况传播新发生的事件。其及时性大大超过报纸，略微落后于广播。

3）普及性高。电视信息以声音、图像为主，不受文化水平的限制，老少皆宜、雅俗共赏。其信息可以通过电波向四面八方发射，服务范围广，拥有广泛的观众。

4）娱乐性强。电视是家庭生活中最主要的娱乐工具，是最受公众喜欢、接触时间最长的传播工具。

（2）电视的局限性。

1）电视信息不便保存。电视信息稍纵即逝，不便记录、检索和保存。

2）深度不够。电视由于受表现形式的限制，在信息内容上流于肤浅，深度不够。表现理论性强、逻辑思维的内容还要借助报纸、书籍、杂志等媒介。

3）受众的选择性小。受众只能按照既定的时间、顺序和速度接收既定的节目，要么不看，要么全看，有时为了看某个精彩节目，观众不得不忍受“广告轰炸”。而且，接收时还要受到场地、设备条件的限制，使信息的接收不如报刊、广播那样灵活。

4）成本高。电视节目的制作、传送技术比较复杂，制作传送时不仅要完成声、电的转换问题，其关键还要把摄录的人、物、景的影像转换成电信号，然后通过无线电或导线把电信号传送出去，最终由电视接收机即时重现这些影像和声音。因此，制作、传送成本的成本较高。另外，由于购买电视机的投资较大，所以受众的接收成本也较高，对于贫困地区、家庭经济拮据的公众，也有接收障碍。

3．录音、录像

录音、录像分别是广播、电视的延伸，它们是用电子技术将声音、画面记录下来，向有限的公众进行传播的电子媒介。公共关系人员在具体工作中也经常使用这两种新型的电子媒介。如企业在接待来访的中外客户时，就经常播放介绍公司的历史与现状的录像片，不知不觉就会加深宾客们对公司的了解，取得良好的传播效果。

4．电影、幻灯

电影、幻灯是利用强光和透镜将画面和文字映射在白幕上进行信息传播的电子媒介。尽管电影、幻灯同电视一样是利用带音响的移动图像来传递信息的，但两者有明显的不同。电影、幻灯有专门的电影院、宽大的银幕、没有广告干扰。电影、幻灯媒介如果运用得恰当，可以获得良好的传播效果。当然，电影、幻灯媒介也有不足之处，如制作成本高、制作手续复杂、制作周期长、不便普及等。

5．网络

网络又称电子网络，它是国际电子计算机互联网络（Internet）的简称，又叫因特网。它指的是基于TCP/IP协议，通过网络互联设备把不同的多个网络和网络群体互联起来而形成的大型计算机网络，借助它人们可以随时随地地把文本、声音、图像、影视等信息传递到世界上任何有终端设备的地方和个人。网络媒介一问世即备受青睐，发展迅速。以致有人预言，电子报刊将取代普通报刊，新型网络媒介将取代大众媒介。网络吸取了报纸、广播、电视和电影的诸多好处，越来越成为人们获取信息的重要渠道。因特网具有许多服务功能，包括电子邮件（E-mail）、远程登录（Telnet）、网络新闻组（Usenet News）、文件传送（FTP）、万维网（WWW）、网络论坛（BBS）、网络即时通信（IRC、ICQ）等。

（1）网络的优点。

1）综合性。它将计算机、声像、通信技术合为一体，是计算机、电视机、录像机、录放机、VCD机、电话机、游戏机、传真机、打印机、电子信箱等媒介的性能大综合，同时又是书籍、杂志、报纸、广播、电视等大众媒介的优点大综合。过去出现的新媒介虽然克服了旧媒介的一些弱点，但往往不能兼具旧媒介的优点。网络媒介则既有印刷媒介的可保存性和可查阅性，又具有电子媒介的新鲜性和及时性，还具有自身的图文阅读性和音像视听性。

2）交互性。过去的人际传播是"点对点"的"对话式"双向传播，大众传播是"点对面"的"独白式"单向传播，网络媒介为人类传播活动提供了第三种传播形式——电子"交互式"的网络传播。这种传播既综合了人际传播与大众传播的特点与优势，又不是两者简单的整合和延伸，而是一种全新的创造。互联网上的信息传播，用户完全可以根据自己的兴趣和要求来决定浏览的页面，并且能及时地将意见反馈给信息提供方。目前的交互形式有：交互式CD、交互式电视、电子信箱、网上购物、网上会诊、网上查询、网络电话、网络讨论、口声邮递、自学辅导等。

3）信息量大。用"信息海洋"来形容互联网是最贴切不过了，由于网络设计的"无中心化"，借助其无限链接功能，互联网上的信息是海量的，而且很容易扩展。

4）高速性。由于互联网上的信息经过了数字化的处理变得极易传输，高速性已成为互联网的一个重要特征，利用这一特征，互联网也可以进行实时、实况报道。

5）超时空。网络的传播是在电子空间进行的，能够突破现实时空的各种限制，实现超时空的异步通信。

（2）网络的局限性：网上虚假信息过多，不能进行有效的监督；容易遭受“病毒”的侵袭等。

（四）实物媒介

实物媒介指的是能够传递信息的实物，实物媒介在公共关系活动中被大量使用。常见的实物媒介有产品、赠品、象征物、公共关系礼品，以及一切能够传播组织形象的物质实体。实物媒介具有以下两大显著的特点。

1. 信息直观可靠

通过实物传播，在直观可靠方面是言语传播和文字传播所无法比拟的，具有“事实胜于雄辩”的功效。特别是实物的质量信息，往往是实物本身能够充分体现出来并让公众切实感受得到的。

2. 反馈真实、快捷

由于实物传播为公众提供了具体可感的实物信息，因此，来自公众方面的反馈显得快捷、直接，而且更为真实。言语传播虽然也具有反馈迅速的特点，但是其反馈一般只是口头上的或态度上的，在真实性和可靠性方面不如实物传播。实物传播作为检验产品销路的直接手段，更是言语传播和文字传播所不能替代的。

案例分析 4-3

小于连“撒尿”

撒尿小孩小于连的铜像是布鲁塞尔标志性建筑，撒尿小孩被称为“布鲁塞尔第一公民”。铜像位于市中心广场转弯处，高半米左右，是个光身叉腰撒尿的小男孩，形象逼真。传说西班牙占领者在撤离布鲁塞尔时，打算用炸药炸毁城市，幸亏小男孩夜出撒尿，浇灭了导火线拯救了全城。为纪念小英雄，雕刻了此像，雕像建于1619年。自从雕像建成那天起，小于连撒出的清澈的涓涓细流，给布鲁塞尔城的人们带来了难以言述的幸福和平安，吸引了世界各地的游客。

一个夏天的中午，一些观看小于连“撒尿”的游客，意外地从“尿”中嗅出一种清香扑鼻、沁人心脾的气味，惊奇万分。原来铜像流出来的是芬芳醇香的啤酒。人们互相传递消息，很快得知是比利时撒利尔酒厂生产的啤酒，大家交口称赞，撒利尔酒厂随之一炮打响。

（资料来源：龙志鹤. 公关案例选粹与评析[M]. 北京：经济管理出版社，2011.）

【案例评析】这是一个公共关系利用实物媒介进行传播的案例。啤酒厂利用美丽的传说，将小于连“尿”出的清泉换成自己啤酒厂生产的啤酒，这个创意非常好。因为啤酒是一种能散发清香的物质，又是欧美人喜欢的饮料，加上能来到布鲁塞尔的游客大多非富即贵，他们的经历会带到世界各地，传播撒利尔酒厂的美名。这样使得撒利尔酒厂的知名度、美誉度大大提高，真正“美名远播”。

（五）人体媒介

人体媒介是借助人的行为、服饰、素质和社会影响等来作为传递信息的载体，它包括组织成员的形象、社会名流、新闻人物及能够影响社会舆论的其他公众等。人体媒介的特点是能够与公众直接接触，双方比较容易进行情感交流，信息反馈的周期较短，但人体媒介的作用不如符号媒介那样应用广泛，它往往有特定的运用场合或限制条件。

三、选择公共关系信息传播媒介应遵循的原则

综上所述，在公共关系传播中，常用的传播媒介就是以上五种。公共关系人员在进行信息传播时，要针对具体的信息内容和具体的传播对象，根据各种传播媒介的具体特性，选用恰当的媒介或综合运用，只有这样，才能大大提高公共关系传播的效果。一般来说，在选择公共关系信息传播媒介时应该遵循以下四个原则。

（一）联系目标原则

根据公共关系的具体目标和工作要求选择和使用传播媒介。特定的媒介有其特定的功能和特定的覆盖面，要借助各种媒介为公共关系目标服务，就要根据工作目标的具体要求进行媒介选择。通俗地说，就是“我要达到什么样的目标和效果，我就去选择什么类型的媒体”。

（二）适应对象原则

不同的公众对象接收信息媒介的习惯各不相同，应根据公共关系对象的特征去选择和使用传播媒介。在进行媒介选择时，应对传播对象的职业特点、文化程度、分布地区的生活习惯等有所了解，再根据这些情况去选择适当的传播工具。例如，对于文化程度不高的公众宜采用广播、电视；对于喜欢阅读思考的知识分子应多采用报纸、杂志；对于经常加班加点、行踪不定的出租车司机最好用电台广播；对于儿童最好把信息制作成电视卡通节目，等等。

（三）区别内容原则

根据传播的内容特点来选择传播媒介。公共关系因目标和工作要求的不同，需要传递的信息内容也不同。各传播媒介在传递不同的信息内容时，各自有着特定的优势和劣势。一般地讲，传播形象性很强的信息应该考虑优先选用电视；传播音乐性强、时间性强的信息应该优先运用广播；传播内容比较深刻、需要保存检索的信息应该考虑优先运用报纸；传播专业性、针对性强的信息可以优先考虑杂志；传播塑造组织形象方面的信息可以优先选用实物；传播感情色彩浓厚又不需要大范围传播的信息可以优先选用语言媒介或非语言媒介。

（四）合乎经济原则

根据具体的经济能力和经济条件选择和使用传播媒介，即根据组织的公共关系预算和传播投资能力，量力而行，精打细算，争取在最经济的条件下获得最大的传播效果。

第四节　公共关系传播规律和技巧

一、公共关系传播规律

（一）双向沟通律

1. 双向沟通律的含义

在公共关系传播中，组织与公众之间的信息传播既有传递，又有反馈，互相理解、互相影响、互相适应，从而建立和谐的关系。这就是双向沟通律。这一规律包含以下三个方面的内容。

（1）沟通双方互为角色。一方是发出者时，另一方是接收者；另一方为发出者时，这一方又成了接收者，在整个传播过程中，不断地更换双方的角色位置。这就要求注重消除在传播沟通中的各种障碍因素的影响，沟通双方不但在行为上，而且也能在心理上形成真正的平等沟通的状态。

（2）传播沟通的双方呈现一种螺旋上升的认识过程。沟通的双方均是具有主观能动性的人，在信息传播经过一个循环后，双方的认识一般不会停留在原来的起点，而是向更高的层次发展。这就体现了公共关系传播组织与公众共同发展的宗旨。

（3）传播过程由传递阶段和反馈阶段两个基本阶段组成。传递阶段是指组织将信息编码以后传递给公众；反馈阶段是指公众译码之后进行领会、理解，然后通过传播渠道将意见、态度反映给组织，如果反馈成功。就意味着一次沟通活动的实现和下一次沟通过程的开始。因此公共关系传播是一个没有终点的双向沟通活动。

2. 运用双向沟通律时应注意的方面

（1）传播双方应该尽量扩大共同的经验范围。传播双方必须有共同的经验范围，这是双方进行沟通的基础。共同经验范围越多，沟通时的共同语言也就越多，传播效果也就越好，信息的分享程度也就越高。如果双方毫无共同经验的范围，则传播沟通根本无法进行。

（2）传播双方必须具备良好的反馈意识。所谓反馈意识，是指传播双方在理解了所收到的信息后做出反应的意念。它要求组织和公众在反馈信息时要主动、及时、适路和适量。主动是指传播双方不仅要对所接收到的信息简单地表示赞成与否，还应该主动地提出自己的意见，以补充修正原始信息。及时是指传播双方要反馈迅速，不要延误时机。适路是指反馈的内容不要偏离信息主题。适量是指反馈的信息要适当，不要冲淡主要信息的传递。

（3）传播双方应该根据反馈来做自我调节。在公共关系传播中，社会组织同公众永远是一对对立统一的矛盾体。社会组织要根据公众反馈来的信息调整自己的行动以适应公众的需求；公众则根据社会组织的策略情况，满意的就以此为根据调整自己的行为；不满意的就提出意见反馈回社会组织。如此往复，传播双方根据反馈不断自我调节，逐步达到一个完美、和谐的统一体，从而实现公共关系工作的目的。

（二）情感唤醒律

1. 情感唤醒律的含义

人的情感是丰富多彩的，但其表现形式基本上分为两类（情感的两极性）：肯定情感和否定情感。在公共关系传播中，公众获得信息以后，不是产生肯定情感就是产生否定情感。公共关系人员运用传播艺术进行情感移入，促使公众由否定情感向肯定情感转变，并且增大肯定情感强度的规律，就是情感唤醒律。

2. 运用情感唤醒律时应注意的方面

（1）公共关系人员进行信息传播，必须让信息内容“适销对路”，满足人的需求，并根据人的需求变化不断调适，才能使公众不断产生肯定情感。很明显，人的情感同需求紧密相关，当传播的信息符合人的需要时就产生满意、欢愉等积极的情感，否则就会产生忧伤、恐惧等消极情感。例如，有的消费者公众想购买一种可以放在房间自由移动的空调器，遍访不得，这时如果某组织提供的信息正好符合这个要求，那么这个组织就会同这部分公众沟通得相当充分。同样还是这个组织，如果它向已经购买了这种空调器的公众继续传播这方面的最“新”信息，就会引起这部分公众的反感，导致传播失败。

（2）公共关系人员在进行信息传播时，必须注重“情感投资”，“动之以情、晓之以理”，激发公众的肯定情感，加深公众对信息的认识，增强公共关系传播效果。这是因为人的情感同人的认识关系十分密切。例如，同样是洗衣机信息的传播，有的强调大功率、大容量、省电节能；有的则说：“小天鹅洗衣机，献给妻子的爱”。前者给人一种冷冰冰的感觉，而且有“自吹自播”之嫌，使人避而远之；后者则温馨一片，让人听后感到亲切、舒服，激发了人们进一步认识的欲望。

（三）客观超脱律

在公共关系传播中，据研究表明，越是没有明显目的和倾向地宣传某个观点、事实，组织的影响力越高，传播效果越好；如果组织明显地宣扬某个观点、事实时，影响力反而降低。越是宣扬与组织的自身利益密切相关的问题，组织的影响力就会降低；相反，如果宣扬与组织自身利益无关的问题，影响力反而会提高。根据这一现象，在公共关系传播时，我们要做到一要客观，二要超脱，即遵循客观超脱律实行有效传播。要做到客观，就要在传播时保证信息的真实可靠，实事求是，有一说一，有二说二。所谓超脱，是指社会组织在传播同自己利益密切相关的信息时，自己不亲自出面传播，而是借第三者去传递信息。所谓“第三者”，既可以是大众新闻媒介，也可以是社会上的权威机构。例如，上海霞飞日用化工厂被中央台点名曝光之后，霞飞厂并没有出面辩解，而是遵循沉默避让、退守二线的超脱式传播规律，通过国货精品推展会出面发布公告，证明“霞飞”质量可靠。这样即巧妙地避开了国家行政管理部门责难的冲击，又增加了信息的可信度和公正感，取得了较好的传播效果。

（四）因人适宜律

所谓因人适宜律，是指公共关系人员根据公众的不同需求和认识而采取不同的传播策略和手段的沟通规律。这也是我们常说的“己所不欲，勿施于人”，“到什么山上唱什么歌、用什么钥匙开什么锁”。公共关系人员要想遵循因人适宜律，必须克服“以自我为中心”的传播模式，树立“以公众为中心”的传播观念。以杭州电视机厂为例，该厂从1983年起生产外形美观、多功能的黑白电视机，随着“全频道、双天线、双喇叭”信息的传播，其产品很快为城市消费者欢迎。电视机在城市普及以后，黑白电视机进入农村。该厂又针对农村消费者的特点，传播西湖牌电视可靠性好、灵敏度高、适用电压范围广泛的特点，又深受农村消费者的欢迎。如果不针对公众特点进行传播，便达不到传播效果。

（五）因时适宜律

所谓因时适宜律，是指公共关系人员根据不同的时机不断改变传播信息的内容、方式和手段的沟通规律。选择时机的不同，可以使一个一般的公共关系传播活动大获全胜，也可以使一个计划相当周密的公共关系传播活动功亏一篑。例如，美国杜邦公司精心策划了一场本该引起轰动的公共关系传播活动——该公司宣布向全美100所大专院校资助100万美元。但是，这条信息公布以后并没有引起多大反响。究其原因是没有选准时机，因为就在公布这条信息的同一天，美国福特基金会宣布向教育机构和医院捐助500万美元，美国公众的注意力被这一更大的新闻事件所吸引。运用因时适宜律要注意让公共关系传播活动避开或利用重大节日和重大事件。凡是同重大节日没有任何联系的活动都要避开节日，以免被节日气氛所冲淡；反之则相反。凡是需要广为周知又希望引起轰动的活动要避开国内外的重大事件，以免被重大事件冲淡；反之也相反。

在公共关系传播活动中，公共关系人员除了要对传播媒介的类型和特点、传播的模式有所了解外，还必须掌握一定的传播技巧，才能在传播活动中得心应手。

二、公共关系传播技巧

所谓传播技巧，就是有效、熟练、灵活地运用传播原理、知识和技术所表现出来的具体而又特殊的传播技能或方法。它由结构形式、表达方式、修辞手法和各种符号有机组合而成。在传播研究中，常有人将传播技巧等同于传播技术，混淆两者的区别。其实，传播技巧反映的是对信息“包装”传播的巧妙技能，对传播原理有很大的依赖性，即没有对传播原理的透彻了解，很难有高超的传播技巧；传播技术反映的是对信息“原样”传输的操作技能，对传输装备有很大的依赖性，即没有传输设备就不存在传播技术。传播技术是形成传播技巧的基础，传播技巧是对传播技术的熟练掌握。因此传播技巧中往往包含着传播技术的使用，但掌握了传播技术的人不一定同时懂得传播技巧。因为，传播技术的学习可以短期速成，而传播技巧的获取绝非一朝一夕。

在公共关系传播活动中，除了要求公共关系人员必须熟悉一般的传播规律以外，也要在具体操作上掌握一定的传播技巧。

（一）选择合适的沟通网络

所谓沟通网络，是指由各种信息沟通渠道组成的结构形式。公共关系传播的有效性同它所选用的沟通网络有一定的关系。社会组织在进行传播时，要注意选择合适的沟通网络。各种沟通网络没有好坏之分，各有长短，社会组织要根据需要选择合适的沟通网络。例如，社会组织若想传播速度快，容易控制，突出领导地位，而不在乎士气的高低，就可以选择轮式。如果社会组织需要有高昂的士气，而不在乎传播速度的快慢和领导者的地位问题，则宜选择圆式。如果组织机构庞大，需要分层授权管理，这时链式更为理想。

（二）注意传播过程中的整体效果

所谓整体效果，是指在公共关系传播的整体规划下，将沟通过程的各相关部分进行有效综合而产生的更好的效果。如果很好地利用，将会出现“整体大于部分之和”的效果。

我们可以综合运用多种信息载体而获得整体效果。例如，某公关经理向前来参观的客人介绍该公司的领导，他边微笑边以手示意：“这位是本公司的经理。”经理立即笑着握住来宾的手：“您好！欢迎，欢迎！”几秒钟内，多种载体同时传递了几个信息：笑（表情语，视觉刺激），握手（动作语，触觉刺激），问候、介绍（有声语，听觉刺激）等，整个沟通过程给来宾以立体性的综合感受，留下了良好的第一印象。另外，我们还可以综合利用多种沟通方式而获得整体效果。沟通方式一般有三种类型：垂直沟通、横向沟通和非正式沟通。在公共关系传播中，我们可同时运用这三种沟通方式以便取得良好的传播效果。

（三）发挥受众中“意见领袖”的作用

所谓“意见领袖”，就是指在受众中具有某种凝聚力、号召力和影响力的人，他的意见往往能影响其他人的意见。现代传播学中的“二级传播理论”，就是指发信者先去重点影响“意见领袖”，然后再由“意见领袖”去影响更多的公众。比如，著名学者胡适从美国学成归国后在北京大学讲中国哲学史。他一反过去的国学大师们从三皇五帝开始讲起的做法，利用先进的理论直接从孔子讲起。这种做法引起了当时深受旧学影响的学生们的嘲笑，致使传播无法进行。胡适发现其中有两个学生的旧学根基最好，即傅斯年和顾颉刚，便重点启发他俩。傅、顾想通以后告诉同学们不要闹，并明确表示胡适的讲法有道理。同学们受影响耐着性子去听，慢慢地听出了“门道”。后来这班学生大多数成为知名学者。在这里，胡适巧妙地发挥了“意见领袖”的作用。

“意见领袖”的地位不是官方授予的，也不是自封的，而是自然形成的。他的成员和地位也是相对的，他们只是在某个时间、某种条件下对某个问题具有一定的权威性和影响力。如张三在宿舍内可能是电影方面的“意见领袖”，而李四则可能是体育比赛方面的“意见领袖”，至于官方权威人士、学者专家、社会名流也可以看做既定的“意见领袖”。在公共关系传播中，公共关系人员应该善于发现并巧妙地利用“意见领袖”的作用。

（四）注意需知原则和例外原则的使用

当前是一个信息大爆炸的时代，信息的大量过剩给人们的生活带来了诸多不便，同时又受到信息不足的困扰。这种现象就要求公共关系传播人员注意需知原则和例外原则的使用。特别是在组织内部，在提供充分信息的同时，也要对信息过量的问题进行控制，以免造成信息过量而形成的干扰。例如，在由下往上的传播中可采用例外原则，一般超常规的，偏离指示、计划和政策的信息才详细上报，而一般正常的信息只以简略的形式上报或不上报。对由上往下的传播，则可以采用需知原则，按照公众所需知的范围传递信息，保证让各种公众对象都能接受到各自需要的关键的信息。但是，必须指出，在执行这一原则时，还要注意按各组织的具体情况分别对待。比如，在程序化的组织中，执行这一原则就较合理，也较容易奏效，对非程序化的组织就要慎重使用。

古今中外，传播技巧形形色色、多种多样，有用于口头，有放诸笔端，也有施之画面。面对纷繁众多的传播技巧，我们很难做出全面、彻底的罗列和介绍，而只能着重介绍那些经常出现的、基本通用的和能够行之有效的传播技巧。

三、公共关系传播技巧的应用

（一）新闻写作

新闻写作是公共关系工作中一项经常性的工作，也是文字传播的一项最基本的技术。以新闻稿的形式传播组织信息，其影响力大、传播面广，公共关系人员必须熟练掌握新闻写作的技能，更好地服务于组织。

1．确定新闻的主题

进行新闻稿的写作前，公共关系人员首先要确定组织内部的事件是否具有新闻价值。大众传播不同于组织内部的传播，必须经过“把关人”的选择。组织认为具有非常重要意义的事件，传播媒介的编辑也许并不看好，或者与社会所倡导的大方向并不吻合，所以就不能发表。因此，公共关系人员首先要学会站在媒介的立场思考问题。但是公共关系新闻又不同于社会新闻，必须是为组织的公共关系工作服务的，做好这两方面的结合就显得非常重要。

2．新闻稿写作原则

要写好新闻稿必须注意以下原则：第一，要有新闻根据；第二，要突出新、近点；第三，要简明扼要；第四，要突出变化点、趣味点。

3．新闻稿的结构

新闻稿最常见的类型有三种：倒金字塔结构，倒金字塔结构由导语和事实两部分组成，特点是把重点事实和主要结论放在文章的最前边，然后按事实的重要性排列事件，逐次写出，在实践中，倒金字塔结构是新闻稿中采用最多的一种方式；并列结构，当几项新闻事实处于同等重要的地位时，则采用并列结构，并列结构由导语和新闻事实两部分构成，这种结构通常用于重大新闻的报道；顺时结构，在需要突出新闻事件的时间顺序时，新闻稿宜采用顺时结构。公共关系人员可按照事件发生的时间顺序逐渐交代事件过程。在报道各类突发事件时，常采用顺时结构。

4．新闻稿的题目

为了吸引读者的注意，新闻稿的题目必须醒目。标题的一般要求：概括性强，突出主题，引人注目，长短合适。

5．新闻稿的导语

导语是指新闻稿开头的一个小的段落，包含着新闻稿的主要信息，是新闻稿的灵魂和精华所在。导语的写作对新闻稿的成功有十分重要的意义，有人说成功的导语就是新闻稿成功的一半。

（二）演讲

演讲是公共关系人员经常使用的传播技巧，是在群体传播的场合传达组织政策、沟通公众情感、消除社会误解的重要手段。凡是在公众场合进行的独立式说话，如报告、发言、致迎送词、发布新产品等，都可以称为演讲。演讲是对公共关系人员知识水平、写作能力、表达能力、心理素质的全面考验，是一名公共关系人员必须掌握的重要公共关系技能。一次成功的演讲，取决于充分的准备。在动手撰写演讲稿以前，必须对两个问题做到心中有数。一是演讲的主题，二是了解公众。公众由于职业、职务、年龄、性别、文化水平的差异，对演讲的内容和方式有不同的要求。只有把握公众的这些要求，才能写出受公众欢迎的演讲稿。另外，对公众数量也要有一定的了解，数量不等的公众会在场上形成不同的气氛，事先要有所准备：确定演讲的题目，写好演讲的开场白、演讲的主体和演讲的结尾。

（三）会议组织

会议是指有组织、有目的的言语沟通活动方式，是围绕一定目的进行的有控制的集会。会议上，有关人士聚集在一起，围绕共同的主题发言、提问、讨论，通过语言相互交流信息、表达意见、解决问题。组织召开会议是公共关系开展内外沟通的常用形式，是公共关系工作的内容之一。会议的形式很多，下面是几种在公共关系工作中常见的会议。

1．例行性会议

例行性会议是组织出于阶段性工作而举行或参加的会议，此类会议主要是言语传播在公共关系活动中的应用。召开这类会议首先要事先确定会议主题，以使与会者紧扣主题发表意见，保证会议的充实、紧凑；其次会议的组织者要不断地归纳总结议题的要点，深化推进会议进程，使议题得到切实可行的解决方案；最后要使会议占用时间不长，避免空谈。

2．礼节性会议

礼节性会议不包括直接的利益内容，目的以增加与会者相互了解、加深感情为主，因此在形式上尽可能活泼多样。如果是公司领导与其他单位领导的聚会，可以考虑采用酒会、冷餐会等形式；如果是公司内部员工与辖区内的公众的聚会，那么文艺晚会、舞会则比较合适。

3．记者招待会

记者招待会是组织召集报纸、电台、电视台及各种传播媒介的记者，发布某条消息，让记者就此进行提问，并由召集者予以回答的一种会议形式。它是目前组织公共关系人员开展活动的重要形式。举办记者招待会的目的是组织向公众发布重大事件，或者组织发生了危机事件，要对社会公众解释原因求得理解或挽回损失，使社会公众了解事实真相等。由于记者招待会比较正式，其影响范围大，组织应该做好以下几方面的工作：召开之前的准备工作、召开中的公共关系工作、召开后的公共关系工作。

4．展览会

展览会是指组织通过集中的实物展示和示范表演，配以多种传播媒介的复合传播形式，来宣传产品和组织形象的专门性公共关系活动。展览会是较为重要的公共关系专题活动之一，它以极强的直观性和真实感，给观者以极强的心理刺激，不仅会加深参观者的印象，而且会大大提高组织和产品在参观者心目中的可信度。同时，展览会还可以吸引众多的新闻媒介的关注，由记者将展览会的盛况传向社会，取得更大的宣传效果。所以展览会是一种集多种传播媒介于一身的宣传形式。组织要根据自己的情况和目标，恰当地选择展览会的类型，以收到更好的效果。

（四）与新闻界联系

由于组织的生存、发展与公众舆论密切相关，它与公众的联系在许多时候要依靠新闻界的帮助才能完成，因而，与新闻界的联系就成为一种极其重要而又特殊的公共关系。一方面，新闻媒介是组织实现公共关系的手段，组织要通过新闻媒介来联络公众；另一方面，新闻界本身就是组织的重要公众，只有得到新闻界朋友的支持，组织与社会联系才能更加顺利。与新闻记者联系，是公共关系人员经常性的工作。为了处理好与新闻界的关系，公共关系人员应该注意采用如下技巧：熟悉和了解各种媒介的特点和新闻体裁形式，主动向新闻界提供有新闻价值的素材，公平对待各种新闻机构，建立与新闻界的友谊关系。

（五）联系接待

有专家认为，公共关系的实质就是建立联系及联系成功。因此，联系接待工作对公共关系人员非常重要。接待工作一般包括接待来访者、拜访别人、写信、打电话等。做好接待工作，要求公共关系人员首先应具有良好的公共关系素质，要能够吸引对方，使之愿意与组织打交道；其次，在接待拜访中，还应掌握一些特殊的沟通技巧，来达到建立联系的目的。

练习与思考题

1．单项选择题

（1）德国社会心理学家库尔特·卢因提出的传播学理论是（　　）。

A．议题设置论　　B．把关人理论

C．5W 模式　　D．受众选择“3S”理论

（2）两级传播论认为，信息的传递是按照（　　）的模式进行的。

A．意见领袖—媒介—受众　　B．媒介—意见领袖—受众

C．意见领袖—受众—媒介　　D．受众—媒介—意见领袖

（3）时效性最差的大众传播媒介是（　　）。

A．报纸　　B．广播　　C．杂志　　D．电视

（4）在大众传播中越突出某个事件，多次、大量地报道某个事件，就会使社会中的公众突出地议论这个话题，这便是“（　　）”。

A．社会设置　　B．技术设置　　C．经济设置　　D．议题设置

（5）引进反馈机制，主张双向互动良性循环的传播模式是（　　）。

A．拉斯维尔模式　　B．香农-韦弗模式

C．施拉姆模式　　D．纽科姆模式

2．多项选择题

（1）受众选择“3S”理论中的“3S”是指（　　）。

A．选择性注意　　B．选择性理解

C．选择性排除　　D．选择性记忆

E．选择性批评

（2）拉斯韦尔认为传播学研究的基本范畴包括（　　）。

A．控制分析　　B．内容分析　　C．媒介分析

D．对象分析　　E．效果分析

（3）电视作为大众传播媒介的缺点包括（　　）。

A．信息不便保存　　B．公众选择余地小　　C．接收方式不灵活

D．制作周期长　　E．制作费用高

（4）下列属于公共关系信息传播一般要素的是（　　）。

A．时空环境　　B．心理因素　　C．传播者

D．传播内容　　E．传播媒介

（5）下面属于电子媒介的是（　　）。

A．报纸　　B．电视　　C．广播

D．杂志　　E．网络

3．名词解释

两级传播模式　　人际传播　　传播媒介　　受众　　组织传播

4．简答题

（1）什么是信息传播？信息传播有哪些特点？

（2）简述公共关系信息传播的构成要素。

（3）简述拉斯韦尔的5W模式。

（4）常用的传播技巧有哪些？

5．论述题

（1）公共关系传播媒介有哪些？它们各自有哪些优缺点。如何选择公共关系传播媒介？

（2）公共关系传播主要包括哪几种类型？各有什么特点？

6．实训题

实训练习一：伊利谷粒多为《钢铁侠3》注入正能量

好莱坞巨资动作科幻大片《钢铁侠 3》在“五一黄金周”的票房异常抢眼，仅首映当天就创下了1.3亿元人民币的天价票房，这部继承了前两部豪壮血脉的美国英雄电影，正式在全球掀开了一阵狂潮。眼尖的观众不难发现，无论先期的预告片还是影院中的电影前贴片广告，都有中国产品伊利“谷粒多”的身影。一时间谷粒多的广告词“钢铁侠能量告急，喝伊利谷粒多！”在网络上流传开来，成为大家对于钢铁侠的新谈资。

除此之外，在电影正式放映中，中国演员王学圻扮演的吴医生的办公室中摆放“谷粒多”一幕也同样让人印象深刻。其实这正是伊利为宣传谷粒多产品而借助《钢铁侠3》造势的一种营销手段。据知情人士透露，伊利集团为将谷粒多产品引向国际市场，打造国际品牌，不惜重金植入好莱坞电影大片，事实证明，这不失为一种成功的营销。

众所周知，好莱坞作为全球最大的电影产业基地，汇聚了最有人气的巨星和最华丽的阵容，更是各种经典大片的发源地，因而也成为很多广告商争先恐后抢占发布渠道的地方。正是出于这种考虑，伊利谷粒多本次选中了从剧情到画面制作都非常了得的科幻巨制《钢铁侠3》，为自己的品牌在国际上打响了长而有力的一枪。

（资料来源：http://roll.sohu.com/20130515/n376027340.shtml）

思考：（1）伊利谷粒多不惜重金植入好莱坞电影大片意欲何为？

（2）请对电影这种传播媒介进行利弊分析。

实训练习二：微博传递雀巢美禄正能量

项目简述：全球巧克力麦芽饮品市场的主导品牌——雀巢美禄 1996 年进入中国，2012年重新包装定位上市，以“营养、活力、美味、成功”作为其核心品牌价值理念。纵横公关集团（SPRG）北京公司作为雀巢美禄的公共关系合作伙伴，为其规划了整体传播思路，通过目标赠饮、渠道促销、冠名活动等方式，并充分利用新浪微博这一新媒体平台，有效聚焦目标受众，使雀巢美禄的产品特质与品牌内涵在短期内迅速有效地深入人心。

公共关系传播：选择目标受众相对集中的新浪微博作为美禄线上主要的传播阵地，来树立美禄健康活力、积极向上、热爱运动、传递正能量的品牌形象。

- 官方微博的作用是产品纠偏，以及建立美禄与活力的关联。主要设置“美禄产品信息”、“品牌主张”、“活力运动”等相关栏目，根据微博用户浏览微博的高峰时间发布；并结合当下热门话题，巧妙地关联品牌或产品，与粉丝进行互动。
- 同时，微博还担任客服角色，针对粉丝提出的“美禄会发胖吗”、“美禄放置一段时间结块了”等问题进行专业解答和评论，进一步在产品纠偏方面深入推广。
- 通过优化粉丝的策略，与粉丝中的媒体、草根明星妈妈和爱秀的忠实用户分别互动，用他们的网络影响力来扩大品牌知名度。

- 除了日常微博运营，还根据节假日、销售旺季策划以“活力”为主题的微博活动。其中“做美禄活力达人，最 IN 奥运模仿秀”吸引了上万人参与，使品牌内涵“活力”得到全面的诠释。

冠名活动——轮滑大赛：根据市场调研显示：有 38%的小学生因为“轮滑项目比较放松、能够在户外运动、有竞技比赛的趣味性且很好地锻炼身体”而选择“轮滑为最喜欢的户外运动方式”，这正好与美禄的“活力，号召大家积极运动”的品牌主张相吻合，并且轮滑更能将孩子们活力运动的一面表现出来。

- 美禄于 2012 年 9 月在其重点销售城市——广州举办了“美禄杯活力轮滑大赛”，现场介绍了美禄的产品益处，并号召小朋友们多多户外运动，吸引了近百余名小学生的参与，并得到他们家长的大力支持。
- 同时，在微博活动平台将此活动做预热和线上报名的推广，有近千人转发微博并参与报名。线上线下的配合宣传有效地将品牌内涵完美地传递给目标受众。

（资料来源：国际公关，2013（49）：72-73）

思考：（1）雀巢美禄公共关系传播成功的关键是什么？

（2）微博公共关系传播有哪些优缺点？

第五章 公共关系运作目的——提升组织形象

学习目标

1. 掌握组织形象的含义、特点及主要内容；
2. 掌握组织形象定位的含义及特征；
3. 掌握 CIS 企业识别系统的构成；
4. 了解塑造企业形象的基本原则。

案例导入

安利提升营销人员美誉度

安利公司曾提出创立“三好企业”的理念——好公司、好产品、好人员（营销人员的社会公众形象）。经过几年的努力，前“二好”已经卓见成效。安利公司每年都会请独立第三方机构 AC 尼尔森做品牌美誉度调查。调查发现，企业美誉度和产品美誉度都达到了比较高的水平，但营销人员的社会公众形象却有较大差距。营销人员美誉度与企业美誉度有较大差别，这显然不符合安利打造“三好企业”的目标，也让安利意识到提升营销人员社会公众形象的重要性。从 2009 年开始，安利就将提升营销人员社会公众形象提上了重要议程，决心走完“三好企业”最后“一公里”。2009 年，安利在发现营销人员美誉度与企业美誉度及产品美誉度的较大差别后，着手开展营销人员形象宣传试点工作。

考虑到大众媒体作为公众沟通的重要性，安利的试点工作首先从与大众媒体合作入手，借助大众媒体向社会公众展示营销人员的形象。“我们希望通过媒体的展示，让社会公众意识到，营销人员其实和社会普通大众一样，他们也注重家庭，也注重情感，也有自己的生活；另外，也希望通过媒体展示，让公众认识到这个群体还有专业性，有自己独特的爱心文化，他们通过自己的劳动获得收益，同时也在回报社会。”安利工作人员表示，“通过形象展示，希望社会消除对这个群体片面的看法，并接纳甚至喜欢上我们的营销人员。”

除了软性的传播外，安利甚至还为营销人员直接投放形象广告。除了一些户外广告直接用营销人员形象作为广告宣传内容外，安利与中央电视台电影频道（CCTV6）合作拍摄了一组“志愿传递价值”的宣传片，展现安利志愿者的公益形象。其中两个片子分别是志愿者带领外来打工子弟看世博、为聋哑儿童看电影做手语翻译，画面非常温馨感人。公益片在电视台播放后，引起了较好的社会反响。

安利工作人员透露，为营销人员塑造社会公众形象的经费，均由安利公司支出，2009 年费用全部由安利中国总部支付，大约为 50 万元，2010 年则改由总部与分公司各承担 50%的费用，费用接近 100 万元。

（资料来源：中国 CI 网）

讨论题：（1）安利为什么要提升营销人员的美誉度？

（2）安利是如何提升营销人员美誉度的？

第一节　组织形象概述

一、组织形象的含义

形象的本义是指人或事物的形体外貌。心理学认为，形象就是知觉，它是人们通过视觉、听觉、触觉、味觉等各种感觉器官在大脑中对某种事物形成的整体印象，是人们对感觉信息的组织和解释过程。形象是对各种感觉的再现，因此，形象不是事物的本身，而是人们对事物的感知。不同的人对同一事物的感知不可能完全相同，同一个人在不同情况下对事物的感知也可能不同，这在很大程度上受到人的意识和认知过程的影响。另外，意识具有主观能动性。因此，事物在人们头脑中形成的不同形象会对人的行为产生不同的影响。

公共关系是一种以塑造组织形象为己任的传播管理艺术。公共关系所指的“形象”不局限于个别的、具体的、直观的范畴，而是有着更为深层的意义。公共关系所指的“形象”其本质是信誉；公共关系将建设和完善组织形象的内涵放在第一位；公共关系塑造的是组织的整体形象；公共关系形象是通过组织的传播活动去影响公众的观念和态度而形成的。

组织形象是指组织在运行过程中显示出来的行为特征和精神面貌，是公众的总体评价，是各种具体评价的总和；公众的评价作用于社会组织并影响组织形象；组织形象源于社会组织的表现；形象好坏会引起公众思想情感上的喜爱或厌恶。形象观念要求组织高度重视自身的声誉和形象，自觉地进行形象的投资、形象的管理和形象的传播。良好的组织形象能够增强内部凝聚力与向心力，能够赢得社会各界的支持，促进组织目标的实现。从一定意义上说，形象制胜是关系组织生存和发展的系统工程，也是凝聚组织内部的重要保证。如美国 IBM 公司提出的“IBM 意味着最佳服务”等，都用简洁的语言对自身形象要求做出了引导和规范，而且对员工具有巨大的吸引力和激励作用，激发员工的工作热情和进取精神。

二、组织形象的特点

（一）客观性与主观性

组织的实际表现是客观的，来不得半点虚假；而组织形象又取决于公众对组织的认知和评价，公众对组织的认知和评价明显带有主观性特点，因此组织形象具有主客观两重性。组织形象的这一特点决定了组织形象的好坏首先取决于组织的实际表现。

（二）独特性和差异性

独特性是指组织形象充分反映了组织自身的个性和风格。差异性是指组织形象要有明显的针对性，既要突出组织形象在公众心目中的特殊形象，又要适应不同公众的不同需求和不同视角，使组织形象具有一定的指向性和与众不同的差异性。

（三）多元性和统一性

多元性是指组织形象的构成是多元的，包括外观形象和内在形象两个方面，外观形象是“硬件”，内在形象是“软件”。外观形象是组织在实现其工作目标时所显示的能力识别标志，如产品的质量、商标的知名度、市场占有率、技术力量、人员素质，同时也包括组织的规模、实力和环境面貌等。内在形象是一个组织的内在精神气质，包括经营方针、办事效率、服务态度、业务水平、创新精神、科学管理和社会责任。统一性则强调组织形象要讲究整体效果和系列组合。

（四）稳定性和创新性

组织形象应该是相对稳定的，对公众具有长期的、稳定的影响效果，但又不是一成不变的。从组织方面来看，组织的形象在不同的发展阶段都需要有承前启后的稳定性、连贯性；涉及组织形象的各个环节也应该有一定的连贯性。从公众方面来看，组织形象作用于公众心智的过程具有累积性和长期性的特点。一旦形成，会形成公众对组织的认知惯性和心理定式。组织形象在保持稳定统一的同时，还必须注意其创新性。组织形象创新性要求组织与时俱进，形象要根据组织的发展需要而创新求变，而不是长期不变。

（五）有形性和无形性

有形性是指组织形象所具有的实物、实体形态，它通常可通过“可视体”作用于公众的视觉。无形性是指组织形象所具有的非实物、非实体形态，它通常以精神理念的形态作用于公众的心智。从这个意义上来说，组织形象具有“虚实结合”的特点。

案例分析 5-1

公共关系塑造组织形象

（一）美国歌露博-雅美拉达公司的开拓型公共关系

美国歌露博-雅美拉达公司开发了一种名叫“安全、轻便 4X”型的夹层薄玻璃，强度高，可经受重击而不破碎。这样的产品怎样才能得到建筑行业的认同呢？此时，恰逢美国劳教委员会在密尔沃基市召开会议。于是，该公司公共关系部抓住时机举办了新产品展览。公司把这种新产品玻璃镶在框架中，右上角贴上“安全、轻便 4X”标签，玻璃背面贴上一张 1 000 美元的支票，旁边放着几根球棒，告示牌写着“击破者有奖”。参观的人都可以拿起球棒朝玻璃猛击三棒，谁能击破玻璃就可拿走支票，赢得 1 000 美元。假如没有人击破，则把 1 000 美元捐赠给密尔沃基市的孤儿院。展览会隆重开幕时，邀请了新闻界的记者和摄影师，并散发了玻璃强度的试验报告及介绍这项产品的资料。参观的人蜂拥而至，跃跃欲试，却始终没有一个人打破玻璃，于是便举行了向孤儿院捐款的隆重仪式，报界和电台进行了生动的报道，电视台也进行了现场直播。展览会获得了成功，随后“安全、轻便 4X 型的玻璃打不碎”被传为佳话，公司复印了大量介绍产品的剪报，连同强度试验报告一起寄给各建筑企业，短时间内就收到 50 万美元的订单。歌露博-雅美拉达公司展览的成功表明，“安全、轻便 4X”夹层薄玻璃在众目睽睽之下经受住了考验，“真金不怕火炼”，质量确实可靠，试验报告数据的确可信。1 000 美元的支票挖出了 50 万美元的潜在生意，不仅提高了公司的知名度，而且塑造了公司热心社会慈善事业的形象。

（资料来源：周安华. 公共关系：理论、实务与技巧［M］. 北京：中国人民大学出版社，2010.）

（二）佳能（中国）的社会型公共关系：“非物质文化遗产保护项目”

2009 年起，佳能（中国）启动了“非物质文化遗产保护项目”，由专家组、影像精英、志愿者组成的团队深入羌族、苗族、白族、傣族、彝族 5 个民族，克服恶劣的环境和重重困难，走访了 300 多位文化持有者和 20 多位文化传承人，终于采集到了 3 万个珍贵的非物质文化影像素材和数据。后期，整个团队又制作出国内第一套完整的、系统的、深刻的非物质文化形态数据库，并把它捐献给了中国非物质文化遗产保护中心。佳能（中国）这次善举不仅支持了非物质文化遗产的保护行动，同时感动了全国各族同胞。

（资料来源：张云. 公共关系理论、实践与案例［M］. 上海：华东师范大学出版社，2012.）

（三）电风扇厂的矫正型科学公共关系

四川某地一位消费者，购买了重庆某厂生产的一台电风扇。可是，在他使用的时候却触电身亡。此事在报纸上披露以后，立刻引起了消费者的恐慌，人们大都认为，这家工厂生产的电风扇一定有质量问题。一些购买了该厂产品的消费者要求退货，原打算购买该厂产品的消费者也放弃了购买念头。该厂的形象遇到了严重的危机，并导致该厂产品销售额直线下降，企业陷入了困难。

为了克服这种形象危机，该厂开展了一系列带有公共关系性质的活动。首先，该厂请有关部门和专家对此事进行认真调查，对该厂的电风扇质量进行科学的鉴定。通过调查和鉴定，发现该消费者触电身亡不是由于电风扇的质量问题造成的，而是由于他不懂电工知识，乱接电线造成的。其次，当把这些情况调查清楚以后，该厂立即通过新闻媒介把事实真相公布于众，平息消费者的恐慌心理。同时，他们也把专家对该厂电风扇质量的鉴定意见，连同事实真相一并公布，利用消费者的“专家崇拜心理”来化解这场危机。经过该厂的积极努力，终于使消费者消除了对该厂的不信任，使企业从形象危机中解脱出来，产品的销售额也出现回升趋势，为企业避免了巨大的经济损失。

（资料来源：张云．公共关系理论、实践与案例［M］．上海：华东师范大学出版社，2012．）

【案例评析】组织形象源自社会组织的表现，形象好坏会引起公众思想情感上的喜爱或厌恶。不管是美国歌露博-雅美拉达公司的开拓型公共关系，还是佳能（中国）的社会型公共关系，抑或是电扇厂的矫正型科学公共关系，这些公共关系活动的目的都是塑造组织的良好形象或重新树立组织在公众心目中的良好形象。

三、组织形象的主要内容

1．产品形象

什么是产品形象？社会学家、经济学家哈耶克认为“形象”是宇宙及人类社会“外在秩序”形状与“内在秩序”象征的统一，是自然科学、社会科学、人文科学的最高范畴。形象具有强大的信息表达能力，形象可以发挥极大的品牌整合力量。品牌是形象的符号，品牌是使用价值、交换价值和符号价值的统一。根据哈耶克的这一理论，产品的形象应该由两部分组成：一部分是产品的“外在秩序”；另一部分是产品的“内在秩序”。产品的“外在秩序”是可见的、表征的；而产品的“内在秩序”则是本质的、不可见的。就产品而言，人们通过感官系统如视觉、触觉、味觉等可以感受到的部分都可以称为“外在秩序”，其中视觉对“外在秩序”的传达是最快的，因此，形象的概念往往又是指视觉形象。人们通过视觉所观察到的是产品的形态、色彩、材质、人机界面等，以及依附在产品上非功能性的内容，如企业的标志、标识、图形、包装、广告、产品说明书、产品售后服务卡等。而“内在秩序”部分是指产品的功能、性能、加工工艺、技术水平等，这些是视觉无法辨认的，要通过操作、使用、体验后才能感受到。能产生这些需求功能的因素是隐藏在产品背后大量的技术层面的工作，如产品设计、生产、管理等，牵涉设计水平、生产水平、技术水平、设备水平、制造水平、管理水平等。因此，它是“内在”，当“外在”和“内在”的因素在人们的感官上达到统一后，就会形成一种对产品的总体的印象，构成一个完整统一的形象系统，这就是产品的形象系统。

根据以上的界定，我们可对产品形象设计的概念做如下描述：产品形象是为实现企业的总体形象目标的细化，是以产品设计为核心而展开的系统形象设计。把产品作为载体，对产品的功能、结构、形态、色彩、材质、人机界面及依附在产品上的标志、图形、文字等，能客观、准确地传达企业精神及理念的设计。对产品的设计、开发、研究的观念、原理、功能、结构、构造、技术、材料、造型、加工工艺、生产设备、包装、装潢、运输、展示、营销手段、产品的推广、广告策略等，进行一系列统一的策划、设计，形成统一的感官形象，也是产品内在的品质形象与产品外在的视觉形象和社会形象形成统一性的结果。

2. 人员形象

人员是组织形象里最为活跃的载体，是通过组织成员所展示出来的形象，包括组织领导人形象、管理群体形象、全体员工形象，具体来说，包括人员的品行、素质、作风、行为、能力和仪表等因素。

3. 环境形象

环境形象是指企业物质环境（如生活、生产和工作环境）给公众的整体印象。它包括企业的建筑物的质量、面积、范围、布局设计、技术设施和环境美化等，它能在短时间内直观地、具体地留给人们一种形象感染力。环境形象是企业形象重要的组成部分，不管是营利性组织还是非营利性组织，不管是大企业还是小企业、国有企业还是私有企业，都需要在客户面前有一个好的环境形象。好的形象主要是通过客户的视觉感受产生的，而在企业环境中，影响客户视觉感受的重要因素有企业的标牌、企业的形象墙、前台接待台等，其中形象墙是影响人第一感觉的重要视觉因素。企业环境形象不仅有很好的导向系统功能，更重要的是还能强化企业品牌，展示企业形象，通过公众对企业环境的直接感受来强化企业品牌。

4. 管理形象

管理形象是通过组织的管理行为展现的形象，管理形象是全面的、整体的，包括组织的管理体制、方针政策、规章制度、办事程序、工作效率、技术实力、营销能力、参与社区活动的影响等。

5. 文化形象

组织文化制约着组织形象的个性，标志着组织形象的特点风格。企业文化是社会文化体系中的一个重要组成部分，它是民族文化和现代意识在企业内部的综合反映和表现，是民族文化和现代意识影响下形成的具有企业特点和群体意识，以及这种意识产生的行为规范。

组织文化包括企业环境、价值观、英雄人物、文化仪式和文化网络。企业环境是指企业的性质、企业的经营方向、外部环境、企业的社会形象、与外界的联系等方面，它往往决定企业的行为。价值观是指企业内成员对某个事件或某种行为好与坏、善与恶、正确与错误、是否值得仿效的一致认识。价值观是企业文化的核心，统一的价值观使企业内成员在判断自己行为时具有统一的标准，并以此来选择自己的行为。英雄人物是指企业文化的核心人物或企业文化的人格化，其作用在于作为一种活的样板，给企业中其他员工提供可供仿效的榜样，对企业文化的形成和强化起着极为重要的作用。文化仪式是指企业内的各种表彰、奖励活动、聚会及文娱活动等，它可以把企业中发生的某些事情戏剧化和形象化，来生动地宣传和体现本企业的价值观，使人们通过这些生动活泼的活动来领会企业文化的内涵，使企业文化“寓教于乐”。文化网络是指非正式的信息传递渠道，主要是传播文化信息，它是由某种非正式的组织和人群，以及某一特定场合所组成的，它所传递出的信息往往能反映出员工的愿望和心态。

6. 社会责任形象

组织社会责任是指组织在创造利润、对股东承担法律责任的同时，还要承担对员工、消费者、社区和环境的责任。组织的社会责任要求组织必须超越把利润作为唯一目标的传统理念，强调要在生产过程中对人的价值的关注，强调对消费者、对环境、对社会的贡献。

社会责任形象主要包括：承担明礼诚信、确保产品货真价实的责任；承担科学发展与缴纳税款的责任；承担可持续发展与节约资源的责任；承担保护环境和维护自然和谐的责任；承担公共产品与文化建设的责任；承担扶贫济困和发展慈善事业的责任；承担保护员工健康和确保员工待遇的责任；承担发展科技和自主知识产权的责任等。组织应从以下方面着手建立社会责任战略：第一，组织应将社会责任纳入战略规划中，从组织总体发展战略出发，将社会责任贯穿到组织整体经营活动中；第二，组织应该设置专门的机构来负责社会责任的推行，并设置相应的社会责任考核指标；第三，培养员工的社会责任意识，使每个员工在实际的日常行为中处处履行社会责任；第四，持续、定期地发放社会责任报告，全面、真实地展现组织形象。

资料 5-1

社科院 2012 年《中国企业社会责任研究报告》发布

由中国社会科学院经济学部企业社会责任研究中心编著、社科文献出版社出版的《中国企业社会责任研究报告（2012）》（以下简称蓝皮书）昨日发布。课题组分别调研了中国境内的国企、民企、外企的百强企业，从反商业贿赂、产品合格率、社保覆盖率、节能减排等方面进行了综合评估。结果显示，中国企业社会责任发展指数平均为 23.1 分，有六成企业处于“旁观”阶段。

在国企、民企、外企三种企业类型里，外企的社会责任发展指数最低，平均得分仅为 13.2 分，整体处于“旁观”阶段。另外，得分为负数的全部为外企。

企业的社会责任一般是指除企业盈利以外所做的对社会有意义的事情，人们感受最深的就是企业的慈善行为。其实企业的社会责任不仅是慈善。蓝皮书提出的社会责任指的是从责任管理、市场责任、社会责任和环境责任四个方面评价企业社会责任发展水平。

企业社会责任发展指数是对企业社会责任管理体系建设现状和责任信息披露水平进行评价的综合指数。蓝皮书指出，中国企业社会责任发展指数平均为 23.1 分，整体从“旁观”阶段（20 分以下）进入“起步”阶段（20~40 分），但仍有六成企业得分在 20 分以下，处于“旁观”阶段。

在国企、民企、外企三种企业类型里面，国企的企业社会责任发展指数最高，平均得分为 40.9 分，整体处于追赶者水平。其中，中国远洋运输（集团）总公司、国家电网公司位居前列，分别得分 86.3 分、85 分。

专家表示，中国整体的社会责任发展指数并不高，这跟整个中国市场经济转轨的状况有关，企业的社会责任在市场经济到达一定的程度后才会比较明显地表现出来，或者说表现得比较好。企业社会责任信息披露受到多重因素的影响，政治因素、法律因素、文化环境等宏观因素是企业社会责任信息披露的重要外部推动因素，同时，企业规模、所有制性质、财务杠杆、盈利能力、行业等也影响着社会责任信息的披露。

（资料来源：http://city.ifeng.com/cshz/bj/20121122/317599.shtml，燕赵都市报）

第二节 组织形象定位及控制

一、组织形象定位

（一）组织形象定位的含义

所谓组织形象定位，是指组织根据环境变化的要求、本组织的实力和竞争对手的实力，选择自己的经营目标及领域、经营理念，为自己设计出一个理想的、独具个性的形象位置。定位理论最早出现于20世纪60年代末美国广告界的一些文章里，到1972年，在美国很有影响的《广告年代》杂志上正式出现。当时强调的是通过广告攻心，将产品定位在顾客的心中，而不改变产品的本身。到20世纪80年代，美国著名营销专家菲力普·科特勒开始把定位理论系统化、规范化。他指出：定位就是树立企业形象，设计有价值的产品和行为，以便使细分市场的顾客了解和理解企业与竞争者的差异。可见，要想组织在公众心目中留下清晰、深刻的印象，就必须有准确的形象定位。

在现代社会中，多数组织为了塑造自身的形象，大都采用了公共关系、广告等宣传手段。可由于广告及公共关系活动数量的暴增，导致了对公众的影响力相对减弱。加上繁多的形象宣传方法造成沟通“过度”，使公众更难在眼花缭乱的市场中确认某个组织。此时，最有效的辨识办法就是明确独特的组织形象定位。只有这样，才能使组织形象深入人心，让它们在消费者心目中扎下根，否则组织形象根本不可能产生。

比如，日本尼西索公司在第二次世界大战结束时只有30多名员工，却生产雨衣、游泳帽、卫生带、尿垫等多种产品，品种繁多，缺乏明确的形象定位，生产经营极不稳定。第二次世界大战后的经济恢复和发展为企业带来了契机。有一次，尼西索公司的董事长多川博在考虑市场定位时看到了一份日本的人口普查报告，得知日本每年大约出生250万名婴儿。多川博想，如果每名婴儿用两条尿垫，全国就需要500万条。如果能够出口，市场就更大了。于是尼西索公司把企业及产品定位于“尿垫大王”上，放弃一切与尿垫无关的产品，最后靠明确的形象定位占得日本70%以上的婴儿尿垫市场，成为名副其实的“尿垫大王”。由此可见，在当今产品、宣传都先进的时代，组织形象要得到公众的认可，首先就必须进行准确的定位。

（二）组织形象定位的性质——找寻差异

组织塑造形象的过程和活动均是发掘、维护和提升个性，围绕个性或独特性来开展的。因此，组织形象定位事关组织本来形象的总体态势和特征，它是组织形象战略的核心，是组织形象塑造活动中具有决定性的因素或环节。

（三）组织形象定位的依据——环境分析

环境分析的内容主要包括社会环境分析、组织实态分析等。社会环境分析主要是对经济发展、技术进步、国家政策等因素的分析；组织实态分析，即通过系统性的组织实态调查，一方面把握组织自身的实际状态；另一方面把握社会公众对于组织的期望要求。环境分析的过程就是进行人量、系统的市场和形象调查，以及对这些调查资料进行整理、归纳和统计。

（四）组织形象定位的基础——组织总体发展战略

组织形象定位是在组织总体发展战略的基础上制定的，它必须反映组织总体发展战略的内容，这也是组织战略管理的客观要求。也就是说，组织形象定位与组织总体发展战略之间是互相联系、互相影响、互为保证的双向、动态的关系。

（五）组织形象定位实现的手段——管理职能的发挥和传播活动的开展

要想实现组织形象定位的决策意图，一方面，在组织的运作和各项社会活动中，必须严格以组织形象定位决策的要求来约束规范组织行为，并对外部公众实施科学的引导和管理；另一方面，还要把这种具有个性特征的组织形象运用系统的传播策略和传播手段传递给内外公众，使公众不仅体验到组织的各种行为和社会活动，同时还能了解到组织产生这些行为的内在驱动力，感受到组织的思想和文化等，从而使组织确立独特、鲜明和丰满的形象地位。

（六）组织形象定位的基本原则和基本方法

组织形象定位的基本原则包括：组织形象的定位应将组织利益与社会利益相结合；组织形象的定位应将民族化与全球化相结合；组织形象的定位应追求个性化与差异性；组织形象的定位应强调统一性与连贯性。遵循这样的基本原则，组织形象定位的基本方法有张扬个性的定位方法、优势表现的定位方法、公众引导的定位方法和形象层次的定位方法。

二、组织形象控制

组织环境是不断变化的，组织的各种硬件、软件形象要素也是不断变化的，因此，要实施对组织形象的控制管理，确保在组织生产要素或形象要素发生变化的情况下，如人员的流动、替换、设备的更新、淘汰、产品的更新换代等，保持形象系统的相对稳定性。

（一）组织自我形象分析

组织自我形象即一个组织自己所期望建立的社会形象，这是一个组织公共关系工作的内在动力、方向、目的和标准。

自我形象分析包括以下几个方面：①组织实态的调查分析，即对组织客观的实际状态和基本条件的调查分析；②员工阶层的调查研究，即了解本组织广大基层和一线人员对组织的看法和评价；③管理阶层的调查分析，即了解和分析管理阶层的观点、意见和态度，从中分析组织的优势和劣势；④决策阶层的研究分析，决策阶层决定着组织的总体目标，从而决定着组织形象的基本定位，决定着公共关系的总政策。决策阶层的研究分析主要包括决策者分析、决策内容的研究分析、决策执行的研究分析等。

（二）组织实际形象分析

组织实际形象即组织的实际状态和行为在公众舆论中的投影、反映，即社会公众和社会舆论对组织实际状态和行为的认知和评价。

组织实际形象分析包括三个步骤：公众辨认与分析，通过辨认甄别公众对象，确定形象调查的对象和范围。组织实际形象的分析主要从两方面着手：知名度和美誉度。知名度是评价组织名气大小的客观尺度，侧重于“量”的评价，即组织对社会公众影响的广度和深度。美誉度是评价组织声誉好坏的社会指标，侧重于“质”的评价，即组织的社会影响的美丑、好坏。良好的组织形象是由知名度和美誉度构成的，缺一不可。知名度需要以美誉度为客观基础，才能产生正面的积极的社会效果；美誉度需要以一定的知名度为前提条件，才能充分显示其社会价值。根据知名度和美誉度在现实状况中的不同构成，可以将组织的实际形象区分为四种状态：高知名度 / 高美誉度、高美誉度 / 低知名度、低知名度 / 低美誉度、低美誉度 / 高知名度。其中，高知名度 / 高美誉度是最佳的公共关系状态，但高知名度和高美誉度对于组织的发展来说，也会构成一定的压力。

（三）组织形象要素分析

组织形象要素分析在具体操作上，可根据“语意差别分析法”制作“组织形象要素调查表”（见表 5-1），作为分析形象要素的工具。组织形象的构成包括外在形象（名称、产品形象与商标、组织的设备装置、组织存在的空间环境、传播手段）和内在气质（组织文化建设、组织的信誉、组织的实力、管理方式革新与良好的组织氛围、组织的创新精神、人员素质与人力资源管理）。具体的方法是将组织形象的具体项目分别以正反相对的形容词来表示，在两个极端的态度之间，通过“语意差别分析法”，设置若干等次，以便公众根据自己对各个组织形象要素的认知进行选择。一般有三级差、五级差和七级差，最常用的是五级差和七级差。公共关系人员对调查表进行统计，计算每个调查要素中各种不同程度的评价所占的百分比，从而获得组织的形象要素。

表 5-1　组织形象要素表

项目	非常	相当	稍微	中等	稍微	相当	非常	项目
经营方针正确								经营方针不正确
办事效率高								办事效率低
服务态度好								服务态度恶劣
业务水平高								业务水平低
技术实力强								技术实力弱
社区评价高								社区评价低
产品好								产品差
道德指数高								道德指数低
环境好								环境差
规模大								规模小

（四）组织形象差距分析

组织形象差距分析即将组织实际调研后的形象与组织的理想形象进行比较分析，揭示二者之间的现实差距，指明公共关系工作的目标和任务。“形象要素差距图”可以较为直观地显示组织的实际形象和理想形象即自我期望形象之间的现实差距，确定组织今后公共关系工作的重点。

第三节 CIS企业识别系统

一、CIS企业识别系统的构成

根据《中国企业整体形象管理及新企业识别系统标准 1.0 版》的定义，CIS（Corporate Identity System）企业识别系统的构成包括五部分：理念识别（Mind Identity, MI）、听觉识别（Audio Identity, AI）、视觉识别（Visual Identity, VI）、文本识别（Text Identity, TI）、行为识别（Behavior Identity, BI）。在新 CI 标准的框架中，强调把企业看做人格化的组织，并从管理的角度加以定义：企业形象（Corporate Image）是指企业精神的显现，与社会各方面建立的关系形式和自身实践能力的象征。与“企业识别”相比，“企业形象”不太强调识别性、身份的同一性等，而是从更宽泛的角度描述企业的总体现象、形态和特征。在新 CI 标准的框架中，一般不主张使用英文简称 CI 来指代“企业形象”，除非加以特殊说明。一般情况下，CI 用来特指“企业识别”。企业识别或企业形象可以理解为包括企业团体、行业组织、事业单位、政府机构等各类组织作为主体的识别和形象。

（一）理念识别系统（Mind Identity System）

理念识别系统是“组织的心”，指组织的文化精神识别系统，主要表现为组织使命和任务、经营哲学和宗旨方针、企业精神。它是识别系统中的灵魂和动力，属于思想文化层面。企业理念系统一般包含两个层次的内容：一是企业制度和组织结构层，包括各种管理制度，规章制度，生产经营过程中的交往方式、生产方式、生活方式和行为准则；二是企业精神文化层，包括企业及员工的概念、心理和意识形态等。如雅戈尔的经营宗旨是“让消费者满意”，经营理念是“装点人生，服务社会”。企业理念识别系统通常以符合口号特点的语言为表达形式，如企业经营信条、精神标语、企业座右铭等。

（二）行为识别系统（Behavior Identity System）

行为识别系统是“组织的手”，指组织理念的动态表现，它以经营理念为核心，显现为对内对外的一系列活动形式和活动规范。企业行为识别系统是企业理念识别系统的外化和表现。企业行为识别是一种动态的识别形式，它通过各种行为或活动将企业理念观测、执行、实施。对内包括组织设计与变革、产品的更新与开发、全面质量管理行为系统、干部和员工的教育与培训等；对外包括市场调查、促销活动、员工选聘行为、员工激励行为、专项的公共关系活动。对外的企业市场行为包括企业创新行为、交易行为、谈判行为、履约行为、竞争行为、服务行为、广告行为、推销行为、公共关系行为等。由于行为识别的这种独特的作用，决定了企业在导入 CI 时必须把企业及其员工的行为习惯作为突破口和着力点，通过不断打破旧的不良习惯，建立新的行为模式，从而实现真正的观念转化和水平提升。

（三）视觉识别系统（Visual Identity System）

视觉识别系统是“组织的脸”，指经营理念通过视觉符号系统的表现。这个系统一般包括基础层面和应用层面两个方面。基础层面有五个方面的内容：企业名称、企业品牌标识、企业品牌专用字体、企业名称标准字体、企业标准色。应用层面要求把基础层面的设计广泛运用到企业的各个系统中，如实物用品、办公器具、设备；建筑外观、橱窗；产品、商标和包装用品；广告宣传；展示、陈列规划等。视觉识别以企业的标准色为例，标准色是指通过某一特定色彩或一组色彩的视觉刺激和心理反应，传达企业经营理念和产品特质的重要识别要素。标准色的作用在于它能表现企业的经营理念和产品特质，增强视觉识别效果。例如，柯达公司的黄色表达了色彩饱满、璀璨辉煌的产品特质；IBM 公司的蓝色蕴含了快捷、理智、高科技的品质特征；七喜的绿色给人以生命活力的感受；可口可乐的红色则传达了青春、热情、健康的气息。

视觉识别设计必须遵循以下几点原则。

1. 目标性原则

视觉识别设计，必须在对企业实际情况做深入了解后，在不同的阶段追求不同的外部形象目的，通过这些外部目标形象，将企业视觉识别自身的整体实力、外在形象、所处位置传递给社会公众。

2. 普遍性原则

普遍性原则是指要符合当地的风俗习惯，为当地群众所接受，不犯禁忌，同时具有清晰的可续性与辨视性，设计时具有目标性、时尚化，为成为一个国际名牌奠定基础。

3. 3E 原则

3E 原则即视觉识别设计要符合工程学（Engineering）、经济学（Economics）、美学（Ethics）的开发与制作要求。工程学是指在工程学上要具备开发、创造企业个性的系统的能力；经济学指在经济学上要能创造出独特的销售价值；美学是指在美学上要提升企业品牌的形象。

4. 合法原则

视觉识别设计的符号系统不能违反国家和有关行业的法律条文。

案例分析 5-2

上海太平洋百货启用全新 LOGO

从 2013 年 10 月 22 日起，上海太平洋百货全面启用全新的 LOGO，但上海太平洋百货的名称将被保留，而不是更名为远东百货。上海太平洋百货表示，未来将与远东集团展开更加紧密的合作。据介绍，此次上海太平洋百货宣布，在上海市场将保留太平洋百货的名称，并启用全新的 LOGO，新 LOGO 如同旭日东升的朝阳，展现着活力的光芒，象征诚实、关怀、热情的蓝白红彩带环绕着无限生命力的大地（图 5-1 的第二个图是即将启用的新 LOGO）。未来，上海太平洋百货将与远东集团更加紧密合作，以优质的商品与贴心的服务提供给广大消费者。

图 5-1　上海太平洋百货新旧LOGO对比

（资料来源：联商网转载自《上海商报》）

【案例评析】上海太平洋百货为什么要启用全新 LOGO？因为新 LOGO 如同旭日东升的朝阳，展现着活力的光芒，象征诚实、关怀、热情的蓝白红彩带环绕着无限生命力的大地，这点与组织要传达的企业经营理念、价值观是非常符合的。

（四）听觉识别系统（Audio Identity）

听觉识别系统也称听觉形象统一化，是通过听觉刺激传达企业理念、品牌形象的识别系统。听觉刺激在公众头脑中产生的记忆与视觉相比毫不逊色，从理论上看，听觉占人类获取信息的 11%，是一个非常重要的传播渠道。听觉识别系统主要包括企业歌曲、广告音乐、企业注册的特殊声音、企业特别发言人的声音等内容。听觉识别系统创建要求有如下四点。

1．企业的歌曲创作要有个性

企业歌曲是一种用音乐来传递企业形象、文化的艺术形式，是用最直接的方式来表达企业的内部文化、产品特性、核心竞争力等诉求。企业歌曲对内可以振奋精神、鼓舞斗志、增强企业凝聚力，对外可以显示企业的活力与实力、提升企业的形象。

对企业而言，企业主题歌就是企业的精神标志，一首优秀的企业主题歌将给企业带来无穷的凝聚力和号召力，从而为企业在激烈的竞争环境中增加动力。首先，企业主题歌歌词的创作要根据企业理念、企业文化、企业经营的特色来设计，企业主题歌要求从歌词上充分体现企业发展理念和企业奋斗精神；其次，从歌曲旋律上要求充满激情，同时要不失音乐的传唱特性，让员工都要会唱并对外宣传，使员工产生精神号召力和企业向心力，更加热爱自己的企业，把企业当成自己的家；再次，企业歌曲的制作是以基本的歌曲为核心的，同时最大限度地利用现代的音频、视频和传播媒介，对企业各个环节不同的诉求进行不同的表达。即企业歌曲的制作要更多地突出企业文化或产品特性，打造企业独特的听觉识别系统。

2．企业的广告音乐要有鲜明的特点

广告音乐作为一种边缘线索，具有边缘说服作用，即消费者可能因为对广告音乐的好感，而把这种好感迁移到广告或广告产品上，从而对广告产品产生好感或购买欲。广告音乐和宣传音乐中的音乐，一般是从企业主题歌曲音乐中摘录出高潮部分，具有与商标同样的功效。首先，广告音乐不同于电影插曲，不要求多样化与高技巧，只要求易学易记、曲调活泼、歌词简短。广告音乐创作的目的，是以优美的旋律和独特的音响刺激公众的听觉，加深人们对产品特点的认识、记忆和联想，从而促进销售。其次，广告的背景音乐或主题音乐尽量相似。

在设计与运用中，很多企业产品的系列电视广告片的广告音乐非常相似，作为观众或听众，只要一听到这种音乐或话语，甚至不必去看画面，就会想到大约又是某某产品在做广告。再次，要有效发挥广告音乐的作用应注意以下几点：第一，广告音乐要有情感气氛；第二，广告音乐尽量选用现成的曲子，并且应该是知名度较高、大众较为熟悉的；第三，创作的音乐应该让公众易学易唱；第四，本企业不要使用竞争产品或其他企业使用过的广告音乐；第五，广告音乐在设计时要力求达到高质量。

3. 企业的特殊声音可以加以注册保护

听觉识别系统是“利用人的听觉功能，以特有的语音、音乐、歌曲、自然音响及其特殊音效等声音形象建立的识别系统”，与其他识别系统一样，可以体现企业或品牌的个性差异。

声音包括语言、音乐、音响、音效等元素。企业的特殊声音指公众用耳朵可感受到的语言、音乐、音响、音效等具有特殊代表性的元素。从品牌保护的角度分析，企业在申请某类的产品注册时，可以适当扩大指定产品的范围，我们知道注册商标可以由文字（包括个人姓名）、设计式样、字母、字样、数字、图形要素、颜色、声音、气味、货品的形状或其包装，以及上述标志的任何组合所构成。因此，企业可以注册具有代表性的特殊声音，从而利于企业形象的识别。

4. 特殊的发言人的声音要有效利用

首先，企业应尽量使用固定的形象代言人对外传递信息，避免选择同一代言人同时代理多家同类品牌，由于企业产品的相似性，公众难免会互相混淆，致使企业花钱为他人做嫁衣。其次，企业发言人的声音要有感召力，即一听就让人有亲切感，让公众感到是自己的亲密朋友在呼唤自己一样。如小鸭圣洁奥请为“唐老鸭”配音的演员李扬为其广告配音，公众不用看电视，一听就知道是什么产品的广告。

（五）文本识别系统（Text Identity）

企业做的文本、文案要有统一的识别符号，与其他企业的文本、文案相区别，如合同文本封面及内容或格式的规范化、对外对内的红头文件及办公文件的规范化、各类证件类的规范化、对外宣传的资料文本的规范化等。

案例分析 5-3

知识产权侵权案例

（一）换了“马甲”，还是山寨“轩尼诗”

法国轩尼诗公司（JAS HENNESSY & CO.）是有名的酒业企业，无论“軒尼詩”、“轩尼诗”商标，还是“手持战斧图形”商标，常喝红酒的人都比较熟悉。法国轩尼诗公司认为，杭州有家葡萄酒公司侵害了自己的权益，起诉至杭州市中级人民法院。中级法院认可其大部分诉求，但法国轩尼诗公司还不满足，又把官司上诉到了省高院，一追到底。

法国轩尼诗公司告的是顾某和他名下的杭州勃根地葡萄酒有限公司（以下简称勃根地公司）、昌黎卡斯特庄园葡萄酿酒有限公司（以下简称卡斯特庄园公司），这两家公司在共同生产、经营的“HABSBURG”（哈布斯堡）系列葡萄酒上也使用了“手持战斧图形”的注册商标，只是和轩尼诗的“手持战斧图形”方向相反，并有一些细微不同。酒的包装上还标注“法国轩尼诗葡萄酒（香港）集团股份有限公司”中英文字样，有明显的“山寨”意图（见图 5-2）。

图 5-2　两个 LOGO的对比

法国轩尼诗公司了解到，顾某还注册并使用域名“www.xuannishiwine.com”进行网络推广、宣传、销售，不仅侵犯注册商标专用权，还构成不正当竞争。

2009 年 6 月 10 日，法国轩尼诗公司向杭州市中级人民法院提起诉讼，请求判令顾某、勃根地公司和卡斯特庄园公司停止侵权；停止在大陆地区使用带有“轩尼诗”、“Hennessy”字样的中、英文企业名称；停止使用 www.xuannishiwine.com 域名；赔偿经济损失人民币 50 万元；在报纸上消除影响并承担本案诉讼费用。

杭州市中级人民法院审理判决，勃根地公司构成侵犯涉案注册商标专用权及不正当竞争，赔偿法国轩尼诗公司经济损失和合理费用人民币 30 万元；但顾某所注册的域名因与“轩尼诗”中文汉字并非具有一一对应、唯一、固定的联系和指向性，不能认定域名是对“轩尼诗”注册商标的模仿，不构成商标侵权。一审判决后，法国轩尼诗公司不服，向省高院提起上诉，继续要求顾某与勃根地公司连带承担赔偿经济损失和合理费用 50 万元。

在法庭上，顾某和勃根地公司的委托律师坚称：www.xuannishiwine.com 只是一些英文字母的组合，不一定要拼读成“轩尼诗”，所以没有侵权。法庭经过合议后认为，“xuannishi”是“轩尼诗”拼音，而“wine”就是葡萄酒，很明显让人误解为“轩尼诗”的品牌，所以顾某的域名确实已经侵权。但是考虑到事后顾某已经把这个域名转给了轩尼诗公司，所以无须再追究。法院判决，勃根地公司停止商标侵权及不正当竞争行为，在《浙江法制报》上刊登声明，赔礼道歉；顾某与勃根地公司连带赔偿法国轩尼诗公司经济损失及合理费用人民币 50 万元。

[资料来源：浙江在线-钱江晚报（2011-04-15）及其他网站资料]

（二）阿迪达斯状告阿迪王侵权案历时五年和解

一场知识产权的官司化干戈为玉帛。历时五年的阿迪达斯状告阿迪王侵权案，最终双方取得和解，“阿迪王”中文商标和三角标 LOGO 被无偿转让给阿迪达斯，该中文商标及三角标 LOGO 将不能再继续使用并出现在终端店面中。

记者日前在一家阿迪王店面看到，其全部商品正在清仓甩卖，折扣最低可达 2 折，店面招牌也在重装。据其介绍，刚接到总部通知，现在带有阿迪王小三角商标的鞋子及阿迪王中文字样产品必须尽快处理掉，4 月以后，店面招牌也不能有“阿迪王”中文字样和黑三角。

这位经销商指的总部就是阿迪王体育用品（中国）有限公司，而加盟商执行的清库存、换招牌举动执行的都是阿迪王与德国品牌阿迪达斯协商达成的协议。协议内容主要包括两个方面，一是被告阿迪王（包括经销商、区域代理商、加盟店）不得继续在产品、包装物、宣传材料上使用含有阿迪王三角标 LOGO 和“阿迪王”标识的商标；二是自 4 月 7 日起，阿迪王的所有店铺不得出现三角标 和“阿迪王”字样。若出现违约，须赔偿 300 万元。

2008 年 8 月，阿迪达斯公司将阿迪王公司、华珠公司、营口经济技术开发区百特体育商城个体业主郭某诉至营口市法院，理由是 1974 年阿迪达斯公司的“ADIDAS”商标在中国内地获得注册，此后又先后在相关商品上注册了多个类似商标。然而郭某未经其许可即在经营场所显著位置悬挂标有“阿迪王”、“adivon”及图文组合标识，其店内销售的鞋和运动服也使用了与原告多个注册商标相近似的标志，足以造成相关公众的混淆误认，侵犯了原告的注册商标专用权，构成了对原告的不正当竞争。

对于和解出于何种考虑，双方均三缄其口。阿迪王一位负责此事的人士向北京商报记者表示，阿迪王公司创立之初确实被称为山寨品牌。但经过近年来的发展，产品在三四线城市已经很受欢迎。“未来产品的 LOGO 仅有英文标识，不知道还能否被市场认可。”

（资料来源：中国知识产权网）

（三）“卡斯特”商标之争的启示

持续 9 年、涉及 8 个官司的“卡斯特”商标之争已成为国内酒业涉及知识产权最大赔付额的官司，涉及货值累计 2.1 亿元人民币。法院判决法国卡思黛乐兄弟简化股份有限公司（以下简称“卡思黛乐”）败诉并赔偿西班牙籍温州商人李道之 3 373 万元，成为中国酒业历史上最大一笔赔付。

据悉，李道之为温州商人，已入西班牙籍。1998 年，在法国卡思黛乐进入中国之前，较早意识到知识产权保护的李道之受 Cavasmaitre（品酒大师）的启发，注册了“卡斯特”商标，李道之同时还注册了后来中国销量最大的西班牙葡萄酒品牌“布衣”等中文商标。在葡萄酒快速发展的过程中，这两个品牌也成长为国内销量最大的品牌之一。作为国内最早进入进口葡萄酒行业的先行者，早在 1995 年，李道之在进口酒的拓荒年代就开始涉足这个行业，1997 年，李道之创建了班提酒业。目前他旗下有两家红酒进口企业班提酒业和上海卡斯特酒业。

该案争议的焦点在于，卡思黛乐是否从未使用过“卡斯特”这一商标。卡思黛乐方面称，公司从未将“卡斯特”作为商标使用过。从 2008 年起，卡思黛乐已经彻底弃用“卡斯特”这一中文名称，由于外界一直有混淆两者概念的声音，2013 年 3 月则干脆在企业名称中也弃用“卡斯特”三字，改名为“卡思黛乐”。法国卡思黛乐集团同时指出，“卡斯特”

中文商标持有人李道之是典型的利用囤积商标“不劳而获”的投机行为，并直指对方是“官司制造机”。而李道之方面称，作为“卡斯特”商标的专有权人，依法享有商标专用权。

在知识产权诉讼中，“傍名牌”是最常见的纠纷之一，而在跨国商标侵权案件中，坐上被告席的往往是中国企业。在中国红酒市场上，“卡斯特”品牌这块“肥肉”自然令人垂涎。可要探究“卡斯特”一词之所以走红中国，究竟是源于“张裕卡斯特”，还是法国“CASTEL”，抑或是中国“卡斯特”，恐怕是个见仁见智的问题。与深圳唯冠不同的是，中国“卡斯特”有完整的生产、销售网络，年销售额达数亿元人民币。所谓的“一时忽略”最多只是一张打不出的“同情牌”，以此为借口侵权，自然要付出法律的代价。此次，法国知名的红酒公司被判商标侵权成立，无疑是“卡斯特”商标保卫战中的“大捷”，法院近150页的判决书明明白白地为“卡斯特”正名。

随着中国企业国际化步伐加快，以及外国企业对中国市场的“垂涎三尺”，这样的情况正在变化。自1998年法国卡斯黛乐兄弟简化股份有限公司进入中国市场以来，就因商标被抢注而陷入麻烦中，其与“卡斯特”商标的持有人、西班牙籍温州商人李道之之间旷日持久的多场官司，将烟台张裕集团、北京沃尔玛超市乃至遍布全国各地的终端零售商铺都卷入其中，案情非常复杂。业内专家指出，商标不仅是权利，更是利益，是商业策略工具。当初联想公司在2001年“出海”后，才发现自己的英文名“Legend”在全球竟被100多家公司注册过商标，遍及娱乐、汽车等行业。无奈之下，只能花费巨资更换为“Lenovo”。不难发现，在商业竞争中，争夺商标权本身无关道德，纯粹是生意。这起商标侵权案的不同寻常在于一家外国企业侵犯一家中国企业的商标权益，由于涉案金额巨大，引发行业广泛关注。

（资料来源：http://www.sipo.gov.cn/mtjj/2013/201308/t20130807_811432.html，2013年8月12日）

【案例评析】注册商标属于知识产权，受到国家法律的保护。所以，任何组织在进行公司名称设计、LOGO设计的时候，一定要注意不要模仿别人，特别是知名公司、知名品牌的公司名称与注册商标，否则，一旦打起官司，可能面临巨额的索赔。

二、导入企业识别系统的基本原则

我国企业导入CIS在20世纪80年代中期，随着开放的浪潮传入中国大陆，首先导入CIS的是广东太阳神公司，并取得了轰动一时的巨大成功。此后，健力宝、李宁、乐百氏、亚细亚等先后导入CIS也获得成功。导入CIS可以给企业带来以下好处：提高企业的知名度；提高产品在市场中的知名度，增加竞争能力，为企业增加经济效益；促进企业的基础工作，提高企业素质；激励员工士气，增强企业凝聚力和向心力；有利于企业广招人才，增强企业发展实力；提高信誉，增强银行贷款和投资的信心；有利于团结关系企业，建立相互信任、合作的关系等。

总之，CIS是一个社会组织为了塑造自己的形象，通过统一的视觉设计，运用整体传达沟通系统，将组织的经营理念、企业文化和企业经营活动传递出去，以凸显企业的个性和精神，与社会公众建立双向沟通的关系，从而使社会公众产生认同感和共同价值观的一种战略性的活动和职能。有人形象地把 VIS 比做企业的“脸”，把 BIS 比做企业的“手”，把 MIS 比做企业的“心”，三者结合形成了企业独特的整体的“自我”。企业导入 CIS 应遵循以下的基本原则。

1. 个性化

CIS 突出了企业及其产品的个性，不仅能够强烈地争夺眼球、吸引注意，而且能够为公众理解、认同和熟记。因此，企业对理念、视觉和行为各个系统要素的设计切忌简单模仿，避免与其他组织雷同，防止公众视觉上的混淆。

2. 统一性

CIS 是一个整体系统，其三个子系统之间相互联系、层层递进，形成了企业整体识别系统。MIS 既是其他子系统的基础和依据，又必须通过其他子系统才能得到完美的体现。统一性既包括视觉形象的统一，也包括理念和行为的统一，以形成规范化、标准化和整体化的良好形象；统一性还要求 CIS 从策划、设计到实施过程，在各个阶段和各个环节上要保持一致，以显示企业形象的整体性和一致性。

3. 可接受性

CIS 的策划和设计不仅要依据现代设计学的原理和方法，而且要符合社会学和心理学的要求，要与公众的审美心理相适应，与社会时尚相协调，无论采取什么方式和手段，CIS 的创意都要能够被公众所接受和理解。

4. 易识别性

无论作为体现企业经营理念的精神口号、广告语，还是企业的标志、标准颜色和字体，或者企业对内对外的各项活动形式和规范，都应该符合公众选择性心理过程的基本要求，即能够引起注意、易于理解、便于记忆，达到能让公众识别的功效。

案例分析 5-4

星巴克换标求未来

2008 年，霍华德·舒尔茨无法坐视星巴克传奇日渐褪色而重新出山，这位创始人放缓了扩张步伐，开始了大刀阔斧的业务重整。如今，在这家老牌咖啡品牌迎来 40 周年“不惑”庆典之际，舒尔茨又决定对其进行自 1992 年上市以来的首次换标。

2011 年 1 月 5 日，星巴克公司对外宣布，新标识去掉了原来印有“Starbucks coffee”英文字样的绿色圆环，保留并放大了女海妖的形象，整个图标也变成单一绿色。这是星巴克自 1971 年创立以来第四次修改公司标识。舒尔茨表示，旧标中的女海妖被圆圈围住，新标则移去外面的圆圈，寓意是希望为星巴克带来更多自由度和灵活性，跳出咖啡以外，开拓更多元化的业务。但他也强调，虽然星巴克曾经是、将来也会一直是一家咖啡公司和零售商，也有可能生产其他非咖啡类产品，“但我们不会把商标贴在削弱星巴克质量的东西上”。事实上，这个全球最大的咖啡连锁店内早就不仅销售咖啡，也包括诸如芝士蛋糕、三明治、水果杯、面包等各种食品和商品，在中国则还有中式茶、异域茶等。

不过从目前看，粉丝们对星巴克的新标识大都不太买账。在星巴克的官网及脸谱（Facebook）上，有粉丝怒斥："哪个市场部的笨蛋移走了世界知名的'星巴克咖啡'字样？"对此，星巴克负责人回应称，在决定正式启用新标之前，已经在网上做了一些调查，这个新标是得到了大部分网友认可的。

尽管星巴克换标已是箭在弦上，但是也不可小觑消费者的反应，要知道，2010 年 10 月美国第一大服装巨头 GAP 宣布换标后，就因为太多消费者反对，最终无奈妥协而撤下新标。"消费者越忠诚于某品牌，对品牌的任何变化就会越异常敏感，并且容易导致激烈反应，相反，那些品牌忠诚度不高的消费者对品牌标志的调整和改变持乐见或无所谓态度。"美国莱斯大学市场营销学教授维卡斯·米塔尔是《标识重设和品牌得失》（*Do Logo Redesigns Help or Hurt Your Brand*）一书的作者之一。他对《商务周刊》说："星巴克换标的重要原因之一，在我看来，实际上是想摆脱长期以来的英语氛围，使新标更容易被全球所接受，尤其是希望被那些更注重圆润和谐的中国、印度等新兴市场所接受。"维卡斯认为，尽管星巴克标识的改变在美国本土短期内可能不太容易被接受，但长期来看，却有可能增强中国、印度和新加坡等地区市场消费者的忠诚度。对此，特劳特（中国）战略定位咨询公司合伙人谢伟山也对《商务周刊》表示，星巴克在品牌和知名度已经足够强大的基础上更换新标，尽管初期可能会有部分消费者不满，但长期来看终会被广泛接受。

这种分析也反映出星巴克未来的战略重点。2010 年 12 月 1 日的星巴克投资者大会上，舒尔茨公布了公司的未来战略。他表示，在美国本土市场趋近饱和后，星巴克的增长重担未来将落在中国、印度和越南等海外市场上。舒尔茨预计，2015 年，大中华区的星巴克门店将达到 1 500 家，成为除北美之外的第二大市场。截至目前，星巴克已在中国大陆 33 个城市开设了超过 400 家门店，在整个大中华地区则已有近 800 家门店。

实际上，越来越多希望进一步拓展国际市场的企业都开始选择更换新标识，包括中国较早之前的联想，以及 2010 年更换新标的李宁、伊利。维卡斯对《商务周刊》说，近年来一些中国、印度的公司在走向全球，那些确保品牌和标志不是地域性偏好，而是反映运动、和谐及更有全球吸引力的主题，显然更容易帮助公司获得成功。

（资料来源：中国 CI 网）

【案例评析】星巴克历史上更换商标 LOGO 已经很多次了，这次换标目的又是什么？求未来！因为新的标志给人的感觉更加无拘无束、创新发展。所以，舒尔茨表示新品牌标识不仅反映公司新的战略重点，也表明星巴克品牌产品的销售渠道将不再局限于零售店，而将延伸到超市等其他渠道。

三、企业识别系统的开发作业程序及开发作业实例

CIS 具有系统性的特点，它不单是企业标识等外部形象的塑造，更是涉及企业高层的精神理念和各部门的行为规范，因此，企业导入 CIS 是一个系统工程。

（一）CIS 开发作业程序

CIS 的开发作业程序主要分为三个阶段：调查分析阶段、策划设计阶段和实施控制阶段，另外，也包括 CIS 传播阶段和 CIS 更新阶段。

1. 调查分析阶段

在进行 CIS 的开发作业前，必须对企业形象实态进行调查分析，一般可以委托专业的公共关系策划机构进行，以保证获取资料的客观性和权威性。调查的内容主要包括企业经营环境调查、企业内部情况调查、社会评价调查。

2. 策划设计阶段

策划设计阶段是 CIS 作业的关键程序，在这个阶段，首先要在调查分析的基础上，对企业形象的战略目标、企业定位、表现企业形象的活动计划及其实施方案等内容进行策划，然后对 CIS 各个子系统的要素进行设计，并在此基础上编制企业的 CIS 手册。CIS 要素设计包括基本要素设计和应用要素设计两大方面。

3. 实施控制阶段

CIS 全面实施是指根据 CIS 导入制定的计划和内容，进行全面执行和推广，它是 CIS 全面落实和获得效果的阶段，是一个长时间且需要严格管理的阶段。全面实施主要包括以下工作：第一，企业管理理念和战略的实施；第二，促进企业主体性的形成；第三，将视觉识别全方位地应用；第四，规范企业行为的培训训练。在此基础上，监督检查 CIS 计划的执行情况，测定各项活动的业绩，定期检查、评估实施情况和实施效果，修正实施中的偏差，调整 CIS 计划。

企业 CIS 系统工程中还应该包括 CIS 传播阶段和 CIS 更新阶段。CIS 的形象力来自有计划的、较大规模的、持久有效的传播。将 CIS 设计结果束之高阁、孤芳自赏不对，将它纯粹当做一种广告行为也不对。CIS 作为一种经营文化与精神文化的统一，应广泛地融合于企业生产经营各种系统中，除了生产领域外，还应通过公共关系活动和各种宣传手段广为扩散，形成冲击效果。CIS 传播管理就是对企业的 CIS 系统所做的对内对外传播宣传的有组织、有计划的筹划和安排。应当指出，CIS 传播的实施不是短期所能奏效的，而是一个持续的过程。明确这点，就要防止在 CIS 导入以后便万事大吉、放任自流的状况发生。

CIS 更新是指在企业内外环境发生变化的情况下，对企业 CIS 所做的调整和改进。更新的依据还在于社会变迁所导致的人们的观念、时尚的变化。CIS 的生命力在于静止与运动的关系过程中，静止的目的是形成定式，便于识别；运动的目的是形成新的刺激，便于除旧布新。人们对事物的认知特点具有矛盾性，他们既喜欢程式化的、规范化的、固定化的东西，又喜欢新颖的、变动的、创新的东西，这是一种认知上的二律背反。CIS 管理必须考虑认知规律的认知特征，从动静结合中赋予系统以强大的生命力。CIS 委员会是企业识别设计规划的决策单位，CIS 的实施导入与监督管理也由 CIS 委员会监督。若有任何问题，需由委员会解释，切勿自行决定，以免误导企业形象。

（二）CIS 开发作业实例——以广东太阳神集团有限公司为例

在 20 世纪 80 年代中期，CIS 开始传入中国内地，比日本、韩国晚了 10 年左右。日本民族文化特色的 CIS 理论成为“CIS 战略”。其中比较有代表性的案例包括健伍音响公司和日本的朝日啤酒公司的 CIS 战略导入。最开始，CIS 仅仅是以理论的形式在我国的大学课堂和教材出现，而且停留在视觉识别的层面，主要面向工艺、美术院校的学生进行教学，对业界几乎没有什么影响。直到 20 世纪 80 年代后期，市场机制逐渐发挥作用，企业间的竞争日趋激烈，人们才感觉到其重要性。

广东太阳神集团首先遇到的实际操作问题是：如何处理企业、商标、产品三者之间在识别上的关系。处理得好，就有利于经营成功；处理得不好，则会导致经营失败，其中隐伏着巨大的风险。而这样一家新生公司像大多数处于初创阶段的企业一样，是输不起的。

在推行 CI 战略的前期，他们采取了三位一体的做法，即用太阳神之名统一指称企业、商标和产品，在市场上进行推广。这种做法可以集中力量向消费者传达一个概念，使他们通过这个概念同时认出并记住企业、商标和产品，而且节约推广成本，花钱少、效果大。

随着企业的发展，性质不同的行业和功能不同的产品相继开发出来。在集团公司的运作上，如果依旧沿用企业、商标、产品三位一体的推广手法，那就会抹杀新行业与老行业、新产品与老产品的识别差异，不利于新行业的成长和新产品的推广。因此，在推行 CI 战略的中后期，公司注意将企业形象明确地细分为主题形象、行业形象和品牌形象，并让主题形象和行业形象作为背景，突出以产品功能指向为焦点的品牌形象。

经过近十年的学习与实践，太阳神集团公司建立了比较完整的企业形象体系。该体系由四个相对独立的识别系统整合而成。

1．理念识别系统

理念识别系统主要包括如下内容。

最高宗旨：关怀人的一生，爱护人的一生，弘扬敬畏生命价值的浩然正气，推广激发生命活力的保健方式，提高生命健康水平，振兴中华民族经济。

团队精神：真诚、理解、合作、进取。

企业定位：保健至尊，健康首选。

经营方针：以市场为导向，以科技为依托。

管理原则：求真务实，永不自满，将创业作为永恒的主题。

服务态度：专业保健，至精至诚。

三大法宝：意识工程、立法工程、经济分配结构。

四高政策：高要求、高发挥、高效率、高待遇。

哲学信念：以人为中心。

2．行为识别系统

行为识别系统主要包括企业内部 1 000 多条法规、礼仪和各专业的操作程序所训导的运作方式，如市场营销法规、人事管理法规、财务管理法规、行政管理法规、部门工作职能、岗位责任、任职标准、ISO 9002 质量管理体系等。

3．视觉识别系统

视觉识别系统主要包括基础结构及其使用说明，应用结构及其使用说明。

4．听觉识别系统

听觉识别系统主要包括如下内容：《当太阳升起的时候》——太阳神企业形象歌；《我们就是太阳》——太阳神企业队列歌；太阳神升旗曲；太阳神进行曲；太阳神交响乐；太阳神主题——礼仪音乐；太阳神主题——环境音乐。

太阳神导入 CIS 取得了巨大的效果，成为当时广东企业界的一大风景，在全国也产生了深远影响，成为中国企业 CIS 导入的早期经典。

企业怎样迈出第一步是至关紧要的。这一步必须确认一个可以长期贯彻的总概念，用它涵盖企业的经营管理活动，并集中表现在企业命名和标志设计上。当时，太阳神集团的企业名称是黄江保健品厂，局限于地名加行业旧框子；注册商标是万事达，显得平庸俗气；产品品牌是生物保健，强调产品的原料和功能。三者互不相干，对照企业识别理论和市场竞争实践的合理化要求，有很大的差距。经过反复讨论和认真斟酌，在企业主要领导人的主持下，大家听取了企业形象策划工作者的正确意见，最终决定采用太阳神来表达企业所需要的总概念，如图 5-3 所示。之后，太阳神用了四年时间，使销售收入提高了 200 多倍。但是，在导入 CIS 后的第五年，太阳神口服液受到了来自消费者的质疑。此后，太阳神的 CIS 效应开始下滑。但是，太阳神作为“第一个敢吃螃蟹的人”，对中国的 CIS 导入运动产生了重大影响和推动作用，堪称中国 CIS 运动史上的先驱者和风向标。

图 5-3　中国最早的CIS——广东太阳神

四、塑造企业形象的基本原则

（一）战略性原则

形象设计是一种战略活动，对企业的全局和长远发展都有较大的影响。首先，形象设计工作涉及企业的各个方面，并不仅限于企业外在特征的变动上。虽然这里并不赞成中国型 CI，但企业的其他形象要素也可能有增加、改变、强化、包装等一系列问题，会受到外在特征反作用力的影响。其次，形象设计工作一旦完成并开始推广，就不能随意改变。形象设计，特别是形象推广要花费大量资金。名称、品牌犹如储蓄户头，广告宣传等各项投入犹如储蓄，重新设计形象不仅要发生直接的设计费用，而且原来的“储蓄额”是不容易转到“新户头”上去的。任何企业都不会轻易改变企业名称、品牌名称的。因此，即使仅仅是视觉设计，也是关系企业前途命运的战略活动。

（二）一体化原则

形象设计涉及企业的各个方面，并且还有形象定位最终得以真正实现的问题，因而强调各环节、各要素之间应实现一体化，即应协调一致。

（1）内外一体化。形象要素从企业的真实理念、基本实态到外在特征有内外多个层次和环节，形象设计应遵循由内而外、内外互动以至一体化的原则。

（2）上下一体化。形象设计虽不追求企业立即发生深刻变化，但总希望所确立的理念和一些规范能转化为广大员工的真实想法和自觉行为，而不是自欺欺人的东西。因此，形象设计工作要由上而下、由下而上反复进行，尽可能发动员工广泛参与，达到上下同心。

（3）品牌一体化。企业往往生产多种产品，相应的品牌策略既可以是家族统一品牌策略，也可以是个别品牌策略等，但应尽可能让公众，特别是消费者把品牌认知为同一企业生产的。基本方法是把产品品牌名与企业名高度紧密地联系在一起，或者使其名称都一致起来。

（三）统一与标准化原则

在形象设计过程中要求对可调整的各个形象要素做出某种统一规定，使一些形象要素在以后反复出现时保持某种一致，以利于提高相应要素的视觉冲击力，加深公众对企业的认知。这个原则是对一体化原则的补充，并反映了视觉设计的核心思想。为此，可以把一些容易调整且易识别的外在形象要素，如企业标志、企业名称、品牌名称、字体、主要颜色、主要歌曲与音乐、象征图案、吉祥物等，进行标准化设计，并把这些基本设计尽可能体现在各种载体或场合中，如产品外观、包装、建筑物、运输工具、办公用品、交际品、员工服饰、日常行为等。基本设计要素应遵循战略性原则；而产品外观等应用要素往往因实际需要和显示的原因会经常变化，但它们若能把基本设计体现出来，就能获得某种统一和协调感。

（四）鲜明与个性化原则

企业的竞争应包括形象竞争。在企业的竞争战略中，一种重要的竞争战略就是别具一格或差别化，如果采用差别化竞争战略，就不能仅仅依靠产品、服务、价格的差别化，还应依靠其他多种要素，乃至整体形象的差别化。这就要求在企业形象设计中，更为鲜明和更具有个性化。鲜明和个性化原则的意义在于：组织形象的易识别性不能仅仅依靠视觉的统一性，而首先是要把组织形象刺激从周围的刺激中分离出来，成为公众知觉的图像，被公众注意、识别和记忆；有特色的组织或产品形象往往能在某一细分市场中获得某种竞争优势，得到特定公众的喜爱，甚至对其他边缘公众也会产生某种吸引力和感召力。

案例分析 5-5

利郎企业形象代言人的选择

2002 年 1 月 1 日，利郎正式与陈道明签约，由其出任利郎品牌形象代言人。广告播出后，伴随着陈道明“西服也休闲，简约而不简单”的广告语，消费者领略到了利郎商务男装独特的品牌魅力，很多人都评价说这是利郎和陈道明的完美结合，利郎时装专卖店的经销商也一直对“简约而不简单”的广告语十分欣赏。大手笔的广告投入和强势媒体宣传，使利郎公司声名鹊起，短短几年时间，公司不仅成功地实现了品牌与目标消费者的深层次对接，而且迅速提升了利郎品牌在国内市场的知名度，强劲带动了利郎产品的市场销售，在短短的 3 年里，销售增长了 10 倍。现在，只要一提到陈道明，消费者很容易就会想到利郎。陈道明的加盟，确实给利郎带来了丰厚的市场回报。

作为一位成功男士和资深艺人，陈道明选择利郎不是机缘、不是巧合、不是纯商业化，而是对利郎服饰文化的赞美和良好评价。这其中包括个性特质上的天然吻合：利郎服饰的自然、自在、宽松、舒适、得体相互交融，与陈道明生活中随和、容易亲近的个性魅力不谋而合；包括行与神之间的完美结合：实力不俗的利郎与中国电影界影帝级人物陈道明的结合，无论从哪个角度来看，都将把利郎品牌形象推向服装搏击浪潮的浪尖；还包括生活品位方面的异常统一：利郎服饰的商务、时尚、休闲的品位最终应由像陈道明这样的生活及个人品位上有较深文化底蕴和生活涵养的成功人士来演绎。这三个统一，奠定了利郎品牌形象代言与传播战略成功的基础。

与形象代言战略相适应，利郎的传播策略是选择央视集中投放广告，高举高打。2003 年，利郎与央视签订了体育频道《体育新闻》的全年赞助合同，广告播出后效果显著。2004 年奥运会期间，利郎果断斥巨资，在半个月的时间内对以奥运直播为主的央视体育频道进行广告密集投放。伴随着陈道明“西服也休闲，简约而不简单；内外兼修，有风度也有温度”的广告语，消费者领略到了“利郎商务男装”独特的品牌魅力。

2012 年，利郎携手其品牌代言人陈道明远赴美国纽约时代广场及第五大道拍摄利郎最新广告大片。从该广告片的拍摄地点及拍摄花絮可以看出，与此前充满中国元素的唐装广告片不同的是，新的利郎广告片选择了国际化大都市为背景，同时陈道明的着装也颇具欧美风格。如此风格迥异的转变使得利郎的产品设计哲学再次成为业内人士关注的焦点。利郎各个时期的广告语，从最初的“取舍之间、彰显智慧”，到“多则惑，少则明”的舍弃哲理，再到“世界无界，心容则容”的高远境界，每个广告语配合不同主题的广告片拍摄都准确、到位地体现了利郎在不同时期的定位及内涵。而广告语“简约而不简单”已经用了超过十年。利郎执行董事、副总裁胡诚初解释，为了使我们所倡导的生活哲学更加深入人心，本次广告片的主题定为“唤醒和升华”，邀请了国际知名导演、造型师，同时将拍摄地点选择在美国时代广场，力求以最完美的形式演绎出“简约而不简单”的内涵。

（资料来源：根据相关网站资料整理而成）

【案例评析】陈道明为利郎做形象代言已经整整 11 年了，这应该是一个不短的时间。消费者领略到了利郎商务男装独特的品牌魅力，真的是堪称组织与明星的完美结合！利郎商务男装独特的品牌魅力经过陈道明的演绎，使得品牌魅力很好地得到释放，所以，企业形象代言人的选择是十分重要的，企业应该慎之又慎！

（五）社会化原则

企业形象及有关信息要为社会所理解、接受和认同，而不能被误解、排斥和反感。该原则主要体现在两个方面：第一方面，企业利益与社会利益的高度统一，企业不能只顾自己的利益而忽视顾客和社会的利益；第二方面，企业与社会能有效沟通，两者能相互了解与认同。企业为自己设计的形象应该能够为社会所理解和接受，所以在考虑形象设计时就应该从社会接受的角度进行设计。

练习与思考题

1．单项选择题

（1）组织形象是指组织在运行过程中显示出来的行为特征和精神面貌，是公众的（　）。

A．总体评价　B．个体评价　C．特殊评价　D．一般评价

（2）CIS 是一种（　）公共关系活动。

A．娱乐　B．营销　C．传播　D．庸俗

（3）以下哪个不属于组织形象的特性？（　）

A．美化性　B．主客观性　C．整体性　D．多维性

（4）（　）是组织形象的客观基础。

A．组织形象　B．产品质量　C．个人形象　D．产品形象

（5）CIS 包括（　）部分内容。

A．5　B．2　C．4　D．3

2．多项选择题

（1）企业理念识别系统通常以符合口号特点的语言为表达形式，如（　）。

A．企业之歌　B．企业经营信条

C．精神标语　D．企业座右铭

（2）塑造企业形象的一体化原则包括（　）。

A．内外一体化　B．上下一体化

C．普遍一体化　D．特殊一体化

（3）理念识别系统包括（　）。

A．最高宗旨　B．团队精神　C．企业定位

D．经营方针　E．企业营销

（4）CIS 由以（　）构成。

A．理念识别系统　B．思维识别系统　C．运动识别系统

D．行为识别系统　E．视觉识别系统

3．名词解释

产品形象　组织形象　CIS（企业识别系统）　视觉识别系统

4．简答题

（1）简述组织形象的特点。

（2）简述组织形象定位的基本方法。

（3）简述 CIM 与 CIS 的主要区别。

5．论述题

（1）结合实际，谈谈塑造企业形象的基本原则。

（2）结合实际，谈谈 CIS 的构成。

6．实训题

实训练习一：“康师傅”冰绿茶广告案

国内知名食品企业康师傅饮品控股有限公司旗下天津顶津食品有限公司因其冰绿茶广告使用的《胜利滋味》涉嫌侵权，连同该歌曲演唱者林志颖、播出该广告的中央电视台一起被草根艺人姚天、冯丹告上法庭。一审被判侵权后，天津顶津食品有限公司不服判决，向北京市高级人民法院提起上诉。北京高级人民法院对该案做出了终审判决：驳回上诉，维持原判。

据了解，涉案广告由天津顶津食品有限公司于 2008 年委托中央电视台播出，该广告中林志颖演唱了一首名为《胜利滋味》的歌曲，用来宣传康师傅冰绿茶。但这首广告歌曲很快被草根音乐人姚天、冯丹指控侵犯他们的原创音乐作品《诱惑力》的曲调部分著作权。在向侵权方发出律师函未得到积极回应的情况下，2009 年 3 月，姚天、冯丹共同委托律师将天津顶津食品有限公司、林志颖、中央电视台等三被告起诉至北京市第一中级人民法院。

北京一中院经审理后一审判决天津顶津食品有限公司、林志颖、中央电视台立即停止侵权行为，天津顶津食品有限公司向姚天书面赔礼道歉并赔偿经济损失 2 万元。天津顶津食品有限公司不服一审判决，向北京高院提起上诉。天津顶津食品有限公司认为，涉案广告并非由其制作，且为涉案歌曲的使用签订了许可使用合同并支付了许可费用，其没有侵权的故意，作为被控侵权广告的广告主已经尽到合理审查义务，不应为侵权行为承担责任。

2012 年 8 月底，北京高院终审认为一审判决认定事实清楚，适用法律正确，判决驳回上诉，维持原判。

（资料来源：http://www.sipo.gov.cn/albd/2012/201310/t20131023_835596.html）

思考：（1）企业广告歌曲属于 CIS 里面的哪部分？

（2）企业听觉识别系统要避免侵权，你觉得应该从哪几个方面入手？

（3）你觉得北京高院的判决正确吗？

实训练习二：

《美国周刊》的一篇文章这样写道：“在一个富足的社会里，人们都已不太斤斤计较价格，产品的相似之处又多于不同之处。因此，商标和公司的形象变得比产品和价格更为重要。”这段话可以说是西方市场经济社会中的真实写照。而在我国，同样面临着这样的变化：随着市场经济体制的建立，市场日益繁荣，竞争日趋激烈。在消费者持币待购的情况下，以塑造企业形象为根本目的的 CI 战略的作用就显得更为重要了。

企业塑造形象的重要性只有在市场经济中才能被人们所认识。美国科尔盖特公司生产的科尔盖特牙膏是深受美国消费者喜欢的畅销商品，然而打入日本市场时，却出人意料地惨遭滞销的厄运，其市场占有率仅为1%。是什么原因呢？我们知道，不同国家有不同的文化传统，因此在塑造商品形象时，无论色彩、图形、包装等都必须满足市场——顾客的需求，这样才能产生理想的效果。美国科尔盖特公司牙膏的包装是以红色为主，红底白字。众所周知，美国是一个热情、充满活力的民族，红色在美国象征着活力、生命力。因而，美国人无论男女老幼都偏爱红色，像运动衣、地毯、小汽车，包括畅销的香烟包装，也通常用红色。因此，美国人对科尔盖特公司牙膏包装的红色设计也就觉得自然无奇，热衷购买了。

但是，大块使用红色，对于日本来说却是忌讳。日本人认为红色是带有婴儿和女人气息的色彩。日本人爱好白色。他们认为像国旗那样，大片白底上一个鲜红的太阳才是最美的色彩。美国的科尔盖特牙膏却恰恰相反，大块地使用红色，导致商品在日本市场上败北。

无独有偶，我国也有类似的例子。若干年前，北京日化一厂研制出一种洗必太药物牙膏，质量不错，价格合理，在当年全国牙膏评比中，获得满分。日化一厂总工程师给我们念了几封用户来信。一位顾客患口腔溃疡多年，有时吃药也不管用，用洗必太药物牙膏以后，很快就好了。这说明洗必太牙膏的质量是很不错的。然而，当时洗必太牙膏的名声和销量却远远不如两面针和洁银牙膏。为什么呢？总工程师毫不隐讳地说，原因之一是名字没有起好。洗必太是一种高效无毒杀菌剂，可用于人体多方面，其中就有用于妇科病的栓剂。而在洗必太牙膏上市之前，洗必太栓剂已经通过广告为广大消费者所熟悉，现在消费者突然发现洗必太还可用来刷牙，很显然，就产生一种抵触情绪。最后，这种药物牙膏不得不退出市场。

（资料来源：周安华. 公共关系：理论、实务与技巧［M］. 北京：中国人民大学出版社，2010.）

思考：以上一中一外两个实例说明了什么样的问题？试分析CI战略与企业的关系。

第六章 公共关系调查

学习目标

1. 了解公共关系调查的含义及内容；
2. 了解公共关系调查的抽样调查法；
3. 熟知文献调查法、观察法、访谈法的具体工作程序；
4. 掌握公共关系调查资料的分析方法；
5. 掌握公共关系调查问卷的设计及调查报告的写作。

案例导入

北京喜来登长城饭店的公共关系调查

北京喜来登长城饭店是1979年6月由国务院批准的全国第三家中外合资合营企业，1983年12月试营业，是北京6家五星级饭店中开业最早的饭店，是北京第一座玻璃大厦。随着改革开放的深入发展，北京新建的大批高档饭店投入运营，饭店业竞争日益加剧。北京喜来登长城饭店之所以能在激烈的竞争中立于不败之地，成为京城饭店的佼佼者之一，除了出色的推销工作和优质服务外，饭店管理者认为，公共关系工作在塑造饭店形象上发挥了重要的作用。

一提到北京喜来登长城饭店的公共关系工作，人们立刻会想到举世闻名的里根总统的答谢宴会、北京市副市长证婚的95对新人集体婚礼、颐和园的中秋赏月和十三陵的野外烧烤等一系列使长城饭店声名鹊起的专题公共关系活动。北京喜来登长城饭店的大量公共关系工作，尤其是围绕为客人服务的日常公共关系工作，源于它周密、系统的调查研究。

北京喜来登长城饭店的日常调查研究通常由以下几个方面组成。

1. 日常调查

（1）问卷调查。每天将表放在客房内，表中的项目包括客人对饭店的总体评价，对十几个类别的服务质量评价，对服务员服务态度评价，以及是否加入喜来登俱乐部和客人的游历情况等。

（2）接待投诉。几位客服经理24小时轮班在大厅内接待客人反映情况，随时随地帮助客人处理困难、受理投诉、解答各种问题。

2. 月调查

（1）顾客态度调查。每天向客人发送喜来登集团在全球统一使用的调查问卷，每日收回，月底集中寄到喜来登集团总部，进行全球性综合分析，并在全球范围内进行季度评比。根据量化分析，对全球最好的喜来登饭店和进步最快的饭店给予奖励。

（2）市场调查。前台经理与在京各大饭店的前台经理每月交流一次游客情况，互通情报，共同分析本地区的形势。

3. 半年调查

喜来登总部每半年召开一次世界范围内的全球旅游情况会，其所属的各饭店的销售经理从世界各地带来大量的信息，相互交流、研究，使每个饭店都能了解世界旅游形势，站在全球的角度商议经营方针。

这种系统的全方位调研制度，宏观上可以使饭店决策者高瞻远瞩地了解全世界旅游业的形势，进而可以了解本地区的行情；微观上可以了解本店每个岗位、每项服务及每个员工工作的情况，从而使他们的决策有的放矢。

综合调查表明，任何一家饭店，光有较高的知名度是远远不够的，要想保持较高的回头率，主要是靠优质服务，使客人满意。怎样才能使客人满意呢？经过调查研究和策划，喜来登集团面对竞争提出了“宾至如归方案”。计划中提出在3个月内对北京喜来登长城饭店上至总经理，下至一般服务员进行强化培训，不准请假，合格者发证上岗。在每人每年100美元培训费的基础上另设奖金，奖励先进。其宗旨就是向宾客提供满意的服务，使他们有宾至如归的感觉。随着这一方案的推行，饭店的服务水平又有了新的提高。

（资料来源：圣才学习网，2008年12月. http://yingyu.100xuexi.com/view/examdata/20081227/9BDF122E-C93E-48D5-B5EF-B0CC149F82D3.html）

讨论题：（1）北京喜来登长城饭店公共关系调查的内容有哪些？论述这些调查的意义和作用。

（2）北京喜来登长城饭店公共关系调查采用了哪些方法？

第一节 公共关系调查的含义、内容及原则

一直以来，理论界和实业界都在探讨公共关系工作的系统化和程序化，产生了多种理论和学说，较有代表性的是“公共关系工作四步工作法”和“公共关系工作八步工作法”两种理论。其中，国内外广泛认可的是“公共关系工作四步工作法”理论。该理论出自“公共关系圣经”《有效公共关系》（斯科特·卡特利普，1952年）一书，他认为公共关系运作过程一般分为四个阶段，即公共关系调查、公共关系策划、公共关系实施、公共关系评估。

公共关系运作过程四个阶段既相互独立又相互联结，贯穿整个公共关系活动过程。其中，公共关系调查是公共关系运作的基础，公共关系策划是四步工作法中关键的一步，公共关系实施是重点，公共关系评估承上启下，既是对公共关系工作的总结和完善，又是开展后续工作的必要前提。

一、公共关系调查的含义

公共关系调查是公共关系工作规范化和科学化的过程中出现的一种社会调查类型，主要任务是收集信息，为决策工作服务，是公共关系运作的基础，直接决定了公共关系工作的有效性和科学性。缺乏调查的公共关系工作是无源之水、无本之木。公共关系调查是就组织公共关系状态所进行的情报搜集与研究工作，是有步骤地考察、了解、分析、研究社会组织的公共关系状态的一种科学认识活动，可以由组织内部人员来完成，也可以委托组织外部的人员如公共关系专业公司来完成。

1. 公共关系调查本质上是一种对社会组织的公共关系现象进行考察的社会人事活动

首先，公共关系调查要深入实际，通过对社会组织公共关系现象的具体考察、了解和分析、研究来认识社会组织的公共关系现象；其次，公共关系调查是在一定理论的指导下，有目的、有计划、系统地了解社会组织的公共关系现象的实际状况，并对所观察到的社会现象做出科学解释的社会活动，它必须以经验事实和逻辑法则为依据，必须以科学程序和科学方法为保障。

2. 公共关系调查的目的是把握社会组织公共关系及其影响因素的实际状况

任何社会组织的公共关系都要受到不同内容、形式的因素影响，表现出不同的实际状况。这种实际状况制约着社会组织的生存和发展，同时，也决定着社会组织公共关系工作的任务和方式。正因为如此，有效把握社会组织公共关系及其影响因素的实际状况，既是社会组织评价其公共关系状况优劣的依据，也是社会组织开展公共关系科学运作的基础。

3. 公共关系调查是一套完整的科学人事方法

公共关系调查要有效地把握社会组织公共关系及其影响因素的实际状况，首先，必须深入社会、深入组织，搜集各种事实资料和数据资料，获得对社会组织公共关系印象的感性认识。其次，通过对各种公共关系现象的事实资料和数据资料的整理、分析、加工、研究，形成对社会组织公共关系及其影响因素的实际状况的准确描述、科学解释和可靠预测的观点和结论。

二、公共关系调查的内容

（一）组织形象调查

组织形象是一个综合性概念。广义的组织形象包括组织自我期望形象（组织内部公众的组织形象界定）和组织实际形象（组织外部公众的组织形象界定）；狭义的组织形象特指组织实际形象。作为规范化和科学化公共关系工作的有机部分，公关关系调查指向广义的组织形象调查。组织形象是组织的重要无形资产，组织的社会责任、进取精神、服务、能力、友善、关怀、眼光、活力、想象力等形象，在很大程度上左右着公众的评价和行为选择。公共关系人员首先要对组织现有的形象有所了解，做到心中有数，这样在设计组织形象和树立组织形象时才能脚踏实地、有的放矢。

1. 组织自我期望形象调查

组织自我期望形象是组织期望在社会公众心目中具有的对自身的全部看法、评估和标准，即一个组织自己所期望建立的形象。它是一个组织机构公共关系的内在动力、基本方向和目标。组织自我期望形象调查主要包括三个方面的内容。

（1）对组织基本情况和实力情况的调查。任何公共关系活动都不能脱离组织的实际情况，组织对自我形象的期望也是建立在掌握组织自身基本情况基础上的。全面、完整地掌握组织各方面的基本情况，有利于公共关系活动实现组织形象目标。调查组织的基本情况可以从如下几个方面进行：组织总体情况，如组织的性质、类型、规模、管理体制、机构设置、主管部门等；组织经营情况，如组织的发展目标、方针、经营战略等；组织荣誉情况，如组织的光荣历史、组织发展史上的重大事件及影响、组织对社会的贡献、组织获得的各种奖励与殊荣的情况；组织文化情况，如组织信念、组织精神、组织的道德规范、组织的文化传统及组织的名称和各种识别标志的文化含义等。另外，还要调查组织的实力情况，主要指组织自身的物质基础和技术力量方面的情况，如组织的物质基础情况、组织的技术实力情况、组织的财务实力情况、组织成员的待遇情况等。

（2）对组织领导、决策层的调查。公共关系调查首先要了解组织领导、决策层对组织形象的期望和具体要求，对于组织形象的选择和确立，具有至关重要的决定性作用。调查内容主要有：组织领导决策层的要求和目标、组织的领导决策层对于自己组织形象的期望水平、组织的领导决策层对于组织目标和观念的形成机制、组织的领导决策层对于组织形象塑造的资源投入预算等。公共关系人员应详尽研究组织的领导决策层所制定的各项目标和政策，认真领会他们的想法和意图，研究他们的经营风格和管理方法，有利于进行组织形象的设计，这样设计出来的形象也容易得到领导决策层的认可与支持。

（3）对组织成员的要求、期望和评价进行调查。组织成员是组织目标有效实现和组织政策顺利贯彻、执行的重要保障及组织赖以生存和发展的基础，因而要调查、了解组织成员的想法和对组织的要求、意见、期望及评价，了解他们对决策层提出的总目标的信心和支持程度。积极听取和采纳他们对组织的正确意见和合理建议有利于获取他们的认同和支持，实现组织公共关系的目标。

2. 组织实际形象调查

组织的实际形象是公众、社会舆论及新闻媒体对组织的总体评价和看法。了解这些评价和看法，才能了解组织在外部公众心目中的实际形象。调查内容包括两个方面。

（1）组织形象地位的调查。组织实际形象地位的测量主要根据知名度和美誉度两项指标，综合分析公众的评价意见，测定组织的实际形象地位。其中，知名度表示社会公众对一个组织知晓和了解的程度，美誉度表示社会公众对一个组织的好感和赞许程度。

（2）形象要素的分析。组织形象包括的内容是多方面的，如企业的经营方针、产品质量、服务态度、业务水平等，而组织处于某一形象地位的原因也是多方面的。要正确评价组织的实际形象，就需要调查分析，找出形成各种形象的具体原因，以便有的放矢地策划改善公共关系状况的具体方法与措施。

（二）社会环境调查

社会环境是指与社会组织生存和发展相关联的外部社会条件总和，社会环境不仅对社会组织的经营发展具有制约作用，同时还对社会组织的公共关系工作具有重要影响。公共关系工作的目标之一就是从环境的动态发展中不断地把握对组织有利的机会并避免不利的威胁，使社会组织与它所处的环境达到一种和谐的氛围，处于一种相对平衡的状态，因此要广泛收集一切同组织相关的社会环境信息，以求得企业更好地生存与发展。社会环境调查是指收集一切与组织有关的社会环境资料，从中找出影响组织发展的主要因素，预测其变化规律，为组织的发展决策提供依据。社会环境调查主要包括以下几个方面。

1. 基本社会环境调查

基本社会环境是指社会组织所处的一个国家或地区的政治、经济、文化等因素构成的宏观社会环境系统，它主要包括政治法律环境状况、经济环境状况、人文环境状况等。

政治法律环境是指一个国家或一个地区的政治制度、政治形象、方针政策、法律法令等。凡是与组织活动特别是公共关系活动有关的政策法规都应该纳入调查的内容。经济环境是指一个国家或地区的经济制度、经济结构、物质资源、经济发展水平、消费结构和消费水平，以及未来的发展趋势等状况。经济环境的变化影响和制约着组织公共关系的开展。人文环境是指一个国家和地区的人口结构、家庭状况、文化教育水平、生活习俗、行为规范和文化观念等，这些都可能对员工、组织产生影响，因此在公共关系活动中都要加以考虑。

2. 具体市场环境状况调查

具体市场环境是指与社会组织公共关系活动相关联的市场、家庭构成和微观社会环境系统，它主要包括：市场需求状况调查，如市场消费水平及消费需求等；消费者状况调查，如消费者的数量、构成情况、消费动机等；市场竞争状况调查，如竞争对手的各方面情况、市场竞争态势等。在现代市场经济条件下，进行具体市场环境状况的调查，对于社会组织特别是企业组织来说尤其重要。

案例分析 6-1

诺基亚在印度的成功

诺基亚在全世界来说是最成功的手机制造商之一，它在欧洲市场、亚洲市场，尤其是在中国市场，曾经的占有率是第一。前几年，他们发现印度的市场具有非常大的潜力：印度的人口几乎要赶上中国的人口，可是他们手机的普及率却是非常低的，是时候进军印度市场了。经过几年的努力，2006 年，诺基亚手机在印度市场的销售量增长超过了一倍，市场占有率超过 70%！如果按照他们的资产来算的话，已经成为印度最大的跨国公司。为什么在短短几年时间里，诺基亚可以在印度取得这么好的成绩呢？在进军印度市场之前，经过深入调查，他们发现印度市场上已经充斥了大量的廉价手机，包括从中国运去的一些山寨机。这些廉价手机第一价钱很低，赚不到什么钱，第二当地的民众并不是很喜欢。所以在深入调查的基础上，诺基亚开发了1100系列。这款手机价格不便宜，却深受印度人喜欢。那么它有什么特点呢？它有一个防滑的把手，有防尘的键盘，另外还有手电的功能。为什么要防滑呢？去过印度的人都知道，印度的天气非常炎热，一天到晚手都是汗津津的，如果拿一个很滑的手机，一不小心就会掉到地上。而且，印度就像30年前的中国，处于改革发展时期，到处是工地，灰尘滚滚，如果用一个普通的手机，灰尘很容易就通过键盘进到手机里面，用不了多久就坏掉了。另外，印度的电力比较紧张，停电是家常便饭，手机上的手电功能更方便当地老百姓的生活。

（资料来源：世界经理人网站）

【案例评析】上述案例反映了公共关系策划的科学性首先取决于调研的科学性问题。诺基亚的成功与他们对印度市场的充分调研有关。印度的经济水平很低，我们从电影作品看到印度有些地方的贫困程度是触目惊心的。一般人就会想印度这样贫穷落后的国家，人们一定喜欢最便宜的手机，是不是品牌并不重要，所以，也就没有必要去推广品牌。也有人会这么想：反正全世界的人都知道诺基亚，印度人也知道，只要去到那里，印度人自然会来到商店买你的手机。但诺基亚并不想当然，他们意识到：如果只是开发廉价产品是无法成功占领印度市场的，不能根据主观的意愿或成见来策划活动或推广产品，而是需要通过认真的调查，去发现新市场消费者对产品的特殊需要，并开发出满足该市场消费者需求的产品，这样你的品牌和产品才会深入人心，才会有较高的市场占有率。

3. 所属行业环境状况调查

这项调查是指对社会组织所在特定行业的特定组织构成的微观社会环境系统的调查，它主要包括：所属行业基本情况调查，如所属行业各种组织的数量、总体的发展水平、所属行业所处的地位和作用；所属行业特定组织情况调查，如所属行业特定组织的经营管理、技术力量、人员构成、产品与服务、生活形象等；所属行业横向协作情况调查，如所属行业组织之间的协作项目、协作类型等；所属行业竞争对手情况调查，如竞争对手的优势、公共关系活动情况等。

（三）公众调查

公众是公共关系部门工作的主要对象，从某种意义上讲，公众也就是公共关系部门所面对的具体环境。但是，公众又是一个经常变化的群体，不断因问题的发展而变迁，不是一成不变的。同时，公众中也存在着一种较为复杂的现象，即公众之间存在着交叉，有些人既是这个组织的公众，又是那个组织的公众；既是组织这方面的公众，又是组织那方面的公众，因此公众调查应经常进行。公众调研要掌握以下方面的材料。

1. 公众构成

每个组织都有多方面的公众，公众的构成与组织对公众的利益关系、组织对公众的分类方法、组织所面对的事件等具体形式有关。按照公众与组织有无归属关系来看，公众可分为两大类：内部公众与外部公众。按照组织与公众的利益关系，公众可以分成员工、股东、顾客、媒介、政府、社区、社会团体等。根据公众与组织发生关系的时序特征分类，公众可以分成非公众、潜在公众、知晓公众、行动公众等。不管使用哪种公众分类方法，对各类公众构成的了解必须细化，如公众的姓名、年龄、性别、籍贯、住址、文化程度、职业、收入、家庭情况等，以便进一步搞清楚此类公众都是由哪些人组成的，为今后有针对性地开展工作奠定基础。

2. 公众态度

当组织面对某一事件时，须迅速掌握公众对事件知晓的程度，并摸清他们对组织所抱的态度。态度指被调查对象对组织及所发生的问题所持的立场和观点。态度又可分为延缓性和即时性两类。前者指一个人在相当长的时间里对某一事物的立场和态度，后者则是一个人对一事、一物、一人的态度。前者具有相对的稳定性，后者则是灵活易变的。情感资料也可算在态度材料之中。公众态度的调查，对于企业生产政策的制定和新产品的开发，都具有不可替代的重要作用。

3. 公众需求

市场经济的发展使我国已经从生产导向型经济发展为消费导向型经济。市场上早已不再是企业生产什么，顾客消费什么，而是顾客想要什么，企业生产什么。那么顾客到底需要什么样的产品，就需要通过深入、细致的公共关系调查来掌握。例如，中国的家电企业海尔公司，建立了一条特种冰箱生产线，只要客户提出要求，一台冰箱也生产。正是由于有了这样一种细致的市场调查，海尔才始终保持着市场上的主动权，可以“打价值战，不打价格战”。

4. 意见领袖

根据传播学原理，公众对大众传播中输送的信息，并不是无条件地接受。观念总是先从广播、电视和报刊传向“意见领袖”，然后再由这些人传入不那么活跃的群体，这就是著名的“两级传播理论”。研究公众，还必须研究能够经常影响他们的意见领袖，如专家学者、权威人物、社会名流、新闻记者等。组织要调查这些意见领袖的社会分布、与目标公众的联系、影响公众的方式等，以便在日后的公共关系工作中与他们建立良好的工作关系。

案例分析 6-2

美国亨氏集团多次召开“母亲座谈会”

美国亨氏集团与我国合资在广州建立婴幼儿食品厂。但是，生产什么样的食品来开拓广阔的中国市场呢？筹建食品厂的初期，亨氏集团做了大量调查工作，多次召开“母亲座谈会”，充分吸取公众的意见，广泛了解消费者的需求，征求母亲对婴儿产品的建议，摸清各类食品在婴儿哺养中的利弊。之后进行综合比较，分析研究，根据母亲们提出的意见，试制了些样品，免费提供给一些幼托单位试用；收集征求社会各界对产品的意见、要求，相应地调整原料配比，他们还针对中国儿童食物缺少微量元素，造成儿童营养不平衡及影响身体发育的现状，在食品中加进一定量的微量元素，如锌、钙和铁等，食品配方更趋合理，使产品具有极大的吸引力，普遍受到中国母亲的青睐。于是，亨氏婴儿营养米粉等系列产品迅速走进千千万万个中国家庭。

（资料来源：美国亨氏集团多次召开“母亲座谈”，公共关系传媒论坛，2012 年 3 月）

【案例评析】公众调查是非常重要的。这个案例里面，亨氏集团多次召开“母亲座谈会”，充分听取公众的意见，广泛了解消费者的需求，生产适合中国儿童食用的产品，从而一举获得成功。

（四）传播媒介状况调查

公共关系工作的本质是社会组织与相关公众之间的双向信息交流活动，它需要有效地利用传播媒介来进行。而有效地利用传播媒介来开展公共关系工作，必须以对传播媒介状况信息的把握为基础。

1．大众传播媒介情况调查

大众传播媒介是公共关系信息传播的支柱性媒介，跨越空间大、影响范围广、传播效率高，深受社会组织的重视。大众传播媒介情况调查主要包括以下三方面内容。

（1）大众传播媒介的分布情况，如地域、行业、类型、数量等的分布情况。

（2）大众传播媒介的功能作用情况，如大众传媒的传播范围、传播内容、传播特色、传播效果、传播者的威信等。

（3）大众传播媒介所需信息状况，如大众传媒的报道中心、关注热点、栏目构成、栏目开发情况等。

2．专题活动媒介情况调查

在现代活动中，专题活动已成为一种重要的社会信息交流通道，是现代公共关系工作中一种具有特殊作用的信息传播媒介。专题媒介调查的内容主要有：专题活动筹办情况，如专题活动的承办机构、举办时间地点、规模内容等；专题活动效果评价情况，如活动的利弊得失、经验教训、参与方的映像及评价、权威人士的看法、主办单位的自我评价、局外人事的见解等。

三、公共关系调查的原则

公关调查是为了了解和掌握组织的公共关系状态，以发现并确定公共关系问题。组织可能面临多种问题，存在许多可以调查的方面。但在实际的公共关系调查中，受组织资源和调查有效性的约束，往往只需要找出关键问题，甚至只是问题的关键方面作为研究对象，调查内容也依据关键问题或问题的关键方面来确定。所以，调查原则是很重要的。

（一）科学性原则

科学性原则主要体现在调查方法的选择和运用上。有效的公共关系调查是通过定性和定量两种分析方法进行的，两种方法各有优劣，适用范围各异。长期以来，国内较多采用定性分析方法的调研，定量调查研究采用较为缺乏。公共关系调查不仅要有针对性地揭示组织特有的公共关系状态，同时要主动建立完善的信息网络，形成系统的信息数据库。在公共关系活动中，应将定性分析方法和定量分析方法结合起来，使调研的结果更为可靠。在收集信息后，进行大量的分析、综合、判断、演绎、推理，使处理后的信息更全面、更科学，以提高调查资料的有序化程度，并以科学的公共关系调查结果为组织的整体战略服务。

（二）经济性原则

在信息社会的今天，每时每刻都有大量的信息出现，如果不加区分地进行调查，将耗费组织大量人力和财力，这是很多组织无法承受的，现实中也没有这个必要。组织在采集信息时，需要根据组织发展规划或组织迫切需要解决的问题来确定调查的范围、水平和规模，一定要把有限的资源用于收集效用性强的信息，尽可能节约费用开支，考虑投入和产出之间的平衡关系。

（三）可行性原则

公共关系调查的范围和深度必须符合组织的实际情况，以组织的人力、财力、物力作为条件保证。根据组织具备的调查能力，选择和确定公共关系调查的内容，是公共关系调查可行性原则的重要体现。聘请公共关系专家或专业公共关系公司帮助完成调查任务，保证公共关系调查结果质量，往往是一些公司明智的选择。

第二节　公共关系调查方法

一、公共关系调查样本的选取方法

公共关系调查总是与一定的公众联系在一起的，公众样本的选择直接决定了公共关系调查的有效性。公众调查可以分成普查和抽查两种。公众总体样本不大时，可以应用普查法。但大多数时候，组织要面对人数众多的公众，受组织人力、物力、财力制约，普查很难开展。因此，公众调查大多都是采用抽查的方法，从研究对象的总体中抽取一部分个体作为样本进行调查，据此推断有关总体的数字特征。

公众抽样调查法是从调查的总体公众中按照随机原则抽取一部分单位作为公众样本，并以对样本进行调查和统计的结果来推断总体的方法。抽样方法是否科学，直接关系到最终的调查结果是不是准确。常用的抽样方法有以下几种。

（一）简单随机抽样法

这是一种最简单的抽样法，它是从总体中选择抽样单位，从总体中抽取的每个可能样本均有同等被抽中的概率。抽样时，处于抽样总体中的抽样单位被编排成 $1\sim n$ 编码，然后利用随机数码表或专用的计算机程序确定处于 $1\sim n$ 的随机数码，那些在总体中与随机数码吻合的单位便成为随机抽样的样本。

简单随机抽样的特点是不对调查对象的特征进行规定，采用随机的方法提取样本，保证总体中每个样本都有同等的和可计算的被抽中概率，并能计算样本的代表件程度。简单随机抽样适用于公众总体样本差别不大的情况。

（二）分层随机抽样法

分层随机抽样是根据某些特定的特征，将总体分为同质、不相互重叠的若干层，再从各层中独立抽取样本，是一种不等概率抽样。分层抽样利用辅助信息分层，各层内应该同质，各层间差异尽可能大。如将媒体公众分为电子媒体公众和印刷媒体公众，把电子媒体公众又分为电视媒体公众、广播媒体公众和互联网媒体公众等。

分层抽样能够提高样本的代表性、总体估计值的精度和抽样方案的效率，抽样的操作、管理比较方便；但抽样较复杂，费用较高，误差分析也较为复杂。此法适用于母体复杂、个体之间差异较大、数量较多的情况。按抽样比例的不同，分层随机抽样法又可分成分层同比抽样和分层异比抽样两种。

分层同比抽样法是在对被调查对象进行分层后，在每层中按同样的比例进行抽样。例如，某地区覆盖媒体公众共有 200 家，其中电视媒体 80 家，互联网公众媒体 40 家，印刷媒体公众 80 家，此次调查需抽出 100 家媒体作为调查样本。按照分层同比抽样法，抽样比例是 4:2:4，即要调查电视媒体 40 家，互联网公众媒体 20 家，印刷媒体公众 40 家。

分层异比抽样法是指，为了强调反映调查总体中某个层次公众的意见，可以在抽样时扩大该层次的抽样比例，在调查总体的不同层次中按照不同比例进行抽样。上例中，由于当地人群接受信息更加偏好电视媒体，本次调查将扩大电视媒体的样本选取，抽样比例是 5:2:3，即要调查电视媒体 50 家，互联网公众媒体 20 家，印刷媒体公众 30 家。

（三）多阶段抽样法

多阶段抽样法是采取两个或多个连续阶段抽取公众样本的一种不等概率抽样。具体步骤如下：将需调查的公众样本总体按一定标准分解成若干小的公众群体，作为抽样的第一级单位，然后再将第一级单位分解成若干小的公众群体作为抽样的第二级单位，以此类推，可分解为抽样的第三级、第四级单位。然后根据随机抽样原则，先在第一级单位中抽出若干公众作为第一级单位的样本，然后再在第二级单位中抽出第二级单位公众样本，以此类推，可抽出第三级、第四级公众样本。这种方法的特点是，在调查范围广泛、调查对象分散、很难使用单阶段抽样的方法时比较适宜，采用这种方法对调查总体情况的了解要求较低，并且其推算总体也比较麻烦。

（四）配额抽样法

配额抽样是非随机抽样中使用最广泛的一种抽样方法。所谓配额抽样，是指对划分出的公众总体样本按一定标志分类或分层，并分配给一定公众数量，在配额内任意抽选样本的调查抽样方法，按照某些特性（这些特性与所研究的公众总体特性应有较强的相关性，并且它们的各种取值在公众总体中所占的比例是已知的）将公众总体细分为几个次公众总体，然后将公众总样本量按照各次公众总体中所占的比例分配，这样在选择样本单元时，即可为每个调查员指派“配额”，要他在某个次公众总体中访问一定数额的样本单元。配额抽样类似于分层随机抽样，但存在两点重要区别：首先，配额抽样的被调查者不是按随机抽样的原则抽选出来的，而分层抽样必须遵守随机抽样的原则；其次，在分层抽样中，用于分类的指标，应联系研究目标来选择，而配额抽样无此要求。

随机抽样的方法还有很多，如整群抽样法、典型抽样法、重点抽样法等，限于篇幅，不做更多介绍。

二、公共关系调查资料的获取方法

为了获得可靠和足够的信息资料，公共关系调查需要运用多种方法获取一手资料和二手资料，经常使用的有文献调查法、观察法、访谈法、问卷调查法等，以下分别加以介绍。

（一）文献调查法

文献调查法是指通过寻找文献搜集有关信息的调查方法，它是一种间接的非介入式的市场调查方法。文献调查法是在第一手资料难以得到或不够用时，通过组织内部或外部的文献资料分析所要调查问题的方法。

1. 公共关系调查中常用的文献种类和来源

（1）国家统计局和各级地方统计部门定期发布的统计公报、定期出版的各类统计年鉴，这些都是权威性的一般综合性资料文献。

（2）各种经济信息部门、各行业协会和联合会提供的定期或不定期信息公报，这类文献数据定向性较强，是市场调查中文献的重要来源。

（3）国内外有关报刊、杂志、电视等大众传播媒介，这些传媒提供种类繁多、形式多样的各种直接或间接的市场信息，它们是文献调查中主要的查找对象。

（4）各种国际组织、外国驻华使馆、国外商会等提供的定期或不定期统计公告或交流信息。

（5）国内外各种博览会、交易会、展销订货会等营销性会议，以及专业性、学术性会议上所发放的文件和资料。

（6）工商企业内部资料，如销售记录、进货单、各种统计报表、财务报表等。

（7）各级政府部门公布的有关市场的政策法规，以及执法部门有关经济案例。

（8）研究机构、高等院校发表的学术论文和调查报告等。

案例分析 6-3

一张照片的信息

1964 年，《中国画报》封面刊出一张照片：“铁人”王进喜头戴大狗皮帽，身穿厚棉袄，顶着鹅毛大雪，握着钻机手柄眺望远方，在他身后散布着星星点点的高大井架。不久《人民日报》报道了第三届全国人大开幕的消息，其中提到王进喜光荣地出席了大会。当时，大庆油田的具体情况是保密的。

然而，上述几则由权威性媒体对外发布的极其普通的旨在宣传中国工人阶级伟大精神的照片和新闻，在日本三菱重工财团信息专家手里变成了极其重要的经济信息，专家据此解开了大庆油田的秘密：他们根据照片上王进喜的衣着判断，只有在北纬 46 度至 48 度的区域内，冬季才有可能穿这样的衣服，因此推断大庆油田位于齐齐哈尔与哈尔滨之间；通过照片中王进喜所握手柄的架势，推断出油井的直径；从王进喜所站的钻井与背后油田间的距离和井架密度，推断出油田的大致储量和产量。有了如此多的准确情报，日本人迅速设计出适合大庆油田开采用的石油设备。当我国政府向世界各国征求开采大庆油田的设计方案时，日本人一举中标。

（资料来源：肖明，信息资源管理[M]。北京：电子工业出版社，2002.）

【案例评析】从本案例可以看出，日本人非常注重文献调查法，我们的有些企业也要注意，有些信息不要轻易地刊登在大众传播媒介上，否则有可能泄露机密，造成在竞争中失利的悲惨局面。

2．文献调查法的步骤

（1）收集、保存资料文献。与其他收集市场信息的方法一样，文献调查法也需要建立严密的调查计划，收集、保存资料文献是公共关系部门经常性的工作之一，应以制度性方式规定和实施。

（2）建立分类检索系统。在收集资料的过程中，组织要将资料分门别类整理、剪贴、装订、登记，并建立起检索系统，以便日后查阅。检索系统依组织工作的性质和工作习惯而定，没有固定模式，如按照社会环境、经济制度、法律政策、背景材料（组织的历史和现状）、传播关系、公众意见、人物传记分类等。

（3）分析资料，确定解决问题的方法。在现有资料的基础上，分析可能存在的公共关系问题，调查人员还要写出报告，作为制定公共关系活动方案的依据。

3．文献调查法的优缺点

作为一种独立的调查方法，文献调查法有其自身固有的优点。文献调查法可以超越时空条件的限制，获得其他方法所不能获得的信息，尤其在收集文献资料、了解历史情况方面具有独特的作用。同时，文献调查法还是一种效率高、花费少的调查方法，可用于其他调查方法之前，以便尽量减少调查的开支。

但文献调查法的来源主要是历史上遗留下来的资料，所以有时会让人感到抽象、枯燥，缺乏具体性和生动性，经常需要与其他调查方法配合使用。

（二）观察法

观察法是指调查者在现场对被调查者的情况直接观察、记录，以取得市场信息资料的方法，主要是凭调查人员的直观感觉或借助于某些摄录设备和仪器来跟踪、记录和考察被调查者的活动和现场事实，来获取某些重要的市场信息。鉴于是对组织公共关系状态的了解和把握，公共关系调查比其他社会调查更广泛地运用观察法。

1．观察法的类型

（1）完全参与性观察，即调查者隐瞒自己的真实身份，较长时间隐身于被调查者群体之中，亲自体验被调查者的处境与感受，更快、更直接地掌握事态发展情况。

（2）非完全参与性观察，即调查者不参与被调查对象的任何行动，也不干预事件发生过程，主要依靠耳闻目睹，完全处于客观立场，实事求是地记录事件发生、发展的真相。

（3）不完全参与性观察，即调查者参与被调查者的群体活动，但不隐瞒自己的真实身份，取得被调查者的容纳与信任，置身于被调查者群体之中去获取资料。

（4）系统性观察，即根据调查目的，按照标准化规程做总体规划，预先拟定观察提纲，确定观察具体对象和项目，以标准化的手段、观察程序和观察技术，有计划地系统观察。

（5）随机观察，指见机行事，随时随地对周围发生的事情进行观察。

（6）时间序列纵向观察，是指通过对某一事项的连续调查，取得前后顺序的不同时间的连续资料；时间序列横向观察是指在某一特定时间内对若干个调查对象所发生的事态同时加以记录，取得相关资料。

案例分析 6-4

形象决定价格

有一家公司想了解烟民购买高档烟的动机。他们找来了 10 名被试者，将这 10 名被试者分为两组。甲组被要求蒙上眼睛品吸 3 种不同价格档次的香烟，并要求说出 3 种香烟孰好孰次；乙组被要求不蒙上眼睛品吸，也要说出孰好孰次。结果发现，甲组 5 人虽然都是“老烟民”，但他们说出的好坏排名与香烟的价格排序并不一致。可乙组对这 3 种香烟的好坏排名却完全是依据价格的排名而定的。这个实验说明烟民对高档香烟的消费是一种价格感觉，而不一定是一种质量感觉，烟民购买高档烟并不是因为它们质量好、味道好，而是因为它们价格高、有气派。

（资料来源：陈先红. 公共关系学原理[M]. 武汉：武汉大学出版社，2007.）

【案例评析】该案例是用观察法来进行的公共关系调查。在该案例里面，甲组被试者被要求蒙上眼睛品吸 3 种不同价格档次的香烟，乙组被要求不蒙上眼睛品吸，也要说出孰好孰次。结果发现，烟民对高档香烟的消费是一种价格感觉，而不一定是一种质量感觉。

3. 观察法的优缺点

观察法最大的特点是直观性可靠，所有的信息都源于调查者的亲自观察，是在被调查者没有觉察到自己的行动正在被观察的情况下进行的，被调查者能够保持正常的活动规律，从而可以客观地搜集、记录观察现场实况，调查资料真实可靠，调查结果更接近实际。另外，观察法简便易行、灵活多样、费用低廉，随时可以进行。

观察法只能观察被调查对象的外部动作和表面现象，其内在因素和动机则观察不到，有些时候需要投入大量的人员，长时间地观察方可发现某些规律性。另外，观察法限制性比较大。在实施时常受到时间、空间和经费的限制，一般需要大量人员到现场长时间观察，调查费用支出较大，比较适用小范围的微观市场调查。而且，一旦特定的时空条件发生变化，便无法控制。

（三）访谈法

访谈法是指公共关系人员按照预先设计好的题目，有目的、有计划地与被调查对象进行访谈，直接收集信息的方法。访谈法按照访谈对象的多少可以分成个别访谈法和集体访谈法，按照访谈的形式可以分成当面访谈法和电话访谈法。

1. 个别访谈法

个别访谈是指调查员单独与被调查对象进行的访谈活动，具有保密性强、访谈形式灵活、调查结果准确、访问表回收率高等优点。根据访谈内容的不同，个别访谈又可以分成两种：标准化访谈和非标准化访谈。

标准化访谈是按照预先制定的计划和既定的程序进行的，问题多是封闭式的，即规范化、程序化的问题，有固定的答案，方便快捷，便于统计访问结果。调查问卷是标准化访谈的主要工具，问卷的制作质量决定访谈效果。标准化访谈法的缺点是：调查结果的真实性很大程度上受调查表设计水平的影响，而且也难以反映社会上存在的深层次问题。非标准化访谈指调查员与被调查对象进行自由交谈。问题的提出和多少都没有限制，也不规定问题的答案，完全由调查员根据调查的进展灵活掌握，这一方法便于反映深层次问题。但非标准化访谈法也有其明显的缺点，即调查时间长、费用高、调查结果不便于统计。

2. 集体访谈法

集体访谈法一般由组织的一名或几名调查员与公众进行座谈，以了解他们的意见和看法，类似于公众座谈会的形式。

集体访谈法了解情况快、工作效率高、经费投入少。调查员组织会议的能力对集体访谈法效果的影响至关重要。集体访谈开场白语言必须言简意赅、表文达意；调查员要善于控制会场气氛，启发、调动与会者积极发言。

集体访谈法以自由交谈法为主，不适合调查某些涉及保密、隐私、敏感性的问题。会议的组织者要及时、准确地记录各位与会公众的发言，并在会后整理成完整的调查报告。

3. 电话调查法

电话调查法是调查员根据事前选好的调查样本，通过电话方式向被调查者收集信息的调查方法，这是一种介于当面访谈和通话访谈间的调查方法。在电话调查的过程中，用录音方式记录下谈话内容，事后整理出调查报告。

电话调查法具有时间快、费用低的特点，不当面征询，被调查对象发言坦率，敢于反映一些敏感的问题。电话调查法的使用越来越广泛。但电话调查需要学会控制调查时间；对于一些比较复杂的问题，在电话中往往解释不清。

（四）问卷调查法

问卷调查法是调查员运用统一设计的问卷，采取书面形式回答问题，向被调查者收集信息的方法。调查员可以结合其他调查方法使用，也可单独运用。问卷调查法具有很强的专业性、科学性和艺术性，使用最为广泛。问卷调查的关键是设计问卷，好的问卷设计就是调查成功的一半。问卷要围绕调查的主题提问，以测定公众的情况、认识和态度。

三、公共关系调查数据的搜集和整理

（一）数据核实

实施调查后，要检查资料是否齐全且无遗漏，是否有重复与矛盾，甚至是否有与实际不相符合的情况。调查中检查核实的部分工作是在收集资料时就要完成的。一边收集，一边检查核实，这样便于及时补充和订正。

（二）分类汇编

进行分类登录，然后按类摘抄、剪贴、装订、归档，以便查阅，还可将整理后的信息输入计算机。

（三）分析论证

对分类汇编的资料进行分析，给出结论，并依据资料所得出的结论进行论证，一般包括定性分析与定量分析。

四、公共关系调查资料的分析方法

通过公共关系调查，组织掌握了大量的情报资料，公共关系人员应对这些资料进行整理、统计与分析，从中确定组织所要掌握的具体内容，为公共关系方案的设计与规划提供有价值的情报。

（一）组织形象的内容分析

对组织形象内容的研究集中于研究组织形象描述指标，通过一系列指标细化组织的公共关系内涵。

对组织形象描述的通用维度是公共关系“三度”，即指通过调查所掌握的知名度、信誉度与美誉度。知名度表示社会公众对组织知道和了解的程度；信誉度表示社会公众对组织的信任程度；美誉度是社会公众对组织的赞誉程度。这三度反映了社会公众对组织的总体态度和评价，即组织的公共关系。

知名度又可以通过组织业务、组织视觉识别、组织服务、组织价值观念、组织规模、组织地域等多个因子指标衡量。信誉度通过组织的业务类型、业务增长率、资金运动力、业务占有率等多个因子指标衡量。美誉度通过办事效率、服务水准、业务工作、管理能力、承诺兑现、投诉率等多个因子指标衡量。这些维度和因子指标共同形成组织形象指标体系，能相对完整地描述组织的公共关系状态。

其中信誉度与美誉度又互相联系，一般来说，有良好信誉度的组织，都有着良好的美誉度，同时，有着良好美誉度的组织，也一定是由良好的信誉度引发而来。但二者也有着一定的差别，衡量信誉度的高低是以一个组织的经济指标和行为指标为依据的，经济指标在经济组织中表现为销售指标、市场指标，如销售额、销售增长率、资金运动力、市场占有率等。

行为指标在经济组织中表现为办事效率、服务水准、业务工作、管理能力、承诺兑现率等。衡量美誉度的高低则以社会公众对组织的态度和评价为标准。

在对组织评价的实际过程中，往往可用信誉度包容美誉度，也可用美誉度包容信誉度，二者的替代具有互逆性。从三度中确定二度：知名度和信誉度，或知名度与美誉度，进行组织形象评价。

（二）组织形象的地位分析

组织形象地位分析是对本组织在所在领域或行业地位的公共关系关系状况进行分析，采用的方法较多，代表性的方法有三种。

1. 组织形象地位图分析法

在公共关系调查的基础上，经过具体分析，可以得出知名度和信誉度或知名度与美誉度的量化数值。以此两项指标为依据，建立“组织形象地位分析图”（见图 6-1），以确定组织的形象地位，找出存在的问题，为制定公共关系计划提供翔实的资料。

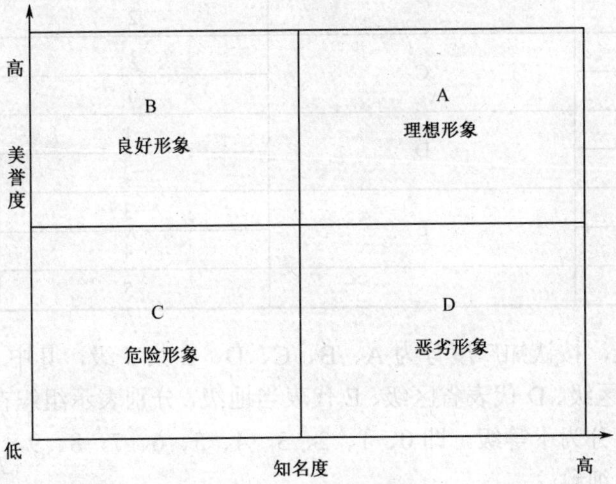

图 6-1　组织形象地位分析图

象限 A 表示理想组织形象，即高知名度、高美誉度。说明组织公共关系处于最佳境地，组织的公共关系工作重点就是要保持这种状态，并一直维持。象限 B 表示良好组织形象，即低知名度、高美誉度。说明组织公共关系状态具有良好的发展基础，公共关系工作的重点应当在维持组织信誉度的基础上提高其知名度。象限 C 表示危险组织形象，即低知名度、低美誉度。说明组织公共关系状态不佳，公共关系工作应分两步走：第一步改善自身，争取提高美誉度，使其上移至 B 象限；第二步提高知名度，扩大传播，使其侧移至 A 象限。象限 D 表示恶劣的组织形象，即高知名度、低美誉度。说明组织公共关系状态极为不佳，甚至可以说处于臭名远扬的恶劣境地。其公共关系工作应分三步走：第一步，降低已形成的坏名声，使其向 C 象限发展；第二步，默默地努力改善自身，扩大美誉度，使其向 B 象限发展；第三步，再去扩大知名度、使其向 A 象限发展。

2．组织形象等级法

与织形象地位图分析法不同，组织形象等级法运用三维维度分析组织的公共关系状况，这三个维度是知名度、美誉度、和谐度。依据这三个维度对组织形象构建描述模型。

和谐度指一个组织在发展运行过程中，获得目标公众态度认可、情感亲和、言语宣传、行为合作的程度；是组织从目标公众出发、开展公共关系工作获得回报的指标。其考量指标有态度认可、情感亲和、言语宣传、行为合作等。和谐度是专门在向各类目标公众调查统计的基础之上建立的，认知度和美誉度是在向普遍性的社会公众调查统计的基础上产生的。该方法首先是把知名度、美誉度、和谐度分出专门的等级，具体划分如表 6-1 所示。

表 6-1　组织公共关系状况等级

认知深度等级	认知广度等级	美 誉 度	和 谐 度
9	A	5	5
8		4	4
7	B	3	3
6		2	2
5	C	1	1
4		0	0
3	D	−1	−1
2		−2	−2
1	E	−3	−3
0		−4	−4
		−5	−5

（1）认知度等级，按认知广度分为 A、B、C、D、E 共 5 级，其中 A 代表国际级、B 代表全国级、C 代表大区级、D 代表省区级、E 代表当地级，分别表示组织在不同范围的认知度。

认知深度等级：分为十等级，即 0、1、2、3、4、5、6、7、8、9，数字越大表示公众对本组织的认知越深入细致。

（2）美誉度等级，分为 11 等级，即−5、−4、−3、−3、−2、−1、0、1、2、3、4、5，数值越大表示美誉度越高。

（3）和谐度等级，分为 11 等级，即−5、−4、−3、−3、−2、−1、0、1、2、3、4、5，数值越大表示和谐度越高。

由此，在调研资料的基础上可以计算出组织在知名度、美誉度（或高信誉度）和和谐度上的等级，形成组织的形象描述，同时指明组织公共关系工作下一步的努力方向。如某组织的形象描述为 2A34，表明该组织的认知范围不够，需要在更大地理区域范围加大组织的认知度公关。

3．组织形象差异分析法

该方法由三个步骤构成：①调查组织的理想形象，即组织自身希望达到的形象；②组织实态即组织的实际形象，通常指组织外部公众对所评价和界定的组织形象；③比较“组织理想形象”和“组织实际形象”，寻找形象差距。经过比较得出的形象差距有两种，如果“组织实际形象”低于“组织理想形象”，组织要努力弥补和消除差距，这往往是组织今后一段时间的工作重点，是需要努力提升形象的所在，当然也可以适当调低“组织理想形象”标准；如果“组织实际形象”超过“组织理想形象”，表明组织工作卓有成效，应该继续保持这方面的优势。

组织形象分析的上述三种方法中，组织形象地位图分析法和组织形象等级法对组织形象的指标研究比较全面、系统；但两种方法须建立在累积大量一手材料的基础上，另外，这两种方法须进一步完善，尤其是区分形象的量化节点数据，亟待科学研究和充实。组织形象差异分析法简便易行，但研究内容更多局限在本组织，不利于组织树立竞争导向观念，在今天竞争激烈的时代，这对组织的发展是很危险的。

第三节　公共关系调查问卷设计与撰写调查报告

与其他社会性调查相似，公共关系调查步骤也经历提出任务、确定问题、确定调查对象、选择调查方法、实施调查、分析数据、撰写调研报告、追踪调查等阶段。由于前文对其中一些调查步骤已做过说明，在此重点介绍公共关系调查问卷设计和撰写公共关系调查报告两个阶段。

一、公共关系调查问卷设计

1. 公共关系调查问卷设计依据

公共关系调查问卷是针对组织形象等方面的问题进行的调查，公共关系调查问卷设计的最根本依据是调查目的或调查任务。调查目的决定了调查的内容、对象和地点。

通常，总体调查目的或调查任务是比较笼统的，在实际执行中需要细化为具体的指标体系，如调查维度和调查因子指标，构建公共关系调查的指标体系，这决定了调查问卷的结构和容量。公共关系调查的指标体系可以有多种来源，如前人的研究成果、组织调查需要、被调查者对调查问题的理解偏好，等等。

前人的现有研究成果构成公共关系调查的指标体系的主要来源。公共关系调查的指标体系因调查主体的行业、产业、业务类型存在差异，不同学者对同一调查主体的研究角度也会导致公共关系调查指标体系的巨大差异。

日本著名广告学者八券俊雄认为，对生产销售型企业的形象调查包括以下 14 个维度：传统性、企业规模、技术、研发能力、国际竞争力、现代感、希望子女去就职的愿望、对公益事业的热心、销售网络、企业风气、想购买公司产品或股票的愿望及数量、未来性、积极性、对待消费投诉。每个维度继续细化为具体的因子指标。现有研究成果可以为公共关系调查问卷的设计提供基本方向，但完全参照和依从现有研究结论设计公共关系调查指标是不严谨和不科学的。组织调查需要性是调查问卷设计中必须考虑到的，很难想象对一个完全实行国内贴牌经营的小型加工厂，照搬八券俊雄的观点调查其国际竞争力形象会有重大意义。具体问题具体对待，根据调查主体的实际需要添加和完善公共关系调查指标体系是极其必要的。

一些严谨的公共关系调查问卷，在问卷设计之前，会把公共关系调查指标体系向抽样的调查对象或典型公众进行咨询，查遗补漏，添加调查对象或公众认为重要的指标。

2. 设计公共关系调查问卷

公共关系调查问卷是公共关系调查指标体系的文字艺术表达，旨在让调查对象容易理解并配合调查。

问卷一般分成两个部分，第一部分是前言，要求用简洁、明确的文字向公众说明调查的目的及回答问题的要求，前言应当文词恳切，尊重公众。第二部分是问卷的正文，请公众回答。有些问卷的正文由背景问卷和指标问卷构成。背景问卷是对被调查者基本情况的了解，如年龄、职业、受教育程度等，成为可能需要的差异分析的依据；指标问卷是公共关系调查指标体系的问题化处理。

根据正文的问题是否规定了备选答案，公共关系调查问卷可以分成两种：封闭式问卷和开放式问卷。

（1）封闭式问卷。封闭式问卷的特点是在每个问题后边都列出了备选答案，请公众自由选择。其优点是答案比较规范，公众回答方便，结果便于定量分析，但不足之处是不利于反映深层次问题。

封闭式问卷有以下几种方式：① 两项选择式，在问题下列出两项备选答案，要求被调查者任选其一，此法适用于非此即彼性质的简单问题；② 多项选择式，在问题比较复杂时，问卷可列出两个以上的答案由公众选择；③ 排序选择式，排序选择式即在问题下列出多种备选答案，要求被调查者根据自己的情况，排列备选答案的顺序；④ 意见程度选择式，常用 Liker 量表或语意级差量表的形式。意见程度选择即在问题下按照语义级差法备选排列，选择一个答案，以测定公众对某个问题的立场和态度。例如，你认为本公司的服务态度如何？可以有五个选项：非常好（5 分），比较好（4 分），一般（3 分），较差（2 分），很不好（1 分）。

（2）开放式问卷。开放式问卷又称自由提问，即在问题下不列出备选答案，由公众根据自己的情况自由回答。这种方法适用于反映深层次的问题，但开放式问卷的答案难以进行数据统计，被调查者的配合意愿差。一般在问卷中，开放式提问不宜过多。

开放式问卷有多种设计方式：① 自由格式，无任何引导、暗示或限制的问题，被调查者自由填充答案；② 填充式，填充文字，形成完整的语句；③ 联想式，对于给定的词汇、情节等进行联想，写出联想到的文字；④ 图示式，给出一幅图画，增添内容或进行联想，填充文字。

3. 调查问卷设计技巧

调查人员在设计问卷时应注意以下几个问题。

（1）尊重公众，慎重提问。选择所提的问题，如涉及宗教信仰、民族习俗、个人隐私等忌讳方面，必须在调查前进行必要的解释，以消除公众的疑虑，避免对公众情感造成伤害。

（2）问题顺序合理，具备逻辑性。每个问题可能涉及不同的方面，但不同问题的排列必须是有前后顺序的。

（3）文字简洁、明确、通俗易懂，不可太长，不要用公众难以理解的专业术语，不要加太多的形容词。

（4）不要用双重提问，即一个问题最好只有一个答案。

（5）措辞准确，时间、数字等的单位范围具体，防止模糊不清或模棱两可。

（6）避免使用带倾向性的措辞。

（7）备选答案力求全面，避免出现重大遗漏。

（8）如果对问卷没有把握，可以先在小范围内进行测试，分析问卷，看看其中是否有不妥之处。

二、撰写公共关系调查报告

公共关系调查报告是公共关系调研全过程的文字反映，是公共关系调研结果的集合，是后续公共关系策划的基本依据。

（一）公共关系调查报告文体格式及写作要求

公共关系调查报告一般分为标题、导言、正文、结尾、署名、附录等几个部分。表 6-2 给出了公共关系调查报告的文体形式及写作要求。

表 6-2　公共关系调查报告的文体形式及写作要求

<table>
<tr><th colspan="2">版块名称</th><th>文体形式</th><th>基本内容</th><th>写作要求</th></tr>
<tr><td colspan="2">标题</td><td>直叙式、观点式、问题式</td><td>表达调查主题</td><td>题目精炼新颖、高度概括、有吸引力</td></tr>
<tr><td rowspan="3">正文</td><td>导言</td><td>叙述式、提问式、总结式</td><td>介绍调查工作状况，如目的、范围、方式等</td><td>点明主题、高度概括、精练简短</td></tr>
<tr><td>正文</td><td>逻辑分叙式、表格说明式、条文列举式</td><td>现状分项目汇总叙述；分析原因及影响因素</td><td>主体明确、中心突出、逻辑性强、简洁有力</td></tr>
<tr><td>结尾</td><td>归纳式、警告式</td><td>全文小结并提出策论</td><td>高度概括</td></tr>
<tr><td colspan="2">署名</td><td>标题之下或全文之后</td><td>调查单位与写作时间</td><td>简单明确</td></tr>
<tr><td colspan="2">附录</td><td>各类附件</td><td>调查表、典型材料等</td><td>佐证有力</td></tr>
</table>

（二）公共关系调查报告重要版块写作

1．标题

公共关系调查报告的标题写法很多，常见的有三种写法：①文章标题的写法，如《以民为本，改善报税人现场心境》；②类似于公文标题的写法，如《对××物业信誉度的调查报告》；③正副标题写法，一般是正题揭示主题，副题写出调查的事件或范围，如《辉煌百年——××集团认知度调查》。

标题力求提纲挈领，一目了然，概括全篇，引人注目。以简练、概括、明确的语句反映所要调查的对象、领域、方向等问题。如果公共关系调查报告要上呈给有关部门和人员，封面页的标题之下要附上报告撰写人员或单位、撰写时间等。

2．调查目的

重点交代和说明进行此次调查的原因，希望达成的结果。调查目的不宜过多。一些公共关系调查报告，如果需要详细说明调查目的产生的原因，需要交代调查背景信息，在写作模式上，可以把二者截然分离，单列成独立的两块，也可以目的和背景相结合，分条陈述。

3．调研过程简述

调查方法、调查地域范围、调查时间、样本选择方法、资料收集情况及资料分析方法等构成调研过程简述的主要内容。

4．资料分析说明

资料分析是对所收集资料的整理、归类、统计和演算推导等工作的总称，构成公共关系调查报告的主体，通常进行资料精度和信度分析、描述性分析、推理性分析。资料精度和信度分析，交代问卷设计依据和问卷结构，说明收集资料的可靠性、代表性，表明公共关系调查报告具备正确、科学的基础。描述性分析主要给出调查对象样本属性、公共关系指标属性的分布情况。推理性分析说明样本属性、公共关系指标属性之间的逻辑关系。

5．结论与建议

结论是对资料分析结果的总结，是公共关系调查报告的精华所在，直接关系组织未来的公共关系策略和手段是否合理、正确，最终关乎组织公共关系目的能否达成，意义深远。

不是所有结论都是正确的或准确的，受研究方法、资料限制、样本容量等因素影响，对一些有疑虑的结论，需要进行追踪调查，进一步核实。

结论通常罗列在一起，自成段落或文本板块，便于读者一目了然。为方便理解，也可以把各种结论的关系逐一汇总，做简单说明。

建议是公共关系调查报告的附属品，指明结论的运用价值和运用方向。建议的写作可长可短，可以是执行思路方面的，也可以是执行程序，甚至是执行细节。

6．附件或附录

附件或附录一般置于公共关系调查报告的最后。附件或附录内容没有专门规定，常见附件或附录有参考文献、公共关系调查问卷、公关调查人员名单等。

练习与思考题

1．单项选择题

（1）公共关系策划的第一步工作是（　　）。

A．公共关系调查　　B．方案策划　　C．公共关系实施　　D．公共关系计划

（2）如某组织的形象描述为 8A14，表明该组织需要提高（　　）。

A．认知度　　B．美誉度　　C．和谐度　　D．诚信度

（3）（　　）是非随机抽样中使用最广泛的一种抽样方法。

A．分层抽样　　B．配额抽样　　C．简单抽样　　D．多阶段抽样

（4）如果组织处于（　　）组织形象，即低知名度，高信誉度（或高信誉度）。说明组织公共关系状态具有良好的发展基础，公共关系工作的重点应当是在维持组织信誉度的基础上提高其知名度。

A．理想　　B．良好　　C．危险　　D．恶劣

2．多项选择题

（1）公共关系调查可以从（　　）三个维度进行。

A．组织形象　　B．主管部门　　C．社会环境
D．组织地位　　E．公众

（2）公共关系调研中，观察法具有（　　）优点。

A．便于分析　　B．费用低廉　　C．适用广泛
D．灵活多样　　E．简便易行

（3）附件或附录一般置于公共关系调查报告的最后。附件或附录内容没有专门规定，常见附件或附录有（　　）。

A．参考文献　　B．公共关系调查问卷　　C．公共关系调查人员名单
D．公共关系调查结论　　E．公共关系调查目的

3．名词解释

公共关系调查　配额抽样　理想组织形象　封闭式问卷

4．简答题

（1）公共关系调查主要从哪些方面展开？

（2）如何描述和界定组织形象的内容？

（3）组织形象差异调查须经历哪些步骤？

（4）相对于封闭式问卷，公关调查的开放式问卷有哪些优点和缺点？

5．论述题

（1）如何撰写公共关系调查报告？

（2）公共关系调查为什么要进行样本抽样？抽样方法有哪些？

6．实训题

可口可乐公司“新可乐”的失败

1985 年 4 月 23 日，可口可乐公司董事长罗伯特·戈伊朱塔宣布了一项惊人的决定。他宣布经过 99 年的发展，可口可乐公司决定放弃它一成不变的传统配方，原因是现在的消费者更偏好口味更甜的软饮料，为了迎合这一需要，可口可乐公司决定更改配方、调整口味，推出新一代可口可乐。可口可乐公司做出改换口味的决定，是希望借此将其饮料王国的强劲对手置于死地。百事可乐公司的冒险成功了，几乎每次试验后，品尝者都认为百事可乐更好喝，“百事挑战”系列广告使百事可乐在美国的饮料市场份额从 6%猛升至 14%。可口可乐公司不相信这一事实，也立即组织了口感测试，结果与“百事挑战”中的一样，人们更喜爱百事可乐的口味。市场调查部的研究也表明，可口可乐独霸饮料市场的格局正在转变为可口可乐与百事可乐分庭抗礼。20 世纪 70 年代 18%饮料消费者只认可可口可乐这一品牌，认同百事可乐的只有 4%，到了 20 世纪 80 年代只有 12%的消费者忠于可口可乐，而只喝百事可乐的消费者则上升到 11%与可口可乐持平的水平。而在此期间，无论广告费用的支出还是销售网络，

可口可乐公司都比百事可乐公司高得多。

可口可乐新的领导者戈伊朱塔认为，尽管可口可乐公司广告开销巨大、分销手段先进、网点覆盖面广，但市场占有率却还是一直在下滑，其重要的原因是可口可乐那曾经是神圣不可侵犯的、已经使用了99年的配方，似乎已经合不上今天消费者的口感要求了。可口可乐公司技术部门决定开发出一种全新口感、更惬意的可口可乐，并且最终拿出了样品，这种“新可乐”比可口可乐更甜、气泡更少，因为它采用了比蔗糖含糖量更多的谷物糖浆，它的口感柔和且略带胶粘感。

可口可乐公司在研制新可乐之前，曾秘密进行了代号为“堪萨斯工程”的市场调查行动，它出动了2 000名市场调查员，在10个主要城市调查顾客是否接受一种全新的可口可乐，问题包括：可口可乐配方中将增加一种新成分使它更柔和，你愿意吗？可口可乐将与百事可乐口味相仿，你会感到不安吗？你想试试一种新饮料吗？调查结果表明只有10%～12%的顾客对新口味可口可乐表示不安，而且其中一半表示会适应新的可口可乐，这表明顾客们愿意尝试新口味的可口可乐。在新可乐的样品出来后，可口可乐公司组织了品尝测试，在不告知品尝者品牌的情况下，请他们说出那一种饮料更令人满意，测试的结果令可口可乐公司兴奋不已，顾客对新可乐的满意度超过了百事可乐，市场调查人员认为这种新配方的可乐至少可以将可口可乐的市场占有率推高1%～2%，这就意味着多增加2亿～4亿美元的销售额。为了确保万无一失，可口可乐公司斥资400万美元再次进行了规模更大的口味测试，13个最大城市的超19万名顾客参加了测试，55%的品尝者认为新可乐的口味胜过了传统配方的可口可乐，而且在这次口感测试中，新可乐再次击败了对手百事可乐。

新可乐即将投产，目前面临的问题是：是为“新可乐”增加新的生产线呢？还是彻底地全面取代传统的可口可乐呢？可口可乐的决策层认为，新增加生产线会遭到遍布世界各地的瓶装商的反对，公司最后决定“新可乐”全面取代传统可口可乐，停止传统可口可乐的生产和销售。在“新可乐”全面上市的初期，市场的反应相当好，1.5亿人在“新可乐”面世的当天就品尝了它，但很快情况有了变化。

在“新可乐”上市后的一个月，可口可乐公司每天接到超过5 000个抗议电话，而且更有雪片般飞来的抗议信件，可口可乐公司不得不开辟了83条热线，雇用了更多的公关人员来处理这些抱怨和批评。有的顾客称可口可乐是美国的象征，有的顾客威胁说将改喝茶水永不再买可口可乐公司的产品，更有忠于传统可口可乐的人们组成了“美国老可乐饮者”的组织在发动全国抵制“新可乐”的运动，而且许多人开始寻找已停产的传统可口可乐，这些“老可乐”的价格一涨再涨。面市后两个月，“新可乐”的销量远远低于公司的预期值，不少瓶装商强烈要求改回销售传统可口可乐。

公司的市场调查部门进行了紧急的市场调查，一个月前还有53%的消费者声称喜欢“新可乐”，可现在一半以上的人说他们不喜欢“新可乐”，再过一个月，认可“新可乐”的人只剩下不到30%。“新可乐”面市后的三个月，其销量仍不见起色，而公众的抗议却愈演愈烈。最终可口可乐公司决定恢复传统配方的生产，其商标定名为可口可乐古典，同时继续保留和生产“新可乐”，其商标为新可乐。但是，可口可乐公司已经在这次的行动中遭受了巨额的损失。

（资料来源：http://www.mie168.com/read.aspx）

思考：为什么可口可乐公司在这次的行动中会遭受巨额的损失？

第七章

公共关系策划、实施与评估

学习目标

1. 掌握公共关系策划书的结构与写作；
2. 了解公共关系实施的主要环节；
3. 了解公共关系评估的意义、内容和方法；
4. 掌握公共关系评估报告的撰写。

案例导入

英国航空公司的公共关系策划

20 世纪 80 年代，一架波音 747 喷气客机从日本东京起飞，飞往伦敦，飞机上只有一名乘客。这架飞机是英国航空公司所属的 008 号班机，乘客是一位日本妇女，名叫大竹秀子。为什么一架大飞机只载一名乘客飞行呢？本来在东京等候这架飞机的有 191 人，可是这架飞机因机械故障而推迟飞行，其他 190 名乘客经劝说，都改乘别的班机走了，唯独大竹秀子非 008 号班机不乘。在这种情况下，机场只好与英航总部联系，寻求解决的办法。英航总部立即叫来高级公关顾问紧急磋商，最后果断地做出决策，决定利用这一棘手的突发事件，制造一起新闻，以宣传提高公司的知名度和美誉度。

英国航空公司决定，008 号班机修复后，放弃另外的商业飞行，只载着大竹秀子一人，开始了 13 000 公里的飞行。机上 15 位空中小姐、6 位机组人员为大竹秀子提供了热情周到的服务。她被从经济舱请进头等舱，享受了两餐极其丰盛的美味佳肴，又看了一场电影，还美美地睡了一觉。有人说，大竹秀子享受了一次胜过英国女王的超豪华旅行。最终经过 13 小时的飞行，当 008 号班机在伦敦机场徐徐降落时，早已闻讯赶来的上百名英国各地电视台和各报社记者蜂拥而上，将兴奋得难以自制的大竹秀子团团围住。当天，英国各大媒体都在显著位置报道了这一戏剧性事件，电视台还做了现场报道。至此，英国航空公司这次成功的公共关系宣传活动产生了轰动的新闻效应。虽然此次飞行使英国航空公司直接损失了 15 万美元，却给公司做了一次充分的形象展示，特别是英国航空公司把乘客当做上帝的美名被广泛宣传，从此名扬天下。

（资料来源：周安华．公共关系：理论、实务与技巧［M］．北京：中国人民大学出版社，2010．）

讨论题：你如何理解以下说法“公共关系策划就其本质来讲，是进行科学思维的过程，是创造的过程；就其现象来看，是时机、空间和招数组合及运演的过程”。

第一节　公共关系策划概述

一、公共关系策划的含义

公共关系策划是指公共关系人员在调查研究的基础上，根据组织的现状和目标要求，分析现有条件，确定公共关系目标、谋划公共关系战略，计划、设计最佳公共关系行动方案的过程。公共关系策划是策划理论在公共关系中的具体运用，一方面包括了公共关系理论的成分，另一方面包括了策划理论的成分。

公共关系策划分为战略策划和战术策划两个层面。组织对公共关系进行总体上的有关长远发展的规划，是战略层面的策划；对每个具体活动方案进行精心设计和安排，是战术层面的策划。

公共关系策划包含四个前提条件：第一，策划具有一定的目的性，而且是组织的目的性；第二，策划必须基于对现实情况的了解；第三，策划要有一个研究分析的过程；第四，策划是一个制定行动方案的过程。只有具备了上述特点，才能称为公共关系策划。由此可见，公共关系策划具有复杂的内涵，目前对其的理解主要有四种。

（1）将策划作为贯穿公共关系活动的始终，对公共关系全过程都具有指导意义的活动。即公共关系的每个步骤都须以公共关系策划为核心，以策划为先导，公共关系策划是公共关系活动的最高层次。

（2）将公共关系策划作为公共关系活动程序中一个独立的环节，即在公共关系调查的基础上，为公共关系活动设计方案。

（3）将公共关系策划和公共关系计划同等对待，即公共关系策划是依据公共关系目标，界定公众、确定主题和方案的过程。

（4）将公共关系策划当做方案筹划和设计策略的过程，实际是思维的过程，是一种构思。

二、公共关系策划的原则与作用

（一）公共关系策划的原则

公共关系策划是公共关系现代化的重要标志，科学的策划是制定有效的公共关系活动方案的保证，公共关系策划是一门充满智慧的学问。公共关系人员在进行公共关系策划时，要遵循目标导向原则、公众利益优先原则、尊重客观事实的原则、独创性与连续性统一的原则、计划性与灵活性统一的原则、经济性原则。

1．目标导向原则

目标导向原则是指组织的公共关系策划活动必须在一个明确目标的指引下完成。在每次公共关系活动前，策划者都必须清楚此次策划的原因、目的、所应解决的问题及其难易程度。公共关系策划的每个步骤、环节都必须紧扣组织的公共关系总目标，公共关系策划的整个过程中都要始终围绕着既定的目标来进行。

2．公众利益优先原则

组织利益是组织进行公共关系策划的原动力，组织利益由经济效益和社会效益两方面构成。公共关系活动带来的组织形象的塑造和与公众关系的协调，将为组织创造有利于组织生存发展的优越条件，并由此带来更为深远的经济效益和社会效益。

任何组织在经营过程中都必须面对组织利益、社会利益和公众利益。公共关系策划要求组织在同时考虑自身利益、社会利益与公众利益的关系时，坚持把公众利益放在首位，即公众利益优先原则。公众利益优先并不意味组织完全牺牲自身的利益，因为良好的公众关系将为组织赢得更大的长远利益。

3．尊重客观事实的原则

公共策划过程中，组织必须以既成事实为导向，尊重实践、尊重科学，按照客观规律进行，要以解决实际问题、达到切实效果为目标。尊重客观事实要求组织真实地收集信息、客观、公正地分析研究和塑造组织形象，根据环境事实的变化策划传播，并不断修正完善策划方案和调整公共关系行为。

4．独创性与连续性统一的原则

独创性是组织形象竞争的需要。公共关系策划应该随着形势的发展而不断地创新，否则就会在激烈的竞争中失去优势。创意是策划的灵魂，创造性思维方法是获取创意灵感的有效手段，要不受传统思维的束缚，力求别出心裁，尽量避免重走老路或与别人雷同。

组织形象是一个循序渐进的积累过程，公众要通过多次参与对组织形象的评判，才能建立起对组织较为确定、客观的评价。因此，还要考虑公共关系活动的连续性，并将独创性与之结合，使公共关系策划能科学、有效地进行。

5．计划性与灵活性统一的原则

公共关系策划必然涉及组织各方面工作的协调与人、财、物的配备，所以必须有较强的计划性，方案一旦形成，不宜轻易改变。但由于组织的主观、客观条件随时都在发生变化，会制约方案的运行，并且在实施策划的过程中，总会遇到突如其来、意料之外的问题，谋略对策就得进行相应的调整。因此，在总目标、大原则不变的情况下，应将计划性与灵活性统一起来，使策划行动方案留有回旋余地，保持适当的弹性。

6．经济性原则

公共关系策划是一种创造性的思维活动，可以充分发挥人的主观能动性。提出具有创意的新思想、新观点和新方法，但不能脱离实际而存在。策划是事前公共关系行为的通盘谋划，必须考虑在未来的实施中是否合理与可行；公共关系策划作为一个整体系统工程的一部分，还要充分考虑整体与部分的有机协调，并从系统的整体与部分之间的相互依存、相互制约的关系，揭示系统的特征及其运动规律，实现整体最优。

（二）公共关系策划的作用

1. 整理思路

公共关系策划既然是一种对未来公共关系进行布局的思维过程，就要求我们必须具有明确的思维目的、严密的逻辑及系统的思维结果。策划本身就是为了避免未来公共关系行为的盲目、随意、无序、混乱。因而，策划的作用首先在于帮助我们在纷繁的信息中整理思路、找出头绪、明辨方向、把握节奏，使未来的公共关系行为能主次有序、轻重有别、环环相扣、层层相接。

2. 指导行为

公共关系策划还表现在对未来公共关系行为的设计和规定。为了达到预期的策划目标，策划必须对未来的公共关系行为的每个步骤、每个行动细节做好安排和设定，对公共关系行为的方向、方法做出统一的规定和要求。保证未来公共关系行为不至于仓促应付、随心所欲、偏离目标、各自为政、主次不分、前后失序、节度不明。

3. 开启创意

公共关系不是简单的临摹，不是照本宣科、邯郸学步。每个组织都有自身的行业特征、资源禀赋、环境差异，更有不同的公共关系预期。这要求公共关系创意必须是一种创造性劳动，追求独具一格、标新立异，达到公共关系创意的不断进取、追求卓越。

4. 咨询策划

公共关系策划是组织策划中不可缺少的一环，是整个决策过程中决策方案选择的依据，是决策者最后决断的前提。可以说，没有公共关系策划就没有对行动的部署和安排。从确定公共关系目标进行公共关系策划，从公共关系策划再到优选公共关系方案，直至公共关系方案的拍板实施，实质是层层相连、环环相扣。没有公共关系策划，公共关系便成了空中楼阁、断线风筝。

5. 促进竞争

公共关系是现代竞争的产物，公共关系策划势必促进组织在树立形象、传播沟通、协调关系诸方面的竞争。如何使组织形象在激烈的市场竞争中脱颖而出，成为公众瞩目、众望所归的焦点；如何使组织形象获得公众的认可、理解、支持、依赖等，皆取决于公共关系策划水平的高低。

三、公共关系策划的基本内容

实施公共关系策划，总要围绕其具体内容展开，内容也就是策划的角度或层面。无论单项内容还是多项内容甚至全部内容，都为策划者规定了特别的角度或层面。制定公共关系计划，就应当对每个策划的内容、每项内容所应构思的问题有一个全面的认识。了解公共关系策划内容的多样化要求，将有助于构筑全面系统的公共关系策划体系。公共关系策划包括以下几个方面的内容。

（一）公共关系目标

公共关系目标是公共关系策划的首要内容，任何一个公共关系策划都必须首先确定一个确切的目标，然后才是围绕这个目标的周密安排。

社会组织的公共关系目标策划，是社会组织的最高公共关系策划。该计划将统领或规定整个公共关系策划体系，其他一切公共关系计划都需遵从该计划而分别设计。公共关系目标策划包括总体公共关系目标、一定时期的公共关系目标、对象性公共关系目标、公共关系活动目标体系等各种具体内容。

（二）公共关系战略

公共关系战略策划是对公共关系整体的、全局的、长远的和关键问题的构思与安排，属于整体规划。公共关系战略策划包括总体战略策划、对象性战略策划、竞争性战略策划、活动性战略策划及媒体战略策划。

（三）公共关系政策

制定公共关系政策策划，包括公共关系总政策策划、各类对象性公共关系政策策划、活动政策策划和沟通政策策划。

公共关系政策是处理公共关系问题的直接依据。由于主客观条件的不断变动、公共关系状态的复杂化，公共关系政策总是处于不断调整之中，因而公共关系政策策划也将是一个不断制定、不断改变的过程。

（四）公共关系行为规则

公共关系行为规则策划主要包括公共关系办事程序和规则两方面。公共关系办事程序策划主要指处理那些重复发生的公共关系问题的标准方法、程序等。公共关系规则策划则是在具体公共关系场合和具体公共关系情景下，允许或不允许采取某种特定行为的规定。

四、公共关系策划的步骤

公共关系策划是公共关系工作程序的核心，是公共关系运作的升华，也是公共关系工作成败的关键，公共关系策划为公共关系的实施和评估提供了依据。

公共关系策划步骤的经典理论很多，最广为人知的是“四步骤说”和“六步骤说”。

卡特利普和森特（Cutlip & Center）1952 年在“公共关系圣经”《有效公共关系》一书中提出了具有划时代意义的“公共关系四步工作法”， 认为公共关系策划必须经历公共关系调查、公共关系策划、公共关系实施、公共关系评估。这就是公共关系策划“四步骤说”，为大多数公共关系教材所采用的观点。

弗兰克·杰夫金斯（Frank Jefkins）提出了“六步骤说”，认为公共关系策划必须经历六个阶段，即评价现状、确立目标、确定公众、选择传播媒介与方法、预算和估价结果。公共关系策划“六步骤说”被现实中各类组织的公共关系实务活动广为采用。

此外还有“七步骤说”、“八步骤说”、“十步骤说”等理论，但大同小异。如“七步骤说”将公共关系策划程序界定为两个阶段、七个步骤：策划的前一个阶段为准备阶段，分为现状分析和确定目标要求两个步骤；策划的后一个阶段为实际策划，分设计主题、分析公众、制定活动方案、选择媒介、预算经费和审定方案五个步骤。“八步骤说”、“十步骤说” 公共关系策划理论划分的公共关系策划阶段更多。

这些不同公共关系策划理论主要是策划阶段划分上有差异，策划思维上差异并不大。公共关系策划的步骤划分越来越细，表明公共关系理论研究的不断深入和公共关系实务上的不断突破，是公共关系学不断发展和繁荣的标志。

五、公共关系策划书的结构及写作

公共关系策划书也称公共关系计划书，是对组织未来公共关系活动的预先规划，是对公共关系活动的文字性指导。

（一）公共关系策划书的结构

公共关系策划书正文由以下几个部分构成：①公共关系策划主题；②公共关系策划目的；③方案策划；④宣传策略与媒介选择；⑤经费预算；⑥意外事项和备选方案；⑦策划说明和附录。

为了便于实施公共关系策划，打印成册的公共关系策划书除了上述七项内容外，还要加上封面、序文、目录三项正文以外的内容，构成完整的文本文件形式。

（1）封面。公共关系策划书的封面不必像书籍装帧那样去考虑设计的精美，但文字书写及排列应大小协调、布局合理，纸张只要略比正文厚些即可。封面内容一般包括题目、策划机构、策划人、策划日期、文件编号。

（2）序文。并非所有策划书需要序文，除非活动方案较多较复杂，才有必要以简洁的文字做出说明或举要。

（3）目录。如同序文一样，除非活动方案较多较复杂，才有列出目录的必要。列出的目录要对内容提纲挈领，务求使人读过后能了解策划的全貌，目录标题与策划书正文标题应协调统一。

（二）公共关系策划书的写作

1. 公共关系策划主题

（1）公共关系策划主题的含义。公共关系策划主题是指专题活动的指导思想、宗旨、目的要求等，是用凝练文字语言对公共关系活动内容的高度概括，通常是一句话甚至是一个口号。公共关系策划主题是统领专题活动各个环节的“纲”，并贯穿专题活动始终。

公共关系策划主题对整个公共关系活动起着指导作用，在一定程度上影响专题活动内容安排和形式选择。公共关系活动主题的设计是否精彩、恰当，对公共关系活动的成效影响很大。

（2）公共关系策划主题的提炼。公共关系活动的主题看上去很简单，但设计起来并不容易。设计一个好的活动主题一般应考虑四个因素，即公共关系目标、信息个性、公众心理和审美情趣。首先，公共关系活动的主题必须与公共关系目标相一致，能充分表现目标，一句话点出活动目的。其次，表述公共关系活动主题的信息要独特新颖，有鲜明的个性，既区别于其他组织的活动，又要突出本次活动的特色，与以往的不同。再次，公共关系活动的主题设计要适应公众心理的需求，既要富有激情，又贴切朴素；既反映组织的追求，又不脱离公众，使人觉得可亲可信。最后，公共关系活动的主题设计要注意审美情趣，词句要形象、生动、优美、感人，同时要注意简明扼要，便于记忆。

公共关系策划主题表达可以不拘一格，可以是一个简洁的陈述句，也可以是一个寓意深刻的典故或成语，还可以是一句鲜明的口号。公共关系策划主题的提炼方法有很多，可以通过借用、归纳等方法获取，甚至包括艺术加工的方法。常用的方法有：①根据时代韵律提炼主题；②根据人生哲理提炼主题；③根据企业文化提炼主题；④根据将执行的公共关系活动提炼主题。

无论采用何种形式来表现公共关系策划主题，都要求含义明确、观点鲜明、便于记忆、贯穿始终、切合实际、诚实可靠。华而不实的口号，往往适得其反，会引起公众的误解和反感。

（3）公共关系策划主题的特征。公共关系策划主题要与组织的公共关系目标一致，服务于公共关系目标；主题讲究实效性，适合公共关系活动的客观实际，能符合公众意愿，吸引公众；主题一经确定，必须保持稳定，切忌朝令夕改；一次公共关系活动，一般不应有多个主题，以一个为好，多个主题必须为一个最重要的主题服务。

案例分析 7-1

公共关系策划的主题策划

主题的表达也需要适当创新。例如，法国雅歌丹香薰有限公司在其新闻发布会上，用诗歌的形式表现了活动主题。这个冬天因您而芬芳/芬芳从这个冬季开始/拒绝诱惑和侵蚀/拒绝侵蚀/点燃一屋芬芳幽梦/心情小筑之温馨家园/拒绝诱惑拒绝侵蚀/它们伪装得很巧妙/它们粉饰得很成功/所以很难察觉它们的存在/然而它们却无端地弥散……/侵蚀您和您家人的躯体/吞噬您和您家人的健康/她天生就优雅/她轻启浪漫的羽翼/以自己的良善抵制它的扩张/当然爱她/因为……/有了雅歌丹/空气就健康/香草的天空/植物精华弥漫的是香草芬芳/量子医学带来的是爽洁健康/因为愉悦/所以心旷神怡/冬天/花也会开/从这个冬季开始/有了雅歌丹/空气就健康。

（资料来源：http://www.chinaadren.com/html/file/2005-3-4/2005342351368826.html）

【案例评析】公共关系主题策划不要人云亦云，要有所创新，要能符合公众意愿，吸引公众。该案例里法国雅歌丹香薰有限公司提供的产品和服务目标公众主要是女性，所以，从女性的角度出发，用诗歌的形式将主题表现出来，这样的公共关系策划效果就比较好。不过，这个主题有个缺点，就是文字太长不太好记，我们一般建议公共关系策划主题用简洁的陈述句，如波司登“第一山，第一品牌——波司登万件羽绒服营造泰山世纪景观”的主题就比较容易被别人记住。

2. 公共关系策划目的

公共关系策划目的指通过此次策划及策划活动的执行需要解决的问题和达成的结果，一般在写作时，单列成独立的文字版块。如果进行说明和解释策划目的，可以通过交代策划背景或根据相关的公共关系调查结论来实现。

用以说明策划目的的策划背景包括以下内容：公众需求、公众态度、组织目标、组织公共关系状态、竞争对手公共关系状态、公共关系活动的特色、公共关系定位等。

3. 方案策划

确定了公共关系目标和对目标公众进行分析研究后，就要针对公共关系策划目的和不同的目标公众设计相应的公共关系活动方案。

方案策划是实现公共关系目标思路的具体化，是以公共关系活动计划书的形式表现出来的公共关系活动安排。方案策划是公共关系策划书的主体部分。

由于策划目的需要通过策划方案表现出来，方案策划部分主要是对即将举行的公共关系方案的完整表述，不同方案内容有很大差异。

年度公关策划方案具体包括以下内容：①年度内所有方案的名称及主导目标；②各方案的实施日期、地点和公众定位；③各个项目的组织人员及职责分工；④各方案的预期成果；⑤各方案之间的关系。

具体项目的公共关系策划方案，即公共关系项目具体方案，主要包括以下内容：①项目的名称、目标、宗旨；②项目实施日期、地点和公众定位；③项目的负责人，归口实施部门或实施者及各自职责；④项目实施的程序设计及具体的时点表；⑤项目所需的传播媒介、器材设备、外部环境条件等；⑥项目方案的预期成果；⑦项目在年度公共关系计划或公共关系战略的位置及关系。

4. 宣传策略与媒介选择

公共关系活动的核心是宣传沟通，方案策划完成后，后续宣传工作提上日程，主要完成两件工作：制定宣传策略和选择媒介，并对之进行表述。

（1）组织可供选择的宣传策略有：①媒介形式策略，即采用的是大众传播媒介、群体传播还是人际沟通方式；②宣传时点策略，即在何时进行宣传；③宣传密度策略，即宣传频率在单位期间的分布，主要有均衡密度宣传、间断密度宣传、不均衡密度宣传三种。

（2）媒介选择。组织可以选取大众传媒，如电视、报纸等；也可以采取人际沟通宣传，如会谈、对话、座谈会等形式。一些公关策划书还需同时交代媒介选择的依据或理由，这些理由或依据有：①根据公共关系工作的目标来选择传播媒介；②根据不同公众对象来选择传播媒介；③根据传播内容来选择传播媒介；④根据媒介特征来选择传播媒介；⑤根据公关预算来选择传播媒介。

5. 经费预算

在制定公共关系活动方案的同时，对每个环节逐一进行经济分析，即编制预算。编制预算实际上是一个将公共关系活动方案具体化并计划分配活动资金的过程。通过预算，可以确定公共关系活动的项目和规模，在有限的资金额度内，实现公共关系目标。同时，根据预算，公共关系人员可以进一步确定完成任务的时间表。再者，通过预算，就可以对公共关系活动的各项费用的使用情况进行查核，进而衡量公共关系工作的完成情况。总之，正确的预算可以从财力、物力、人力和时间上保证公共关系活动的正常进行，有利于公共关系活动方案的组织落实，也有助于提高公共关系活动的效益。

公共关系预算是按照目标、实施方案，将所需的费用分成若干项目，并编绘出单项活动及全年活动的成本。公共关系预算从某种意义上来讲，是更严格地要求公共关系工作要按预定目标、预定项目、预定时间，以最经济的代价完成预定任务。公共关系人员在编制预算时，一般都将各项工作计划具体化为一张可以进行成本核算的清单，或称预算表。

公共关系预算的构成：①人工报酬，指专业工作者和一般工作人员的薪金或工资，如外聘公共关系顾问的工时报酬等；②设施费用，此项费用由公共关系活动决定，一般包括各种印刷品、纪念品、摄影设备和材料、美术工艺器械、视听器材、展览设施和所需各种实物、用品等；③日常行政费，如房租、水电费、保险费、电话费、办公室文具费、通信费用、交通费、照相、洗印、旅餐费等；④突发事件的开支，公共关系人员编制预算时，应事先设置临时应变基金，以防止和应对突发性事件，从资金上保证公共关系的应变能力。

经费预算在写作上不仅要写出预算的种类和明细，还要交代具体金额数字。一些组织甚至还要交代预算的依据及预算使用或领用流程。

6. 意外事项和备选方案

计划总是赶不上变化，在公共关系方案实际执行中，总会出现意想不到的事项，这要求组织调整公共关系方案或进行细节处理。意外事项主要是对方案实施过程的提前预料和准备，如出席人选变更、安保措施、恶劣天气应对等。备选方案是对原有方案无法执行时的替代方案。

7. 策划说明和附录

一些方案通常需要报请审查或批准，这需要进行细节可行性的详细说明，策划说明就起到这种作用。附录是一些不适合放在策划书正文的文字材料，重要的附录通常包括：活动筹备工作日程推进表；有关人员职责分配表；经费开支明细预算表；活动所需物品一览表；场地使用安排表；相关资料等。

策划说明和附录主要是提供决策者参考的辅助性材料，不一定每份策划书都需要，也不一定构成公共关系策划书公开文本的组成部分。

第二节 公共关系方案策划

科学的方案策划构思和巧妙的策划艺术是制定有效公共关系活动方案的保证，体现了公共关系理论与实践的精华。公共关系方案策划是对公共关系目标的艺术性表现。

一、公共关系方案策划定位

（一）公众定位

组织策划公共关系方案所树立的组织形象及需要达到的公共关系目的，总是以公众为公共关系客体，不考虑公共关系客体的策划毫无意义。

组织公共关系活动目标的差异性决定了公众的差别性。任何组织都有特定的公众，组织不同时期的重点公众关系不同。界定公共关系活动的公众即公众定位对象有重要意义。

1．以活动目标进行公众定位

不同的公共关系活动，公众的关注焦点不同。组织的不同目标与利益关联公众不同。组织可以以此次活动目标可能关联的公众为本次方案策划的定位公众，如内部公众、社区公众、顾客公众、政府公众等。

2．以组织实力进行公众定位

任何一次具体的公共关系实践活动，都不可能涵盖和涉及所有类型的公众。组织实力决定了组织只能选择某种公共关系活动，这次公共关系活动不可能是所有公众都感兴趣的。根据组织实力，选择组织力所能及的公众，形成此次方案策划的公众定位。

3．以组织需要进行公众定位

按照关系的密切程度、影响程度、缓急程度等因素排列公众，要求组织对公众做出选择和取舍，组织应重视和首先处理与密切公众、重点公众等利益公众的关系，形成此次方案策划的公众定位。

（二）方案形式定位

公共关系方案策划到底采取哪种形式，需要充分考虑各种公共关系活动的特点、公众的喜好，以及同行业、同领域组织的常用活动形式。

按照公共关系活动的业务类型，公共关系方案策划有以下形式可供选择。

1．传播型公共关系活动

传播型公共关系活动是指组织利用各种传播方式和相关的媒介迅速将信息传送出去，以加强目标公众对组织的了解和信任，形成有利于组织的社会舆论氛围，为组织树立良好的形象。其特点是时效性强、主导性强、传播面广、推销组织形象效果快。传播型公共关系活动的主要形式有公共关系新闻、公共关系广告、舆论等。

2．交际型公共关系活动

交际型公共关系活动是指采用面对面的人际交往为主的活动方式，通过人与人的接触与交流，运用各种交际方法和沟通艺术，广交朋友、协调关系、缓和矛盾、化解冲突，为组织创造“人和”环境。交际型公共关系活动包括社团交际和个人交际，更多地表现为社团交际。社团交际主要是组织与组织之间的交际活动，如各种各样的招待会、座谈会、宴会、茶话会、慰问等。交际型公共关系活动有三个基本特征：直接性、灵活性和人性化。

3．服务型公共关系活动

服务型公共关系活动是指以各种实际的服务行为作为特殊媒介，以吸引公众、感化人心，获得公众的好评，取得公众的理解、信任和合作，使组织与公众之间关系更加融洽、和谐，提高组织的知名度和美誉度。其特点是：其一，注重实在的服务，为公众带来实惠和方便；其二，注重服务技巧，针对公众的疑难和困难，以新颖的服务方式吸引公众，强化服务型公共关系活动的效果；其三，实事求是、身体力行，把专题服务和平时的优质服务相结合，以实际行动提高组织的美誉度。

4．专题型公共关系活动

专题型公共关系活动是指组织利用举办的各种社会性、公益性、赞助性活动塑造组织形象的模式，目的是通过发起、组织和参与有广泛群众基础的社会活动，扩大组织的影响，以此提高组织的知名度和美誉度，赢得公众的好感和支持。特点是影响面广、正面效应大，但容易给组织带来意外的开支，增加组织的成本。开展社会型公共关系活动的常见方式有：一是以组织本身的重要活动为中心展开的公共关系活动，二是以参加各种社会活动为中心展开的公共关系活动，三是以社会福利事业为中心展开的公共关系活动。

5．征询型公共关系活动

征询型公共关系活动是指以采集社会信息为主的公共关系活动模式，目的是通过社会调查、民意测验、舆论分析等信息反馈手段，收集信息，了解民情民意，把握时势动态，检测组织环境，为组织机构的经营管理决策提供咨询。其中主要形式有：举办各种咨询服务、信息上访制度、调查问卷、设立热线服务和举办信息交流会。征询型公共关系活动的特点是以输入信息为主，及时对民意做出反应，保持组织与公众之间的平衡状态，具有较强的研究性、参谋性，容易持之以恒，可以实现组织与社会环境之间的动态平衡。缺点是操作的难度比较大，往往需要专业人士进行，成本可能比较高。

（三）方案时机定位

公共关系策划必须抓住不可多得的机会，迅速果断地采取对策，策划公共关系方案。公共关系策划时机很多，如组织创办或开业时、重大的社会活动和社会事件出现时、组织形象出现危机时、国家或地方政府新政策出台时，等等，都可能成为组织公共关系活动的时机。

但公共关系活动时机并无定式或通行惯例，一般需要遵循以下原则：尽量选择那些能够引起目标公众关注的时机；要善于利用节日，去做传播组织信息的方案；尽量避开国内外重大事件；不要在同一时间开展两项重大的公共关系活动，以免分散人们的注意力，削弱或抵消应有的效果；选择媒体急于寻找新闻题材的时机，策划投其所好的方案。当然，也有反其意而用之的定位策划活动时机的，刚好与上述原则相反，但这种时机定位的策划风险很大。

二、公共关系方案策划创意

公共关系方案的新颖度及公众的关注度是方案策划的关键，即策划方案要具有良好的创意。策划公共关系方案有很多方法和思维，产生了许多公共关系方案策划的创意手法，下面仅介绍其中的四种供参考。

1. 组织本位创意

根据组织的某种特质或优势策划公共关系方案。常常采用的组织特质或优势有很多，如组织业务特点、组织理念或价值观、组织历史、组织人员关联事件、产品或服务优势等。

案例分析 7-2

10 万美元寻找主人

某公司宣传其新型保险柜的卓越功能，登出一则这样的广告："10 万美元寻找主人！本公司展厅保险柜里存放有 10 万美元，在不弄响警报器的前提下，各路豪杰可用任何手段拿出享用！"

广告一出，轰动全城。前往一试身手的人形形色色，有工人、学生、工程师、警察和侦探，甚至还有不露声色的小偷，但都没有人能够得手。各大报纸连续几天都为此事做免费报道，影响极大。这家公司的保险柜的声誉随之大增。

（资料来源：番禺日报，2008 年 5 月 15 日）

【案例评析】根据组织的某种特质或优势策划公共关系方案是策划创意手法中的一种。该案例中公司利用新型保险柜的卓越功能作为策划创意的来源，广告一经推出，公司保险柜的声誉大增。

2. 公众主体创意

这是以公众形象为主体，根据公众的生活背景、职业、需求、爱好等进行意境创造来策划公共关系方案的方法。采用公众主体创意要处理好以下关系：处理好策划方案与组织形象的关系，处理好策划方案与公众信息接受偏好的关系，处理好组织形象与公众信息接受偏好的关系。

3. 观念倡导创意

通过旨在倡导对社会进步、人类发展具有促进意义的观念来策划方案，宣传组织的形象和公共关系目标。通常有恢复性观念倡导法和全新观念倡导法两种。恢复性观念倡导实际是配合主流社会观念，对策划方案进行强化，同时达到塑造组织形象和实现公共关系目标的目的。全新观念倡导法是组织根据需要，以方案形式对公众观念进行引导，使公众树立对组织有利的观念。

4. 时机捕捉创意

公共关系策划人员根据特定时机人们所特有的定式心理、大众心理，策划出相应的方案，展开公共关系活动。特定时机及特定时机的事件是时机捕捉创意的核心，时机捕捉创意公共关系方案首先要重视方案的即时性，时机稍纵即逝，特定的时点才有高关注度；其次，要重视内容的适宜性，就事论事，尽量隐藏所有的组织痕迹；最后，强调内容的适宜性，策划方案客观存在与特定时机及特定时机的事件关联，而不是勉强拼凑，无中生有。

案例分析 7–3

《命运交响曲》借势李娜法网夺冠

北京时间2011年6月4日，李娜在刚刚结束的法国网球公开赛上，不畏强敌，勇夺女子单打冠军，创造了亚洲人在法国网球公开赛上夺冠的历史，实现了中国网球运动的历史的新突破。当天，国家体育总局、中华全国体育总会、中国奥委会向李娜及其团队表示了衷心的祝贺。文体向来不分家，在人们拍手相庆的时候，娱乐圈的明星们也纷纷带来祝福，不过，在祝福的同时，也产生了一些小纠纷。

正在热拍的都市剧《命运交响曲》昨日曝光了一组冯绍峰变身网球王子的剧照，据说平常热爱运动的冯绍峰一直关注着比赛的动向，并为李娜夺冠喝彩。有网友表示，《命运交响曲》此时曝光题为“冯绍峰变身网球王子”的一组剧照，可谓太及时、太正确了。“此时曝光，收到的宣传效果肯定事半功倍呀，高，实在是高！”

（资料来源：广州日报，2011年6月6日）

【案例评析】该案例反映了策划创意的方法之一——借势的问题。李娜在法国网球公开赛上，不畏强敌，勇夺女子单打冠军。这次法网夺冠后，有人预测，不久，中国各电视台、地铁站、路牌、灯箱、杂志内页等很快会有李娜代言的各种广告。这些广告就是借势。华策影视将正在热拍的都市剧《命运交响曲》曝光一组冯绍峰变身网球王子的剧照就是借了李娜的势，而且借势借得特别早，让都市剧《命运交响曲》吸引更多人的眼球。正是因为借势早，别人还没有开始行动，而你已经趁热打铁了，这样的借势效果才显得特别好。

三、公共关系方案创意的方法

（一）时机选择的方法

任何一次公共关系活动都有一个时机选择的问题，公共关系作为一门科学和艺术，更要注意策划时机的选择，即要合理选择公共关系活动的“由头”。

公共关系活动的“由头”实际是公共关系活动开展的价值和依据，即“师出有名”，通常由三个要素构成：符合公众的利益，为公众提供信息、知识和服务；符合企业的总体目标和利益，与企业的工作性质相关；具有新闻价值。

简言之，公共关系由头是公众利益、组织利益和新闻价值的交会点。

1. 运用固定特殊的机会

这种固定特殊机会通常具有以下特征：①能与专项公共关系活动直接或间接地联系起来；②策划的内容具有一定的公益性，从而形成新闻价值；③形式不落俗套，富于创新。

案例分析 7-4

广州本田龙岗店百万趣谜闹元宵活动

2007 年 2 月 10 日，随着一辆白色雅阁轿车在广州本田增城工厂驶下总装生产线，广州本田累计生产的第 100 万辆汽车顺利诞生了！自 1999 年 3 月第一辆雅阁轿车下线至今，仅用了 8 年时间，广州本田实现了由 1 辆到 100 万辆的巨大跨越。

为了庆贺广州本田第 100 万辆轿车下线，广州本田龙岗店结合元宵节民间习俗，隆重举行“百万历程、百万答谢、百万喜悦”系列活动。具体内容包括：百万灯谜闹元宵、百万绿苗护家园、百万诚信重维权、百万现金惠用户、百万纪念免工时和百万里程逐大奖系列活动。

3 月 3 日下午，一副“和睦和谐和气生财，和顺和平和美迎春”、横批“以和为贵”的新春对联，拉开了“百万趣谜闹元宵”活动的序幕。展厅四处张灯结彩，汤圆飘香，载歌载舞，笑声满堂。一场囊括抢谜、摘谜、对谜、哑谜、晋谜等精彩激烈的“谜宫大战”让客户过了把瘾，有的客户甚至在活动结束后还意犹未尽地追问现场未猜对的谜底。

广州本田龙岗店坚持“以和为贵”的企业文化，倡导企业与社会之间和谐发展，企业与客户之间和气生财，倡导绿化环保事业，倡导创建一个诚信、公正的汽车贸易市场和透明、规范的二手车交易市场。

（资料来源：易车网，2007 年 3 月 5 日）

【案例评析】组织可以运用固定特殊的机会（如节假日）开展公共关系活动。该案例就是这样的，“百万趣谜闹元宵”专题公共关系活动具有一定的公益性，而且形式灵活，很好地体现了该公司“以和为贵”的企业文化。

2．运用现存的事件、设施、条件或形势

这是公共关系方案“借花献佛、见机行事、借题发挥”的一种形式。社会上每天都会发生很多事件，只要注意观察，就可以利用这些事件。

3．运用各种主流媒体传播的事件或活动

运用主流媒体传播的事件或活动，最重要的是把传播事件的形式和公共关系活动的内容浑然一体地融合起来，不能生拉硬拽。

（二）问题管理法

问题管理法是指极力寻找各种可能影响社会组织的公共关系问题，再把这些问题进行归类、筛选、分析，然后在此基础上找出亟待解决的问题，并以此为切入点，开展公共关系方案的策划。

问题管理法的操作遵循以下步骤：①监测、搜寻所有可能影响社会组织的公共关系问题或趋向；②确定组织目前亟待解决的公共关系问题；③评价问题对组织的影响程度；④确定解决问题的战略或政策导向；⑤决定行动计划方案；⑥实施方案；⑦监控行动结果，不断调整或完善方案。

案例分析 7-5

老板喝涂料

2000 年 10 月 8 日，一家名为富亚的涂料公司在《北京晚报》上打出一则通栏广告：10月 10 日上午，在北京市建筑展览馆门前开展“真猫真狗喝涂料”活动，以证明该公司生产的涂料无毒无害。由于这一活动的新奇性，加上近年来“动物保护”意识已深入人心，因此广告一刊出，即在社会上引起轩然大波。

10 月 10 日上午，北京建筑展览馆门前挂起了“真猫真狗喝涂料，富亚涂料安全大检验”的横幅，一猫三狗准备就绪，富亚公司请来的崇文区公证处公证员也已到位。而展台前则拥满了观众，其中几位愤怒的动物保护协会成员宣称要阻挠此事，另外还有不少跑来“抢新闻”的媒体记者。

上午 9 时，富亚公司总经理蒋和平开始向围观者宣传：“1998 年，中国预防医学科学院就用小白鼠为富亚牌涂料做过无毒实验，结论是：实际无毒级。开展这次活动，是请大家亲眼见识一下，毕竟‘耳听为虚，眼见为实’嘛。”他的解释没能说服特意赶到现场来制止这一事件的动物保护主义者。北京市海淀区环保协会动物救助分会会长吴天玉向在场的观众和媒体发表了自己的看法：“我认为这种做法是错误的，伤害了人类的朋友——动物。”她认为，涂料一定会损伤动物的肠胃功能。北京市保护小动物协会副秘书长赵羽和国际爱护动物基金会的吴晓京也是反应激烈，他们与同伴一起在现场举起标语：“请不要虐待动物，孩子们看了怎样想？”要求立即停止动物喝涂料的实验，并几次强行要把正准备喝涂料的小动物带走。

现场秩序很乱，围观者越聚越多，眼见“真猫真狗喝涂料”活动就要泡汤。这时蒋和平摆出一副豁出去的架势，大义凛然的宣布：考虑到群众情绪，决定不让猫狗喝，改为人喝涂料，他亲自喝。话音刚落，场内顿时鸦雀无声。在两名公证员的监督下，蒋和平打开一桶涂料，倒了半杯，又兑了点矿泉水，举在眼前顿了顿。在四周观众的注视下，蒋和平咕咚咕咚喝下手中的一大杯。喝完后一擦嘴，还面带笑容。蒋和平这一“悲壮”赢得了极大的新闻效应。当时，新华社播发了一篇 700 字的通稿《为做无毒广告，经理竟喝涂料》，此后媒体纷纷跟风，“老板喝涂料”的离奇新闻开始像野火一样蔓延。不仅北京市的各大媒体竞相报道，全国各地的媒体也纷纷转载。当时有个细节可以说明这个新闻事件营销的影响力：北京电视台评选的 10 月十大经济新闻，“老板喝涂料”赫然跻身其中，与“悉尼奥运会”等同列。事后有人做过一个统计，全国至少有 200 多家媒体报道或转载了这则消息。就在这样高密度的报道过程中，富亚的知名度越来越高。

（资料来源：http://www.wiseuc.com/zt/zt_11/ztcon_590.shtml）

【案例评析】这真的是一个突发的经济新闻吗？非也，这是一次精心的策划。事后，蒋和平在接受媒体采访时表示，在激烈的涂料市场上要想与国外大品牌抗衡，就必须要打响自己的品牌，但他们根本没有打广告的钱，于是在北京一个著名策划人的帮助下，想出了“老板喝涂料”这一怪招。用人喝的方式来“鉴定”涂料的环保与无毒，确实是一个大胆而富有创造力的策划。其最大成功之处在于：新闻“制造”得不留痕迹，因为事件本身的离奇性已经足够构成一个新闻题材。此后这一方式又接连在北京和重庆被人仿效，也从一个侧面说明了这一策划的成功。其中杭州的一家化工产品公司还“发扬光大”，他们在北京推销一种水性漆料时，不仅公司的老板当众喝下了大半杯漆料，还让一名半裸男子做“道具”，工作人员将漆涂在他身上，以证明漆对人体没有腐蚀作用。但总的来说这些都是“模仿秀”，缺乏独创性，所以影响力也就无法与富亚相比了。

四、公共关系策划方案的形成

1．优化方案

最优方案是人力、物力、财力和时间花费最小而能获取最大利益的方案。选择最优方案的原则是各方案的目的性、可行性、经济效益性。

优化方案的方法有：①“十字”法，即优缺点比较法，在选择方案时，权衡利弊，从众多方案中选择最有利的方案；②优点综合法，综合各方案的优点和长处，或者借用某个方案的优点，重新制定并形成一个最优方案；③集体决策法，即充分发动领导、专家及有关专业人员参考选择，发挥集体智慧，保证方案的科学、正确；④列举法，即分析和列举各方案的问题或条件，逐个进行研究、分析，并用数值的方式把各方案的效果和花费表示出来。

2．方案论证和确定

方案论证重点是论证方案的可行性。一般由有关领导、专家和实际执行者对计划的可行性提出问题，由策划人员答辩论证。方案论证包括如下几个方面：一方面是对目标进行分析，即分析目标是否明确，以及实现程度如何。另一方面是对限制性因素进行分析。因为任何一项公共关系活动都是在一定条件下进行的，都要受到资金、时间、人力、传播渠道及其他有关条件的限制，这就必须分析公共关系计划在哪些条件下可以实行，在哪些条件下不可能实行。此外，还要对潜在问题进行分析，即预测公共关系活动计划实施可能发生的潜在问题和障碍，分析防止和补救的可能性。最后是对预期结果进行综合效益评价，判断该计划是否可以付诸实施。

在制定公共关系行动计划时，往往会面临多种可供选择的行动方案，因此，公共关系人员在众多的可行方案中应考虑各方面的因素，权衡优劣，选择出一个最有利于目标实现、经济效益最佳的方案。公共关系策划经过论证后，形成书面报告——策划书。

第三节　公共关系实施

一、公共关系实施的含义

公共关系实施指综合运用多种传播手段，把公共关系策划方案所确定的内容变为现实的过程。成功实施公共关系计划，将计划变为现实，对公共关系工作具有举足轻重的作用。

公共关系实施过程是一个完整的过程，一般情况下包括两个基本环节，一是实施的准备阶段，包括设计实施方案，确定实施的措施和程序，建立或组织实施机构；二是实施的执行阶段，实施机关及人员根据设计好的实施计划和程序，落实各项措施，并注意信息的反馈与沟通；三是实施的结束阶段，实施部门为下一步的效果评估做好相应的准备。

二、公共关系实施的意义

公共关系实施对提高公共关系工作的效率和效益、对组织树立良好的形象、赢得公众信赖有着重要的意义，对于整个公共关系活动也具有重大的意义。

（一）公共关系实施是直接而且具体地解决问题的过程

研究问题的目的是解决问题，制定好的计划，如果不能付诸实施，无疑不能达到预期的目的和效果。公共关系只有结合具体实际，将理论与实际相结合，才能发挥它应有的作用，达到预定的效果。

（二）公共关系的实施是检验公共关系计划合理性并积累公共关系相关经验的重要步骤

公共关系的计划合理与否，能不能解决现实问题，最终都要靠实践即公共关系的实施来检验。只有通过实施，才能完成计划确定的任务、实现计划目的；只有通过实施，才能检验计划的合理与否，并为公共关系的发展积累更为丰富的素材和经验。

（三）公共关系的实施是下一个公共关系计划制定的基础和依据

公共关系是一个复杂有序的系统工程，任何一个环节的脱节都会对下一个环节产生难以预料的影响，公共关系的实施使计划和现实的问题真正地暴露出来，为下一个公共关系计划的制定提供了素材。正是基于此，才说公共关系的实施是下一个公共关系计划制定的基础和依据。

三、公共关系实施的原则

（一）目标导向原则

这是指公共关系实施必须保证不偏离目标，实际上是控制的一种手段，所以目标导向原则也称目标控制原则。

（二）控制进度原则

这是指根据公共关系的计划目标和需要，按照一定的程序，掌握工作的进展情况。在开展公共关系活动中，应该经常检查公共关系活动的进度，及时发现超前或滞后的情况，使各方面协调进展。

（三）整体协调原则

这是指计划实施过程中所涉及的方方面面应达到和谐、合理、配合、互补和统一的状态，部门之间、实施主体之间和谐化、合理化，使之不发生矛盾和少发生矛盾，即使矛盾产生也能及时化解。

（四）创造性原则

公共关系的实施是公共关系人员创造性、开创性劳动的过程，公共关系计划的实施不仅是一个单纯地执行原计划的简单过程，也是一个对原有计划进行修补和完善的过程，这无疑要求公共关系人员具有创造性，能够开创性地解决实际出现的新问题。这就要求实施者根据自己实施方案中的原则和自己所处的环境、条件来调整实施策略，如准确地选择传播渠道、媒介与方法，更合理地选择有利时机等。当然，在此强调公共关系人员主观能动性和创造性是要求在执行总体规划时根据客观存在的实际情况具体问题具体分析。

（五）动态性原则

公共关系实施是由一系列连续活动构成的过程，是一个需要不断调整的过程，因为一方面公共关系计划无论制定得多么周详、具体，也总不免与现实存在一定的差距；另一方面，现实本身就是不断变化发展的，这就使得实施过程中难免会遇到一些新情况和新问题。如果以固定的模式机械地执行计划，那就不仅不能实现自身的计划目标，反而会给自己带来新的麻烦。在公共关系活动中，任何一种行动都应当随机应变，当然，强调实施过程的动态性，还要保持计划的连续性。

四、公共关系实施的主要环节

（一）实施前的准备工作

认真、细致的准备工作是实施阶段顺利进行的保证。准备工作主要包括协调部门关系、人员培训、联系新闻媒体、准备活动物品、布置活动现场。

1. 协调部门关系

公共关系活动需要组织内部各有关方面的配合，统一认识、协调行动，因而首先应协调好与组织有关部门的关系，使即将进行的公共关系活动获得支持和配合，为公共关系活动的成功创造良好的内部条件。

2．人员培训

通过培训，使每个人都明确活动的意义、作用、目标和要求，明确每个人担负的工作、承担的责任，掌握活动所需的一般技能、专门技能，并对每个人的仪表、举止、工作态度等都提出明确、具体的要求，同时颁布相应的工作纪律、考核标准和奖惩办法，发挥培训的最大作用。

3．联系新闻媒体

预先确定将要邀请的新闻媒体，将活动安排及广告宣传计划告知新闻单位，提前联系刊登、播放、采访、报道等事宜，在最大限度上获得新闻媒体的支持与合作。

4．准备活动物品

根据需要，准备各种功放、录音、照相、摄像设备和运输车辆及其他各类物品，如服装、台布、旗帜、横幅、标识、模型等，还要准备各类请柬、广告、宣传材料等。

5．布置活动现场

活动开始前要派专人对活动现场进行装饰、布置，以创造活动所特有的格局、气氛和环境。各种相应的设备也要准备充分，提前到位，以确保万无一失。

（二）实施中的各项管理

为切实保证公共关系实施收到预期效果，实施中应尽力做好以下几个方面的管理工作。

1．人员管理

应注意激发和强化公共关系人员的职业道德，使他们自觉地用公共关系的意识和准则要求自己；制定系统、完善的工作制度及细则，使公共关系人员在活动中有章可循，各尽其责。颁布具体的纪律规定，加强责任和纪律约束；建立合理的工作考核指标，对个人的工作表现和绩效做出公正、客观的衡量与评价；使各级负责人做好组织和领导工作，并与工作人员建立良好的人际关系。

2．活动进程管理

在贯彻实施策划方案的同时，要抓住主要的可变性因素，使活动进程与具体情况的变化保持动态的适应与平衡，努力排除可能存在的目标障碍，妥善、及时地处理好各种突发事件，保证活动的正常进行。公共关系人员在活动中还应发挥自己的主导作用，加强对活动进程的主动干预和积极调控。

3．信息管理

公共关系人员要通过自身的努力，消除与目标公众之间可能存在和出现的各种沟通障碍，使双方之间能畅通无阻地进行信息交流；要面对目标公众在认知、态度和心理承受力上的变化，在活动的不同阶段，有区别、分层次地传播；要密切关注公众的反应，有意识地主动收集公众反馈的各种信息，使组织的领导者对活动做出相应的调整和控制，并为以后的评估和后续工作提供依据。

4. 活动现场管理

要做好各种接待工作，使参加活动的公众都能受到热情、周到的礼遇，产生较好的感觉；要维持好现场的秩序，使整个活动井然有序地开展；要有效地控制现场的气氛，以利于活动的正常进行。

5. 物品管理

要以保证需要、尽量节约的原则，加强对活动中各种物品的管理。充分发挥所需物品的功效，并正确使用、认真保管，避免损坏、遗失或过快地消耗，以避免影响或延误工作及造成不应有的浪费。

案例分析 7–6

长跑竞赛发生事故

1999 年 6 月，在春江市“阳歌杯”全民健身周长跑竞赛中，不幸多人中暑，两人死亡。当日上午，春江市骄阳似火，天气炎热。9 时整，3 000 多名运动员参加了 1.5 公里长的群众性长跑活动。随后，其中的 350 名运动员移师江滨路进行长跑竞赛。其中，中年男、女组和青年组赛程为 8 公里，少年组为 3.6 公里。由于在烈日下激烈的奔跑，有不少运动员先后出现深度不一的中暑反应。8 名中暑较严重的运动员被迅速送往市急救医疗中心抢救。伍思聪在途中中暑摔倒，头部被摔伤，待送达急救中心时，伍思聪心跳已停止。夺得中年女子组竞赛第 2 名的春江市第一机床厂的申桂英也因中暑不治，于次日凌晨死亡。

（资料来源：http://www.polyshadow.com/page/default.asp?ID=870&pageID=25）

【案例评析】在此案例中，由企业赞助全民健身周活动，本来是一种极具传播价值的公共关系活动，但是在长跑比赛中发生了两人死亡、多人中暑的不幸事件。这主要是由于公共关系活动的主持者忽视了公共关系管理的环境因素所致。所谓环境因素就是对公共关系主体的决策和行为构成直接或间接影响的外界因素，其中包括时间和空间因素。6 月的春江市天气酷热，在这种条件下，让 3 000 多名运动员参加长跑比赛，实属时间选择不当。很明显，主持者在这次公共关系活动中忽视了环境因素对主体因素的影响，使本来很有意义的公共关系活动变成了一个悲剧。经新闻媒介报道后，其不利影响不堪设想。

（三）收尾工作

在活动临近结束时，真诚地对出席、参与和关心本次活动的所有公众表示感谢；做好欢送工作，然后整理物品和活动场所。组织应尽快召开全体工作人员参加的会议，对本次活动进行全面的总结，并根据规章制度采取相应的奖惩措施。

五、公共关系实施障碍的排除

由于主观或客观的原因，具体实施过程中不可能一帆风顺，实施肯定会遇到不少障碍，出现不少问题或困难。这就需要研究公共关系实施障碍，并且不断地排除在实施过程中出现的障碍，以保证顺利地实现预期目标。公共关系实施中的障碍一般来说主要有计划目标障碍、传播沟通障碍等。

（一）计划目标障碍

计划目标障碍是指由于计划中目标拟订的不正确或不具体而给实施带来的种种困难。如果计划中目标不明确、不具体，实施人员的行动就无章可循，即使公共关系人员再尽心尽力，也难以取得预期的效果。

为排除计划目标障碍，实施人员在开展公共关系工作之前，应当从多方面检查公共关系目标，根本途径就是要求计划的制定者促使活动的目标明确、具体，为此必须注意以下几方面：目标是否切合实际并能够达到；目标是否可比较并可衡量；目标是否可控并可操作；目标是否与组织的期望一致；目标是否规定了完成期限，确保完成期限的合理性；目标实施中的人员配置及其职权范围。

如果这几个方面有疏漏，实施人员应主动与计划制定者取得联系并促使其重新修订。明确、具体的计划目标是实施人员行动的依据，也是对计划实施进行控制、监督和评估的基础。

（二）传播沟通障碍

公共关系的实施过程实际上是传播沟通的过程。公共关系本质上是一种互动和循环的双向沟通过程，公共关系计划实施中的沟通障碍是指在公共关系实施过程中组织与公众之间的传播沟通障碍。传播沟通障碍主要包括以下几种。

1. 经济障碍

现代社会高科技产品日益增多，日益发达的大众传媒对社会发挥着越来越大的作用，但由于经济条件的限制，并不是所有的目标公众都可能拥有报纸、杂志、广播、电视、计算机等传媒工具。经济状况的差异会影响公众接受和采用信息的渠道、手段和方法，这种情况下，通过这些媒介向公众传送的信息就会受到限制。

2. 语言障碍

语言是传播信息的有力载体，但由于不同国家、民族、地区有不同的语言文字、方言等，这就会造成语言障碍。社会组织在实施公共关系的过程中，应针对目标公众的语言特色开展工作，避免因语言不通对公共关系工作造成不利影响。

3. 观念习俗障碍

每个人的观念都会因其年龄、性别、教育、经济收入、政治地位及其他社会因素的影响而出现差异，不同的目标公众对待社会事务有不同的看法，进而回避或不接受与其观念相矛盾的信息。在公共关系工作中，要具体研究目标公众的观念习惯，及时调整公共关系活动的实施策略。

4. 心理障碍

心理障碍指人的认知、情感、态度等心理因素对沟通造成的障碍。

5．组织障碍

合理的组织能够有效进行内外沟通；反之，不合理的组织成为内外沟通的束缚。沟通过程中的组织障碍主要表现为以下几个方面：传递层次过多造成信息失真；机构臃肿造成信息沟通缓慢；条块分割造成沟通“断路”。

六、公共关系实施中突发事件的处理

社会组织发生突发事件、意外事件是不可避免的，构成对公共关系实施中最大的风险。这些事件很有可能对组织产生不利影响，有些甚至会危及组织的生存安全，这些事件主要包括人为的纠纷危机，如公众的投诉、新闻媒体的批评、不利舆论的冲击等；非人为的灾害危机，如水灾、火灾、地震、风灾等。意外干扰具有突然发生、来势迅猛、后果严重、影响面广的特点。面对复杂多变的客观现实，公共关系人员必须时刻保持清醒的头脑，富于远见，未雨绸缪。面对突发事件，组织应当冷静处理，认真剖析原因，采取合理的对策。通常情况下，公共关系计划中应当设置应急预案。

第四节　公共关系评估

一、公共关系评估的意义

公共关系评估指按照特定的标准对公共关系活动计划、计划实施的各个阶段及公共关系实施的总体效果进行衡量、检查和评价，以取得关于公共关系工作过程、工作效益和工作效率的信息，作为决定开展公共关系工作、改进公共关系工作和制定新计划的依据。

公共关系评估贯穿公共关系工作的始终，具有重要的意义，具体表现在以下几方面。

（一）公共关系评估是衡量公共关系工作的重要依据

公共关系成果的好坏，除了要在实践中检验外，还必须在科学的理论指导下对其做出科学的评价。任何一项公共关系计划方案实施以后，要了解该方案在社会上、组织内外造成了什么样的影响，产生了什么效果，还有哪些问题和不足等，都需要评估的结果才能充分反映出来，只有以具体标准评价的公共关系活动，才能成为衡量公共关系工作是否有效的标准。如果不对公共关系工作的策划、实施及效果进行充分研究和分析，就盲目地调整计划及实施的方法步骤，必定导致公共关系实践活动的失败。

（二）公共关系评估是改进公共关系工作的重要环节

缺乏对公共关系实践活动认真、科学的评估，没有经过对公共关系计划、实施及效果的充分研究和分析，公共关系工作很难得到切实的改进和提高。

（三）公共关系评估是激励内部公众并引起领导重视的重要形式

当一项公共关系计划实施之后，相关人员将该项计划的目标、措施、实施的过程和效果向内部员工解释和说明，有助于反映公共关系工作人员的实际业绩，提高公共关系工作的地位和作用，可以使他们认清本组织的利益和实现的途径，自觉将本组织的战略目标与自己的本职工作紧密地联系在一起，并转变为自觉的行动；同时也可以使组织的领导人员看到公共关系工作取得的成果，使他们更加重视公共关系工作。只有对公共关系工作进行实事求是的分析和客观的评估，才能使决策者真正了解公共关系的作用，从而支持公共关系工作，使内部公众团结一致，激励士气。

（四）公共关系评估是开展后续公共关系工作的必要前提和依据

从公共关系工作的连续性来看，任何一项新的公共关系工作的开展都不是孤立的，都是与以往的公共关系工作密切相连的，评估既是对上一轮公共关系工作的总结，又是下一个公共关系活动的起点。新的公共关系工作的开展能够发现并解决新问题，形成一定的经验和教训，这为下一个公共关系工作的开展提供了必要的前提和依据。公共关系的动态性使其结果面临成功或失败两种结局，而不论是成功或失败，其经验和教训都将为下一个公共关系活动的改进提供素材。只有客观、准确并全面地评估公共关系活动中各个环节，才能使后续公共关系活动借鉴成功的经验，吸取失败的教训，从而走向更大的成功。

二、公共关系评估的内容

公共关系评估主要包括公共关系工作程序评估、专项公共关系活动评估、传播沟通评估、公共关系状态评估、公共关系实务及机构工作绩效评估。

（一）公共关系工作程序评估

公共关系工作程序评估是对公共关系工作的各个步骤、各个环节的工作进行评价、研究，主要包括公共关系调查过程评估、公共关系计划制定过程的评估、公共关系计划实施过程的评估等。

1. 公共关系调查过程评估

公共关系调查过程评估主要有：①公共关系调研的设计是否合理，能否收集到完备的公共关系工作信息；②公共关系调研方法的选择是否得当；③公共关系调研工作的组织实施是否科学合理；④公共关系调研的结论分析是否科学。

2. 公共关系计划制定过程的评估

公共关系计划制定过程的评估主要有：①公共关系计划的目标是否正确；②总体计划是否可行、合理；③公共关系构想是否科学；④公众目标选择是否正确、全面；⑤媒介选择及媒介策略是否得当；⑥经费预算是否合理。

3. 公共关系计划实施过程的评估

公共关系计划实施过程的评估主要有：①准备是否充分；②实施过程安排是否合理、细致、周到、灵活、创新；③信息制作怎样，内容是否合理充实，表现形式是否恰当，数量、质量如何；④传播效果怎样，有多少信息量被采用，有多少公众接收到或注意到信息；⑤实施效果怎样，包括测量公众了解信息、改变观点、改变态度方面的数量分析，引起行为的公众数量、重复行为的公众数量，是否达到目标及解决问题等。

（二）专项公共关系活动评估

专项公共关系活动评估主要包括日常公共关系活动成效评估、单项公共关系活动效果评估、年度公共关系活动效果评估、长期公共关系活动效果评估等方面内容。

1. 日常公共关系活动成效评估

日常公共关系活动成效评估主要有：①组织的全体成员公共关系运作情况；②组织的内部公共关系协调状况；③组织和外部公共关系协调状况；④公共关系人员的工作状况；⑤公共关系人员与领导工作配合状况。

2. 单项公共关系活动效果评估

单项公共关系活动效果评估主要有：①项目的计划是否合适，其目标与组织总目标、公共关系战略是否一致，项目的目标是否已经实现；②传播沟通策略、信息策略是否有效；③公共关系沟通协调状况如何，对公众产生了哪些影响；④公共关系形象有何改变；⑤项目预算是否合理；⑥组织管理工作成效如何。

3. 年度公共关系活动效果评估

年度公共关系活动效果评估是对年度内的日常公共关系活动、单项公共关系活动进行的总体评价，主要有：①年度公共关系计划目标是否实现；②年度公共关系计划方案是否实现，状况如何；③年度内日常公共关系活动成效如何；④年度内单项公共关系活动的类型、数量及成效分析；⑤年度公共关系经费预算使用情况及合理性研究；⑥内部公共关系利弊得失如何；⑦公共关系机构与公共关系人员的绩效如何；⑧组织的公共关系应变能力如何。

4. 长期公共关系活动效果评估

这类评估包括某个时期公共关系项目及公共关系长期工作的长效分析。它需要将日常工作评估结果、单项活动评估结果、阶段性工作评估都吸收进来，进行系统分析，从而获得一个总的结论。长期公共关系活动效果评估的内容要点与前几种专项公共关系活动效果评估的内容要点基本一致，要特别注重公共关系战略的得失问题、公共关系变动规律问题、公共关系与经营管理关系等问题。

（三）传播沟通评估

传播沟通的评估研究，目的在于通过专门分析衡量公共关系的传播效果，检测传播沟通工作的得失问题。传播沟通的评估主要包括信息制作的评估、信息传播力的评估、传播沟通效果评估三个方面。

1. 信息制作的评估

信息制作的评估主要是评估一定期限内的新闻稿件撰写数量、专题报道数量、其他传播资料的制作数量、图片和信件的数量等，同时也要评估制作的表现形式是否合适、表现手法和质量是否很高等。

2．信息传播力的评估

制作广告信息而信息传播量不够，会影响信息的传播沟通效果。因此，需要把握信息传播的覆盖面、数量，对信息传播力进行必要的评估研究，以了解发稿量、被媒介采用的数量，传播是否充分，是否浪费等方面的情况。

3．传播沟通效果评估

传播沟通效果评估主要评估内容包括公众对信息本身的了解情况，即有多少公众了解，了解程度如何；公众接受信息的情况，即是否接受、承认消息内容，接受的比例多大；公众接受信息后的态度情况，即多少公众赞同信息；多少公众形成了对组织的良好印象；公众行为效果的情况，即多少公众对信息产生良好反应；多少公众达到公共关系目标的期望水平；传播沟通方案如何；目标是否得当；媒体选择是否合适；信息策略是否合适，等等。

（四）公共关系状态评估

公共关系状态评估研究是通过各类公众的变化来评估以往公共关系工作成效。公共关系状态评估分为内部公共关系评估与外部公共关系评估。

1．内部公共关系评估

内部公共关系评估主要研究：①组织的政策在沟通中是否被全员接受，接受的程度如何；②员工的士气如何；③组织的凝聚力如何；④组织中的各种工作关系是否融洽，呈现哪种趋势；⑤双向沟通带来哪些生机和活力；⑥影响员工关系的因素有哪些；⑦沟通渠道需要做哪些改进；⑧传播策略及目标是否存在欠缺；⑨公共关系是否贯穿于各种经营管理活动、各个环节之中，是否还有障碍。

2．外部公共关系评估

外部公共关系评估主要研究：①消费者关系，如消费者的态度、行为变化特点，评估组织对消费者关系的传播沟通及人际协调方面的工作成效；②媒介关系；③社区关系；④政府关系等。

（五）公共关系实务及机构工作绩效评估

对实务活动分项评估与对机构的工作绩效进一步评估，有利于清点公共关系机构人员的工作效率、实际能力、策略手段等。这类评估主要包括以下几方面内容。

1．市场销售分析

市场销售分析主要研究公共关系工作对市场营销工作的促进状况、市场营销中的公共关系策略、市场公共关系传播的成效等。

2．广告研究

广告研究主要测定广告覆盖状况、影响的广度与深度，评估广告所带来的认知制度变化、产品被接受情况，评估广告策略的利弊得失。

3. 新闻宣传评估

公共关系需要将组织的有关信息准确、及时、有效地传送给社会各界公众，帮助组织提高透明度和知名度，创造良好的舆论氛围，推广良好的社会形象。对新闻宣传的评估研究主要包括宣传资料的制作情况、宣传资料被媒体采用的情况及宣传效果等方面的评估。

4. 专题活动评估

公共关系专题活动包括新闻发布会、纪念庆典活动、公开展览活动、赞助活动等，专题活动评估就是对这些活动的社会效益、经济效益、心理效益等进行的评估。

5. 管理绩效评估

对管理绩效的评估主要包括对目标完成情况、管理技能、工作人员目标任务完成情况、工作效率、实际能力、策略手段的改善和调整的评估等。

上述五种公共关系评估类型在研究内容上互有交叉，区别只是评估的角度不同。公共关系评估工作可视其需要，选取其中一种或几种。

三、公共关系评估的标准

公共关系工作分事前、事中、事后几个阶段进行，不同阶段的评估标准、方法和侧重点是不同的。事前评估主要侧重需求研究，事中评估主要侧重过程研究，事后评估主要侧重效益和效果的确定。

（一）准备过程的评估标准

这一阶段是检验背景材料是否充分，检验占有资料的充分性和分析判断的准确性，重点是及时发现在分析中被遗漏的、对项目有影响的因素，同时还要检验信息内容的真实、充分与否。

1. 检验背景材料

背景材料是指在分析组织环境的基础上确定的、对公共关系活动来说有影响作用的相关资料和信息。评估的重要任务实际上就是检验前几个程序是否充分占有资料和分析判断的准确性。

2. 检验信息内容

信息内容是否适合是指公共关系活动中准备的信息资料是否符合问题本身、目标及媒介的要求，沟通活动是否在时间、地点、方式上符合目标公众的要求，是否存在对沟通信息和活动的对抗性行为，有没有制造事件或其他行动配合这次公共关系活动等。

3. 检验信息展示

信息展示是否有效是指信息展示是否恰当、合理、有效，是否给人留下深刻印象，它是准备过程评估的最后一个环节，其主要目标是检验有关信息传递资料及宣传设计是否合理、新颖，是否能引人注目，给人以深刻印象。具体包括文字语言的运用、图表的设计、图片及展示方式的选择等。

总之，准备过程的评估主要包括对材料充分性、合理性、有效性的一系列客观与主观的分析，评估的下一阶段将主要解决如何有效地进行计划实施和信息传播问题。

（二）实施过程的评估标准

这一阶段评估的重要内容是对实施传播的内容、数量、质量及公众接受传播的结果做检查，通过对以上内容进行数据分析，验证传播阶段的效果。

1．检查发送信息的数量

发送信息的数量作为数据直接反映在组织实施公共关系活动中进行广播、电视、互联网发布信息的次数、报刊宣传资料的份数、发送信件的数量等。这项工作一旦完成，不理想的环节和计划实施过程中的一些弱点便会从这些数据中反映出来。

2．检验进入媒介的信息层级

信息发送出去后，并不代表会被所有的媒介接受，信息在多大程度、多少数量上被媒介接受是衡量公共关系人员信息制作水平和时效性的重要标准，也反映了组织利用各种可能的渠道将信息传送给目标公众的努力程度，信息内容再丰富、形式再恰当、文采再好，如果不能被媒介所采用，就不能发挥其应有的影响。

3．检验目标公众接收信息的数量

信息通过媒介传送出去后，肯定会被一定的目标公众所接收，但接收信息的目标公众数量多少、是否达到并超过了组织期望的目标公众数量也是检验信息成功与否的重要标准，信息如果没有被充分数量的目标公众所接收，就证明信息的制作、发布是没有达到应有的效果。

4．检验注意到该信息的公众比例

信息传送并被充足数量的目标公众所接收，并不代表信息的价值发挥到了极致，还必须看它是否被合理的、符合组织要求的目标公众所接受。

通过以上方法，我们可以得到有关收听率、收视率、阅读率等各种数据，但是，这些数据只是活动实施过程评估的重要依据，它们并不能说明组织信息所产生的影响效果。

（三）实施效果的评估标准

实施效果的评估是一种总结性评估，目的是测定公共关系本身对每类目标公众的作用程度及整体目标的实现程度。主要包括了解信息内容的公众数量、改变观点与态度的公众数量、发生期望行为的公众数量、达到的目标和解决的问题、对社会和文化的发展产生的影响。

四、公共关系评估的方法

公共关系的目的是取得公共关系工作过程、工作效益的信息，作为决定开展公共关系工作、改进公共关系工作和制定公共关系计划的依据。

在进行公共关系活动效果评估时，应该注意到：一项公共关系活动总是处于一定的社会环境中，活动效果可能是公共关系本身引起的，也可能是其他社会因素的作用，为了更客观、

公正地评估，最好尽可能排除公共关系活动以外的因素干扰，在理想状态下显示出公共关系活动的影响力。组织进行公共关系评估时，常用的方法主要有以下几种：自我评定法、专家评定法、目标管理法、舆论调查法、传播审计法、成本效益计算法。

五、公共关系评估的程序

（一）设立统一的评估目标

统一的评估目标是检验公共关系工作的参照系，有参照系才能通过比较来检验公共关系策划与实施的结果，并详细规定调查结果如何运用。即使这一评估目标是定性而非定量的，仍需设定一个统一的评估目标。这就需要评估人员将有关的评估重点形成书面材料，以保证评估工作顺利进行。另外，还需要详细规定调查结果的运用。

（二）将评估目标具体化

通常是使用能够观察或能够测量的标准将评估目标具体化为许多分目标，使公共关系活动的实施更加明确，也有利于评估工作的顺利进行。没有这样的目标分解，评估是无法做到的。同时，目标分解还可以使公共关系计划的实施过程更加明确化和准确化。不过，分解后的目标仍应是一个统一的目标体系，而不应出现割裂、断层的现象。

（三）选择适当的评估标准

评估标准的选取是评估工作进行的前提和依据，有了参考系才能通过对比检验公共关系计划与实施的效果。评估标准选择的正确与否直接关系到评估的价值和标准取向，因此，公共关系评估必须选择适当的评估标准。通常，评估标准包括定量与定性两个方面。定量标准是对评估标准给予特定的数量化，但需要指出的是，数量的表示有绝对数量和相对数量两种；而定性标准是对评估对象进行性质描述。

（四）取得组织高层管理者的认可并将其纳入公共关系计划中

评估不是公共关系计划的附属品或公共关系计划实施后的思考或补救措施，而是整个公共关系计划工作的重要组成部分。组织高层管理人员的认可是取得组织部门及人员配合的重要保证，有利于统一组织思想，并就公共关系评估达成统一的意见。

（五）确定收集资料的最佳办法

公共关系的评估必须以一定的资料为依据，了解公共关系活动的效果可能有多种办法和途径，除了调查之外，组织活动的记录、小范围的实验都是收集相关信息的重要途径。收集资料的方法和途径应该根据评估的目的和评估的标准来确定。

（六）研究评估资料并形成评估报告

收集到的资料必须经过充分的研究，在尊重客观事实的基础上实施评估方案，形成评估报告。这就涉及公共关系评估报告的书写问题，报告的书写要真实客观，切忌浮夸不实。

（七）将评估结果向领导报告

当评估工作结束、评估报告出来后，应该及时向领导层报告，它一方面可以保证管理层及时掌握情况，有利于进行全面的协调，另一方面也可以体现公共关系在实现组织长期目标过程中的重要作用。

（八）总结经验与吸取教训

评估过程对具体活动的全部资料进行了认真的分析、研究和提炼，对活动的成功经验和失败教训做出了客观评价，对此要充分总结，找出工作中的缺点和不足，以利于下一次工作的开展和进行。

六、公共关系评估报告的撰写

（一）公共关系评估报告的基本内容

1．评估的目的及依据

评估的目的及依据即为什么要进行公共关系评估，通过评估解决什么问题及评估所依据的文件或相关精神等，要将所依据的文件或相关精神及公共关系目的明确地表达出来，以显示公共关系的合理性与必要性。

2．评估的范围

公共关系活动涉及各个方面，公共关系评估有时是针对某一方面，有时是阶段性评估，有时是整个过程的评估，因此公共关系的评估报告还必须明确公共关系评估的范围，只有明确评估范围，评估报告才会有实用价值。

3．评估的标准与方法

在评估报告中，必须说明评估的标准或具有可衡量性的具体化目标体系，以及在评估过程中所采用的方法。

4．评估的过程

简要说明评估过程是怎样进行的，分为哪些阶段，从评估工作过程和所采用的方法就可以判断评估是否科学、合理、规范、完整。

5．评估对象的确定

在公共关系评估报告中，还必须明确评估对象本身的一些基本情况，主要包括活动或项目名称、开展时间、实施的基本情况与特点等。

6．评估内容的分析及结论

在评估报告中必须对评估的公共关系活动内容、工作项目及运行和执行的情况进行详细分析，并在此基础上得出客观、公正的结论。

7．存在的问题及建议

这是撰写评估报告的主要目的，要求根据所掌握的材料，有针对性地提出问题并给出有利于解决问题的建设性意见。

8．附件

附件主要包括图表、附文、评估人员名单、评估时间等。

（二）公共关系评估报告的基本格式

（1）封面，内容包括评估的题目，评估时间名单。

（2）评估人员分工，内容主要包括评估人员的主要任务及相关权限等。

（3）目录。

（4）前言，简要地介绍评估的主要内容。

（5）正文。这是评估报告书中最主要、最核心的部分，包括原则、方法、范围、结论、存在的问题及建议等。

（6）附件，这是对正文内容的补充说明及相关证明材料。

（7）后记。

练习与思考题

1．单项选择题

（1）（　　）指在每次公共关系活动前，策划者都必须清楚此次策划的原因、目的，所应解决的问题及其难易程度。

A．目标导向原则　　B．公众利益优先原则

C．尊重客观事实的原则　　D．灵活性原则

（2）公共关系策划程序的“六步骤说”理论是由（　　）提出的。

A．卡特利普　　B．杰克·李

C．弗兰克·杰夫金斯　　D．爱德华·伯尼斯

（3）（　　）指公共关系策划人员根据特定时机人们所特有的定式心理、大众心理，策划出相应的方案，展开公共关系活动。

A．组织本位创意　　B．公众主体创意

C．观念倡导创意　　D．时机捕捉创意

（4）信息管理是公共关系实施中（　　）的工作内容。

A．准备阶段　　B．现场阶段

C．收尾阶段　　D．评估阶段

（5）（　　）是评估工作进行的前提和依据。

A．选取评估标准　　B．内外监察法

C．收集评估数据　　D．组建评估队伍

2．多项选择题

（1）在公共关系策划书中，策划背景涉及（　　）方面的内容。

A．公众需求及态度　　B．组织形象现状　　C．方案步骤

D．宣传策略　　E．竞争对手公共关系状态

（2）在公共关系策划方案的形成阶段，组织主要完成（　）工作。

A．方案定位　　B．方案优化　　C．方案论证

D．方案确定　　E．方案实施

（3）组织实施公共关系策划方案前，要做（　　）的大量准备工作。

A．人员培训　　B．布置现场　　C．联系媒体

D．方案确定　　E．方案实施

（4）现实中，常用（　　）评估公共关系工作。

A．直接观察法　　B．布置现场　　C．公众调查法

D．传播审计法　　E．成本效益计算法

3．名词解释

公共关系策划　公共关系实施　公共关系评估　公共关系方案创意

4．简答题

（1）简述公共关系策划四步工作法的内容及其对公共关系学科的重大意义。

（2）如何撰写公共关系策划书的主题？

（3）简述公共关系评估的内容。

5．论述题

（1）如何策划公共关系方案？其各个阶段工作有何关联？

（2）影响公共关系方案实施的障碍因素有哪些？如何克服？

6．实训题

"我的地盘，听我的"——中国移动推出动感地带公共关系策划方案

（一）项目背景

中国移动作为国内专注于移动通信发展的通信运营公司，曾成功推出了"全球通"、"神州行"两大子品牌，成为中国移动通信领域的市场霸主。但是，随着市场的相对饱和，联通的反击和小灵通的进入，中国移动面临着严峻的挑战。

中国移动认识到，自己旗下的"全球通"和"神州行"两大子品牌缺少差异化的市场定位，目标群体粗放。中国移动能否在众多的消费群体中进行窄众化细分，以新的服务方式提升客户品牌忠诚度、以新的业务形式吸引新客户，是其能否实现可持续发展的关键。

（二）项目调查

根据麦肯锡对中国移动通信市场的调查，25岁以下的年轻新一代消费群体将成为未来移动通信市场最大的增值群体。为此，中国移动决定将以业务为导向的市场策略率先转向了以

细分的客户群体为导向的品牌策略，在众多的消费群体中锁定 15~25 岁年龄段的学生及白领阶层，以打开一个全新的增值市场。中国移动考虑的因素主要有以下三点：

（1）从目前的市场状况来看，只有抓住新增主流消费群体才有出路。

（2）从长期的市场战略来看，培育明日高端客户是实现可持续发展的必由之路。

（3）从中国移动的品牌策略来看，形成目标市场的全面覆盖是保持竞争优势的一项重要战略。中国移动的“全球通”子品牌，定位于高端市场，针对商务、成功人士，提供有针对性的移动办公、商务服务功能；“神州行”子品牌满足中低市场普通客户通话需求。在这两个子品牌的覆盖之外，存在一个明显的市场空白，那就是以大学生和刚刚走向社会的白领阶层为主的时尚、年轻用户。如果中国移动能抓住这一群体，就能够全面出击移动通信市场，牵制住竞争对手，形成综合竞争优势。

（三）项目策划

根据以上调研结果，中国移动决定推出主打 15~25 岁年轻群体的新品牌——动感地带。

1. 品牌命名

中国移动将新品牌名称确定为“动感地带”，突破了传统品牌名称的“正”和“稳”，彰显了“奇”和“特”，充满了现代的冲击力、亲和力。

2. 品牌个性

“动感地带”被赋予了“时尚、好玩、探索”的品牌个性，为年轻消费群体提供了以娱乐、休闲和交流为主的内容服务项目。在资费方式上，“动感地带”采用灵活多变的立体化计费体系，用户想打就打，想省则省。

品牌语言：富有叛逆的广告标语“我的地盘，听我的”。

3. 品牌代言

中国移动决定起用新锐明星周杰伦作为品牌形象代言人。

4. 品牌传播

选择目标群体关注的报纸、电视、网络、杂志、户外广告等多种媒体，将动感地带的品牌形象、品牌主张、资费套餐等信息，立体化地传达给目标消费群体。

5. 活动策划

中国移动决定策划并实施一系列以点带面的公共关系活动：召开新闻发布会，签约周杰伦，周杰伦个人演唱会，大学生“街舞”大赛，结盟麦当劳，冠名赞助“第十届全球华语音乐榜中榜”。

（四）项目实施

2003 年 3 月，中国移动推出子品牌“动感地带”，宣布正式为年龄在 15~25 岁的年轻人提供一种特制的电信服务和区别性的资费套餐。

2003 年 4 月，中国移动举行“动感地带”形象代言人新闻发布会暨媒体推广会，台湾新锐歌星周杰伦作为形象代言人。

2003 年 5 月—8 月，中国移动在各地市场利用报纸、电视、网络、杂志、户外广告、公共关系活动等开始了对新品牌的精彩演绎。

2003 年 9 月—12 月，中国移动在全国举办“2003 动感地带 M-ZONE 中国大学生街舞挑战赛”。

2003 年 9 月，中国移动 M-ZONE 网上活动策划在新加坡举办的亚洲直销行销大会上，获得本届大会授予的最高荣誉“最佳互动行销活动”金奖。

2003 年 11 月，中国移动“动感地带”（M-ZONE）与麦当劳宣布结成合作联盟，此前由“动感地带”用户投票自主选择的本季度“动感套餐”也同时揭晓。

2003 年 12 月，中国移动以“动感地带”品牌全力赞助“未来音乐国度——U and Me!第十届全球华语音乐榜中榜”评选活动。

在业务形式上，开通移动 QQ、铃声下载、资费套餐等活动。

（五）项目评估

（1）精确细分的市场和整合营销的公共关系手法，使“动感地带”赢得了新一代年轻人的支持。如今，“动感地带”的用户已超过 1 000 万人次，并成为移动通信中预付费用户的主流。

（2）“动感地带”深入人心，成为年轻、时尚群体青睐的重要通信服务品牌。

（3）中国移动在激烈的市场竞争中，维持了市场优势份额，实现了市场空间的优势覆盖，并为未来发展奠定了坚实的品牌基础。

（资料来源：http://www.docin.com/p-218613775.html）

思考：（1）请依据材料说明公共关系策划书的构成？

（2）联系理论说明此份公共关系策划书如何进一步完善？

第八章

公共关系专项活动

学习目标

1. 掌握各种专题型公共关系活动及操作程序；
2. 掌握各种交际型公共关系活动及活动组织要点；
3. 掌握公共关系新闻的结构和公共关系软文的类型；
4. 掌握日常公共关系礼仪的要求。

案例导入

3年，云南白药牙膏从3 000万元到10亿元

一支特立独行的牙膏用短短3年时间，销售额从3 000万元直接拉升到10亿元，成为医药产品进军日化领域的成功典范，成功开拓了功能性牙膏高端市场的新大陆，确立了中国功能性牙膏的品牌地位。

一、新颖的分销策略

入市初期，云南白药牙膏的终端渠道主要是医药网络渠道。而当前的分销渠道结构为“日化+医药”模式，这样的策略改变取得了明显的效果，原因有二：一是依托了自己的传统优势，起步容易；二是从消费群集中的品牌卖场入手，宣传效果好。

二、独特的传播策略

在云南白药牙膏的市场推进过程中，采用了纸媒营销策略。延续的纸媒广告，配合电视广告，连续发起4轮攻势，环环紧扣，高潮迭起。这一系列纸媒广告让业内同行大吃一惊，正是这种出其不意的战术组合，在很短的时间内，使云南白药牙膏挤入牙膏领域第一阵营。

（一）软文宣传

第一轮：新闻式启动，先声夺人

8月中旬，第一轮平面广告在各重点市场面世。

围绕传播策略，从云南白药牙膏产品本身挖掘出不同的新闻素材，以新闻的标题、新闻的行文方式、新闻化的排版，将产品呈现给消费者。在媒体选择上，选择各市场发行量最大、覆盖面最广、与人们生活联系最紧密的市民类报纸，在周五刊登，这样能直接拉动终端卖场在周末的销量。在投放的版面上选择大众新闻版，其版面阅读率通常能达到 70%~80%，是体现报纸主要阅读需求的版面。这一系列新闻式广告，对市场销售的拉动取得了出人意料的效果。以浙江为例，第一期广告《一支新型牙膏来到浙江》在浙江《都市快报》刊登，周五刊登，第二天终端销量就出现爆炸式增长，5 家重点卖场的日销量从原来的十几支攀升到平均 200 多支，提升了 20 多倍。

第二轮：巧妙造势，市场再次升温

经过四周、每周一期的广告投放，终端销售立即以几十倍的幅度增长，几乎每个广告都能接到数十个来自地、县级经销商的电话，要求代理云南白药牙膏。各省级经销商信心大增，纷纷吃货，8 月，全国销售额即突破 1 000 万元。9 月，第二轮攻势启动。为了使市场热度进一步升温，炮制了一系列新闻造势广告，以“高价牙膏热销”为新闻切入点，激发人们的好奇心，同时从心理层面引导消费者的集体无意识，营造出云南白药牙膏正在流行的势头。利用悬念式，即设问式，炮制出《谁在买 20 多元的牙膏？》《一口好牙，能让你多活七年?》等标题，通过设问引起话题和关注。利用故事式、促销式、情感式、恐吓式等一系列独特的软文方式，以营造热销为出发点的平面广告，确确实实带来了市场的热销，9 月销售 90 万支，销售额达 1 500 万元。

第三轮：制造心理障碍，强力驱动

毕竟，云南白药牙膏是一支售价高达 20 多元的牙膏，必须最大化地驱动目标消费者选择云南白药牙膏，才能让销量不断地攀升，公司最终决定从制造心理障碍着手。

随后，两篇独具风格的平面广告新鲜出炉，又一次突破传统平面广告的模式。

第四轮：强化品牌，巩固市场

经过前面三轮广告之后，市场热度已经接近顶点，接下来需要做的是，让销售进入轨道，维持稳步增长。这时，云南白药开始推出品牌系列广告，展现云南白药牙膏的高端品质，使之与其 20 多元的售价相匹配。同时配合两篇新闻式广告，强化品牌的不可复制与不可超越。

（二）电视广告：圆桌上的舞蹈

做好云南白药牙膏的电视广告的关键是：在 15 秒时间里，如何驱动人们去购买一支 20 多元的牙膏？经过反复碰撞、反复推倒重来，最终，呈现出《接龙篇》、《牙刷篇》两条电视广告，取得了强烈的诉求效果。

（资料来源：www.cannor.cn,作者进行了整理）

讨论题：云南白药所发布的软文分别属于哪些类型？

第一节　专题型公共关系活动

专题型公共关系活动也称社会型公共关系活动、主题型公共关系活动，是指组织在运行过程中，围绕特定主题事件，采用特定方式，有组织、有计划、有针对性地举行的具有较强社会影响性的公共关系活动。

专题型公共关系活动是公众参与性最强、最能有效传达组织信息的活动。活动的形式有赞助活动、庆典活动、展览会、记者招待会等。

一般来说，专题型公共关系活动以公众聚集起来一同活动为基本形式，借助于新特的主题和内容，并运用丰富多彩的活动方式，使参与者有一种新鲜的情绪体验，使组织与公众有一种良好的思想情感交流。因此，专题型公共关系活动具有明显的特征。

（1）针对性，专题型公共关系活动是组织在运行过程的某个阶段根据实际情况和实际需要，考虑到特定公众的实际情况、利益需要甚至情趣爱好，有目的、有针对性地开展的公共关系活动。

（2）主题性，目的较为单一、明确。为某个主题而发起，并围绕这个主题有意识地展开。

（3）计划性，活动开展的每个环节，如确立主题、重点、对象和范围，都必须事先反复斟酌，认真细致地论证和修改，制定出周密而详尽的实施计划。

（4）时效性，专题型公共关系活动举办时间短，要求信息量、覆盖面及知晓公众尽可能广而多，必须借助公众关心的主题设计策划，借力打力。

（5）多样性，成功的专题型公共关系活动创意新、形式新、内容新、方法新，推陈出新，层出不穷。

通过主办各种专题型活动，可以为组织创造与目标公众直接沟通的环境和气氛，促进组织与目标公众形成良好融洽的关系，提高组织声誉，扩大组织影响，树立组织形象，具有诱人的吸引力、强烈的震撼力、广泛的辐射力。

一、开放参观活动

组织既要认识公众、了解公众、研究公众，同时也要让公众认识自己，了解组织的各项工作。向社会公众开放，邀请外部公众或内部公众参观本组织，是经常采用的专题型公共关系活动，有助于增进组织与公众尤其是与逆意公众之间的了解沟通。

开放参观活动是指组织为了让公众更好地了解自己，或者消除对本组织的某些误会，邀请公众参观本组织的工作场地或工作场景的活动。

（一）组织开放参观活动的目的

（1）扩大组织知名度，增加组织的透明度，让公众了解组织的宗旨、功能、优点、特色，显示组织的存在对社会公众的意义。

（2）促进组织业务的开展。对销售性质的组织而言，通过组织公众参观组织的厂区、生产流程、产品，可以向公众表明组织设备精良、技术先进、管理严格、产品质量优良，让公众了解和认可本组织的业务，便于推销产品、谋求投资或相互协作、拓展业务。

（3）建立和谐的社区关系。组织社区公众参观本组织完善的设施、优良的工作环境、可靠的安全系统，表明组织对社区公众的责任感，以求得社区公众的理解与支持，建立和谐的社区关系。

（4）增强组织内部员工的自豪感。如果经常组织员工或其家属参观组织，往往能让员工家属感受到组织的价值、地位的重要性，既能增强员工家属全力支持员工的工作、激发员工的工作热情，又让组织获得了更多的宣传途径和效应。

（二）组织开放参观活动的程序

1. 确定主题

任何一次开放参观活动都应确定一个主题，主题越明确具体，效果越显著，组织安排工作的针对性和操作性也越强。组织常常确定如下主题：强调组织的优良技术水平及条件；展示组织的优良工作环境；展示组织的成就及对社会的贡献；展示组织的精神风貌；展示组织的现代化管理水平及优势。

2. 选择参观开放活动的时机和时间

开放参观活动总是由组织发起的，时机选择是否合理直接决定了对参观开放活动的参与程度。开放参观可以常年举行，也可以选择特定日期，但要充分告知公众。

3. 拟定参观的线路和区域

开放参观活动的主题直接决定了组织愿意让公众开放参观的内容及重点，提前确定参观线路，确定重点参观区域、一般参观区域和无须参观区域，能更容易实现组织举行此次开放参观活动的目的，也节约了公众的时间和精力。

4. 做好宣传工作

开放参观活动中，宣传工作主要包括：发放印刷材料如宣传册；播放事先准备好的介绍性影音视听材料；解说沿途的参观点；回答精心设计或安排的公众提问等。宣传册应使用简明扼要、深入浅出的语言，对公众关心的问题一一作答。要注意配有一定的图表或数据，尽量少涉及深奥的专业术语。事先播放视听材料有助于帮助公众理解。引导员或专门配备的讲解员要遵循眼见为主、讲解为辅的原则，结合公众参观的实物，重点讲解公众关心或不易理解的问题，避免长篇大论、滔滔不绝。

5. 培训接待人员及向导

参观活动要有一些具有一定素质的接待人员和向导从事接待工作。要组织专门的接待人员和向导进行培训，使他们不但要充分了解组织的情况，具有一定的专业知识，还应该具有公共关系的一定素质，特别是演说口才、接待礼仪等，才能把参观活动开展得生动、活泼、有声有色。重要单位、人物前来参观时，须安排组织内主要负责人亲自接待，热情迎送陪同。

6. 听取意见，征询意见

开放参观活动的真谛在于组织和公众的互动，一些明智的组织，很喜欢见缝插针、视情况邀请参观公众代表举行座谈会，以征询意见及建议；或者致函向参观者道谢。在一些参观地点如出口处设置公众留言册或意见簿，是征询公众意见简便而经济的方式。

案例分析 8-1

伊利开放日

2005 年 6 月 10 日，伊利集团针对乳品质量备受关注问题主动推出“伊利开放日”，全面对媒体和社会公众开放。成批的消费者参观了伊利的超高温灭菌工艺过程、灌装及包装过程，直至最后成品的入库过程，并让消费者任意抽样选取样品，和伊利的质量检测员一起抽查牛奶的各项理化指标、微生物及蛋白质、脂肪含量等。部分参与此次活动的媒体进行了相关报道，并采访了其中的消费者。

（资料来源： news. sina.com.cn，2005-9-11）

【案例评析】伊利集团推出“伊利开放日”，全面对媒体和社会公众开放，采取的是“门户开放”的政策。这样的活动有利于让消费者认可、了解伊利，增进了伊利和消费者之间的联系。

二、捐赠赞助活动

捐赠赞助活动是组织为赢得政府、社区及相关公众的支持，创造组织生存和发展的良好环境，出资支持社会福利、社会公益和慈善事业等活动。

（一）捐赠赞助的类型

捐赠赞助形式多种多样，不胜枚举，今天的组织还在不断创新新的形式。在此仅列出较多使用的几种。

（1）捐赠赞助体育运动。如赞助大型运动会或某种体育运动等，这是捐赠赞助中最广泛采用的一种形式，随着现代社会人们对体育运动的关注和热爱，对体育运动的捐赠赞助可以施加对公众的影响广度和深度。

（2）捐赠赞助文化生活。组织进行文化生活方面的捐赠赞助，如赞助某次文艺演出，不仅可以培养与公众的良好感情，而且还可以大大提高组织的社会效益和知名度。

（3）捐赠赞助教育科研事业。如赞助学校教学设施、学术活动，设立奖学金、基金会，捐赠图书资料等。组织捐赠赞助教育事业，既有助于教育事业的发展，又能使组织得到良好的公共关系，是一举两得的事。

（4）捐赠赞助社会慈善和福利事业。如赞助幼儿园、敬老院、向社区捐助健身设施等。这是组织和社区、政府搞好关系的重要途径，是向社会表明其承担义务和责任的手段。

（5）捐赠资助建立某一职业奖励基金。

（6）捐赠赞助宣传用品的制作。

（二）捐赠赞助的目的

（1）向社会展示组织的实力，赢得社会公众的信任，表明组织勇于承担社会责任的道德意识，树立或重新建立关心社会公益事业的良好形象，以赢得社会的普遍好感。

（2）能够表明组织作为社会成员愿意为社会的发展做出相应贡献，乐于承担社会责任的同时追求企业的社会效益，从而在公众心目中树立关心社会公益事业和社会整体进步的良好形象，并赢得政府、社区及相关公众的支持，为组织的生存和发展创造良好的社会形象。

（3）捐赠赞助活动是公众比较关心的，借助赞助能使公众在关注这些社会活动的过程中非常自然地接受提供赞助的组织，从而使组织在扩大知名度的同时提高宣传的可信度，能够增强组织的说服力和影响力。

（4）获取免费的宣传效果和连带传播效应。组织的捐赠赞助活动常常受到大众新闻媒介的关注和肯定，被广泛传播报道，从而为组织做了免费的宣传，扩大了组织的知名度。有些捐赠赞助客体一旦被万众瞩目，那么对捐赠赞助客体传播的认知扩散直接带动了组织认知度的扩散。

（5）增强社会公众的信任度，提升与重点公众的公共关系，改善组织经营环境，提高组织业务的推广和销售。组织的捐赠赞助为社会公益事业做出了贡献，是积极追求社会效益和承担组织的社会责任的表现；是对一些公众责任的主动承担，也解决了一些公众的燃眉之急，必然受到公众的认可和信任；对组织经营和业务推广产生巨大正面效果；可以加深组织与各类公众之间的感情，无疑也会给组织留下深刻的印象，从而将大大有利于推销组织的产品或服务。

（三）组织捐赠赞助活动的程序

1．选取有价值的捐赠赞助项目

组织可以主动选择捐赠赞助对象，也可以按被赞助者恰当请求来确定捐赠赞助对象。无论公益性还是商业性捐赠赞助活动，都必须首先服从组织的形象战略，结合组织的公共关系政策和目标，制定赞助的方向和政策。深入研究捐赠赞助项目，评估捐赠赞助的必要性、可行性、有效性，以正确指导赞助活动。

（1）研究组织自身。研究组织的公众关系现状、公共关系目标与政策等，以此作为制定赞助政策、选择赞助对象、决定赞助形式和赞助幅度的基础。

（2）调查掌握受赞助对象，包括受赞助对象的业务内容、经营状况、经济实力、社会信誉、公众关系、面临问题、配合意识等，以便有选择地进行赞助。

（3）了解捐赠赞助项目的具体情况，包括项目提出的背景，对公众的影响力，公众对项目的心理反应，项目所需花费的财力、人力与物力情况，以及实施过程中可能出现的问题等。

（4）分析组织的经济状况，对赞助形式和赞助幅度进行了解，评估组织的承受能力；预估捐赠赞助的各种可能公共关系效益对组织效益的贡献等。

2．制定捐赠赞助计划

捐赠赞助计划是捐赠赞助前期研究的具体化，以捐赠赞助活动策划书的文字形式表现，直接指导活动的具体实施，一般由组织公共关系部制定或协作制定。捐赠赞助计划可以是具体活动计划，也可以是年度计划，甚至是长期的，如 5 年滚动捐赠赞助计划。

具体捐赠赞助活动策划书与公共关系策划书的格式和版块内容大致相似，但要重点交代捐赠赞助目的、捐赠赞助时机、捐赠赞助形式、捐赠赞助活动程序及支持报道媒体等内容。为了突出捐赠赞助活动的扩散效果，捐赠赞助时机常常与社会热点、流行点等结合，如选择 9 月 1 日前后对困难学生家庭进行捐赠赞助，往往更容易受到社会公众的关注。捐赠赞助形式除了资金，还可以是实物捐赠赞助、人才赞助等。

3．审核评定捐赠赞助活动

组织行为总是与具体的程序、制度联系在一起。进行每次捐赠赞助，都应进行详细的分析研究，逐项审核评定，确定其可行性、具体方式和款额，以及赞助的时机。大型赞助有时还要经过董事会、主管领导审定批准，有的还要进行法律咨询、公证证明。

4．具体实施

应派出专门的公共关系人员负责各项赞助实施方案的具体落实。在实施过程中，应充分运用各种有效的公共关系技巧，使组织能借助赞助活动扩大其对社会的影响。

（1）明示举办单位，如主办单位、承办单位、协办单位等。

（2）争取媒介及各种权威性公众的支持。媒介和权威性公众通常会成为很好的舆论领袖，左右着其他人的思想行为。

（3）活动负责人的游说、解释、沟通和宣传，最大限度地影响公众的支持程度。

（4）对无偿赞助者，为捐赠赞助者颁发证书；对有条件赞助者，兑现赞助承诺，实现互益。

5．效果测定

每次捐赠赞助活动完成以后，应对照计划，测定其实际效果，加以总结，对活动不理想的，应找出原因。赞助活动的效果应由组织自身和专家共同测评，尽可能做到符合客观实际。每次测评都要完成报告，作为资料存档，为以后的资助活动提供依据和参考。

对捐赠赞助效果进行调查测定一般从三个层面展开：第一，应广泛调查、收集各方面的看法，如公众、传媒、受赞助组织对此赞助的评价与反应；第二，应将赞助效果与原计划对照，分析哪些达到了预定目标，哪些没有达到，原因是什么；第三，要总结此次赞助活动的经验，找出不足之处，作为前车之鉴，指导今后的赞助活动。

（四）捐赠赞助活动的注意事项

捐赠赞助各种有益的社会事业，在推动社会公益活动发展的同时可使本组织同步成名，这是一种行之有效的公共关系手段。任何组织为使捐赠赞助活动取得成功，都要遵循一定的规则，必须掌握赞助活动的要点：传播目标明确、受资助者的声誉或影响、本组织的经济承受能力、创新活动形式。

案例分析 8-2

企业都在赞助些什么项目

（一）赵薇等现身柒牌全力赞助的“第四届纽约中国电影节”红毯秀

作为国内男装领军品牌，柒牌始终秉承“让中华时尚在世界传承”的品牌使命，矢志将中华时尚弘扬于世界，让全球人民感受来自东方的文化魅力。从第三届纽约中国电影节开始，柒牌就与电影节主办方结成长期战略合作联盟，致力于将中国现代电影艺术展示给美国观众，加深彼此认识，推动华语电影在海外的发展。

由国家广电总局电影频道节目中心与美国美华艺术协会共同主办、纽约中国电影节基金会协办、柒牌全力赞助的“第四届纽约中国电影节”，于 2013 年 11 月 5 日在纽约开幕，众多优秀华语电影与纽约观众见面，赵薇、甄子丹、吴秀波等众多明星盛装出席，《致青春》《北京遇上西雅图》《叶问》《春娇与志明》等众多优秀华语影片团队现身红毯秀。

（二）雷克萨斯赞助世界花样滑冰大奖赛

由雷克萨斯冠名赞助的“2013 LEXUS 雷克萨斯中国杯世界花样滑冰大奖赛”于 11 月 1 日至 3 日在北京首都体育馆举行。雷克萨斯中国副总经理钱国豪表示：“2013 年是雷克萨斯鼎力支持世界花样滑冰大奖赛的第二年。选择花样滑冰，是因为这项运动与雷克萨斯品牌有着同样追求优雅与创新的灵魂。雷克萨斯希望通过赞助中国杯，促进花样滑冰运动在中国的进一步普及，推动中国花滑人才的成长与发展。”

作为最具经典气质和创新精神的豪华汽车品牌，雷克萨斯近年来一直不遗余力地投身于各类体育活动，在全球范围内活跃在网球、高尔夫、马术、橄榄球等诸多领域。2013 年，雷克萨斯更以“AmazinginMotion”全球品牌宣传为契机，继续全力支持中国杯世界花样滑冰大奖赛，将花样滑冰运动中所富含的创新、激情、优雅呈现给更多公众。

（三）捷豹赞助上海时装周

由捷豹中国冠名赞助的“时尚上海捷豹中国上海时装周闭幕大秀 Vera Wang 2013”于上海上演。著名华裔婚纱及高级定制设计师 Vera Wang（王薇薇，1949 年出生于纽约曼哈顿，知名的服装和香水鉴赏家，被称为“婚纱女王”，也是著名的企业家）乘坐精致典雅的捷豹 XJ 莅临秀场，与国内外媒体及各界名声显赫的座上宾一起，揭开 2014 秋冬婚纱、2013 秋冬成衣及 2014 春夏成衣系列作品的神秘面纱。

向来以创新科技、精湛设计及卓越性能闻名于世的捷豹与优雅浪漫的 Vera Wang 一起，演绎出一场精彩的天桥风云，以此向美学致敬。

（资料来源：中国赞助网）

【案例评析】从以上几个赞助项目可以看出，它们都有几个共同点。第一，品牌使命与所赞助的项目的一致：从柒牌始终秉承“让中华时尚在世界传承”的品牌使命到捷豹的

“创新科技、精湛设计及卓越性能闻名于世”，无不如此。第二，品牌气质与所赞助的项目的一致：优雅浪漫、时尚创新，花样滑冰的创新、激情、优雅气质与雷克萨斯品牌有着同样追求优雅与创新的灵魂；创新科技、精湛设计及卓越性能闻名于世的捷豹与优雅浪漫的Vera Wang一起，演绎出一场精彩的天桥风云。第三，所选择的赞助项目具有国际级的影响：这几个被赞助的项目本身都具有国际级的影响，这样就与赞助企业的品牌相得益彰，而且企业品牌与所赞助的项目品牌都达到了共赢的效果。

三、庆典活动

庆典即隆重庆悦典礼，是围绕着有纪念意义的重要日期而举行的庆祝活动所形成的一种制度和礼仪集合，是塑造组织形象的“外向”方式。

今天的组织都想方设法地“热烈、隆重和节约”地举行庆典活动，成功的庆典活动气氛热烈、隆重大方，会给公众留下深刻的印象，向公众充分展示本组织的综合实力和文化素养，极大地提高了组织的知名度并扩大社会影响。

（一）庆典活动的形式

（1）开启“里程碑”意义的事件当日，如奠基典礼、落成典礼、开业典礼、签字仪式、颁奖仪式、授勋仪式、开幕式、命名仪式、股票上市等，再如安全运行一千日、破世界纪录、获重大奖项、销售超亿元大关、年产突破一千万辆等。

（2）需要反复记忆、塑造成企业文化的特定日期，如周年纪念、厂庆等。

（3）可用于开展庆典的约定俗成的公共节日，如春节、国庆等。

由于可用于公共关系庆典活动的日期实际很少，一些组织尤其是贸易销售性质的组织不得不“创新”一些新的日期作为庆典的借口，如一年中多次出现的老店新开庆典、开业足月庆典或开业百天庆典等。如果操作得当，也不失为可取的庆典活动形式。

（二）庆典活动的事先准备

1. 邀请宾客

宾客的数量和层级决定了庆典活动的受瞩目程度，决定着庆典活动的效果。一般邀请宾客的范围：政府要员、组织领导、知名人士、地区代表、同行代表、新闻界人士、业务单位等。精心拟出的宾客名单经领导审定后，再印制精美的请柬，并提前1~2周将其寄送给宾客。为保证接待工作的顺利，庆典前应落实宾客到场的人数。通常，活动前两天再电话核实，看有无变动；VIP贵宾在活动前一天须再核实一次；重要宾客要亲自登门邀请。

2. 拟定并印制程序表

庆典活动的程序包括确定主持人、介绍重要来宾、组织负责人或重要来宾致辞、剪彩或安排参观等，都是精心策划的结果。此外，庆典活动的程序及庆典活动的主要内容、意义、来宾名单和致辞内容，组织的经营项目和政策等还要一起印制成宣传材料，在庆典当天散发给与会宾客。

3．布置场地

通常依据庆典活动的目的选取场地，如为提升内部员工公众士气而举办的庆典，可以选择组织内的露天广场或大会场作为举办场地；为获取外部公众的关注或“轰动性”报道，可以选择组织的大门口或某公共场所作为举办场地。举行庆典仪式的现场须做些布置，如悬挂标语、彩球、条幅；划分活动区域；搭建活动舞台；拜访地毯和鲜花，等等。

4．安排接待工作

接待工作要事先指派专人负责，同时安排服务人员。要安排专门的接待室和会议室，以便让来宾在正式活动前交谈和休息。入场、签到、剪彩、宴请、留影等活动都要有专人指示和领位。重要来宾应由组织负责人亲自接待，必要时组织排列迎宾队，对礼仪人员要重点培训。

5．秩序维护的事先准备

井井有条的庆典活动本身就彰显了组织的一种形象。为保证庆典秩序，还要做如下细节的准备：做好留言的安排工作，贵宾留言册应用红色或金色锦缎面高级留言册，不要用普通签字本，应准备好毛笔、砚墨或签字笔；做好文字材料、宣传品的组织和发放工作；做好摄影、摄像、采访、录音、文字记录等技术性工作；物质准备和后勤保障要到位；做好安全保卫工作。

6．准备馈赠礼品

典礼活动中给人发礼品，是作为纪念的。礼品设计应重点突出纪念意义，从礼品的形状及内容上能一目了然地明确它的含义。在包装上印上组织标志、服务承诺、产品图案或企业宣言等，则是强调礼品的宣传性，此时赠送的礼品转变成一种宣传性传播媒介。

7．设备调试和节目彩排

对庆典中可能用到的各种设备如灯具、摄影仪器、线路、麦克风、音响等提前调试完毕。事先应设计好接待、讲话、演示、产品介绍时的行进路线。庆典活动中如有文艺节目，应事先进行彩排。

8．邀请媒体

因庆典活动而获得“轰动性”和“狂轰滥炸”式的报道，是每个组织举办庆典活动都乐意见到和期望见到的结果。在庆典活动开始前联系媒体、邀请记者，并与之探讨报道主题、报道内容，是庆典活动的另一项重要准备工作。即使不做公共宣传，组织也要做内部报道和宣传的准备工作。

（三）组织庆典活动的程序

完整的庆典活动一般包括这些程序：签到、接待；主持人宣布活动开始，介绍重要来宾和其他来宾；领导或重要来宾致辞或讲话；文艺节目表演；剪彩和参观；交流、座谈；留影、题字、题词等。需要特别说明，大型、隆重的庆典活动第一项程序是升国旗、奏国歌。

1. 签到

宾客来到后，有专人请他们签到。如此时组织有关于产品经营项目及公司全方位说明的资料，均可发给宾客，扩大组织的知名度。此外，还可以准备两个盒子或碟子，一个装本单位领导或公共关系部经理的名片，另一个装来宾的名片，这样便于今后联系或制作通信录。

2. 接待

宾客签名后，由接待人员引领到备有茶水、饮料的接待室，让他们稍事休息并相互认识。本组织人员应在此陪同宾客进行交流，说些对宾客到来表示感谢的话语。

3. 剪彩

如果是大型工程破土动工奠基仪式、工程竣工仪式、公司成立、商场开业等庆典活动，活动开始时都需要进行剪彩。这时，礼仪小姐手托托盘，托盘上可以放置红色方口布，将用彩带扎成的花朵相互连着放在托盘上，剪刀也放在托盘上，同时配以热烈的音乐。当主持人出场时音乐停止，主持人进行简单致辞，宣读与会来宾名单，并表示谢意，接下来进行剪彩。

4. 致辞

由主客双方领导或代表致辞，要言简意赅、热烈庄重，切忌长篇大论。

5. 节目

典礼完毕，宜安排些气氛热烈的节目，如敲锣打鼓、舞狮子、播放喜庆音乐等。在允许燃放鞭炮的地区，还可燃放鞭炮、礼花、礼炮等，制造气氛，此外，还可以请军乐队演奏。

6. 参观、座谈或聚会

主持人宣布仪式结束，即可引导客人参观工程或组织内部。可介绍主要设施或特色产品，以融洽与同行的关系，也可以举行短时间的座谈或请来宾在留言簿上签字，之后，还可以安排舞会、宴会答谢来宾。

7. 赠送纪念品

如果是企业、公司或商场“××周年”庆祝活动，可以准备、制作纪念品赠送给员工和来宾，使员工感到主人翁的优越意识，使来宾们有受到尊重的感觉，以此达到感情的交流。还可以进行员工文艺表演，以示庆祝，也可以举行大型促销活动。

8. 宣布一项赞助或公益活动

现在一些组织还往往利用庆典的机会宣布一项赞助或公益活动，如捐助希望工程等。

四、展销会

一些组织尤其是生产销售型企业，总希望借助某种场所和时期，实现产品信息和销售订单的迅速集聚突破，展销会、展示会等便是经常运用的形式。今天，由此派生出的“会展经济”催生的一大批专门的会展企业，举办展销会、贸易展示会等更是家常便饭。由于展销会和展示会在现实实施中基本相似，此处只介绍展销会。

展销会是通过实物、文字和图表及音像、影视材料等来显示产品的一种信息沟通方法和促销形式。

（一）展销会的特点

与其他社会型公共关系活动不同，展销会有以下四个特点。

（1）互动、直观、形象，一切可用来传播的工具和手段都可服务于展销会。

（2）产品与公众直接接触，促成组织与社会的双向沟通。

（3）高集中度、高效率、高复合的传播方式，可最大限度地打动公众的心和提高组织的形象。

（4）新闻性强。意义深远、设计巧妙的贸易展销会，为新闻记者提供了可信度高的创作素材，是不花钱的新闻宣传。

（二）展销会的类型

专门性展销会规模普遍较小，往往由企业或行业组织围绕某个特定专题而举办，如房产交易会、家具展销会等，展示对象较单一，主题鲜明。大型综合性展销会常由专门组织机构或单位负责筹办，如我国的广交会，规模大、参展项目多、内容丰富、影响面大。举办大型综合性展销会的技术要求远高于专门性展销会。无论哪种展销会，既可以在室内举办，也可以在露天举办。

（三）组织展销会的程序

1．确定展销会的主旨

对举办方企业或参展组织而言，可以利用展销会展示业务信息，拓展信息传递通道；通过精心设计的现场布置和大面积的展位，彰显组织实力；在展示期间，可以收集丰富的信息，了解市场、客户、竞争对手或行业动态；如果解说和导购等推广工作做得出色，还能立竿见影地获取订单。

2．邀请参展单位，确定展销项目和展销地点及时间

参展单位的数目和规格对展销会的宣传力有显著影响，参展项目决定了观展公众的人群规模和订购意愿。展销会的地点和时间是参展单位和观展公众博弈平衡的结果，举办方要充分兼顾二者后才能确定，如展销会的地点有交通便利、辅助配套设施齐全等方面的要求。

3．展馆布置和撰写文案

展馆的布局设计、造型设计由专业人员进行规划和构思，标牌制作、图文装饰、实物造型、灯光运用、音响效果、产品码放等实行整合营销传播、浑然一体。全过程的展销脚本、配解说辞等文案须精心润色，提前撰稿完成。必要时，展馆搭建过程中要同时进行展销全过程的预演练。

4．培训工作人员

培训的人员包括讲解员、礼仪人员、接待员、服务员、翻译人员等。

5．准备各种辅助性材料和宣传性材料

例如，展览会会徽、纪念品、幻灯片、绶带、签到簿、展会平面图、电线线路、宣传载体、留位等。各种材料制作须细致，兼顾各方宣传之需，如展销会上礼仪小姐身上披戴的绶带文字就有多种印刷要求：独家举办可以标上企业名称；多家联合举办则写“欢迎光临”即可。

6．成立专门宣传机构，专职信息发布

很多展销会参展单位众多，成立专门宣传机构，便于综合协调宣传事宜，进行前期的展销宣传，联系支持媒体工作，配备专门的新闻发言人，等等。

五、新闻发布会

新闻发布会又称记者招待会，通常邀请有关媒体记者介绍情况或通报消息，是让记者就此提问、由专人回答问题的一种公共关系传播形式，是组织积极的公共关系宣传活动的一部分，是一个组织集中发布新闻、扩大社会影响、搞好媒介关系的重要方法。它可以是组织新产品的新闻发布，可以是组织重大事项的新闻发布，也可以是澄清严重事态的新闻发布等。

（一）新闻发布会的特点

（1）发布消息的形式较正规、隆重，且规格较高。
（2）对发言人、主持人的要求较高。
（3）需要用组织者和记者较多的时间和精力。
（4）成本费用高。

（二）组织新闻发布会的程序

1．确定主题

新闻发布会的召开，总是有一个具体而充分的理由，或者解释一件已为许多人知道但不够详细的事件；或者公布一件人所未知的重大信息；或者介绍一件新产品；或者澄清某些造成重大影响的事实真相内幕。总之，召开新闻发布会前，公共关系工作人员应明确目的，胸中有数。

2．确定邀请对象

新闻发布会也就是记者招待会，新闻记者是当然的邀请对象。但是，不同的报纸有不同的读者层，也有不同的新闻侧重面。因此，公共关系人员应根据新闻发布会的主题，有选择地邀请有关的新闻记者来参加。若只限于地方性影响，由地方媒体记者参加即可；若影响范围波及全国，就应邀请全国性媒体记者参加。除新闻记者以外，凡事情涉及的其他单位、部门或公众群体，也在邀请之列。

3．会前准备

会前准备包括印发请柬、布置会议场地、准备现场参观或实物、图片展览、编印文字材料等项。请柬应该在会议前一周分发出去。因为是记者招待会，会后需进行新闻报道，所以布置会议场地时，应准备好录音、录像所需的辅助工具。为了便于记者自由采访、实地考察，还可以安排准备一些现场参观、实物、图片展览等。会上准备分发的新闻资料要事先准备好，材料应编写得系统简洁，以介绍事实为主，不加议论，供记者参考。此外，对会上记者可能提出的问题也应事先设想，考虑好恰当的答案，并写成文字材料，供主要发言人参考。

4．主持会议

主持会议者可以是本组织的领导人，但公共关系工作人员应意识到领导人形象代表着组织形象。因此，新闻发布会无论以什么为主题，都是组织形象不可忽视的亮相。公共关系工作人员应为会议主持者做好形象设计，并及时提出建议。服饰仪表、举止谈吐均应该给人以礼貌、真诚的感受。

5．收集反馈信息

新闻发布会召开过程中或结束后，公共关系工作人员都应该注意会场气氛动态，及时了解与会者对新闻发布会的态度和意见。掌握新闻发布会的效果，以便设想下一步的公共关系活动。总之，新闻宣传是通过新闻媒介传递本组织信息的，公共关系工作人员不可避免地要同新闻记者打交道。要想很好地利用新闻媒介作为传播工具，为本组织与公众的沟通服务，公共关系工作人员还应该注意同新闻记者及新闻媒介组织协调好关系。

在协调公共关系中采用发布新闻的方式，通常是一个组织发生了较严重的问题，引起社会公众强烈反响，需要广泛地向公众表明态度、公开事实真相的时候。这种时候，组织的公关部门要采取积极的姿态，做好充分准备，借助新闻媒介消除于己不利的影响。

召开新闻发布会之前，公共关系工作人员应对本组织所发生的重大事件做详细、周密的调查和研究，对事情发生的来龙去脉摸得一清二楚。诸如问题产生的原因、造成的损失、产生的影响、采取的善后措施、解决问题的态度、发展变化的趋势等，公共关系工作人员均应了如指掌，以备记者提问时对答如流。重要事件还应准备书面材料，在新闻发布会上可以提供记者备查，以免在报道中发生差错。因为问题的产生已给组织带来不良影响，如再发生失实报道，将更不利于组织。

此外，公共关系工作人员还应及时写出情况报告，一来供领导层采取善后措施时做决策参考；二来使领导者正式向外界发布新闻时，不致发生遗漏或差错。

最后，对本组织发生问题所涉及、影响到的公众或其他组织，也应及时传递必要信息。

发布新闻的原则是坚持实事求是，不可文过饰非，更不可歪曲事实。对来自任何方面的咨询，都不能隐瞒事实真相，也不应回避推托。如果有些事情确实不能公之于众，应准备适当理由向公众做出解释，取得公众谅解。在不利于组织的情况发布后，召开新闻发布会有助于在较大范围内挽回影响，消除公众的猜疑和误解。新闻发布会一般都是在重大新闻事件发布后立即举行，否则就会失去意义。

第二节　传播型公共关系活动

公共关系的重要手段是传播沟通，通过大众传播媒介同公众取得广泛的联系和沟通，是组织公关部的常规工作。组织做好自身的宣传，同新闻媒介打交道，借助新闻媒介的力量树立组织美好形象，传递组织的信息，以求取得公众的好感和了解，是组织公共关系活动常见的内容。

一、公共关系新闻传播活动

吸引和依靠新闻媒介传递组织信息，就是新闻宣传。组织新闻宣传即公共关系新闻传播活动，通常有如下几种模式：组织撰写新闻资料或新闻稿，由新闻媒介单位选播发布；制造新闻事件，吸引新闻媒体报道；召开新闻发布会，通报媒体并获取相关报道。

（一）公共关系新闻写作

撰写新闻或新闻稿交由大众媒体报道，是组织主动的公共关系新闻传播活动。公共关系新闻的写作技巧至关重要，直接决定了能否为大众媒体录用和发表。

1．公共关系新闻的特点

公共关系新闻是为塑造良好的组织形象、培育良好的公众关系而对组织新近事实的报道。新闻最重要的特点是在真实的前提下消息的新鲜和及时。

（1）真实、客观、清楚。真实是公共关系新闻的生命，公共关系新闻不允许夸张和想象，只能是事物真实面貌的反映；公共关系新闻必须面向大众的知识面和接受能力，使读者易于理解，符合普通民众的阅读水平；公共关系新闻必须简明扼要，选择关键的内容来写，避免无关大局的细节堆砌。

（2）及时、新奇、时尚。公共关系新闻报道最近发生的事件，应该抓住报道事件的异常性、时尚性，力求与众不同，才会引起公众的强烈兴趣，吸引公众的注意力。缺乏新闻价值的新闻是很难被大众媒体报道的，也无法引起公众的关注。

掌握了公共关系新闻的特点，再加上对新闻价值的敏感性，就能够在日常生活中发掘新闻题材，撰写公共关系新闻资料，运用新闻手段进行公共关系传播了。

2．公共关系新闻的结构

公共关系新闻也包括标题、导语、正文几部分。

标题是公共关系新闻的题目和精粹，应用简洁、扼要且能吸引读者的文字概括新闻重点和主体。比较复杂的新闻或比较重大的新闻稿还可加上副标题。

导语是公共关系新闻的首句或首段，是新闻事件的浓缩，应以扼要和简洁的笔触叙述新闻的要点和事件轮廓。

正文是公共关系新闻的躯干，解释和深化导语，交代导语中提及事件的详细内容，进一步解释和叙述事件的细节，使读者深入了解。重点交代五要素（5W），即何时（When）、何地（Where）、何事（What）、何因（Why）、何人（Who）。

其他补充，如图片、表格等，是对正文文字的更直观描述和解释。

3．撰写公共关系新闻

通常，公共关系新闻采取倒金字塔结构、并列结构、顺时结构三种风格叙述。倒金字塔结构是最常见的。倒金字塔结构由导语和事实两大部分组成，最新、最重要的内容应该写成导语。导语之后是一般的新闻事实，按重要在前、次重要在后的原则排列，呈倒金字塔结构。倒金字塔结构便于读者迅速获得最新最重要的信息，方便报社、电视台、电台等媒体在编辑时由下而上删改，保留重要信息。

如果发现新闻事实同等重要、无轻重主次之分，可采用并列结构或顺时结构。并列结构是以概括性导语为主体，让新闻事实排列其中，成为一个有机整体；顺时结构是按新闻事实发生的时间先后作顺时排列，发生在前的事实排列在前，发生在后的事实排列在后。

（二）制造公共关系新闻

新闻稿件能否被报社、电视台等媒体采用，具有很大的不确定性，与其被动接受审稿、期盼宣传，不如吸引媒体主动来进行报道，制造新闻是不少组织乐于采用的公共关系手段。

1．制造公共关系新闻的意义

策划具有新闻价值的事件也叫做“制造新闻”或“策划新闻”，是组织争取新闻宣传机会的一种技巧。即在真实的、不损害公众利益的前提下，策划、举办具有新闻价值的事件或活动，吸引新闻界利用公众的注意力，制造新闻热点，争取被报道的机会。

用制造公共关系新闻的办法来引起公众注意，既新奇，又直接让感性信息展示在公众面前，增强公众的信任感，印象更为深刻。制造公共关系新闻成本低廉、影响广泛，使本组织成为新闻的主角，以达到提高知名度、扩大社会影响的目的，不失为巧妙的传播手法。

2．制造公共关系新闻的方法

公共关系新闻的制造方法没有定式，可以说数不胜数。利用名人创造名人效应是常用不衰的制造新闻办法，很难想象诺贝尔经济学奖获得者造访杭州某所高校不会导致高校师生万人空巷和媒体大力追捧。创造争议话题的方法近年也方兴未艾，如“丈母娘催高房价论”曾让国内某著名房地产企业及其高层领导成为2008年的媒体和舆论宠儿。制造特殊事件也有意想不到的效果，如香港一家公司把价值数万美元的金币用胶水粘在墙上，承诺徒手剥下者可得此枚金币，尝试者云集，媒体连续跟踪报道数日。

制造公共关系新闻、获得轰动效应需要公共关系人员具备“新闻脑”，开动脑筋，充分发挥创造性和想象力，出奇制胜。邯郸学步、依样画葫芦，跟在别人后面亦步亦趋，不会让公众关注和产生兴趣，也就不能吸引媒体前来报道。

（三）发布新闻

发布新闻是组织与公众沟通的例行方式。它是一种两级传播，先将消息告知记者，再通过记者所属的大众媒介告知公众。新闻发布会用于树立或维护组织形象，协调公共关系，引导舆论倾向。

二、公共关系软文

（一）软文的内涵

对软文的界定，有不同的观点。狭义的定义指企业花钱在报纸或杂志等宣传载体上刊登的纯文字性的广告，即付费文字广告。广义的定义指企业通过策划在报纸、杂志或网络等宣传载体上刊登的可以提升企业品牌形象和知名度，或者可以促进企业销售的一些宣传性、阐释性文章，包括特定的新闻报道、深度文章、付费短文广告、案例分析等。

（二）软文传播的优势

相对其他传播形式，软文具有客观真实、费用低廉、可信度高等明显优势。

1．客观真实

通常，软文是对真实现象的客观描述，是“根据事实来描写事件”。部分情况下，软文的撰稿者是中立第三方人员，是站在“第三者视角”对客观事实的记录报道，给予受众正确、全面、真实、客观的印象。

2．费用低廉

软文的推广较多地采用报纸、网络等媒体，相对于电视媒体等，发布传播成本更加低廉。一些软文，由于其科学性、公益性内容信息丰富，常常获得其他媒体的跟踪报道，“借力打力、借势造势”，性价比非常高。软文适合网络媒体，大量免费的网络传媒成为软文取之不尽的免费发布载体，成为组织今天网络公关最喜爱的形式。

3．可信度高

软文宣传客观、真实的信息，很多稿件出自公正第三方的手笔，加之主体组织刻意地回避商业痕迹，因此，软文通常有较高的可信度，被认为“最可信的广告”。

（三）软文的类型

1．新闻报道型

一般以媒体记者身份发出，直接介绍企业实力、品牌形象。由于官方口吻报道，并配合以官方媒体传播平台，大大增强了报道的真实性、权威性、不可辩驳性，有力地提升了企业实力、正面形象。

2．用户体验型

以一般用户或第三方的切身真实体验传播品牌或产品的优点、正面形象、企业实力、服务质量等。这种方法能悄无声息地对消费者和潜在客户产生良好关联或影响。

3．故事讲述型

以讲故事的口吻，娓娓道来。能起到“随风潜入夜，润物细无声”的作用。

4. 专访、采访型

这类软文主要采用访谈录等，通过访谈可以深入到各个方面宣传品牌信息。当然，这必须在采访的对象达到了一定的高度才可以实施，否则就有“王婆卖瓜，自卖自夸”的嫌疑。

5. 评论、批评型

这类软文以正面或争议评论为主。当然，为了打击竞争对手，有时会采取负面评论。

6. 热点跟踪型

利用热点新闻报道层出不穷，找到热点和自身业务的关联性，把其中一些拿为己用，制造事件营销。

7. 重大事件借势型

利用正在发生的和公众关注的事件，找到事件和自身业务的关联性，制造事件营销。

案例分析 8-3

脑白金的软文营销

脑白金是一款深受中老年人喜爱的保健品，由于其实施了一种软硬结合的新型广告战略，即软文广告与硬性的电视广告相结合的战略，迅速打开了国内市场并执中老年保健品市场牛耳多年。

脑白金以“追踪消费”模式开创了软文广告，它的软文以《两颗生物原子弹》为开篇，紧接跟进的是系列功效软文篇，主诉求点分别从睡眠不足与肠道不好两方面，阐述其对人体的危害，并指导人们如何克服这种危害。将脑白金的功效巧妙融于软文，让读者主动了解脑白金。这种广告起到了极好的埋伏性效果，如《一天不大便等于抽三包烟》、《人体内有只“钟”》、《夏天贪睡的张学良》、《宇航员如何睡觉》等。这一系列功效软文以连续性、次第性方式出现，加深了产品功能的可信度，而且每篇都在谈科普，并无做广告之嫌，投入只两个月，就获得意想不到的市场奇效。

另外，配合季节性的营销策略，在不同的季节，还推出不同的软文广告，如送礼篇、夏季太阳风篇等。不同类型的软文各有侧重，分别解决不同的市场问题，这是脑白金软文的独到之处。

脑白金的软文多半是权威性的专题新闻和一些公益化的健康报道，主要为了突出权威性和公益性，从而弱化广告意图，消除客户心理的芥蒂。而且与报社进行了合作，以报社官方的立场在报纸版面上刊登一个启示录。

（资料来源：脑白金的软文营销，胡唐娇，2012 年 5 月，网络营销教学网）

【案例评析】脑白金的软文广告弱化了广告意图，将其功效巧妙植入权威性的专题新闻和公益化的健康报道，突出了脑白金的权威性和公益性，得到了消费者的认可。

三、公共关系广告

公共关系广告简称公关广告，是一种设法增进公众对组织的全面了解，提高组织的知名度和美誉度，从而赢得公众信任和合作的广告。公关广告是带有某些广告特征的，但不限于商业活动的，不以营利为目的的传播行为。

公关广告是一种特殊形态的广告，也是一种特别的公共关系活动方式。公关广告不以推销产品为目的，是组织推销自身形象的一种特殊手段。公关广告可以起到塑造组织形象、强化品牌形象、宣传组织宗旨、引导公众观念等作用。它也不同于常见的其他公共关系活动形式，它是花钱购买大众传播媒介的版面，向公众广而告之，主动推销组织的形象。

（一）公关广告与商品广告的区别

1. 广告目的不同

商品广告的主要目的是推销产品，直接宣传产品名称或性能，其目的就是诱发消费者的购买动机，促进产品或服务的销售。公关广告的主要目的是推销组织形象，不直接宣传产品，而是传播产品之外的各种与组织形象相关的信息。

2. 宣传模式不同

商品广告通常是单向的，是让公众先认识产品然后再认识组织，发生购买则意味着传播的结束。而公关广告是双向型的，是让公众先认识组织再认识产品，不仅向公众传播自己的信息，还更密切地关注公众的好恶，根据公众的意愿调整自身的行为。

3. 传播主体不同

商品广告的主体是一般与营利性的工商企业组织有关，广泛运用于商业活动范围，最直接的效果是促成公众的购买行为，一旦买卖成交，双方关系也就不复存在。而公关广告的主体则是政府组织部门、非营利性组织等各种组织，适用于一切领域内的活动；公关广告效果是持久的，着眼于建立并维系与公众之间情感联系的传播行为，虽不直接为组织赢得经济利益，但它所产生的效应是不可低估的。

4. 感情色彩不同

商品广告注重引导人们的购买行为，可以充分运用各种艺术技巧和方法，商业色彩较浓。公关广告则重视与公众进行情感交流，引发公众好感，所以较少商业色彩，而融入了更多的对人性、社会的关怀，易于为公众接受。

（二）公关广告的类型

1. 观念广告

观念广告是通过提倡或灌输某种观念和意见，试图引导或转变公众的看法，影响公众的态度和行为的一种广告。观念广告可以是宣传组织的宗旨、信念、文化或某项政策，也可以是传播社会潮流的某个倾向或热点。

这类广告不仅不直接宣传商品，甚至不直接宣传组织本身，有时仅仅用来对某个问题表明看法和陈述意见，因此也称意见广告。这种广告常用暗示的方法触发公众的联想，在潜移默化中影响公众的观念和态度。

2．形象广告

形象广告是通过突出宣传组织某种优势或特色，以提高组织知名度、树立组织整体形象为目标的公关广告。最为广泛宣传的组织的优势或特色是组织的品牌、声誉和标志，通常还包括组织的名称、反映组织文化的特定口号或典型歌曲、组织的实力和业绩、组织的历史和传统，甚至有关组织活动或事件的主题、组织的人物、环境等。

3．倡议广告

倡议广告是以社会组织名义率先发起一项对社会有重要意义和影响的活动，或者倡议一种新观念，显示其社会责任感、伦理道德观、创新精神等，显示其良好的社会风范，显示其率先开拓、领导潮流、敢为天下先的胆识，为公众所瞩目和称道，如环保广告、防盗安全广告等，这类广告往往带有极强的公益性质。

4．响应广告

响应广告即用来表示组织与社会各界具有关联性和共同性的一种广告。常见的响应广告有两种形式。其一是联络感情性质的声明，表达对其他组织的祝贺、支持和赞许，如祝贺性广告。祝贺性广告一般要向某新开张的单位或逢节庆日的组织赞助一笔广告费，然后在该组织的企业广告或形象广告上署名祝贺，该单位也会以某种方式表示谢意。这样做，对接受赞助的组织而言，是直接受益的。而对提供赞助的组织而言，则被视为向对方提供善意的帮助，既获得受赞助组织的肯定，又达到了相应的宣传效果。其二是对社会共同关心事件的强化宣传，响应和支持公众生活的某个主题，如表态广告。这种广告一方面显示组织关心、参与公众生活，向公众或其他组织表达善意和好感；另一方面，由于借助共同关心的社会主题，可以获得免费的传播机会来扩大本组织的影响。

5．致谢广告和致歉广告

致谢广告是在节日、纪念日之际，或者社会组织举办某种活动圆满结束时，或者组织取得显著成就时，向消费者公众或社会各界公众表示衷心的感谢。社会组织的表达谢意之举，更加增进其与公众的情感交流，维系了与公众的关系，烘托了友谊的氛围。致歉广告是社会组织就自身工作不足之处或自身过错向公众致歉，表达诚意，或者以致歉的方式表达已获得的进展和进一步发展，以退为进，出奇制胜。

6．解释广告

解释广告是在社会组织形象被歪曲，造成公众误解时，及时向公众解释事实真相，阐明态度，宣传其方针政策，澄清混淆视听的传言，以矫正被损害的形象，维护声誉。

（三）公关广告的写作

公关广告的语言技巧是十分讲究的，除了像一般广告那样，用精练的言辞准确、鲜明、生动、简洁地表达广告的中心内容，并且坚持以真实作为永恒原则外，还应富于人情味，给人以亲切委婉的感受。因为公共关系是以联络公众感情为主的工作，公关广告当然也必须突出以情感人的特征。

公关广告一般由主题和正文两部分构成。公关广告的精髓是创意，不是上乘的创意必遭失败。公关广告的标题最能体现公关创意。公关广告的标题应给出对读者的承诺，显示与众不同的信息，引起读者的好奇心。公关广告正文文案尽可能用通俗语言，要直截了当，直接说明标题。

四、舆论

（一）舆论的含义

舆论指社会公众对组织的政策、行为、人员或产品所形成的意见或看法的总和，是社会上大多数人对组织的看法和意见的公开表达。由此可见，舆论包括四个因素：必须有一个问题；必须有多数人对这个问题发表意见；意见至少具有某种一致性；一致的意见会直接或间接产生影响。

作为一种公关手段，舆论公关有两层含义，其一，舆论危机公关，处理不利舆论的局面应对；其二，制造舆论，利用舆论形成有利的公共关系。由于制造舆论类同制造事件公关，在此不做重复。

（二）舆论危机公关

近年来，越来越多的企业卷入舆论危机。在遭到公众的质疑和批评后，大多数企业都进行了危机公关，但令人遗憾的是，由于方法、策略欠妥，收到的效果并不理想。

危机事件常常意味着已经造成的客观存在的事实损害、事实危害，而舆论危机的危害主要是对公众口碑、公众信心造成了影响，并不存在客观事实的损害。这决定了组织面对危机事件和舆论危机的处理策略上必须有显著差异。

进行舆论危机公关，其实质是为了恢复公众对企业的信心，通过采取符合大众期望的措施，化被动为主动，化不利为有利，从而达到顺利渡过危机，将经营风险降到最低的目的。

1. 积极、坦诚地面对媒体

舆论危机发生过程中，总会伴随媒体的报道和炒作，使组织陷入被动受到冲击，大多数组织会对媒体有一种本能的“仇恨”心态。此时，对媒体采取拒之门外的态度，只会付出惨重的代价。组织必须积极地面对媒体，借助媒体的进一步报道来传达正面信息，恢复正面形象。直面媒体，坚持以诚实的原则对外发布信息，艺术性地处理敏感且不利于组织自身的信息，往往能收到意想不到的效果。

2. 利用权威言论化解危机

受到公众质疑和批评，表明公众对组织的关注和重视。组织自身的解释、申明，甚至辩驳，会导致公众的抵触甚至歧义理解，常常于事无补。即使自己理由充足，也不要自己为自己辩解。第三方评判，特别是具有一定权威、地位的人对此发表意见，会认为更加公正、公平，促使公众理性地倾听或接受。权威人士就公众普遍关心的问题进行调查和判断，同样是吸引媒体参与和进行后续报道的重要手段。通过媒体发布正面信息，让公众了解事情的真相，达到消除舆论风波的目的。

3. 恢复公众信心

舆论对组织直接的损害是降低公众的信任感，进而影响组织的经营销售。如来自产品的舆论危机问题，须选择主流媒体，发布企业积极整改的措施，并推出新产品转移消费者的视线，借此逐步恢复公众信心。

4. 总结和完善预警机制

舆论危机的出现并不可怕，不恰当的应对却很致命。组织要及时总结每次舆论危机的处理策略，吸取经验。建立日常的舆论危机预警机制，防患于未然，更是必不可少。

五、举办会议

“会议是公共关系活动的窗口”，是公共关系常用的传播方式，尤其是对内部公众的沟通。会议的最大特点是给人们面对面交流的机会，使人们彼此认识、相互理解。

（一）会议的形式

探究组织中的会议，以召开时间的不同，一般分为定期会议和不定期会议两种。定期会议在规定的间隔期或日期召开，通常处理组织内部例行事务，如安全检查会、定期碰头会、工作例会、部门交流会等，通常已成为一种制度。不定期会议多用于处理一些临时的、突发事件，会议日期取决事件处理的急迫性。

依据会议探讨的内容，会议的形式有例行工作会议、专题性会议、学术研讨会、新闻发布会、座谈会等。不同会议，其内容、特点、涉及范围、时间均不同。公共关系人员必须掌握安排和主持会议的技巧。

（二）会议效果控制

1. 控制会议时间

硬性规定每次会议的时间长短是很不明智的，精练、节约是其基本原则，有话则长，无话则短。

（1）会议的重要性并不在于会议召开时间的长短，而在于会议的内容和须解决的问题。

（2）缩短会议时间，尽量减少时间浪费，提高整个组织的效率。

2. 控制会议次数

（1）依据探讨内容和议事紧急性决定会议召开的必要性。会议实质是一种正式的沟通形式，旨在引起对沟通内容的重视，可以用其他形式如文件、条例、电话、邮件等达成沟通效果的，应避免采用会议。

（2）合并会议。为配合会议，与会人员或单位部门常常要中断进行中的工作，把不同议题的会议合并，这有利于获取对会议的支持。常见的做法是把临时会议或特别会议与定期会议合并。

（3）简化会议程序。除一些特殊的会议必须遵循专门的礼仪程序，多数会议可进行简化，如取消部分人员发言、缩减细枝末节的流程。

3. 明确会议主题

会议主题越明确，会议成功的可能性就越大。会议前和会议中明确会议主题及必须解决的问题，首先有利于与会方方面面深入思考、领悟会议精神；其次有助于会议安排井井有条，让会议主持人条理清晰，防止会议开得漫无边际、不得要领。

4. 激发与会者的兴趣和参与

最好的会议效果是实现“双向沟通”，肃然寡味、一言堂的会议，很难达成与会者的重视和会议目标。激发与会者的兴趣和参与会议的途径是：会议主题必须与与会者密切相关；会议的内容应尽量生动、活泼，富有人情味；设置议题、感性实例吸引讨论；适当增加会议“花絮”，调动会议气氛。

5. 充分的会前准备

（1）精心设计会议议题，如议题内容、议题提出方式、议题表达方法、议题达成思路等。

（2）充分准备发言稿和其他相关资料。精彩的发言稿会博取与会者的注意力，调动会议氛围。发言稿可以由专人撰写，也可以是发言者自己准备。会议中的印刷材料、视频图像素材同样利于会议取得良好效果。

（3）精心挑选会议主持人，会议主持人的素质、对会议主题的熟悉程度、与与会者的关系状态、在组织中的位次层级等会显著影响会议效果。

（4）预估和应对会议中的反对意见。出现不同意见表明会议得到了与会者的积极参与和重视，全体同意和一片附和常常意味着须臾推诿、鸡对鸭说。准确预估和周密应对会议中的“不同声音”，达成会议的一致目标，充分彰显了会议主办者的智慧和才能。

（5）准备会议中特殊情况处理的替代方案。

六、网络公关传播

（一）网络公关的含义

网络公关，即 e 公关，指适应信息时代要求，以互联网为依托、沟通组织内外部信息、加强组织与社会公众交流，来提升企业知名度与美誉度、塑造良好企业形象的特殊管理功能。

网络公关是借助网络进行的公共关系活动，是建立在传统公共关系的基础上的网络延伸，是科技革命下公共关系特征与网络特征交叉促成的公共关系方式的创新。由于今天网络公关更多地体现在借助网络进行的传播宣传活动，在此重点介绍网络公关传播。

（二）网络公关传播的特点

网络公关传播的比较优势主要从网络媒体的特点上体现出来，相对于其他传播方式，网络公关传播灵活、机动、成本低、效益高；信息传输的及时性、全球性、无限性；受众参与性增强；互动性更强，既可以进行一对一的公关传播，也可建立一对多的“双向对称型”公共关系传播；形式多样，随技术发展而发展。

（三）网络公关传播策略

公共关系人员需要充分利用互联网向目标公众传递信息，具体可以在组织的网站上发布信息，吸引网民浏览；或者进行网络定向传输，通过电子邮件等主动向目标公众提供信息。目前，网络公关传播使用广泛的形式有门户网站、网络论坛、博客等形式。

1．门户网站

通过建立自己的门户网站，发布信息实现与公众的沟通，为近几年各种组织所钟爱。各种组织信息，通过公众的网上浏览和点击，实现双向传播。

门户网站建设是实施这种网络传播的关键。有效的门户网站通常具备以下特点。

第一，信息完整。这是组织基于"为了满足顾客需求"的基本出发点而采取的选择，组织通过建立自己的门户网站并在该网站发布大量的信息，访问者就可以找到自己需要的信息。

第二，页面简洁，便于顾客使用。在主页上设置不同窗口，让访问者快速进入他感兴趣的部分。

第三，及时更新。组织通过设立专门网络公共关系部门、培养网络公共关系人才，及时更新网站内容，满足公众对新闻价值和时鲜感的追求。委托专门的"网络推手"或"网络写手"撰写和更新网络新闻是一些精明组织的惯用方法。

第四，生动新颖。提供多媒体信息，设立电子公告板、留言簿、电子邮箱、用户调查表等已很常见，建立虚拟社区如今成为很多组织网络公关宣传的新宠。

2．网络论坛

网络论坛实质是组织举办一些研讨性的特定专题讨论区。组织可以为网络论坛提供有价值的信息和观点，也可发表网络专题，针对自己所在领域问题提出的构思，吸引网上公众参与讨论或争论，形成"双向互动传播"，以树立组织形象，赢得公众的知晓和信任。

当然，激发公众发布有关组织内容的信息，形成网络论坛的热议和争论，传播效果更好。找准发布信息与维护组织形象间的平衡点是实施这种网络论坛模式的关键。

3．博客

博客，又译为网络日志、部落格或部落阁等，是一种通常由个人管理、不定期张贴新的文章的网站。博客上的文章通常根据张贴时间，以倒序方式由新到旧排列。许多博客专注在特定的课题上提供评论或新闻，其他则被作为比较个人的日记。一个典型的博客结合了文字、图像、其他博客或网站的链接及其他与主题相关的媒体，能够让读者以互动的方式留下意见。2013 年 1 月 15 日，中国互联网络信息中心（CNNIC）发布的报告显示，截至 2012 年 12 月底，我国网民规模达到 5.64 亿人次，互联网普及率为 42.1%，保持低速增长。与之相比，手机网络各项指标增长速度全面超越传统网络，手机在微博用户及电子商务应用方面也出现较快增长。我国微博用户规模为 3.09 亿人次，较 2011 年年底增长了 5 873 万人次，网民中的微博用户比例达到 54.7%。 手机微博用户规模 2.02 亿人次，占所有微博用户的 65.6%，接近总体人数 2/3。博客中的一些博主成为意见领袖，其对某个事件、产品的评价会广泛影响其追随者。"如今，人人都有可能成为意见领袖，媒介不再是掌握在少数人手中的稀有资源，企业对媒体信息的控制力不复以往。"

利用博客造势，获取传播效果，日益成为组织的共识。对组织来说，博客是一把双刃剑：既可搭建内外部交流平台，树立企业形象；又可能成为消费者释放负面情绪的“垃圾箱”。因此，利用博客进行公关传播时需注意以下几点。

第一，真诚。不要试图欺骗公众，掩盖某些信息。用客观事实打动公众，而不是雇用枪手、粉饰博客，或者企图回避问题、推卸责任。

第二，及时回应。口碑传播的破坏力远远超出组织的想象，尽快回复既能控制不利博客信息的传播，更让公众尤其是博主感受到组织的重视，产生对组织的良好印象。

第三，树立公众永远正确的观念。发现博客上对组织不满的信息，组织应尽快行动起来，查明事情真相，而不是去怀疑信息发布动机。不管所言是否属实，组织都要认真回复博客信息，或澄清误会，或提出解决方案。

第四，不要尝试删帖。删除博客留言、删帖违背网络透明原则，常常适得其反，欲盖弥彰。正确的做法应该是将不利留言与组织针对这些问题的改正方法一并挂在网上，充分显示出组织对公众的尊重，真正发挥博客的网络公关的作用。

当然，网络公关传播策略并不局限于以上三种模式，随着互联网的发展，越来越多的策略将会出现，公关手法也将更加灵活。

第三节　交际型公共关系活动

交际型公共关系活动是为了达到组织内部人员之间、组织与社会公众人员之间，或者社会公众人员之间良好公共关系状态而举行的活动，旨在增进个体间的友谊、联络感情。

人际关系是各种社会关系的基础，交际型公共关系活动可以强化组织文化，丰富组织内部员工文化生活，创造和谐的人际关系；增进外部公众对社会组织的关注和了解，加强相互联系和协作交流；传达组织形象，塑造一致的外部口碑效应。

交际型公共关系活动形式多样，如组织游览、邀请观赏、舞会、宴请等。

一、组织游览活动

组织公众参与游览活动，在对重点公众的公共关系活动中广泛采用。成功的游览活动取决于以下方面的缜密设计。

第一，确定游览活动的主题。组织借助游览活动，可以实现很多主题，如为组织与公众之间提供沟通的平台、为达成组织目标创造轻松的商谈氛围、给公众之间提供相互了解和沟通的场所，或者纯粹为答谢公众等，凡此种种，不一而足。

第二，确定举行游览活动的名头。现实中的游览活动，很少单独举行，往往作为组织其他公共关系活动的附属节目，这就是游览活动举行的名头或借口，通常有研讨会、鉴定会、培训会、表彰会等名头。

第三，日期选择。举行游览活动的日期选取遵循便利参与者、符合游览景点最佳游览时期、不超出活动费用预算等原则。如某些游览活动日期选择特殊的或喜庆的日子，避开国内或国外忌讳的日子。

第四，周密的事先安排布置。主要包括食宿交通安排、景点游览顺序、行程时间控制、应急物品配备、摄影器材及合影留念的安排、游览计划资料的发放等。

第五，配备陪同或介绍人员。配备陪同人员显示了组织对参与人员的重视和礼遇，便于行程中进行双向沟通，也可以避免突发意外情况。介绍人员可以来自组织内部，最好聘请专业人员如导游等。

二、邀请观赏

邀请观赏指向的活动如文艺演出、体育比赛、旅游参观、汇报演出等，主要可分为两类，其一是组织举办或承办的活动；其二是外部组织或社会举办或承办的活动。与其他交际型公关活动不同，邀请观赏活动能给参与公众更多自由轻松的选择。策划和实施邀请观赏活动应遵循一些基本程序，以邀请观看组织举办的文艺演出为例。

第一，发出请柬。发出的请柬应与实际演出场地客容量相符。

第二，选定节目。节目应尽可能适应邀请人员，充分考虑受邀者的爱好、风俗习惯、信仰理念等。

第三，座位安排。一般根据客人身份事先安排座位。如观看文艺节目，一般以第6~10排座位为最佳。专场演出，通常把贵宾席留给主人和主要客人，其他客人可以排座位，也可以自由入座。

第四，接见演职人员或献花。为突出对受邀者的重视或体现受邀者的关爱，一些组织会在演出结束或者演出过程中，请受邀者接见演职人员或献花。但此种安排应主随客便，不便提示，不能勉强。

第五，说明书或节目单。各种文艺演出节目应备有说明书或节目单，用主客双方使用的文字印刷，并且提前发给客人。

第六，退席仪式。如果特殊受邀公众退席，可以安排简单的欢送仪式。针对所有受邀公众退席的欢送仪式，往往比较隆重。

案例分析 8–4

砀山梨花观赏活动

砀山酥梨是中外驰名的名、优、特水果，已有 2 500 年的栽培史。据国家统计局农业经济调查总队统计，1997 年砀山水果总产量位居全国第 6 位，进入中国水果强县之列。为进一步提高砀山酥梨知名度，达到广交朋友、招商引资、聚天下有识之士、建设开发砀山、振兴梨都经济之目的，由县委办公室、政府办公室组织举办起梨花观赏活动，多年来在国内外引起很大反响，收到较大的经济效益和社会效益。

历届梨花观赏活动分别冠以具有诗情画意，又颇耐咀嚼、引人遐想的景点名称，如“乌龙披雪”、“鳌头观海”、“瑶池烟霞”、“武陵胜境”、“贡梨园”、“故黄映雪”、“古渡晓月”等，树碑勒石，营建曲径回廊的观赏亭、台，修复观赏道路，美化沿途村容、村貌，设立沿途弯道指示标牌，把一年一度的梨花观赏活动提高到一个新的档次。

每年梨花观赏活动中，数万名中外宾朋友云集砀山，砀山人民载歌载舞，到处洋溢着浓郁的节日气氛。西南门镇曹官庄村的龙灯、舞狮、旱船走上街头，青年书画展、机关干部书画展、个人书画展届时开幕，白天活动丰富，晚上晚会连台，整个砀城，各个景点彩旗飞舞，气球飘扬，欢歌笑语，锣鼓喧天。砀城呈现出万民狂欢的新景象。

梨花观赏活动办公室每年适时地组织稿件、图片，印制《梨花报》《梨都砀山画册》《砀山酥梨》《砀山县旅游交通图》《梨花观赏景点介绍》《砀山名优特产品介绍》等宣传材料，无偿赠送到来宾手中，使来宾在观花赏景中，全方位地了解砀山，认识梨都，收到很大的宣传效果。

（资料来源：砀山梨花节大放异彩，新华网，2011 年 3 月 30 日）

【案例评析】与其他交际型公关活动不同，邀请观赏活动能给参与公众更多自由轻松的选择。每年梨花观赏活动中，数万名中外宾朋友云集砀山，使得砀山酥梨知名度大大提高，起到了宣传效果。

三、舞会

作为大型公关活动的常备节目，舞会是必要的，熟练举办舞会和熟悉舞会礼仪会使整个公共关系工作锦上添花。

（一）舞会的组织工作

舞会的组织工作主要从举办场地、现场布置、舞曲选择、舞伴配对、舞会时间等方面展开。如果把舞会交外包，举办方组织的工作组织重点是舞伴配对。

舞会场地应宽敞，场地平面保持光滑，以能舞者尽兴为宜。舞厅内的适当装饰布置可以营造宽松氛围。舞曲选取因参舞者而异，可事先设置，亦可由参舞宾客点播，最好请乐队伴奏。通常，舞厅内设置休息区，条件许可的则可以配备休息室。

参舞者的性别配比直接影响舞会的效果，这要求被邀请的男女宾客人数要大致相等。如果受邀宾客性别比例失衡，主办方需要寻找舞伴，平衡性别配比。对已婚者，一般均请夫妇。

（二）领舞

即使过程气氛热烈的舞会，也常常出现初舞阶段的冷场局面，领舞可以缓解这种尴尬，避免冷场现象。舞会刚刚开始，主办方尤其是主宾进行领舞，之后阶段如果有冷场局面，可以由自愿者领舞。舞会上，主办方主持人应主动为无舞伴的女宾介绍舞伴，并照顾其他宾客。

（三）舞会礼仪

参加舞会，仪表要整齐。着装与舞场气氛应相宜；仪容整洁，不吃有刺激性味道的食物，不抱病体跳舞。跳舞时不可以吸烟，不能戴口罩和手套。

男士邀请女士共舞，请舞时要立正，向对方点头邀请，待对方同意后，陪伴进舞池。如对方不同意，不能勉强。标准的舞姿是，男方右手应在女方腰部正中，不能超过女方腰的中部。

第一场舞，主办方舞伴配对先进入舞池，主办方有夫妇的，主宾夫妇共舞。第二场，主办方男宾要主动邀请受邀参舞女宾，主办方女宾要主动邀请受邀参舞男宾。后续场次主办方和受邀方宾客自主决定共舞舞伴。成功的舞会应尽量避免出现同性共舞。

舞会时间，客人可在任何时候退席。如果舞会结束时退场，须向主办方主宾辞别。

四、宴请活动

交际型公共关系中的宴请活动主要有宴会、茶会、酒会、冷餐、工作进餐等形式。宴请有正宴和便宴之分。正宴的规格较高，赴宴人员具有较高的级别、代表性，宴会流程、礼仪中规中矩。便宴在赴宴人员、流程、礼仪等方面相对比较随意。

一次成功的宴会活动就是一次成功的公共关系活动。成功的宴请活动尤其是正宴，与事前的周密布置及宴请礼仪息息相关。

（一）宴请目的、对象、范围与形式的确定

宴请的目的是多种多样的，如为来访代表团接风、庆功会的答谢宴席等。赴宴对象的选择主要依据宴请目的、宴请的性质、主宾的身份、国际惯例等。高规格的宴请活动中，如国宴，宴请对象讲究主客身份应当对。邀请范围与规模确定之后，即可草拟具体邀请名单，被邀请人的姓名、职务、称呼及对方是否有配偶前来等应确保准确无误。

宴请采取的形式应尊重当地的习惯做法。一般来说，正式、规格高、人数少的以宴会为宜，人数多则以冷餐或酒会更为合适，妇女界活动多用茶会形式。

（二）确定宴请时间、地点和发出请柬

宴请的时间选取主、客双方都合适的时间。在外事活动中，注意避开对方的重大节假日和重点活动的日期。尤其要注意尊重对方的风俗习惯，避免有禁忌的日子和时间。各种宴请活动均须发出请柬，这既是一种礼貌，同时能对客人起到提醒、备忘的作用。便宴经协商约定后，不一定发送请柬，工作进餐一般不发请柬。请柬一般提前一周至两周发出，以便被邀请人及早安排。为确切掌握出席情况，往往要求被邀者答复能否出席。遇到这种情况，最好在请柬发出后，用电话询问被邀者能否出席。

（三）酒席预定与席位安排

宴请的酒菜根据活动形式和规格，在规定的预算标准以内安排。选菜不能以主人的爱好为准，主要考虑主宾的爱好与禁忌。无论哪种宴请，事先均应开列菜单，并征求主管负责人的同意。获准后即可印制菜单，一桌至少一份，讲究的也可每人一份。

正式宴会一般都要排定席位，也可只排部分客人的席位，其他人安排桌次或出席人数。无论采用哪种做法，都要在入席前通知每个出席者，宴席现场由迎宾人员引导。按照惯例，桌次高低以离主桌位置远近而定，右高左低。同一桌上，以离主人的座位远近来确定席位的高低。外国习惯男女交叉安排，以女主人为准，主宾在女主人右上方，主宾夫人在男主人右上方。我国习惯按各人本身职务排列，以便于席间交谈。席位排定后，即着手写座位卡。卡片用钢笔或毛笔书写，字体宜大不宜小，方便辨认。便宴、家宴不用摆放座位卡。

（四）宴会现场的布置

宴会厅和休息厅的布置取决于活动的性质和形式，宴会厅用圆桌和长桌，酒会一般摆小圆桌或茶几，宴会休息厅通常摆放小茶几或小圆桌。餐桌布置由桌布、餐巾、用餐器具、装饰品等构成。国内中餐餐桌布置中，有摆放烟灰缸、牙签等习惯，这种布置日益被理解成一种违背宴请礼仪的安排。

（五）出席宴会的礼仪

接到宴会邀请者，应尽早答复对方，并立即核实宴请的主办方、时间、地点；无法赴约须尽早告知主办方。出席宴会前，对个人仪表的装扮如服装选择、服饰品的搭配、须发修理等，是对主办方的尊重。准时赴宴是宴请中的良好礼仪，一般要求稍微提前抵达。确因要事须早退，应事先向主人说明，席间悄悄离去。就餐期间亲切、热情、自然、大方地对待与席人员：依据主办方引导入席；聆听祝酒词时停止一切活动；在宴席宣布开始后进餐，进食文雅；按照先主后宾的顺序祝酒。用餐完毕，等到主人宣布散席，方可离开座位。告别时应向主人致谢，并对宴席予以称赞。

第四节　日常公共关系活动及公共关系礼仪

一、公共关系日常工作

公共关系大量的日常工作是同方方面面的社会公众打交道，公共关系的日常工作很多，具体来说，主要是日常接待、收集和管理信息、编写宣传材料、传播信息、社会交往、树立全员的公共关系意识。

（一）日常接待

日常接待工作行运行在组织的各个环节、各个空间、各个时点，要求运用各种交际手段和沟通方式，热情地迎来送往，积极地对外联络，开拓关系，广结人缘，为组织的生存和发展减少各种障碍，增加各种有利的机会，创造和谐的公众环境。

日常接待工作不仅要求协调组织内部员工之间横向与纵向的关系，调动内部员工的积极性和创造性；而且要求做好服务，讲求信誉，建立外部公众对组织的良好印象，建立信任感。

组织日常接待工作时要注意组织形象问题，长此以往，就会不知不觉地达到公共关系工作的目标，赢得公众信任，扩大本组织的名声，促进组织的发展。

日常接待工作一般包括接待来访者、拜访别人、写信、打电话等。做好接待工作，要求公共关系人员首先应具有良好的公共关系素质，能够吸引对方，使之愿意与组织打交道。其次在接待拜访中，还应该掌握一些特殊的沟通技巧，来达到建立联系的目的。

在日常接待中要注意以下原则；① 首先要在符合礼貌原则的前提下，迅速问清和摸透上门公众的来意；② 其次要明确地给公众以答复。

（二）收集和管理信息

公共关系人员的工作首先就是收集和掌握相关信息。这是公共关系最基本的工作，也是其他一切工作的基础。信息对于组织公共关系活动而言，是最重要的财富和资源。公共关系工作主要就是向公众传递相关信息，向组织提供、反馈公众的信息。组织日常的公关信息收集途径和方法主要有阅读有关报刊、图书，收听、收看有关广播、电视节目，利用信息互联网和数据库建立信息档案、编制信息快讯、建立信息档案、编制信息快讯等。

（三）编写宣传材料工作

公共关系的实质就是建立联系及联系成功，编写宣传材料是建立与公众联系的重要手段。宣传材料有多种形式，如宣传手册、产品使用说明书、组织内部印刷品、公关书等。

1．宣传手册

宣传手册的内容可以是：主题理念展示；组织简介、组织的历史和现状概略介绍；组织领导人的致辞；系列产品展示，公关活动、促销活动展示；管理组织机构图、组织标志及释义等。宣传手册是日常宣传必不可少的最基本的宣传工具。

2．产品使用说明书

图文并茂的产品使用说明书集中介绍了产品的性能、特点、原理、使用方法等，是生产销售型组织与顾客公众建立联系的最重要的桥梁。

3．组织内部印刷品

组织报纸是面向全体员工定期出版的印刷品。它的主要内容为有关组织及组织内部的动态性信息。它要反映国家、行业、本组织的有关方针、政策、指示、意见，以及员工工作情况、意见、要求，还要有一些员工协作的文化娱乐内容的稿件。

4．公关文书

组织中具有特定格式的文本资料如请柬、邀请函、贺词、欢迎稿、发言稿、悼词等即是公关文书，组织的大量信息是通过公关文书传递的。编写公关文书要符合规范格式，适用专门用语。

（四）传播信息

在掌握了充足的信息之后，公共关系人员过要在自己的日常工作中，不断地向公众传播信息，并进行宣传和引导。传播信息可通道组织内部各种形式，由于前文有过介绍，此处不再重复。

此外，还应结合组织的文化建设、无形资产管理、组织的创新、经营管理和公共关系工作中的经验等方面情况，通过著书立说的方式，进行讨论总结和更加广泛、系统、深入的宣传。

二、日常公共关系礼仪

所谓礼仪，是指礼节和程序两个方面。也就是说，既有礼节方面的规范化要求，也有先做什么、再做什么的程序方面的规范化要求。在一般的人际交往中，礼节的规范化要求比较严格，而程序的规范化要求相对就自由一些。但在公共关系礼仪中，对礼节和程序的规范均有严格要求。况且，一般人际交往中如果不慎有失礼仪，只是个人形象受损。若是在组织公共关系活动中，公共关系工作人员或组织重要成员有失礼仪就有损于组织形象。公共关系是塑造良好形象的艺术，公共关系礼仪是组织形象的体现，因此公共关系工作人员绝不可忽视礼仪的要求。

公共关系礼仪是公共关系工作人员在日常工作与人际交往中必须掌握并熟练运用的技能。对公共关系工作人员来说，礼仪不仅是与公众交往场合中的“通行证”，而且还是体现修养水平和业务素质的一种标志。礼仪虽然有一套为大家所公认的规则，但在不同的场合有不同的表现形式。

（一）接待礼仪

公共关系礼仪的范畴非常广泛，限于篇幅，此处介绍一些与公共关系活动息息相关的日常礼仪。

1．来访接待礼仪

接待是任何组织都必须面对的活动，但恰恰也是最易被忽视的活动，接待的内容很多，如各式各样的来访、电话访问、商务访谈等。对待来访要求做到以下几点：设专门来访室，接待室宜宽敞舒适，公共关系人员以客为主，接待者应有必要的设备。

2．会务接待

前期准备应妥善安排，特别是会务所需要的各种文件与资料和与会者的大体情况有一个基本的了解，对重要的来宾要有相应的接待准备。会场选址要力求交通、通信便利；会场服务务必周到，如通往会场的方向有指示、配备导入员等；会场的安排布置，座位主次最易引起心理障碍和不愉快，甚至矛盾。此外，会场音响、灯光、旗帜、标语、条幅、鲜花、气球、会徽、会标、投影仪、电话、网络设施、文具用品等应考虑周到。

（二）剪彩礼仪

大型庆典活动，如开业仪式等，活动开始时往往都需要进行剪彩。

1．剪彩礼仪的程序

（1）礼仪小姐出场。礼仪小姐手托托盘，托盘上可以放置红色方口布，将用彩带扎成的花朵相互连着放在托盘上，剪刀也放在托盘上，同时配以热烈的音乐。当主持人出场时，音乐停止，主持人进行简单致辞，宣读与会来宾名单，并表示谢意。

（2）剪彩开始，由主持人宣布剪彩人员的学位、职务、姓名，主席台上的人员一般要位于剪彩者身后 1~2 米。剪彩者穿着端庄整齐的服饰，并保持稳重的姿态，走向彩带，步履稳健全神贯注，不和别人打招呼。拿剪刀时以微笑向服务人员、礼仪小姐表示谢意。剪彩时，向手拉绸带或托彩花的左右礼仪小姐微笑点头，然后神态庄严地一刀剪断彩带，待剪彩完毕时，向四周观礼者鼓掌致意。

2．礼仪小姐的安排

如果剪彩，礼仪小姐的人数应比剪彩领导人数多一人，礼仪小姐一般应身着礼服。中国人的传统观念认为红色为吉庆象征，礼仪小组最好是着红色旗袍，身披绶带，绶带上要有开业或庆典标志及组织名称等；发式可以是齐耳直发，也可是典雅的发髻；无论冬夏，只要身着旗袍，都应穿连裤袜。一般情况下，礼仪小姐要化淡妆。

（三）签字礼仪

签字是一种常见的仪式。作为组织负责对外交往和礼宾接待的公共关系工作人员，应当熟悉签字仪式的程序。

1．双方签字人员的身份安排

签字人，视达成协议和文件的性质，由相关双方协商约定。有由国家和政府领导人签字的，也有由有关部门的负责人签字的。但双方签字人员的身份应大体相当。一般业务部门之间签订的专业协议等，签字人员身份要求可以放宽。

2．签字准备工作

（1）包括签字文本的定稿、翻译、校对、印刷、装订、盖火漆印等工作。

（2）要准备好签字用的文具、旗帜等物品。

（3）与对方商定具体签字人员，并由双方的助签人员洽谈有关细节。

（4）关于参加签字仪式的其他成员，原则上是双方参加会谈的所有出席人员，或者为表示对此次签字仪式的重视，也可以安排较高级别的领导出席签字仪式。

3．签字现场布置

举行签字仪式，一般在签字厅内设置长方桌一张，作为签字桌。桌面覆盖深绿色台呢布，桌后放两把椅子，为双方签字人员座位，主左客右。座前摆的是各自保存的文本，上端分别放置签字文具。

旗帜一般用国旗，按主左客右的原则悬挂签字双方的国旗。如果需要放置组织旗帜，通常把签字地所在国国旗挂置中间；组织旗帜同样按主左客右的原则悬挂。签字时，双方人员一同进入签字厅，双方主签人员落座，在助签人员协助下，在各自保留的文本上签字，然后由助签人员将文本拿到另一方，指明签字之处，双方签字后，由双方签字人员互换文本，相互握手。有时还备有香槟酒，共同举杯庆贺。

（四）见面礼仪与介绍礼仪

1．见面礼仪

相互见面和离别时最常见的礼节是握手，这是流行于全世界的交际风俗。握手时，双方各自伸出自己的手掌，让对方看清后，双方掌心相贴。握手用力要适度，体现热情或景仰，时间以1～3秒为宜。握手双方，应该由长者、尊者先伸手；男女双方由女方先伸手，除非男方知道女方有握手意愿；主宾之间由主人先伸手，同辈同性间先伸手者为礼貌。当年轻者和年长者，身份低者和身份高者握手时，应稍稍欠身，也可双手握住对方的手，表示高度尊重和敬仰。关系亲密的人见面时则可边握手边问候，甚至两人双手长时间地握在一起。还应注意的是，多人同时握手时，不要交叉，待别人握完后再伸手。握手前一般应脱掉手套。当然，按西方习惯，地位高的人和妇女也可以戴手套握手。军人戴军帽与对方握手时，应先以军人方式敬礼，然后再握手。

2. 介绍礼仪

在交际场合结识他人，可由第三者介绍，也可自我介绍相识。一般来讲，经由第三者介绍认识更自然些。因此，在社交场合对于随行的同伴，如果双方有结识的愿望应有意识地向自己的熟人引荐、介绍。无论自我介绍或为他人介绍，做法都要自然。介绍具体人时，要有礼貌地以手示意，不要指指点点。

介绍也有先后之别，一般而言，应把身份低、年纪轻的介绍给身份高、年纪大的，把男子介绍给女子。介绍时，除妇女和年长者外，一般应起立致意，在宴会桌上、会谈桌上可微笑点头表示。

（五）迎送活动礼仪

迎来送往是常见的社交活动，做好迎送工作，应该注意以下几方面内容。

（1）确定迎送的规格。主要是依据来访者的身份和访问目的，适当考虑双方组织的关系，同时要注意惯例，综合平衡，确定规格。主要迎送人员通常要与来宾的身份相当或相差不大。

（2）准确掌握乘坐的飞机、火车、轮船的抵、离时间，及早通知全体迎送人员和相关单位。如果变化也应及早告知。

（3）迎送重要人员，须举行迎送仪式，如列排队伍，统一迎送口号，有时需要送花或花环。一般宜送一两枝较名贵的兰花、玫瑰花等，鲜花或花环通常是在参加迎送的主要领导人与客人握手之后，由儿童或女青年呈献。

（4）迎接一般的客人，不必举行专门的仪式，主要是要做好各项安排。如事先准备特定的标志，安排汽车、预订住房、办理出入境手续及机、车、船票和行李提取或托运手续等事宜。

练习与思考题

1. 单项选择题

（1）（　　）是公众参与性最强、最能有效传达组织信息的活动。

A. 专题型公共关系活动　　B. 交际性公共关系活动
C. 征询型公共关系活动　　D. 服务型公共关系活动

（2）所谓礼仪，是指礼节和（　　）两个方面

A. 道德　　B. 程序　　C. 规定　　D. 规则

（3）（　　）是通过突出宣传组织某种优势或特色，以提高组织知名度，树立组织整体形象为目标的公共关系广告。

A. 响应广告　　B. 观念广告　　C. 解释广告　　D. 形象广告

（4）公共关系谈判时，摆放（　　）最不会造成层级意识和主宾意识。

A. 方桌　　B. 圆桌　　C. 椭圆桌　　D. 办公桌

（5）公共关系的组织机构是专门执行公共关系任务、实现公共关系功能的行为（　），是公共关系工作的专业职能机构。

A．客体　　B．手段　　C．主体　　D．过程

2．多项选择题

（1）下列活动中，属于专项活动形式的有（　）和记者招待会等。

A．赞助活动　　B．庆典活动　　C．展销会
D．舞会　　E．放飞气球

（2）交际型公共关系活动不具有（　）特点

A．时效性　　B．计划性　　C．主题性
D．针对性　　E．多样性

（3）公共关系的日常工作很多，具体来说主要是编写宣传材料、传播信息、（　）。

A．日常接待　　B．收集和管理信息　　C．组织开会
D．树立全员的公共关系意识　　E．社会交往

（4）公共关系新闻是广泛采用的传播公共关系形式，因为具有（　）优势。

A．真实性　　B．客观性　　C．及时性
D．新奇性　　E．时尚性

（5）舆论包括四个因素：（　）。

A．必须有一个问题　　B．必须有多数人对这个问题发表意见
C．意见至少具有某种一致性　　D．组织可以控制
E．一致的意见会直接或间接产生影响

3．名词解释

主题型公共关系活动　交际　博客　礼仪　赞助

4．简答题

（1）如何鉴别公共关系广告与商业广告？

（2）交际型公共关系活动有什么特征？

（3）如何举行庆典公共关系活动？

（4）剪彩仪式在哪种类型公共关系活动采用？如何安排剪彩仪式？

（5）如何撰写公共关系新闻？

5．论述题

（1）公共关系活动类型很多，组织如何进行选择？

（2）在制造舆论公共关系时，组织如何避免舆论危机？

6．实训题

农夫山泉系列危机公共关系事件的反思

为什么农夫山泉总是深陷各种“门”？从几年前农夫山泉“水源门”、“捐献门”、水溶C100的“砒霜门”，到现在的“标准门”，不禁让人唏嘘、感叹。农夫山泉有点甜，农夫山泉

变得有点“烦”；“标准门”之后，农夫山泉变得有点“悬”了。

关于农夫山泉“瓶装水执行标准不如自来水的标准之争”，第一，其问题核心在于执行的标准高于还是低于国家标准，执行的是什么标准？第二，消费者最关心的问题是什么？水质是否有问题，现在农夫山泉各项指标合格吗？农夫山泉不敢承认自己的标准低于国家标准，顾左右而言他；而竞品和媒体也正是揪着这点不放手，看来，不面对现实的代价很高。

面对“标准门”，农夫山泉拿出了一贯的做法，跟媒体和竞争对手较上了劲。这让人想起了当年的霸王洗发水。当年霸王被媒体爆出含有致癌物质二恶烷，而霸王的做法是强力的反击，最后结果大家都知道，霸王的产品销售和品牌形象受到了严重的影响，以至于销售陷入困境。

出现负面的消息时企业不要一味反击，要灵活运用危机管理。如这次的事件，完全没必要针锋相对和媒体进行驳斥，说得越多，后果越严重，会让消费者产生很多负面的联想，急于想说明什么，是很难说清楚的。如果真错了，就要道歉，而不是掩盖。错了就承认，而不是死要面子、死扛。越到最后，越难消除负面影响。关于执行的标准，你就回答执行的是哪个标准就可以了，之后再说明为什么用这个标准，高还是低，如果低了就要道歉。至于产品检验合不合格或现在产品质量没问题，那是两码事。

（资料来源：农夫山泉系列危机公共关系事件的反思，圣才学习网，作者略有改动，2013 年 4 月 25 日）

思考：（1）请调查和搜集农夫山泉品牌重要的公共关系活动，探讨农夫山泉公共关系活动的主体脉络。

（2）为什么总是农夫山泉深陷各种“门”？农夫山泉如何避免类似事件的再次发生？

第九章 公共关系危机管理

学习目标

1. 掌握危机和危机管理的概念；
2. 掌握克服危机的程序和主要策略；
3. 学会进行危机管理和危机处理。

案例导入

游昌乔谈微博时代的危机公关

游昌乔认为微博时代对危机公关的挑战主要来自：危机的源头无处不在。在微博时代，人人都是媒体、人人都是观众、人人都是演员，任何一个细节都可能是危机的诱发因素，我们也许能控制某个媒体，但我们无法控制每个人。信息没有价值，注意力才有价值。这个挑战的残酷性在于：好消息通常不能吸引注意力，而能够吸引注意力的往往是坏消息。“扩音器”作用明显。“微博或论坛曝光—网民关注—传统媒体报道—网络转载—网民议论放大—更多媒体关注—更多社会关注—事件升级，掀起高潮”，这种令人恐怖的裂变效应，往往使企业措手不及。

垃圾累积效应。负面信息一经发布，就会被不断谈论、转载，甚至被丑化。当累计达到一定量之后，则覆水难收了。当你被无数人围观的时候，即使你做了一百件好事，也抵不过一件错事带来的伤害和中伤。任何一个微小的疏忽或细节的失败，都可能导致“100-1=0”的效果，前功尽弃，甚至万劫不复。

第一，让微博成为防火墙。抢占社会化媒体阵地，建立危机的防火墙。首先，要建立危机公关体系；其次，要做好舆情监测工作，确保在第一时间发现危机源头，了解危机动向和趋势；最后，主动、系统、全面地进行传播，积极承担社会责任，润物细无声，潜移默化地树立正面形象。

第二，让微博成为着陆舱。一些机构、企业或个人对网络公关、危机公关的认识存在偏差，解决问题的方法是依赖于雇用水军灌水及删帖。但事与愿违，帖子越删越多，是非越来越混淆，事情越闹越大。因此要让社会化媒体不成为放大器，而成为着陆舱。

第三，让微博成为润滑剂。从某种意义上来说，微博是企业的润滑剂。做好这点，应注意以下“五度原则”。

- 高度：地位虽高，姿态要低。公众人物、企业或机构必须要理解并接受公众对他们提出的高于普通人的道德和行为标准，善待公众、善待社会，接受媒体监督。
- 态度：面对媒体，态度最大。人们不会原谅一个不认识错误的孩子。
- 风度：保持低调谦逊，永不得意忘形。
- 气度：得饶人处且饶人。宽容是宽容者的通行证，狭隘是狭隘者的墓志铭。
- 尺度：不要过激，不要纠结。当危机发生后，不要给大家留任何理由，让自己成为负面关注的焦点。因为只要你在话题中心，就会不断遭受伤害。

（资料来源：北京公关网）

讨论题：（1）微博时代对危机公关的挑战主要来自哪些方面？

（2）在微博时代，危机公关有哪些需要注意的问题？

第一节　危机及危机产生的原因

一、危机

（一）危机的含义

危机是指突发产生、能对组织或个人产生严重危害的一个紧急关头。社会组织在其运行过程中，因影响其正常运行的因素的复杂性和多变性，使组织随时都可能面临危机。火灾、爆炸、毒气泄漏等偶然事故，企业罢工、产品致人死命、领导锒铛入狱等重大事件，国家政策的重大变化、金融危机的影响等外部环境的重大变化，都会使组织面临严峻的考验。由于危机不仅会对组织产生实质性影响，如爆炸引起了重大伤亡事故和财产损失，而且因受到舆论的关注可能使组织形象受损，使负面影响扩散。组织如果不善于克服危机，就会严重影响组织声誉及正常运转，甚至使组织一蹶不振、趋于解体。

（二）危机与冲突

冲突明显发生在不同人群之间，在立场、观点、利益、感情等方面有直接分歧。但大量的冲突并不会带来危机，特别是组织整体危机。组织领导与部门经理因观点分歧而发生争执，有时还属于建设性冲突。少量冲突有可能会带来危机。比如组织主要领导人之间严重不和、互相拆台，可能会使组织运转状况恶化。又如，企业与经销商因差价和串货问题发生冲突，最后导致大量经销商集体拒绝与企业合作，冲突也就成了危机。反过来说，大量危机肯定会带来冲突，天灾人祸肯定会使一部分公众受损，这些公众或其家属就会向组织提出要求，进行讨价还价。只有少量的危机不会带来不同人群之间的直接冲突，如国家一项政策的改变使企业根本无法按照原来的方式行事，并会出现大量损失和遭受舆论攻击，但企业找不到冲突对手。因此，危机与冲突既有共性，又有区别。

二、公共关系危机的特点及类型

（一）公共关系危机的特点

1．必然性和普遍性

危机的必然性是指危机是不可避免的，只要有公共关系就会有公共关系危机。这是因为：首先，由于人们主观认识的局限性和客观规律的隐蔽性，使人们认识规律、驾驭规律的能力必然会存在偏差，所以任何的错误都可能变为现实；其次，公共关系是一个层次众多的大系统，包括了许多彼此联系的复杂的子系统，是一个多输入、多输出、多干扰的主控系统，不确定因素的复杂性增加了危机产生的必然性；再次，信息传播是公共关系不可或缺的因素，公共关系过程是一种信息传播过程，更是一种控制过程，从信息论的角度看，就是信源通过信道向信宿传递并引发反馈的过程；最后，任何策划和决策都以信息为基础，而且方案的执行过程也是一个信息传播的过程，信息经过多层系、多渠道、多阶段的传输之后，其失真现象必趋严重，导致系统的稳定性减弱，一旦震荡度加大，危机便接踵而至。所以任何一个社会组织在它的发展过程中都遇到性质不同、表现形式各异的危机。

2．突发性和渐进性

公共关系危机事件是一种突发性事件，但往往是渐进式形成的。它的发生常常是在意想不到、没有准备的情况下突然爆发的，它是不可预见的或不可完全预见的。由于公共关系大系统是开放的，每时每刻都处在与外界的物质、能量、信息的交换和流动之中。它具有突发性特征，也具有不可预测性的特征。从本质上讲，公共关系危机的爆发是一个从量变到质变的过程。危机从其自身发展来说，一般由四个阶段组成：前兆期—加剧期—处理期—消除期。在前兆期，危机的隐患初露端倪，向组织发出警告。危机的加剧期只要到来，就不会自行消失。一旦进入危机加剧阶段，只能使任何控制危机的努力变成对损失程度的控制。处理期是危机灾难发展到顶峰的时期，抢救工作进入关键阶段。在此时期，公共关系机构设立信息中心，按时把抢救工作的最新消息传送给媒介人士。消除期是指评估工作开始，抢救工作告一段落。在这一时期，除着手准备详细的调查报告外，主管部门和公关部门都还需要做一些具体的事——安抚人心。同时，依靠公共关系手段消除影响、矫正形象。

3．严重性与建设性

危机事件作为一种公共事件，若任何组织在危机中采取的行动和措施失当，将使企业的品牌形象和企业信誉受到致命打击，甚至危及生存。危机在本质上或事实上对社会组织产生的破坏性是巨大的，必须尽力防范和阻止。但是，既然危机爆发了，暴露了组织存在的问题，更是给组织提供了一个检视自我应对风险能力的机会，危机的恰当处理也会带给组织新的收获。从辩证法的角度来看：危机＝危险＋机遇。公共关系危机爆发之后，组织的公共关系系统处在不稳定的状态中，有效的公共关系工作必定会在原本无序的公共关系状态中构建更牢固的公共关系大厦，使无序走向有序。认识危机的建设性，才会采取主动姿态，沉着冷静、满怀信心地面对危机，从中寻找并抓住任何可能的机会。认识危机的建设性，才有可能认识到公共关系危机在破坏公共关系良好状态的同时，也为组织建立富有竞争力的声誉，树立组织的形象和为组织的重大问题的解决创造了机会。

4．紧迫性和关注性

公共关系危机总是在短时间内突然爆发的，使组织立刻处于备战状态，要求公共关系人员第一时间全面掌握事实真相。危机爆发所造成的巨大影响又令人瞩目。它常常会成为社会和舆论关注的焦点和讨论的话题，成为新闻界争相报道的内容，成为竞争对手发现破绽的线索，成为主管部门检查批评的对象。总之，组织公共关系危机一旦出现，它就会像一颗突然爆炸的炸弹，在社会中迅速扩散开来，对社会造成严重的冲击；它就会像一根牵动社会的神经，迅速引起社会各界的不同反应，令社会各界密切关注。

（二）公共关系危机的类型

1．一般性危机和重大危机

从存在的状态看，公共关系危机可划分为一般性危机和重大危机。

（1）一般性危机。一般性危机主要是指常见的公共关系纠纷。从某种意义上说，公共关系纠纷还算不上真正的危机，它只是公共关系危机的一种信号、暗示和征兆。只要及时处理，做好工作，公共关系纠纷就不会转向公共关系危机，以至于造成危机局面。

（2）重大危机。所谓重大危机，主要是指企业的重大工伤事故、重大生产失误、火灾造成的严重损失、突发性的商业危机、大的劳资纠纷等。它是公共关系从业人员面临的必须及时处理的真正危机，如产品或企业的信誉危机、股票交易中的突发性大规模收购等，公共关系人员必须马上应付处理，最好在平时就有所准备。

2．内部公关危机和外部公关危机

从危机同企业的关系程度及归咎的对象看，公共关系危机可分为内部公关危机和内部公关危机。

（1）内部公关危机。发生在企业内部的公共关系危机称为内部公关危机。内部公关危机发生在企业之内。或者，这种危机的发生主要是由该企业的成员直接造成的，危机的责任主要由该企业内部的成员承担，如制造过程发生意外而引起的危机、产品或服务质量引起的危机、企业合并后的文化整合危机、商业秘密泄露而导致的危机、内部管理人员的丑闻引起的危机、企业重要管理人员的重大变故（如突然死亡等）引起的危机。

（2）外部公关危机。外部公关危机是与内部公关危机相对而言的。它是指发生在企业外部，公共关系危机涉及的公众对象是组织外部的公众，是可能影响多数公众利益的一种公关危机，包括组织间关系危机、政府关系危机、消费者关系危机、媒介关系危机、社区关系危机等。外部公关危机具有如下特点：第一，危机波及的范围相对较广，受害者大多数是具体的社会公众；第二，责任不在发生危机的某家具体的企业等社会组织及其成员身上；第三，不可控因素较多，较难处理，需要有关危机的各方面密切配合，共同行动。

3. 有形公关危机和无形公关危机

根据危机给企业带来损失的表现形态看，公共关系危机有两种，即有形公关危机（显在危机）和无形公关危机（内隐危机）。

（1）有形公关危机。这种危机给企业带来直接而明显的损失，可实际观测到这些损失，如房屋倒塌、爆炸、商品流转中的交通事故等造成的人员伤亡或财产损失。有形危机的特点主要有：第一，危机的产生与造成的损失大多数是同步的；第二，危机造成的损失明显，易于评估；第三，危机造成的损失难以挽回，只能采用其他措施补救；第四，有形危机的发生常常伴随无形危机的出现。

（2）无形公关危机。给企业带来的损失表现得不明显的危机，称为无形公关危机。给任何一家企业的形象带来损害的危机，皆属于无形公关危机。如果不采取紧急有效的措施阻止，已受损害的企业的形象将使企业蒙受更大的损失。无形公关危机具有下述特征：第一，危机始发阶段，损失不明显，很容易被忽视；第二，危机发生后，若任其发展，损失将会越来越大；第三，这种危机造成的损失是慢性的，可采取相应的措施补救；第四，处理好这类危机要与新闻媒介多打交道，因而必须注意方式方法。

4. 人为公关危机和非人为公关危机

（1）人为公关危机是由人的某种行为引起的危机。对一家企业来说，生产工艺设计欠科学、配方有问题、原材料质量不好、有关工作人员缺岗或不尽职、组织的安全保卫工作不力、财产管理不善、有人故意地搞破坏、业内人为恶意炒作使得企业陷信任危机等造成的危机皆属于此类。人为公关危机会造成人员伤亡或财产的重大损失，危机使得企业经济效益严重受损。人为公关危机具有两大特点：可预见性和可控性。也就是说，如果平时采取相应有效的措施，有些危机是可以避免或减轻损失的，在一定程度上也是可以控制的。

（2）非人为公关危机主要是指不是由人的行为直接造成的某种危机。对一家企业来说，引发非人为公关危机的事件常常有地震、洪涝灾害、风灾、雹灾等自然灾难。非人为公关危机有如下特点：大部分无法预见；具有不可控性，如企业无法控制地震；造成的损失通常是有形的。这种危机容易得到社会各界和内部公众的同情、理解与支持。

5. 灾变危机、经营危机、信用危机、形象危机和误导危机

（1）灾变危机，是指由于自然灾害和不可抗拒的因素而造成的危机，如洪水暴发、瘟疫流行、飞机失事、战争等都会使组织处于危难之中。

（2）经营危机，是指由于组织领导决策失误或管理不当而导致的危机，如企业因经营不善而失去市场，劣质产品造成的伤害导致消费者向有关部门投诉。

（3）信用危机，是指由于组织不履行承诺，危害公众利益，失信于公众而导致的危机，如组织有严重欺诈行为或不能很好履行合同，信用危机将会爆发，

（4）形象危机，是指组织内部发生丑闻，组织形象受到严重伤害而导致的危机，如组织从事不正当事业或其主要领导有贪污、受贿等犯罪行为，都会严重影响组织形象。

（5）误导危机，是指由于新闻媒介的失实报道而导致的危机，如对“小道消息”的过分炒作或对“花边新闻”的大肆渲染，会使组织陷入极为被动的局面。

案例分析 9-1

刘翔退赛引发赞助商危机公关

刘翔集耐克、可口可乐、联想、伊利等 14 个国内外知名品牌代言于一身，赛前甚至有人大胆预测如果刘翔在北京奥运会上夺金，金牌带来的经济价值高达 4.8 亿元。然而，竞技体育的残酷让很多人始料不及，伤痛让刘翔被迫饮恨赛道。

2008 年 8 月 19 日一早，广州很多市民拿到新出炉的《南方都市报》时，颇感意外。报纸封面有两张大图：一张是刘翔退赛后失落的背影；另一张是刘翔坚毅的正面特写。左侧是广告词“爱比赛，爱拼上所有的尊严，爱把它再赢回来。爱付出一切，爱荣耀，爱挫折。爱运动，即使它伤了你的心”。

这正是赞助商耐克火线换上的新广告，据悉耐克当天在北京、上海、成都等地媒体显著位置上都投放了该广告，粗略计算金额在 150 万元以上。虽然市场的竞争压力很大，耐克希望借助刘翔破局的梦已破碎，但耐克的反应和中国人的整体心态非常吻合。一方面，耐克公司立即声明，表示理解刘翔并会继续支持刘翔，并期待他伤愈复出。而另一方面，在全国主要城市刊登了刘翔为耐克代言的最新广告。虽然国人对于刘翔退赛的争论还在继续，但是耐克已经将自身的风险降到了最低。

（资料来源：张云. 公共关系理论、实践与案例［M］. 上海：华东师范大学出版社，2012.）

【案例评析】伤痛让刘翔被迫饮恨赛道属于非人为公共关系危机，主要是指不是由人的行为直接造成的某种危机，它无法预见，具有不可控性，所以耐克火线换上新广告，将自身风险降到了最低。

三、危机产生的原因

（一）内部原因

组织在其运行过程中因各种主客观原因，会经常产生对组织本身、社会有重大冲击和危害的事件，从而产生危机。这些事件既可能是组织成员不负责任、损人利己所导致的，也可能是管理水平低下、决策错误甚至天灾人祸所导致的。领导层之间的重大矛盾引起的危机是他们不顾大局；生产假冒伪劣产品所引起的危机完全是咎由自取；火灾和爆炸既可能是由不可抗力导致的，也可能是设备陈旧、操作不当所致；积压产品堆积如山导致财务状况迅速恶化、人心不稳，根源可能是决策错误，也可能是质量太差或营销不力；组织内部动荡不安、人心惶惶，可能是由一次重大改革所引起的。

由此可见，引起危机的内部原因是多种多样的，主要包括：决策错误；管理水平低下；事业心、责任心不强；原材料、设备和产品质量低下；因行业特点、财力不足、社会责任感不强，对各类公众直接产生不利影响；不团结，传统关系不和；组织问题积重难返，需要进行重大变化；组织与内部公众沟通不力，产生重大误解。

（二）外部原因

任何组织都是存在于一定环境之中的，当外部环境的重大变化直接或间接地威胁组织生存和发展时，危机也就产生了。外部环境或公众也未必要与组织过不去，相互矛盾的原因也多种多样：国家政策发生重大变化，对组织原来的运行方式产生重大威胁；竞争对手大举抢占目标市场，对组织的原有市场产生重大的威胁；竞争对手造谣中伤，严重损害组织声誉；企业产品在销售和使用环节中，因一些不可控的原因出现重大事故；外部公众本身的缺陷，误解组织工作，提出不合理要求和产生过激行为。

很多危机的产生既有内部原因，又有外在原因，除了少数不可控的外部原因外，组织应该更多地从内部寻找根源。

第二节　克服危机的程序和主要策略

危机表现为冲突时，这种冲突一般是破坏性冲突。因此，组织应该努力预防和克服危机，并在危机中吸取教训，把坏事变为好事。对于公共关系工作来说，当危机损害到组织形象和某些公众的关系时，公共关系人员就应该在危机管理中扮演重要角色。应注意到，有些危机如财务危机，虽然对组织的正常运转产生严重威胁，但由于只有少量人群知晓内情，因而并不会严重损害组织形象，也未必会受到舆论的广泛关注，在解决财务危机方面公共关系人员并不能起多大的作用。

由于危机具有突发性等基本特征，危机发生时，许多组织会措手不及，不知如何应对。恐慌、缺乏经验、缺乏社会责任感，往往会胡乱应付危机，使危机加深。克服危机需要有一个科学的程序，并应该选择适当的策略。

一、克服危机的一般程序

由于危机有多种类型，表现形式也不一样，因而不会存在完全一致的工作环节。但较为粗略地看待工作环节，还是能够归纳出有很大适应性的一般程序的。这里讨论克服危机的程序，并不是说要求所有组织在任何危机情况下，都按照这种程序去操作，而是强调克服危机要有章法。

第一，成立领导小组。危机出现时，要立即成立专门的领导小组负责工作，并要有分工，比如有专门的新闻发言人。

第二，弄清事实真相，界定问题。主要包括：了解事件的来龙去脉，如起因、发生和演变过程；事件的性质，主要是责任归属和责任大小；有多少人受此影响，影响程度多大，特别是遭受了多少损失；媒介是否有报道，是如何评论的，舆论如何，等等。如果了解事实真相的过程很长，而有些问题亟待解决，那么就应该把调查和处理结合起来进行。

第三，向有关各方说明事实真相，制止流言蜚语。有关各方包括直接遭受损失的公众或其家属、政府主管部门、新闻媒介等。公布的范围和内容应视实际情况而定。

第四，采取多种手段，处理实际问题。包括赔偿、道歉、安慰、惩罚责任人、改进工作、消除危机产生的根源等，组织应该通过多种手段，既要能平衡利益关系、修复感情，也要消除根源、吸取教训，比以往做得更好。

第五，向有关各方介绍组织所做的工作。如果组织仅靠说明事实真相不能解决问题的话，那么公众肯定会期待组织的实际行动。因此，组织应该把告一段落的处理工作及所取得的成效，通报有关各方甚至大力宣传，使形象重新得以树立。

第六，进行总结，吸取教训。工作基本结束后，应该进行总结，根据危机产生的根源，举一反三，既要采取实际行动改善工作，又要进行思想教育，使广大员工都知道。

案例分析 9-2

加多宝集团的危机公关

加多宝集团作为一家大型专业饮料生产及销售企业，于 1995 年创立，并向广药集团租借“王老吉”商标，同年推出首批红色罐装“王老吉”。经过十余年的打造，“加多宝”凉茶已成为行业领导品牌。从 2012 年以来，加多宝与广药集团的纷争无疑赚足了公众的眼球，加多宝集团在这一过程中可谓是危机四伏。然而从目前的结果来看，加多宝集团并未因此而损失惨重，相反，在凉茶品牌界可以说依旧占领着行业领先的地位。从危机公关的角度来看，正好印证了中国的一句古话：水滴石穿非一日之功。品牌的力量加上良好的危机公关能力，才使得加多宝化腐朽为神奇。

俗话说，好事不出门，坏事传千里。在危机出现之后，消息会在最短的时间之内迅速传播，因此，在危机出现之时，如何快速处理危机至关重要。早在争端之初，由于“王老吉”商标使用权的不确定性，加多宝集团加快了商标更名的步伐。2012 年 3 月，加多宝集团发布官方声明，红罐王老吉启动全新包装，强化“加多宝”品牌，广告语也由之前的“怕上火喝王老吉”变更为“正宗凉茶，加多宝出品”，连平面广告也难找“王老吉”商标的踪影。危机正式爆发时，加多宝集团立即召开紧急会议，对危机处理的各项事宜做了有条不紊的安排，并制定了不同阶段的公关策略。

首先，加多宝集团迅速召开新闻发布会，集团最高层亲自面对媒体，表明公司的重视程度，告知公众事件的原委，指出公司更名为无奈之举，并作为行业领导者表现出对于维护行业局面的责任。加多宝真诚告知及勇于承担责任的态度，赢得了媒体和公众的理解。此外，加多宝集团表示，虽作为民营企业力量微薄，将按照法律争取公平裁决，并承诺公司将一如既往坚守传承秘方，保持工艺水准，强化品质质量监管，为消费者提供合格、安全、正宗的凉茶。这加强了公众对加多宝的认识，争取到广大消费者的同情。

（资料来源：《国际公关》杂志 2013 年 8 月第 52 期）

【案例评析】在品牌为王的时代，加多宝最终失去自己经营多年的成功品牌无疑是一次巨大的企业危机，然而，面对危机之时加多宝集团在危机公关过程中采取的一系列及时有效的措施，最终渡过这次严重危机，可谓危机公关的精彩范例。

二、克服危机的主要策略

一般认为，克服危机只有一种策略选择，这就是迅速反应，全力应对。其实，组织在面对危机时往往会有多种表现，有的躲躲藏藏，想掩人耳目，有的愿意完全公布真相，最好让全世界都知道。不仅危机的类型和原因多种多样，而且组织的行业特征和规模会有差别，组织所处的发展阶段和领导的想法也各不相同，这些复杂的情况会影响克服危机的策略选择。

（一）按克服危机的基本意图，可分为炒作型和灭火型两种策略

炒作型策略类似于“作秀”，是指组织有意把它的委屈、强烈的社会责任感和对受害公众的爱心、改善工作的决心等，通过大力宣传，让广大公众都知道。这种利用危机使组织形象提升的做法是需要付出代价的。

（二）按克服危机的时机把握，可分为先机型和后发型两种策略

为了有效预防和克服危机，组织应该及时给予关注，观察苗头，掌握事态的发展。但是，是否要立即做出实际反应，则应视实际情况而定。

先机型策略强调迅速做出反应，采取措施遏制危机发生和克服危机。当组织认为事件比较清晰、可以预料，如果不及时采取措施，很容易导致事态蔓延、危机加深，或者，不及时采取措施，就很难反映自己讲诚实重信誉的形象，那么就可以采取这种策略。火灾、爆炸、产品致人死命等性质特别严重的事件，即使事实真相尚未完全查明，但是，组织应该把现实情况、基本态度、准备采取的措施及时向有关各方通报，而且，善后工作要及时展开。另一种情况是，事件性质虽然不严重，甚至尚未曝光，但若能把握先机，还能制造新闻、提升形象。

若干年前，江苏常州有一家名为“阔步”的皮鞋商店，在一次盘货中发现有一批皮鞋是假冒货，且已售出六七双了。买了假货的顾客既可能永远发现不了，也可能发现后来退货，当时《消费者权益保护法》尚未正式颁布实施，企业完全可以置之不理。可是商店的孙经理不仅强调诚信无欺，而且具有强烈的公关意识。他首先在商店门口写了一个海报，希望买了假货的顾客速来退换。几天过去，有几个顾客来退换了，可还有几双假货无踪影。本来，孙经理已经仁至义尽，可以不管了。但是他却继续寻找，花钱在电视报上做了一则公关广告，希望其他顾客赶紧来退货。进假货卖本来是坏事，顾客前来退货时商店能不赖账已算不错了，可是孙经理却有意自我曝光。无疑，此举可提高商店的知名度和美誉度，且能使有利信息不胫而走，或者印发媒介的竞相报道。果然，当时阔步皮鞋店名声大振，顾客络绎不绝。

后发型策略是采取静观事态变化的措施，当各种问题、矛盾暴露到一定程度后，才采取有力行动，给予解决。当有些事件为有人故意制造、挑衅所引起，组织如果过早扑灭的话，很可能既抓不到肇事者，也很难对事件准确定性，这时就要采取后发型策略。

比如，一个企业发现自己生产的食品，在保质期内居然有不少变质的，消费者的投诉不断，但它估计在正常情况下，这些产品不应该过早变质，多半是有人故意破坏。当企业尚未掌握实据时，它一方面应按规定对消费者给予赔偿，另一方面可以暗中积极搜集证据。如果的确有人破坏，那么这种方式就能让事态进一步发展，有助于使企业能抓住肇事者，最终公布事实真相，为企业产品挽回声誉。

（三）按克服危机使用手段的性质，可分为高压型和疏导型两类策略

高压型策略就是用强硬手段制止危机产生时相关公众的过激行为，让他们只能服从公关主体的意志。强硬手段包括行政命令、法律制裁、乃至武力镇压。当组织认为危机产生的责任，主要在公众一方；事态紧急，无法从容采用劝导方法；组织本身有强大权威和专政机器；组织无须与相关公众在短期内达成融洽的关系，那么组织就可以采取高压型策略。当然，采用这一策略应该坚持真理、遵守法律，而不能“强权即公理”。

疏导型策略强调沟通，在对公众细分的基础上，采用不同的手段，着重使用劝导方法改变公众的立场和观点，采用适当让步和优待方式使公众心服口服。当组织十分强调人性，强调与公众应该有一个融洽关系，认为若产生危机，各方都有一定责任或事出无奈时，那么就可以采取这一策略。

归纳起来说，在克服危机的过程中，组织应该注意如下要点：统一领导、统一口径；高度关注、把握事实；意图明确、筹划在先；实事求是；把握时机。

三、危机处理

危机处理包括两个方面的含义：一是处理公共关系危机，二是用公共关系的策略和方法来处理危机。危机处理是危机管理的核心内容，它既要求在思想上重视，也强调在行动上妥善处理。所以它涉及危机处理的基本原则、对策和措施等内容。处理危机事件、实施危机管理时，绝对不能随心所欲，必须按照一定的原则，妥善地加以处理，用稳妥的方法赢得公众的谅解和信任，尽快恢复组织的信誉和形象。

（一）危机处理的基本原则

一是积极性原则。遇到危机的出现，要以有负责的、积极的态度调查、了解、分析、判断、决策，寻求最佳的解决方案，争取专家的帮助和公众的支持与谅解，这是危机公关的起码态度。

二是主动性原则。组织内部的人员要挺身而出，勇于承担责任，寻找解决问题的契机，变被动为主动，使不利因素变为有利因素。

三是及时性原则。危机公关的目的在于尽最大可能地控制事态的恶化和蔓延，把因危机造成的损失减小到最低程度，事件发生后，公共关系人员要迅速做出反应，果断进行处理，赢得了时间就等于赢得了形象。

四是冷静性原则。要沉着、冷静、富于理性精神，不能急躁、随意、信口开河。

五是真实性原则。本着实事求是的态度，公布事实真相，让事实说话，才能防止流言蔓延，影响组织的形象。

六是责任性原则。要勇于承担责任，做到不推卸、不埋怨、不寻找客观理由。这样才能赢得社会的谅解和好感。

七是善后性原则。做好危机事件后的善后工作，包括对公众损失的补偿，对社会的歉意，对自身问题的检讨，等等。

八是灵活性原则。由于危机多属于突发性的，不可能有既成的措施和手段，因此，根据实际情况灵活处理很重要，也很关键。

（二）危机处理的基本措施

1．立即调查情况、制定计划以控制事态的发展

在危机处理时，首先应组织有关人员，尤其是专家参与，成立危机处理小组，对危机的状况做一个全面的分析：危机产生的原因是什么？发展状况及趋势如何？受影响的公众有哪些？谁是危机的直接受害者、间接受害者和潜在受影响者？具体受影响的程度如何？他们可能希望通过什么方式予以解决？危机信息对外扩散的发布渠道和范围是怎样的？这些问题必须弄清楚，因为这将是企业采取补救措施的直接依据。在找到这些依据之后，就可以根据这些依据来制定相应的对策。时间和公开化仍是此阶段的要素，如果有必要，甚至可以每天向外界宣布调查的进展情况。

2．迅速反应，把握主动，积极沟通，有效管理信息的进与出

危机的属性就是公开性，危机处理可以说就是危机沟通。在传播与沟通中，企业一定要掌握报道的主动权，也就是要“说真话，赶快说”。因为一旦外界通过其他渠道了解到某些事实真相，将会使组织陷于非常不利的局面。办法是由发言人以最短时间发表坦诚的声明，承诺将迅速对危机进行处理，并及时对外通报。及时安排准确的信息披露，以进行有效的舆论引导，避免媒体的炒作。

3．当组织与公众的看法不一致、难以调解时，必须靠权威发表意见

要善于借助公正性和权威性的机构来帮助解决危机。邀请第三方协助调查，以赢取公众信任。事实证明，在很多情况下，权威的介入将对危机处理起决定性作用。例如，雀巢公司的“奶粉风波”恶化后，成立了一个由10人组成的专门小组，监督该公司执行世界卫生组织规定的情况。这些人中有著名医学家、教授、公众领袖乃至国际政策专家，此举大大加强了公司在大众心中的可信性。

4．做好善后工作，尽快挽回声誉

特别是出现重大责任事故，导致社会公众利益受损时，组织必须承担起责任，给予公众一定的精神补偿和物质补偿。在进行善后处理工作的过程中，必须做到一个“诚”字。例如，美国福特因为凡士通的问题轮胎名声大受影响。为挽回损失，公司耗资350万美元在全美200多家知名网站上刊登了一则告示：“有关凡士通轮胎一事，请点击福特的正式新闻主页。”主页上介绍了更换轮胎的地址、公司新闻公报及联系方式。福特这则广告所传达的信息是：请相信我们的努力，一切问题都可以得到解决。调查显示，广告刊出后的头7天，点击数达到5 000万次。虽然福特因轮胎事件声誉受损，但随后进行的大规模的广告活动至少证明它是一家负责任的企业。

案例分析 9-3

可口可乐在华公司陷入“受贿门”

2009年9月10日，可口可乐旗下瓶装厂上海申美饮料公司被曝“受贿门”，市场部相关人士在两周前已被浦东警方带走调查，原因是涉嫌受贿超过千万元，该公司原总经理也因此事被调离。而该公司市场部主要负责可口可乐的广告投放、促销品安排等，每年的市

场费用上亿元。《东方早报》记者联系可口可乐中国公司，该公司表示此事跟公司无关，完全是个人操守问题。上海申美饮料公司公共事务传讯部有关人士也对记者证实，公司市场部确有“前员工”被警方带走进行经济调查，而该员工已被公司除名。上海申美饮料公司公共事务传讯部有关人士表示，由于警方要求申美公司对警方的调查取证进行配合，任何对外透露的线索，都有可能成为警方侦查工作的障碍。所以，他表示很抱歉，不能透露任何有关该案件的情况。

据公开资料显示，上海申美饮料食品有限公司成立于 1987 年 2 月 10 日，是由上海市上投实业公司、上海市食品开发实业公司、中粮实业发展公司、上海市食品进出口公司和可口可乐（亚洲）控股有限公司、可口可乐（中国）投资有限公司共同投资设立，是可口可乐系统在亚洲地区规模最大、最现代化的装瓶厂。

（资料来源：周敏. 中外商务传播案例经典[M]. 上海：复旦大学出版社，2013.）

【案例评析】可口可乐在华公司 陷入“受贿门”有以下几大败笔。

败笔一：没有固定的新闻发言人，导致信息发布渠道不明确。

败笔二：未能第一时间争取舆论主导，用外交辞令拒绝记者。

败笔三：信息的权威性得不到保证。

败笔四：对责任的推卸，将其归因于员工个人问题。

败笔五：“口径”的不一致，前后的信息不一致。

败笔六：与媒体关系处理得不恰当，敷衍媒体记者。

第三节　公共关系危机沟通与管理实践指导

一、危机沟通与管理

（一）危机沟通与管理的基本程序

1. 深入现场，了解事实

危机发生之后，危机处理小组应在高层领导人的带领下，亲临危机事故现场，指挥抢救工作，并委派专业人员调查事故，确实弄清危机事件发生的时间、地点、原因、人员伤亡、财产损失等情况。中外成功的危机公关案例都有一个共同的特点：领导人亲赴第一线，给人一种敢于负责、有能力、有诚意解决危机的形象。危机发生后，要尽快采取一切措施来降低损失。对于“损失”，既要看有形的，又要看无形的，可以说，失去市场、丢掉发展的机会是最大的损失。

2. 分析情况，确定对策

掌握了危机事故的第一手资料后，在高层人员的直接参与下，深入研究和确定应采取的对策、措施，即制定危机处理方案。确定的对策既要考虑如何对待投诉公众，如何对待媒介，如何联络有关公众，如何具体行动，更要考虑如何抓住蕴含的机遇，恢复声誉，重返市场。

3. 联络媒介，引导舆论

危机事件发生后，各种传闻、猜测都会发生，媒介也会纷纷报道。这时组织应委派发言人主动与媒介联络，特别是首先报道事件的记者，务必尽可能以最快的速度召开新闻发布会或记者招待会，以填补信息真空，掌握舆论主导权。国外一个危机专家曾说过，“危机中传播失误所造成的真空，会很快被颠倒黑白、胡说八道的流言所占有”，“无可奉告对于公众的理解就是默认”。

在新闻发布会上，一方面向新闻界介绍危机的有关情况，公布公司正在采取的措施；另一方面恳请新闻媒介密切配合，防止不利的消息和舆论。在多次的新闻发布会上，新闻发言人代表组织“以我为主”公布消息，使信息传递口径统一，新闻发言人是公众知情权的重要途径。新闻发言人必须具备较强的信息传递技能，能与最高层直接沟通并能有权参与决策，熟悉不同类型的媒体及其传播规律，并有意识地运用。

4. 组织力量，有效行动

这是危机处理的中心环节之一。公众媒介和舆论不仅要看企业在新闻发布会上的宣言，更要看企业的行动。第一，组织力量亲临一线，安抚受害公众，解决公众的当务之急；第二，争取其他公众、社团、权威机构的合作，协助解决危机；第三，寻找、创造机遇，重塑组织形象。

5. 总结调查，吸取教训

危机管理小组应对危机处理情况做全面调查评估，包括对客户和消费者的善后工作，如赔偿、安慰、关怀等。对于危机事件当事者，应收集、整理、分析媒介对危机事件的报道等，进行危机处理的效果调查，同时将危机处理的评估结果向董事会和股东报告，向公众和媒介公布，通过总结检查，改进企业或组织在危机管理方面存在的具体薄弱环节，并将一些经验教训写成书面教材，教育企业或组织的员工，修正危机管理计划，唤起全体人员对危机的重视。

（二）危机沟通技巧与危机管理对策

1. 不同阶段的沟通协调技巧

从时间上看，危机管理工作分为危机来临前、危机处理中和危机后期三个时段。在不同的时段，沟通协调工作的要点不同，技巧有别。

（1）危机来临前。危机来临前的沟通协调工作要遵循“重在平时”的原则。目的是为危机发生后的沟通协调做准备。国外危机管理专家指出，“在危机时，你要与各级政府部门和顾客打交道，如果你不认识政府有关部门中的任何人，或者你从来也没有与顾客组织进行过交谈的话，你就会遇到困难了……你必须与那些将来在危机时需要进行沟通的关键集团、组织、政府部门事先建立沟通网络或桥梁”。

要做好必要的准备工作。比如，对方的单位地址、电话、传真、电子邮件地址、重要人物的家庭住址等要准备好。要进一步确认在特殊情况下与谁联络。平时的沟通协调要以组织角色为重点，切忌只与个别人保持联系。多数情况下，发生危机的组织是希望得到组织的帮助而不仅是个人。通常，组织的力量大于个人的力量。

（2）危机处理中。国外危机管理专家曾总结出五项适用于各种危机的沟通原则。这些原则也适合我国企业或社会组织开展危机处理及沟通协调工作：控制事态、开诚布公、承担责任、表示同情、积极行动。

（3）危机后期。当把采取的一系列行动告诉公众之后，人们关注的往往是效果怎么样。因此，在危机后期，要迅速通过适当的方式和渠道传播采取行动之后的效果，尤其是好的效果。通过具体的行动，继续表示对受害人及其亲属的关心、同情、安慰、帮助。同时危机管理小组要及时总结、交流对危机的处理情况，并收集所有反馈信息，为调整协调和沟通措施提供依据。

2. 不同对象的危机管理对策

不同的危机有不同的对象。公共关系危机处理没有固定的模式。由于公共关系危机具有不同的类型、性质、特征及面临的环境的差异性，因此，这里所谓的“对策”，从某种意义上说，仍然是一种原则性的提示，一种理论上的思路。

（1）组织内部对策。

1）迅速成立处理危机事件的专门机构。假如企业已成立危机管理小组，可在该小组的基础上增加部分人员。如果事先没有设置与危机管理小组相似的专门机构，需要立即成立。这个专门小组的领导应由企业负责人担任。公关部的成员必须参加这个机构，并同各有关职能部门的人员组成一个有权威性、有效率的工作班子。

2）了解情况，进行诊断。成立专门机构后，应迅速而准确地把握事态的发展，判明情况。确定危机事件的类型、特点，确认有关的公众对象。

3）制定处理危机事件的基本原则、方针、具体的程序与对策。

4）急告需援助的部门，共同参加急救。

5）将制定的处理危机事件的基本原则、方针、程序和对策，通告全体员工，以统一口径，统一思想认识，协同行动。

6）向传媒人士、社区意见领袖等公布危机事件的真相，表示企业对该事件的态度和通报将要采取的措施。

7）危机事件若造成伤亡，一方面应立即进行救护工作或进行善后处理，另一方面应立即通知其家属，并尽可能提供一切条件，满足其家属的探视或要求。

8）如果是由不合格产品引起的危机事件，应不惜代价立即收回不合格产品，或者立即组织检修队伍，对不合格产品逐个检验。通知有关部门立即停止出售这类产品。

9）调查引发危机事件的原因，并对处理工作进行评估，奖励处理危机事件的有功人员，处罚事件的责任者，并通告有关各方。

（2）受害者对策。

1）认真了解受害者情况后，诚恳地向他们及其亲属道歉，并实事求是地承担相应的责任。

2）耐心而冷静地听取受害者的意见，包括他们要求赔偿损失的意见。

3）了解、确认和制定有关赔偿损失的文件规定与处理原则。

4）避免与受害者及其家属发生争辩与纠纷。即使受害者有一定责任，也不要在现场追究。

5）企业应避免出现为自己辩护的言辞。

6）向受害者及其家属公布补偿方法与标准，并尽快实施。

7）给受害者安慰与同情，并尽可能提供其所需的服务，尽最大努力做好善后处理工作。

8）在处理危机事件的过程中，如果没有特殊情况，不可随便更换负责处理工作的人员。

（3）新闻界对策。

1）如何向新闻界公布危机事故，公布时如何措辞，采用什么形式，有关信息怎样有计划地披露等，应事先达成共识，统一口径。

2）成立临时记者接待机构，专人负责发布消息，集中处理与事件有关的新闻采访，向记者提供权威的资料。

3）为了避免报道失实，向记者提供的资料应尽可能采用书面形式。介绍危机事件的资料应简明扼要，避免使用技术术语或难懂的词汇。

4）主动向新闻界提供真实、准确的消息，公开表明企业的立场和态度，以减少新闻界的猜测，帮助新闻界做出正确的报道。

5）必须谨慎传播。在事情未完全明了之前，不要对事故的原因、损失及其他方面的任何可能性进行推测性的报道，不轻易地表示赞成或反对的态度。

6）对新闻界表示出合作、主动和自信的态度，不可采取隐瞒、搪塞、对抗的态度。对确实不便发表的消息，也不要简单地“无可奉告”，而应说明理由，求得记者的同情和理解。

7）不要一边向记者发表敏感言论，一边又强调不要记录。

8）注意以公众的立场和观点来进行报道，不断向公众提供他们所关心的消息，如补偿方法、善后措施等。

9）除新闻报道外，可在刊登有关事件消息的报刊上发歉意广告，向公众说明事实真相，并向公众表示道歉及承担责任。

10）当记者发表了不符合事实真相的报道时，应尽快向该媒体提出更正要求，并指明失实的地方。向该媒体提供全部与事实有关的资料，派重要发言人接受采访，表明立场，要求公平处理。特别应注意避免产生敌意。

（4）上级领导部门对策。

1）危机事件发生后，应以最快的速度向企业的直属上级部门实事求是地报告，争取他们的援助、支持与关注。

2）在危机事件的处理过程中，应定期汇报事态发展的状况，求得上级领导部门的指导。

3）危机事件处理完毕后，应向上级领导部门详细地报告处理的经过、解决方法、事件发生的原因等情况，并提出今后的预防计划和措施。

（5）有业务往来单位的对策。

1）危机事件发生后，应尽快如实地向有业务往来的单位传达事故发生的消息，并表明企业对该事件的坦诚态度。

2）以书面的形式通报正在或将要采取的各种对策和措施。

3）如有必要，还可派人直接到各个单位去面对面沟通、解释。

4）在事故处理的过程中，定期向各界公众传达处理经过。

5）事故处理完毕，应用书面形式表示歉意，并向理解和援助的单位表示诚挚的谢意。

（6）社区居民对策。

1）社区是企业生存和发展的基地，如果危机事件给社区居民带来了损失，企业应组织人员专门向他们致歉。

2）根据危机事件的性质，也可派人到每户家庭分别道歉。

3）向全国性的大报和有影响的地方报刊发谢罪广告。主要内容包括：作为谢罪广告对象的有关公众；公众了解的事项；明确而鲜明地表示企业敢于承担社会责任、知错必改的态度。

4）必要时，应向社区居民赔偿经济损失或提供其他补偿。

除上述关系对象外，还应根据具体情况，分别对与事件有关的交通、公安、市政、友邻单位等公众采取适当的传播对策，通报情况，回答咨询，巡回解释，调动各方面的力量，协助企业尽快渡过危机，将企业形象的损害控制在最低限度。

二、公共关系危机管理

危机事件告诉我们，危机从来就不是循规蹈矩的，处理危机当然就不能想当然，特别是在中国市场还不规范的情况下，出现“意外”的可能就更大，对危机准备不足，就意味着企业在突发事件中放弃了主动权，意味着放弃了抢先控制事态发展、抢先进行补救的可能，因此更应做好出现各种局面的思想准备和应对措施，做好危机管理。危机管理不仅是“事后如何打圆场”，也就是说，不只是做好“事后管理”，还应该做好“事前管理”。危机管理的核心应当是如何把“事前管理”做好，如何从机制上避免危机的发生，如何在“危险信号”还没有变成“危机事件”时就将其平息。

（一）危机管理和危机管理计划

1. 危机管理的概念

从广义的角度，危机管理是指公共关系从业人员针对组织自身情况和内外部环境分析预测可能发生的危机，然后制定出针对性措施，一旦发生危机，就能有条不紊地将危机化解，重新恢复信誉和市场的一套机制。从狭义的角度讲，危机管理就是危机处理，指对已经发生的公共关系危机事件的处理过程。危机管理的建立可以使组织防微杜渐，将隐患消灭在萌芽状态，将危机爆发的可能性降低到最低限度。因此，危机管理具有预警、防范、化解的功能。

2. 危机管理计划的概念

危机管理计划是社会组织为了预防危机的发生或在危机发生时应尽可能减少损失而制定的较为全面、具体的关于危机事件的预防、处理和控制的书面计划。它是制定危机管理手册，开展危机管理教育的基本依据。制定危机管理计划，不仅可以预防危机的发生，而且在处理危机时，能够冷静、理智而又迅速地做出反应，减少危机损失。制定危机管理计划，将抢救工作程序化、明晰化，各司其职，井然有序，可以在冷静的状态中抓住有利的时机，做好重塑形象、重返市场、重整旗鼓的工作。

（二）危机管理计划的内容

危机管理计划是危机处理的纲领性文件，是危机管理工作的全面反映。依据内容或工作的侧重点来看，危机管理计划分为危机应急计划和危机传播计划。

1．危机应急计划

危机应急计划是企业或社会组织在全面分析预测的基础上，针对出现概率较大的危机事件而制定的有关工作程序、施救办法、应对策略及措施等的书面计划。危机应急计划的侧重点在于具体危机出现后如何施救处理。危机应急计划的主要内容包括以下几方面。

（1）企业或社会组织高层领导对危机管理的重视程度。最高领导层的关心和支持是公关部门搞好危机预防的重要保证。如果企业的最高领导层对公共关系理解和重视，他们就会给予公共关系部门人员、经费、权力等方面的关心和支持，就会提醒公共关系人员注重消除可能给企业带来危机的各种隐患。国外专家建议："所有高级主管都应共同思考企业可能遭遇的问题。"

（2）预测可能发生的危机并提出对策方案。危机应急计划的有效性取决于危机预测的准确性。预测危机应由企业或社会组织的领导主持，公共关系专家参与，对企业或社会组织某个阶段可能出现的危机进行全面分析、预测，并就危机出现后的对策进行详细讨论、确认，然后以书面的形式印发执行。通过这种方式制定应急计划，做相应的准备，采取必要的防范措施，以减少或减轻损失。如果预测准确，危机应急计划就会产生良好的效果。如果预测失当，危机应急计划就是无效的，甚至投入的时间、精力和人财物都是浪费的。

（3）建立危机管理组织。一般而言，危机管理组织架构的设置应实行三级组织、三级管理的方式。

第一级为"危机管理委员会"，是决策机构，由组织中有关方面的中高层领导组成，是一种兼职的矩阵式组织，它的主要职责是制定危机管理的政策，制作本组织的《危机管理手册》，配备危机管理办公室的人员，检查监督平时危机管理的工作，主持定期的危机管理工作会议，负责处理重大的危机事件等。

第二级为"危机管理办公室"，是常务执行机构，由一定的专职人员组成。作为常设机构，一般平时可由公关部或办公室承担。它的主要职责是负责危机管理各项工作的贯彻和落实，收集信息，监控市场，做好兼职人员的培训工作，负责处理一般性的危机事件，定期向危机管理委员会汇报工作。

第三级为"危机管理工作小组"，对一些跨地区的组织来说属基层性的操作机构，或者称为现场性的操作机构，也是一种矩阵式组织，平时由一些兼职人员负责与总部的危机管理办公室保持业务联系，当然，也负责处理日常的零星投诉。

（4）确定危机发生时共同遵守的准则。危机管理计划包括危机发生时大家应共同遵守的准则。比如，危机发生时，尽量不要混淆事实真相；不要做无谓的争论；事实未弄清楚之前不要随便归罪于别人；不要小题大做；在实行沟通计划时不要偏离企业的政策；不要一边向记者发表敏感言论，一边又强调不要记录，等等。一切都要遵循及时性、全面性、公众之上、维护利益的原则。

（5）明确的工作步骤和清楚的责任要求。在危机管理计划中，要突出危机预防和危机处理过程的主要工作步骤。这些工作步骤要在专家的指导下设定，使工作步骤符合科学要求。特别是进入危机处理过程各个岗位的工作人员，他们的责任要求要明确、具体。

（6）危机处理的预演。危机并不经常发生，所以对多数人来说，对危机处理是没有经验的。通过危机处理的训练和模拟，来积累危机处理的工作经验，提高急救水平；同时，通过预演来强化对特定危机处理对策的理解和修正。

（7）监督执行情况。危机管理计划还必须包括危机管理的监督执行情况，仅有计划是不够的。如何监督、检查，有哪些评价标准，谁来主持检查、评价、监督等，都需要在计划中明确指出。

2. 危机传播计划

针对企业或社会组织出现声誉受损、形象受挫及伤亡事故等制定的旨在维护声誉、消除误解、告知大众的书面计划，称为危机传播计划。危机传播计划的侧重点是危机发生后的新闻传播，信息控制。危机传播计划的主要内容应包括以下几方面。

（1）制定媒介策略。成立临时记者接待机构，专人负责发布消息，集中处理与新闻有关的新闻采访，主动提供权威资料；通过新闻发布会等形式，及时将组织对危机事件所采取的应急措施、补救方法、善后处理的对策，主动告诉媒介；如遇到新闻报道失真、失实，应及时指出，并给予更正，一般做冷处理。

（2）制定传播时间表。国外公共关系专家指出：现代媒体传播的速度，迫使公共关系经理人在60分钟之内就要掌握整个情况。新闻记者甚至会在危急事件后几分钟内抵达现场，而最初的报道往往将定下后续报道与评论的基调。所以，要求公关经理迅速掌握全面情况，确定传播时间表，有礼有节地展开工作，控制传播态势。

（3）确立“发言人”制度。为了保证对外宣传的高度一致性，主动引导舆论，危机管理委员会必须设立“发言人”制度，“一个声音，一个观点”，以正视听，掌握危机处理的主动性。“发言人”要求受过专业训练，具有极强的沟通协调和应变能力。他必须负责任地向外发布真实信息；必须从容面对新闻媒介、面对公众，甚至要面对意想不到的不利环境；能够有礼有节地驾驭场面，以良好的人格魅力影响公众。

（4）新闻发布会。危机出现后召开的新闻发布会，与没有危机情况下的新闻发布会比较，更侧重于与媒介关系的协调沟通，以及信息的主动控制。借助媒介发布与危机有关的信息，尽量减少损失，及早控制事件向不利的方向发展，稳定受害公众的情绪；同时，组织在接受媒介的采访、提问时，要统一信息口径，善待新闻界代表，防止不利于企业危机处理的报道。

（三）制定危机管理计划应遵循的原则

（1）危机管理计划必须是具体的、可以操作的，不应该有任何含糊之辞。

（2）危机管理计划必须保持系统性、全面性和连续性，应明确所涉及组织及人员的权利和责任，对人员进行有效配置，做到事事有人管、人人有事做，从而使企业全体成员在危机来临时都能够迅速找到自己的位置，发挥主观能动性。如果危机管理计划体系混乱，杂乱无章，相关人员就会反应迟钝、迷茫无助或混乱不堪。

（3）危机管理计划必须保证其灵活性、通用性和前瞻性。由于企业所处的环境瞬息万变，加之危机发生时的情形充满未知，因此危机管理计划不能过于僵化和教条，不要把重点放在细节上，不要把精力放在描述特定的危机事件上。从而确保企业在遭遇没有预知的紧急状况时，能够在遵循总体原则的前提下，采取针对性的策略和方法。

（4）危机管理计划的制定应该是全员参与的，应该是决策者、管理者及执行者精诚合作的结晶。没有决策者的重视，或者执行者的积极响应，危机管理计划只会成为漂亮的摆设。因此应促使危机管理计划的实施者对计划了如指掌，从而在思想上、认识上有机地统一起来，完美地将危机管理计划付诸实施。

（5）危机管理计划的制定应建立在对信息的系统收集和系统传播与共享的基础上。负责制定和实施危机管理的人员应充分了解企业内部及外部的信息，并及时充分地沟通。同时应和相关利害关系如政府部门、行业协会及紧急服务部门等各方加强联系。企业如果没有系统地收集制定危机管理计划的信息，就会在制定危机管理计划时顾此失彼，漏洞百出。

（6）对细节给予最认真的关注。细节成就完美。任何一个细节的疏忽都可能导致灾难性的后果。任何人都必须从根本上认识到，他的一举一动都事关公司的声誉和未来。

（7）应有标准的报告流程和清晰的业务流程。从而确保信息及时充分地沟通，以及危机反应计划能迅速有效地实施。

（8）应有轻重缓急、主次优劣的区分。首先对危机管理的目标应有优先序列。同时对系列的危机也应先急后缓，先重后轻。

（9）必须有危机管理的预算。危机管理预算和营销预算同等重要。制定危机管理计划必须根据自身的人力、物力、财力资源，而不能以危机事件的种类为依据，否则危机管理计划只会成为水中月、镜中花，没有任何现实意义。

（10）为保证计划的有效性，应定期对计划进行检查及更新。最好的危机管理计划是能够解决问题的计划。制定好危机管理计划后，并不是万事大吉束之高阁，而是应定期组织外部专家及内部责任人员定期进行核查和更新。

（四）危机管理方案演习

1. 演习的目的

消防队员为了在最短的时间做出反应，经常要举行演习。他们通过演习来提高自己的反应速度、强化自己的行为。危机管理与消防队员的工作相类似，需要演习危机管理预警方案。

（1）通过演习来强化危机意识。观念的建立有一定的过程，需要一定的时间。一个企业或组织可能更换领导人；危机管理小组的成员也可能调到其他地方或别的单位；新的员工在不断地增加，这些情况很可能导致危机管理意识的削弱。为此，通过适当的演习，就可以建立或强化他们的危机管理意识。

（2）通过演习来检验准备工作。危机并不是经常发生的。也许，有的人在企业工作 10 年也难以遇到一次大的危机。因此，可能对应付危机来临的准备工作有些忽略。通过演习，可以检查和检验各部门应对危机来临的准备情况。

（3）检查企业或组织在真正面临危机时的协调程度。企业或组织的高层领导通常强调全局观念，强调各部门之间的协调与合作。但是，由于日常工作的琐碎及工作本身的冲突，常常造成部门之间的协调存在或重或轻的问题。只有通过演习，才能检查企业或组织在真正面临危机时的协调程度。

（4）完善和修正危机管理方案。任何预警方案都是设想。这种设想本身可能存在不足。只有通过实际预演，才能发现其不足，才能修正完善方案本身。

总而言之，对危机管理预警方案的演习是为了检验危机管理预警方案的可行性程度，修正不足。

2. 预防演习考虑的重点问题

预防演习考虑的重点问题包括：企业是否有实施危机管理预警方案的资金和人力；所遭遇的危险情况是否真正影响企业的最终目的；所鉴别出的潜在危机的真实性如何。

3. 演习的步骤与安排

（1）演习准备。成功的演习需要做认真的准备。演习之前的准备工作主要包括以下几点。

1）思想准备。在演习之前，应该将准备演习的决定告诉员工，让他们深入了解企业或组织实施危机管理的重要意义。了解应付危机来临时的具体步骤、应遵守的原则等。

2）指挥机构。演习需要组织，需要指挥。为了保证演习能够像真正危机来临时那样，需要成立演习的指挥机构。一般而言，危机管理小组可以担任指挥机构的责任。如果要考察危机管理小组的水平，也可以适当聘请一些专家参与指挥工作。

3）设计步骤。演习的指挥机构要设计整个演习的进行步骤，制定检查的标准和方法。尽管是演习，许多部门也会表现出强烈的集体荣誉感和责任，他们仍然会对结果比较在意。

4）制定检查表格。需要特别指出的是，当进行危机原因分析时，编制表格的方法最有效。在表格中，可以不断地加入其他企业或组织已经发生的危机及其原因，非常清晰地检查、对照自己的情况，使预演、危机原因分析等工作更加完善。

5）演习评定小组。指挥机构和评定小组不同，前者主要负责演习的组织、指挥、协调，后者主要任务是监督，检查相关部门是否协调，是否达到了要求。

6）落实相关物资。演习需要许多设备和物资。因此，准备这些设备和物资就成为一项重要的准备工作。

（2）执行演练。通常，准备工作就绪，就可以进行演习了。但是，并不是一定要等各部门完全准备好了再演习，也不是准备好了一定就马上演习。在演习的具体时间上，应该由指挥小组确定。演练的具体执行时间应该是机密。因为真正的危机来临是不会事先“通知”的。执行演练的过程，就是把蓝图变成现实的过程。如同设计师与建筑师的关系那样，在执行过程中，危机指挥机构要设计一些“图纸”上事先就有的意外，以检查随机应变的能力。比如，新闻发布会上可以提一些事先没有准备的问题；可以在救急一件事的同时，连续出现其他的意外，令危机参与人员防不胜防，检查他们连续救急的能力。或者，大家都认为危机演习已经结束之际，马上又有危机来临。

（3）总结演习。演习结束后，要尽快地进行总结。这时大家还清楚地记得所发生的事情和采取的行动。需要进行总结的人或机构主要有：直接参与危机演习人员；作为观察人的专家；评定小组；指挥机构；高层领导等。通过对演习做全面的总结，修正不足的、不符合实际的及程序不优化的地方。修正之后的方案需要印刷、下发并执行。对于做得好的，一定要奖励；对于存在问题的，一定要指出存在的具体问题及解决措施、办法。切忌笼统地表扬和笼统地批评，笼统地表扬和笼统地批评不会解决实际问题。将总结通过企业或组织的内部通信印发，组织员工认真学习、讨论，还可组织大家就存在的问题提出建设性的建议。做到危机管理预警方案大家参与，集思广益。

（五）信息时代危机管理新模式

网络的出现和普及，使得整个舆论环境随之改变。从 2013 年到 2015 年，将是公共关系传播领域信息技术环境发生新变化的重要阶段。移动通信技术继续更新换代，移动互联网社会化传播继续深化，大数据浪潮方兴未艾。

公共关系传播环境变迁：从固定互联开放走向移动互联开放。宽带网络、移动通信网络、物联网、云计算、智慧城市、大数据网络等技术应用进入到了一个叠加、融合、渗透的新阶段，使得基于移动互联网的社会化传播成为公共关系传播环境最重要的发展趋势之一。

公共关系传播内容变迁：从互联网图文走向互联网视频。现在微电影传播异军突起，2012年12月18日，“中国梦——中国网络电视台原创系列微电影展”正式发布。而4G牌照的发展带来的网络环境的升级变化，将推动微视频成为社会化传播的主导内容。以微视频为主导的传播，再融合图文传播和语音传播等传播方式的新传播模式，使得传播内容更加丰富多彩。

公共关系传播关系变迁：从互联网传播到社会化大数据传播。目前传播的时空关系发生了变化，传播关系发生了变化。所以，我们要把握社会化大数据传播的内在规律，要对该传播状态中的传播本性和关系结构有更深刻的把握与理解，在社会化大数据传播的基础上洞察公共关系传播的本质变化。只有如此，公共关系传播主体才能够成为社会化大数据传播发展阶段适应变革、化解危机的成功者。

近几年发生的一些企业公关危机案例表明，传统的危机公关管理模式已经不能完全适用于新的形势，同时网络环境下的企业公关危机管理呈现出新的特点。如2012年7月，著名的快餐汉堡王的员工将脚踩两个储物箱生菜的图片发布在著名的匿名图片分享网站 4chan 上，并写道：“这就是你们在汉堡王吃到的汉堡。”此事件导致该公司发布公开声明，并于7月19日解雇了相关的3名员工。网络环境既存在加速危机爆发的条件，也为处理危机提供新的方法和渠道。

1．网络环境下公关危机的新特点

（1）意外性。网络危机爆发的具体时间、实际规模、具体态势和影响深度，都是始料未及的，并且会以最快的速度引起全社会关注。以往的企业公共关系危机在初期往往影响面比较小，甚至在未被大量关注的阶段就可以被解除。但在网络环境下，企业少量的负面信息极有可能在短时间内成为“全民风暴”。网络上的危机事件几乎无一例外成为传统舆论媒体争相关注的焦点，网络力量越来越不可忽视，而舆论关注度更是前所未有地增大。

2008年8月7日，一篇名为《康师傅：你的优质水源在哪里?》的网络文章，揭露康师傅矿物质水广告中声称的“选取的优质水源”竟是自来水。这篇帖子立即引来大量的网友跟帖，很快传遍各大论坛。在第一篇网络帖子出来之后，康师傅公司对其随之引发的舆论批判狂潮预料不足，所以在回应态度与控制策略上明显做得不尽如人意。于是，“水源门”议题在多种因素的作用下，演变成为一场网络的话题“狂欢宴”。议题的升级使得所有人认为谈论或参与此话题是一种时髦，每个人都争先恐后地对议题进行再诠释、再传播，而千千万万个“网络杀手”的汹涌而出，使得康师傅“水源门”事件最终大规模爆发。

（2）聚焦性。进入信息时代后，企业危机的信息传播比危机本身发展要快得多。2008年5月12日，四川汶川地震当天，万科曾宣布捐款200万元。但在全国人民爱心涌动，全国企业界动辄千万元、上亿元的捐款面前，这笔捐款数额及之后万科董事长王石的表态迅速给万科带来了近年来最大的一次公众信任危机。万科捐款200万元的数目公布以后，网民立即将万科列入吝啬排行榜。针对网上的意见，王石在博客上发表了“十元论”，更引发如潮的网络批评，甚至有网民呼吁一起抵制购买万科的房子。事件发生不久，天涯论坛即出现大量批评王石的帖子，并被诸多博客及论坛转帖，在网络上引起强烈反响。即使万科追加善款之后，网络上同样出现《万科捐款一亿元的背后》等所谓“揭黑幕”文章，又掀起一轮批判和质疑的狂潮。

（3）破坏性。由于危机常具有“出其不意，攻其不备”的特点，不论是什么性质和规模的危机，都必然不同程度地给企业造成破坏，引起混乱和恐慌，而且由于决策的时间及信息有限，往往会导致决策失误，从而带来无可估量的损失。2007 年春季海南香蕉上市时，地头价格从往年的每斤 1.3 元下跌到每斤 0.2 元。是什么原因导致香蕉价格的暴跌呢？原来在 3 月 13 日，广东某网络媒体刊载一则消息称，广州有超过 3000 公顷香蕉林感染了号称“香蕉癌症”的“巴拿马病”，且每年以 20%的速度扩大感染面积。这种病目前世界上没有有效的治疗方法，被感染的香蕉只能死去。正是报道中提到的“癌”字，导致有人担心食用染病香蕉对人身体有害。然而正是这则没有科学根据的报道在网络上广泛流传，导致海南的蕉农损失惨重。直到 4 月 3 日和 4 月 5 日，海南省农业厅先后召开新闻发布会，请专家澄清谣言，并采取各种措施促进销售，才使香蕉的价格有所回升。

（4）辐射性。对企业来说，危机一旦爆发，其破坏性的能量就会被迅速释放，并呈快速蔓延之势，如果不能及时控制，危机会急剧恶化，使企业遭受更大损失。例如，从 2008 年 4 月 9 日开始，数十家海内外网站论坛的部分中国网民，先后发起了一场抵制家乐福超市的行动，理由是奥运火炬在法国传递期间遭到干扰。引起这场抵制风波的主要原因是，由于 LVMH 集团涉嫌捐巨资给达赖集团，而 LVMH 集团刚刚成为家乐福超市的最大股东。所以网友把家乐福超市拉进了抵制名单。这个名单里还包括 LVMH 集团旗下的 LV、迪奥等品牌。海外的声讨声浪很快蔓延到中国的网站，天涯、西祠、猫扑等中国几大论坛相继出现抵制法国货的帖子。从传统的 BBS 论坛，到博客、个人空间，再到门户网站的投票调查、MSN 和 QQ。这些互联网工具使得每个人都成为一个威力巨大的信息传递器。接着传统媒体纷纷介入报道，继续激发起民众的愤怒情绪，网上的抵制舆论迅速演变成现实的抵制暴力，各地陆续有民众举着抗议牌匾到家乐福超市各分店示威，使得家乐福超市在各地的销售面临着巨大的阻力。

2．网络环境下公关危机管理的主体

（1）企业——掌控第一时间的舆论引导，舆情监测。

1）建立健全网络公关危机预测和应急机制，防患于未然。在舆论形成初期，尚有一段意见累积阶段，网络危机预测的目的在于充分重视潜在的企业危机议题，及早采取对策，可以通过主流网络媒体消解、转化可能出现的不利因素。网络预测是建立在对网络舆论监控的基础之上的，企业由专人对重点网站进行监控，也可以通过舆情监测的软件进行监测。这些软件从用户提交的关键词在当前网络信息中进行网络搜索和匹配，抓取到存在于互联网中的不良信息，再进行高频字和媒体报道等进行分析，从中提取有效信息，积极预测可能存在的网络舆论危机和突发事件。同时，企业应制定好一套应对舆论危机的有效应急方案，一旦舆论形成，也能在舆论高峰出现之前掌握主动，化解危机。

2）建立企业与公众之间的平等交流平台，真诚对话。建立在平等与互信基础上的真诚对话是解决危机的有效途径。尤其在当前的中国社会，危机公关事件的酿成常常是由于信息暧昧不清，对话缺位。由此可见，在舆论危机的形成初期，积极构建企业与大众的对话平台，建立互信，方能有效化解可能出现的危机。

3）新闻发布制度已被证明是十分有效的对话方式，进一步完善该交流方式，尤其是在网络环境下构建平台，意义重大。建立企业网站，以及论坛、BBS 和博客的方式，不失为一种有效方式。积极建立信息公开、平等交流的网络平台，是化解既成的公关危机的有效途径。

（2）媒体——危机公关的有效力量。

1）积极设置网络议程，主动出击。议程设置是大众传播理论中的一个重要假设。这一理念实际涉及的问题是，传播如何围绕特定的目的设置议题，使之达到影响社会、公众舆论的效果。网络媒体可以通过议题设置引导网民的议题，所设置的议题可以对网民产生影响和诱导，从而及时介入企业的危机事件，影响“意见酝酿”和“意见表达”，对正面意见进行引导，对负面意见进行控制，最大可能地将负面舆论的消极影响控制在萌芽状态。

2）培养意见领袖，强化主流言论。意见领袖的概念，是拉扎斯菲尔德等传播学者提出的，通常信息都是首先从某个信息源通过大众媒介达到意见领袖那里，然后再通过意见领袖把信息传播到普通民众。网络意见领袖对网民分散的意见进行整合，促成了意见的最终形成。意见领袖发挥网络影响力的主要舞台是论坛和网络评论，通过他们发布的评论和最新观点，使得网民意见归于统一。

3）网络媒体与传统媒体联动，合力引导舆论。研究表明，在网络上积极兴起的议题，在一段时间后会转化为传统媒体的议题热点，从而进一步深化了传播效果。传统媒体在引导舆论方面，有着历史悠久的主流影响效果，加强传统媒体与主流网络媒体的舆论互动，更好地发挥网络公关危机管理的巨大功能。实现舆论立体化引导，就会产生强烈的共鸣效果，二者的有效互动，可取得 1+1>2 的传播效果，更有利于企业控制并扭转广泛的舆论危机。

3．网络环境下公关危机管理的新模式

（1）利用网络技术为企业建立起高效的危机预警监测系统。企业可以在公关危机管理机构中成立专门的网络信息监控小组，对网络上的信息进行监控。企业可以通过网络平台，建立起完整的信息收集、监测系统，收集与企业发展有关的信息，集中精力分析处理那些对企业经营和发展有重大或潜在重大影响的外部环境的信息。互联网是一个技术性很强的媒体，同时又是一个社会性非常强的社区，在这个社区里可以畅所欲言，如果企业不多关注这类信息，在沟通上就会积累起越来越多的信息障碍。因此，企业必须在重点社区进行监测，随时监控各类行业、专业网站上的信息，通过对信息的分类评估，及时将有利或不利的信息反馈到相关部门，并做出积极的回应；尤其是当发现不利于企业的舆论，要马上采取相应的手段进行沟通，以消除误解，维护企业的形象。

（2）利用电子邮件、视频会议等形式做好企业内部成员间的沟通。企业内部沟通是解决危机公关的基础性工作，如在组织内部形成一致的声音，尽量得到员工的理解与支持，包括危机公关解决方案的落实等，这对于危机公关有着十分重要的作用。互联网背景下的企业，要重视电子邮件、视频会议、微信等这类沟通方式，因为它们能够在最短的时间内进行较大范围的沟通。

（3）企业通过建立网站，构建与社会公众沟通的平台。企业可以将经营理念、价值观、企业的产品（服务）信息、部门设置及联系方式等全方位的信息发布在自己开办的网站上，用以增进公众对企业的认识和了解。公众对企业了解得越多，由误解产生危机的可能性就越少。企

业还可以通过网站进行各种调查和资料的收集工作，收集各类利益相关者的信息，从而制定更符合公众利益的目标与政策，以减少危机发生的可能性。企业还可以建立相关的电子公告板，以便公众与企业进行积极的双向沟通，同时也有利于企业发现潜在的危机因素，针对顾客对产品的抱怨，及时化解和疏导，防止事态的扩大。这对于企业的经营发展大有裨益。

（4）建立网络条件下的新闻发言人制度。中国互联网信息中心（CNNIC）2013 年 7 月 17 日下午发布第 32 次《中国互联网络发展状况统计报告》，报告显示，截至 2013 年 6 月底，我国网民规模达 5.91 亿人次，互联网普及率为 44.1%，其中手机网民规模达 4.64 亿人次。现在网民已经比较习惯从网上获取信息，当一个企业发生了引起社会关注的重大事件，立刻会引起网民对相关问题的搜索。然而，网络上也充斥许多虚假信息，企业必须在第一时间进行准确、权威的信息发布，以正视听。

（5）管理好企业主要负责人的博客。如何去写个人博客，一般来说是私人的事情，但是作为一个公司主要负责人的博客，却不能当做私人的事来对待。因为社会公众往往希望通过公司领导人的博客来了解公司，领导人的思想、作风，往往反映公司的经营理念。因此，领导人应当在写博客时慎之又慎，否则有可能祸起笔下。例如，万科董事长王石曾因博客引发“捐款门事件”。

在公司发生危机时，公司领导人的博客往往又是化解危机的重要工具。例如，2008 年是中国乳品行业最黑暗的一年，“三聚氰胺事件”让中国最著名的乳品企业都卷入其中，蒙牛公司也未能幸免，企业形象受到前所未有的打击，企业面临着“三聚氰胺”带来的危机。在国家质检发布从 22 家乳制品企业的婴幼儿奶粉中检出了三聚氰胺消息的次日，蒙牛公司董事长牛根生在自己的博客中发表了题为《在责任面前，我们唯一的选择就是负起完全责任》的文章。在这篇博客中，他阐述了为消费者负责、为奶农负责、为股民负责、为自己负责的观点。他的博客自发表后有近 200 万名的网民阅读过，近两万名网民发表了评论，还有网民进行了转载。可以这样认为，牛根生的博客为蒙牛公司化解“三聚氰胺”危机起到了重要的作用。

练习与思考题

1．单项选择题

（1）关于危机与冲突，两者（　　）。

A．既有共性，又有区别　　B．没有共性，但有区别

C．有共性，没有区别　　D．没有共性，没有区别

（2）按克服危机使用手段的性质，可分为（　　）。

A．炒作型和灭火型两种策略　　B．先机型和后发型两种策略

C．高压型和疏导型两种策略　　D．高压型和低压型两种策略

（3）危机管理不只是做好“事后管理”，还应该做好“事前管理”，（　　）。

A．该论述正确　　B．该论述不正确

C．该论述不完全正确　　D．看情况而定

（4）危机产生的原因包括（　　）。

A．组织和公众　　B．新闻媒介

C．内因和外因　　D．政府部门

（5）网络环境下公关危机管理的主体是（　　）。

A．企业　　B．媒体　　C．企业与媒体　　D．企业与媒体及公众

2．多项选择题

（1）危机防范对策包括（　　）。

A．成立危机处理小组　　B．分析可能发生的危机形态

C．进行模拟危机训练　　D．与媒介保持良好的沟通关系

（2）公共关系危机的特点包括（　　）。

A．必然性和普遍性　　B．突发性和渐进性

C．严重性与建设性　　D．紧迫性和关注性

（3）制定危机管理计划应遵循的原则包括（　　）。

A．危机管理计划必须是具体的　　B．危机管理计划必须保持系统性

C．危机管理计划必须保证其灵活性　　D．危机管理计划的制定应该全员参与

（4）网络环境下公关危机的新特点包括（　　）。

A．意外性　　B．聚焦性

C．破坏性　　D．辐射性

（5）危机传播计划包括（　　）。

A．制定媒介策略　　B．制定传播时间表

C．确立“发言人”制度　　D．新闻发布会

3．名词解释

危机　危机处理　危机管理　外部管理计划　危机公关

4．简答题

（1）什么是危机管理？

（2）危机形成的原因主要有哪些？

（3）制定危机管理计划应遵循哪些原则？

（4）网络环境下产生公关危机的新特点有哪些？

5．论述题

（1）企业如何进行危机处理？

（2）企业如何处理与媒介的关系？

6．实训题

实训练习一：郭美美事件三天，毁了红十字会一百年

2011年6月21日，新浪微博上一个名叫“郭美美Baby”的网友颇受关注，这个自称“住大别墅，开玛莎拉蒂”的20岁女孩，其认证身份居然是“中国红十字会商业总经理”。其真实身份也众说纷纭，有网友称她是中国红十字会副会长郭长江的女儿，由此引发很多网友对中国红十字会的非议。各种与郭美美、红十字会有关的说法在网络上流传，真假难辨。

“郭美美事件”事发一个多月后，郭美美及其母亲郭登峰终于公开露面，解释事件的来龙去脉。在警方调查中，郭美美称，对于红会，此前并不了解，不认识相关人员，也从未担任相关职务，是今年 3 月在与深圳商人王某交谈中，知道了王某与商业系统红十字会相关单位的合作意向。后郭美美认为原来在新浪微博上注册认证的“主持人、演员”身份层次较低，为满足其炫耀心理，于 5 月自行杜撰了“中国红十字会商业总经理”身份，提交新浪微博网站审核通过并加“V”认证。在审查中，郭美美对自己的不当行为表示后悔和歉意。中国红十字会也多次发表声明，并举办记者通气会，澄清与郭美美事件无关，但是辟谣与澄清总是滞后于质疑的速度。

（资料来源：各网站关于郭美美事件的资料。）

思考：中国红十字会的危机公关是否得当？为什么？

实训练习二：苹果遭遇公关危机，借富士康丑闻打压对手

2012 年年初，《纽约时报》的一篇报道披露了苹果公司在中国的富士康工厂的情况，工人们在危险的环境当中工作，每周七天，而且居住的宿舍极为拥挤——于是，媒体的兴趣被全面引发了。随后，名嘴斯图尔特在喜剧中心频道将苹果巨大利润背后大量劳工的工作环境揶揄为“恐惧工厂”，使得危机又发展到了一个新的高度。

苹果公司这一次遇到了真正的麻烦，因为或幽默或震惊的标题背后是有着足够的关于中国大陆组装工厂的可怕事实，这些事实足以触怒很多的消费者，而且最终破坏品牌的形象。更要命的是，无论转嫁责任还是改善工厂环境，都不是简单容易的事情。苹果首席执行官库克已经表示，从报道中了解到供应商工作环境的危险，这让他感到“愤怒”，而且他也许诺要采取审查措施。应该指出的是，其实富士康作为组装供应商，它们的客户远不止苹果一家，诸如诺基亚、戴尔和微软等国际化大公司和它们都有合作。

富士康在中国大陆雇用了上百万人为自己工作，2010 年，它们的工厂持续爆发了工人自杀事件，使得“富士康”三个字频繁出现在媒体当中。随后，他们安装了防护栏和安全网来防止更多工人自杀，并提高了工资，基薪从 1 200 元人民币提升到 2 000 元。

该公司会引发关注，其规模是个重要原因，仅仅在其深圳的厂区，就有超过 30 万人在那里工作和生活，几乎就是一个小城市了。

过去十年当中，深圳已经变成了一个摩天大楼和高速公路随处可见、街道上拥挤着小轿车的繁华都市，但是工人们的住所还是狭小拥挤的集体宿舍。与此同时，苹果和其他跨国企业则可以说，他们只是遵从中国或其他任何国家政府所制定的法规而已。

虽然负面报道不断涌现，但对苹果而言，这似乎并非坏事。该公司认可了 FLA 的报告，响应方式也非常巧妙：苹果立刻宣布与富士康达成交易，新招募数万名工人，加强安全和加班规定，并建设更好的员工宿舍。到了周五，媒体已经不再关注 FLA 的报告，反而将焦点放在苹果的承诺上——苹果与供应商共同改变用工环境的承诺，相当于给整个中国制造业制定了新标准。通过这种巧妙的手段，苹果瞬间从恶棍变成了英雄。

1. 成本优势

富士康目前是全球最大的电子制造商。其最知名的业务是组装 iPhone 和 iPad，但该公司同时也为惠普、戴尔、亚马逊、索尼和其他企业代工。苹果下达的任何改进命令，也会对其他企业的产品产生影响。而富士康的行为则会对它的供应商——其中有些企业的用工环境更加恶劣——产生连锁效应。部分分析师认为，富士康规模太大，因此该公司提高工资、加强监管并改善用工环境的决定，势必对整个中国产生广泛影响。对科技企业而言，这些变化对利润所产生的影响取决于他们消化劳动力成本的能力。对亚马逊这样的企业而言，由于 199 美元的 Kindle Fire 已经赔钱了，因此工资上涨可能会对其产生巨大影响。相比而言，苹果享有着业界最高的利润率。该公司的新 iPad 售价从 499 美元至 829 美元不等，增加几美分或几美元的生产成本不太可能对利润率产生影响。即使的确会产生影响，苹果也可以略微上调价格。苹果用户真正关心的是质量、时尚、美观和易用，价格并不重要。

苹果的竞争对手是否会寻找更廉价的供应商呢？有可能，但并不容易。美国加州大学伯克利分校教授兼企业道德评级网站 GoodGuide.com 联合创始人达拉• 奥鲁克认为，富士康的规模和影响都很大，而且效率极高，导致苹果和其他企业对其难舍难离。任何放弃富士康，转而寻找廉价供应商的企业都会牺牲对质量、数量和产品设计的控制，而这正是苹果赖以成功的秘诀。

2. 历史经验

倘若竞争对手逆势而为，便有可能遭遇公关危机。十年前，当耐克的血汗工厂被媒体曝光后，该公司最终被迫改善了用工环境，竞争对手也纷纷效仿。“所有人都会在激进消费者发难前解决问题，”曾经担任纺织行业工会领导者的加州大学伯克利分校劳工中心副主席凯蒂• 库安说，“我记得当时在印度尼西亚有一家工厂，与之合作的品牌突然之间都发来了用工准则，包括那些没有被媒体曝光的企业。”

现在就说苹果与富士康的协议将彻底改变全球科技供应链或苹果自己还为时尚早。在耐克的案例中，外界压力迫使该公司及其重要供应商放弃了一些最过分和最明显的不当行为，包括侮辱员工和危险的用工环境，但并未改变市场的根本问题，低工资和超时加班的问题依旧存在。

倘若苹果真的希望改变富士康和其他供应商的文化，就必须要以身作则地支持最新宣布的计划，从苹果管理人员的业务方式做起。拼命压低工资、在最后一刻改变设计，甚至提出苛刻交货时间的不只是富士康高管，还包括苹果的高管，甚至你我这样的消费者——我们都希望以最低价买到最热门的新品。为了让心灵得到慰藉，很多苹果用户都愿意在购买产品时多等一会儿，或者多花一些钱。现在，该看看苹果竞争对手的用户是否也愿意做出让步了。

（资料来源：中国经营网）

思考：（1）苹果是如何巧妙地化解自己的公关危机的？

（2）企业遇到公关危机时应该怎么处理比较好？

参考文献

[1] 李道平，等．公共关系学［M］．北京：经济科学出版社，2000．
[2] 廖为建．公共关系学［M］．北京：高等教育出版社，2000．
[3] 伦纳德·萨菲尔．强势公关［M］．梁改洁，等，译．北京：机械出版社，2002．
[4] 何修猛．现代公共关系学——理论与技巧［M］．上海：复旦大学出版社，2002．
[5] 史有春．公共关系学［M］．南京：南京大学出版社，2002．
[6] 熊超群，潘其俊．公关策划实务［M］．广州：广东经济出版社，2003．
[7] 黄昌年．公共关系学教程［M］．杭州：浙江大学出版社，2004．
[8] 范云峰，王珏．营销广告策划［M］．北京：中国经济出版社，2004．
[9] 沈永祥．公共关系学［M］．北京：化学工业出版社，2005．
[10] 赵宇峰．公共关系学［M］．北京：高等教育出版社，2005．
[11] 熊卫平．公共关系学：理论·实务·案例［M］．北京：高等教育出版社，2006．
[12] 陶应虎，顾晓燕．公共关系原理与实务［M］．北京：清华大学出版社，2006．
[13] 曾琳智．新编公关案例教程［M］．上海：复旦大学出版社，2006．
[14] 张岩松．公共关系案例精选精析［M］．北京：中国社会科学出版社，2006．
[15] 赵文明．公关智慧 168［M］．北京：机械工业出版社 2006．
[16] 马纯．公共关系学［M］．合肥：合肥工业大学出版社，2007．
[17] 郎群秀．公共关系学［M］．北京：科学出版社，2007．
[18] 张玲莉．公共关系原理与实务［M］．北京：高等教育出版社，2007．
[19] 刘厚钧．公共关系理论与实务［M］．北京：电子工业出版社，2007．
[20] 杨加陆．公共关系学教程（第二版）［M］．上海：复旦大学出版社，2007．
[21] 中国国际公共关系协会．最佳公共关系案例［M］．北京：清华大学出版社，2007．
[22] 陆季春．公共关系实务教程［M］．北京：经济科学出版社，2008．
[23] 寇玉琴．现代公共关系学［M］．上海：立信会计出版社，2008．
[24] 居延安．公共关系学（第四版）［M］．上海：复旦大学出版社，2009．
[25] 张亚．公共关系——原理与实务［M］．北京：北京理工大学出版社，2009．
[26] 谢红霞，胡斌红．中国新公关：组织形象塑造［M］．北京：经济管理出版社，2009．
[27] 周安华．公共关系：理论、实务与技巧［M］．北京：中国人民大学出版社，2010．

[28] 乜瑛，郑生勇．公共关系学 ［M］．杭州：浙江工商大学出版社，2010．
[29] 张云．公关心理学 ［M］．北京：首都经济贸易大学出版社，2010．
[30] 丁桂兰．公共关系学［M］．武汉：华中科技大学出版社，2010．
[31] 曹洪珍．公共关系学［M］．北京：中国科学技术出版社，2010．
[32] 谭昆智．公共关系理论与实务［M］．北京：机械工业出版社，2010．
[33] 汪上．现代公共关系学［M］．合肥：合肥工业大学出版社，2010．
[34] 薛可．公共关系学——战略、管理与传播［M］．北京：科学出版社，2010．
[35] 牛海鹏．公共关系［M］．北京：中国人民大学出版社，2011．
[36] 鄢龙珠．现代公共关系学［M］．北京：清华大学出版社，2011．
[37] 龙志鹤．公关案例选粹与评析［M］．北京：经济管理出版社，2011．
[38] 杨再春．公共关系理论与实务［M］．北京：机械工业出版社，2012．
[39] 任焕琴．公共关系学实用教程［M］．北京：北京大学出版社，2012．
[40] 张云．公共关系理论、实践与案例［M］．上海：华东师范大学出版社，2012．
[41] 胡洪力．公共关系原理与实务［M］．杭州：浙江工商大学出版社，2012．
[42] 张雷．公共关系学派［M］．杭州：浙江大学出版社，2013．
[43] 范正青．危机评估与管理［M］．北京：中国社会科学出版社，2013．
[44] 周敏．中外商务传播案例经典［M］．上海：复旦大学出版社，2013．
[45] 张东锋．如家汉庭等酒店曝系统漏洞 开房信息可查询［N］．南方都市报，2013-10-07．
[46] 付玉辉，郭燕溪．从社会化大数据传播视角看公关传播［J］．国际公关，2013（2）：88-89．

电子工业出版社经济管理出版分社相关好书

书　号	书　名	定　价	作　者
面向 21 世纪本科应用型经管规划教材·经济管理专业基础课系列			
978-7-121-21048-8	基础会计	35	李迪
978-7-121-20875-1	西方经济学	38	王奇
978-7-121-20953-6	商务谈判	32	赵莉
978-7-121-20661-0	税法	39	潘国宏
978-7-121-20029-8	电子商务概论	29	巩军全
978-7-121-15808-7	管理心理学	33	张立迎
978-7-121-14987-0	新编经济法	35	陈兆明
978-7-121-13683-2	微观经济学	29	于文武
978-7-121-14237-6	统计学	35	张泽滨
978-7-121-12505-8	财务管理	35	孟惊雷
978-7-121-11568-4	电子商务概论	33	贾玢
978-7-121-11097-9	管理学原理	29	张立迎
978-7-121-11123-5	经济法	28	郭海霞
978-7-121-11383-3	市场营销学	29	徐亿军
978-7-121-20780-8	宏观经济学	35	杨丽彬
978-7-121-21163-8	微观经济学	38	郑艳艳
978-7-121-21168-3	宏观经济学	35	郑艳艳
应用型本科金融与贸易系列丛书			
978-7-121-20542-2	国际商法	33	李军
978-7-121-18979-1	西方经济学（第 2 版）	39	龚治国
978-7-121-18984-5	国际贸易实务（第 2 版）	35	卢晓晴
978-7-121-18982-1	国际金融理论与实务（第 2 版）	35	周浩明
978-7-121-18938-8	国际贸易实务	35	朱保芹
978-7-121-15563-5	保险精算基础	28	姜加强
978-7-121-14158-4	新编保险学	35	龙卫洋
978-7-121-12343-6	再保险理论与实务	29	米双红
978-7-121-11631-5	保险法教程	29	米双红
978-7-121-10319-3	证券投资学	28	郭忠林
978-7-121-09156-8	国际结算	28	朱莹

书　号	书　名	定　价	作　者
高等学校“十二五”应用型经管规划教材			
978-7-121-21716-6	现代企业管理学	38	陈文汉
978-7-121-21359-5	国际贸易	33	肖春蓉
978-7-121-21156-0	管理会计	38	王兰
978-7-121-21208-6	国际贸易实务	38	肖春蓉
978-7-121-21048-8	基础会计	35	李迪
978-7-121-21155-3	商务英语	32	王峥
978-7-121-20689-4	人力资源管理	35	张建芳
978-7-121-20472-2	报关理论与实践	39	钱华
978-7-121-20705-1	成本会计	36	马慧颖
978-7-121-20051-9	珠算与点钞实训教程	33	关晓云
978-7-121-19675-1	组织行为学	38	赵春蕾
978-7-121-18782-7	国际经济学	38	梁军
978-7-121-18853-4	证券投资学	35	陈文汉
978-7-121-18186-3	中级财务会计	35	冯研
978-7-121-17502-2	管理学	35	陈文汉
978-7-121-17534-3	宏观经济学	32	王寒菊
978-7-121-17185-7	电子商务网站设计与开发	39	踪程
978-7-121-16854-3	财经应用文写作	39	吕秋薇
978-7-121-15051-7	国际贸易理论与实务	36	张家成
978-7-121-15054-8	微观经济学	28	刘继伟
978-7-121-19987-5	国际商务（第2版）	39	田明华
978-7-121-18879-4	国际电子商务教程（第2版）	39	杨坚争
978-7-121-18583-0	国际服务贸易（第2版）	35	李小牧
978-7-121-15297-9	国际结算（第2版）	36	华坚
978-7-121-13342-8	国际商务礼仪（第2版）	31	李嘉珊
978-7-121-12602-4	报关实务（第2版）	34	武晋军
978-7-121-11282-9	外贸英语函电	32	侯方淼
978-7-121-11275-1	国际贸易单证实务与实验	35	缪东玲
978-7-121-07088-4	国际物流	27	刘军
978-7-121-04447-2	跨国公司与跨国经营	28	杜奇华
978-7-121-04449-6	国际贸易实务	33	陈春燕
978-7-121-05118-0	国际商法	28	张孟才
978-7-121-04448-9	国际投资	35	谢康

以上图书各大新华书店均有售，或按如下地址查询：

反侵权盗版声明

电子工业出版社依法对本作品享有专有出版权。任何未经权利人书面许可，复制、销售或通过信息网络传播本作品的行为；歪曲、篡改、剽窃本作品的行为，均违反《中华人民共和国著作权法》，其行为人应承担相应的民事责任和行政责任，构成犯罪的，将被依法追究刑事责任。

为了维护市场秩序，保护权利人的合法权益，我社将依法查处和打击侵权盗版的单位和个人。欢迎社会各界人士积极举报侵权盗版行为，本社将奖励举报有功人员，并保证举报人的信息不被泄露。

举报电话：（010）88254396；（010）88258888
传　　真：（010）88254397
E-mail：　dbqq@phei.com.cn
通信地址：北京市万寿路 173 信箱
　　　　　电子工业出版社总编办公室
邮　　编：100036